FRANZISKA NIETZSCHE

Ein biographisches Porträt
von Klaus Goch
Mit zahlreichen Abbildungen
Insel Verlag

insel taschenbuch 1623
Erste Auflage 1994
© Insel Verlag Frankfurt am Main und Leipzig 1994
Alle Rechte vorbehalten
Originalausgabe
Vertrieb durch den Suhrkamp Taschenbuch Verlag
Umschlag nach Entwürfen von Willy Fleckhaus
Satz: Fotosatz Otto Gutfreund, Darmstadt
Druck: Nomos Verlagsgesellschaft, Baden-Baden
Printed in Germany

1 2 3 4 5 6 − 99 98 97 96 95 94

INHALT

Annäherung 9

Zerbrechliche Idylle 28
Glaubenserfindung 148
Die Mutterpflicht 164
Geheimrätliche Tees 195
Der Herzensfritz 224
Erbärmliche Welt 281

Anhang 345

Das saget der Heilige/der Wahrhafftige/der da hat den schlüssel David/der auffthut/vnd niemand zuschleusset/der zuschleusset/vnd niemand auffthut/Ich weis deine werck. Sihe/Ich habe fur dir gegeben eine offene thür/vnd niemand kan sie zuschliessen/denn du hast eine kleine krafft/vnd hast mein wort behalten/vnd hast meinen Namen nicht verleugnet... Dieweil du hast behalten das Wort meiner Gedult/wil ich auch dich behalten fur der stunde der versuchung/die komen wird vber der gantzen Weltkreis/zu versuchen/die da wonen auff Erden. Sihe/Ich kome bald/halt was du hast/das niemand deine Krone neme.

Offenbarung des Johannes, Kap. 3

ANNÄHERUNG

1.

NIETZSCHE, Franziska, geb. 2.2.1826 in Pobles // Vater: David Ernst Oehler (1787-1859), Pfarrer; Mutter: Wilhelmine geb. Hahn (1794-1876) / zehn Geschwister / Unterricht im Elternhaus, unregelmäßig / heiratet, siebzehnjährig, Carl Ludwig Nietzsche (1813-1849), Pfarrer in Röcken / dort gemeinsamer Haushalt mit der Schwiegermutter Erdmuthe geb. Krause (1778-1856) und den unverheirateten Schwägerinnen Rosalie (1811-1867) und Auguste (1815-1855) / drei Kinder: Friedrich (1844-1900), Elisabeth (1846-1935), Joseph (1848-Jan. 1850) / ab August 1848 schwere Erkrankung des Ehemannes / nach dessen Tod: Umzug mit Erdmuthe, Rosalie und Auguste nach Naumburg, April 1850 / ab Mai 1856 eigene Wohnung, 1858 Umzug in das Haus Weingarten 18 (Kauf: 1878), Zimmervermietungen / häufig Aufenthalte bei Verwandten als Haushaltshilfe und Kinderbetreuerin // der Sohn kommt nach dem Besuch der Bürgerschule und des Domgymnasiums Naumburg in das Internat Schulpforta, ab Oktober 1864 Student der Altphilologie in Bonn, dann Leipzig, ab Februar 1869 Professor in Basel, 1879 Entlassung aus Krankheitsgründen, dann freischaffend schriftstellerisch tätig, wohnsitzlos, geistiger Zusammenbruch Januar 1889 in Turin; die Tochter besucht zunächst eine private Mädchenschule, dann kurzzeitig ein Pensionat in Dresden, keine Berufsausbildung, lebt meistens in Naumburg, zeitweise Haushaltshilfe beim Bruder in Basel und bei Cosima und Richard Wagner in Bayreuth, heiratet 1885 den aus dem Schuldienst entlassenen Lehrer Bernhard Förster, mit ihm 1886 nach Paraguay zur Gründung einer deutschen Kolonie // nach der Erkrankung des Sohnes Besuch in der

Heilanstalt Friedmatt in Basel, dann Reise in die Binswangersche Nervenklinik nach Jena, dort zahlreiche, auch längere Besuche / Mai 1890 Rückkehr mit ihm, gegen den Rat der Ärzte, nach Naumburg / schwierige, aufopfernde Pflege des Kranken / 1893 Rückkehr der Tochter aus Paraguay, nach dem Selbstmord des Ehemannes / an sie Dezember 1895 Übertragung aller Rechte am Werk des Sohnes, Grundlage für die Errichtung eines Nietzsche-Archivs (ab 1896 in Weimar) // gest. 20. 4. 1897 in Naumburg.

2.

»Meine liebe Frau Pastorin!
Es ist mir eine Herzenssache mich wieder einmal mit Ihnen zu unterhalten nachdem ich so glücklich war Sie endlich persönlich kennen zu lernen u. kann doch auch leider nur schriftlich geschehen. So suche ich Sie doch so gern in Ihrem traulichen Stübchen auf, welches Sie in Ihrem letzten Brief [...] so reitzend schildern. Es weht ein solcher Friedenshauch aus Ihren Zeilen heraus, daß einem in der schweren, schweren Zeit ordentlich wohl u friedlich ums Herz wird.

Ach möchte es doch auch endlich so friedevoll in d. Welt aussehen wie in Ihrem frommen Gemüth, liebe verehrte Fr. Nietzsche! [...] Und Sie machen es einem *so* leicht, Sie von Herzen lieb zu gewinnen wenn man Sie einmal kennen gelernt u. in Ihre frommen treuen Augen geschaut hat! – Obgleich ich eine Prinzeß, so habe ich doch *niemals* gelernt leere phrasen zu machen, von denen das Herz nichts weiß. Daher können Sie jedes Wort was ich geschrieben auf Treu und Glauben nehmen, wie es mir aus dem Herzen kam. [...]«
                                    Prinzessin Therese von Sachsen-
                                    Altenburg an Franziska Nietzsche,
                                    9. 2. 1871[1]

3.

»[...] das Mutter-Gezeter, der Naumburger Stubengestank [...]«
                    Arnold Zweig an Sigmund Freud,
                                        6. 6. 1934[2]

»Sah bis spät die Briefe der Mutter Nietzsches zu Ende durch. Ergriffen und gedankenvoll.«
                    Thomas Mann, Tagebuch, 21. 8. 1937[3]

4.

»Das Glück meines Daseins, seine Einzigkeit vielleicht, liegt in seinem Verhängniss: ich bin, um es in Räthselform auszudrücken, als mein Vater bereits gestorben, als meine Mutter lebe ich noch und werde alt.«[4] So beginnt das erste Kapitel jener Bekenntnisschrift, die Friedrich Nietzsche »Ecce homo« nennt und in der er sich, wie es im Vorspruch heißt, sein Leben erzählt – eine Selbst-Interpretation, die übergeht in die vielleicht schon vom Wahnsinn gezeichnete Selbst-Monumentalisierung, unter deren Einfluß dann auch von Herkunft, Eltern und Familie nur ein verzerrtes, mit biographischer Wahrheit und Wirklichkeit kaum noch in Einklang zu bringendes Bild entsteht. So wird der Vater, dessen qualvolle Krankheit zum Tode das vierjährige Kind Nietzsche miterlebt und miterlitten hat, in einen Glorienschein gehüllt und himmlisch verklärt: »[...] er war zart, liebenswürdig und morbid, wie ein nur zum Vorübergehn bestimmtes Wesen – eher eine gütige Erinnerung an das Leben, als das Leben selbst.« – »Ich betrachte es als großes Vorrecht, einen solchen Vater gehabt zu haben: es scheint mir sogar, daß sich damit alles erklärt, was ich sonst an Vorrechten habe –

[...]«[5]. Schon früher, in einem Brief an Overbeck vom September 1884, spricht Nietzsche von der »*außerordentlichen* Natur« des Vaters, »den alle die ihn kannten mehr zu den ›Engeln‹ als zu den ›Menschen‹ gerechnet haben.«[6] Die Identifikation mit dieser Licht- und Engelsgestalt geht gar so weit, daß er geneigt ist, eine Lebensparallele herzustellen: Der Vater ist als Sechsunddreißigjähriger gestorben, und es scheint ihm rückblickend kein Zufall zu sein, daß er selbst in jenem Alter an einem physisch-psychischen Tiefpunkt angekommen und dem Tode nahe war.

Mit dem Bild des Vaters wird also immer auch das mögliche Versagen, das endgültige Scheitern, die lebensuntauglich machende »Gesammt-Depression«[7], letztlich der Untergang heraufbeschworen. Das väterliche Erbteil und Vermächtnis – diese (allzu) hohe Sensibilität, dieser »Fehlgriff, [sich] fremdes Leid viel zu groß vor[zu]stellen«[8] – erscheint als schwere Last, die das Dasein umschattet und zur Existenzbedrohung führen kann; zurück ins Leben gerissen wird er stets aufs neue von dem mütterlichen Element, dem Gegenpol, der aber nicht nur Glück, Geborgenheit und Lebensbejahung bedeutet, sondern vor allem auch zu Abgrenzung, zu Distanz und »Differenz«[9] herausfordert. Wenn in »Ecce homo« lapidar zu lesen ist: »[...] meine Mutter, Franziska Oehler, ist jedenfalls etwas sehr Deutsches [...]«[10], dann verbirgt sich härteste Kritik und Ablehnung hinter dieser zunächst so wenig aussagekräftigen Bezeichnung, hält Nietzsche doch »ernsthaft die Deutschen für *eine hundsgemeine* Art Mensch«[11]. Er selbst will nur »zu den *angesprenkelten* Deutschen«[12] gehören und phantasiert sich in eine polnisch-aristokratische Abstammung; als »der erste *rechtschaffene* Geist in der Geschichte des Geistes«[13] möchte er nicht »mit dem deutschen Geist in Eins gerechnet werden: »Der ›deutsche Geist‹ ist meine schlechte Luft: ich atme schwer in der Nähe dieser Instinkt gewordenen Unsauberkeit in psychologicis, die jedes Wort, jede Miene eines Deutschen verrät.«[14]

Kommt also in der Mutter fast idealtypisch all das zum Ausdruck, was er zutiefst verachtet und in sich bekämpft? Ist die mütterliche Sphäre, durch die er doch, im Gegensatz zur Todeswelt des Vaters, immer erneut ans Leben gebunden wird, nicht stets auch auf paradoxe Weise jene Instanz, die tiefste (Lebens-)Unlust erzeugt und alle defensiven Kräfte weckt? Auf einem spät entdeckten »Ecce homo«-Blatt bezeichnet Nietzsche die Mutter als »giftiges Gewürm«[15]; sie ist (gemeinsam mit Elisabeth, der Schwester) für ihn eine furchtbar-bedrohliche »Höllenmaschine, mit unfehlbarer Sicherheit über den Augenblick, wo man mich tödlich verwunden kann [...]«[16].

Es ist bemerkenswert, daß gerade Nietzsches Schwester, die doch gleichermaßen diesem grausam-apodiktischen Urteil verfällt, in späteren Jahren den Versuch unternimmt, die in »Ecce homo« formulierte Generalabrechnung mit der Mutter zu begründen und zu rechtfertigen: »[...] unsere Mutter wußte *nie*, was ihm gut war.«[17] In ihren Augen scheint Franziska Nietzsche weitgehend geprägt zu sein von negativen Eigenschaften: Sie macht aus allem, was sie tut, ein »Schauspiel«[18], sie ist eine »Frau ohne Charakter, die ihre Kinder nicht wirklich liebte und von ihnen auch nicht geliebt wurde, denn es war auch nichts *Wahres* an ihr, alles nur Schauspielerei für andere Leute berechnet. Das hat uns grenzenlos Kummer bereitet, zum Beispiel unserer Mutter Christentum, was für eine jämmerliche Tuerei und Spiegelfechterei, Augen-Aufschlagen etc. etc. und da wundert man sich, daß Fritz zum Antichrist geworden ist [...]«[19]

Mag dieses harte Urteil auch als Ausdruck einer ganz besonderen Befangenheit gelten, gesprochen zu jener Zeit, da es Elisabeth hauptsächlich darum ging, Leben und Werk des Bruders gänzlich für sich und ihre fragwürdigen Ziele zu okkupieren, also konsequent und mit allen Mitteln die Mutter abwerten und verdrängen mußte – die umfangreiche Nietzsche-Biographik folgt sehr häufig dieser hier gelegten Spur. So erscheint in Franziska Nietzsche das wenig schmeichelhafte Bild einer heuchlerisch-frommen, im Grunde gefühlskalten Frau, die kaum sensibel ist für die Bedürfnisse und den »Wert« ihrer Kinder, wobei besonders ihre geringen intellektuellen Fähigkeiten (also ihre »Dummheit«) kräftig hervorgehoben werden – in schönster Übereinstimmung mit Nietzsches Basler und Jenenser Krankenblättern, in denen von Franziskas Beschränktheit die Rede ist und in Mediziner-Art bedenkenlos vermerkt wird: »Mutter, lebt, wenig begabt.«[20] Auf diesem Hintergrunde fällt es manchem Nietzsche-Forscher tatsächlich nicht schwer, die biographischen Fakten so aufzubereiten, daß ein bestechend klares, nur allzu eingängiges Schema entsteht. Da wird die Figur eines genialisch veranlagten Sohnes gezeichnet, dessen hohe Geisteskraft sich schon im Kindesalter auf fast unheimliche Weise manifestiert – eine Intelligenz, die mühelos das ganze abendländische Bildungsgut in sich aufnimmt und verarbeitet, um schließlich jede Konvention, jedes Glaubensdogma, jedes Moral-System kritisch zu durchdringen und ad absurdum zu führen. Dagegen die Mutter: ein primitiv strukturierter Charakter, höchst mangelhaft gebildet, welunerfahren, beschränkt auf den kleinen Bereich von Haushalt und Familie, behaftet mit engstirnigen Moralbegriffen und einer bigotten, dumpfpietistisch eingefärbten Religiosität, in ihrem »Behütungswahn«[21] den Sohn qualvoll bedrängend.

Dieses Grundmuster ist, gleichsam zwischen den Zeilen, auch dort noch zu erkennen, wo man Franziska etwas milder, obschon immer leicht ironisch-überheblich beurteilt und ihr gnädig attestiert, mit der aufopfernden Pflege des geisteskrank gewordenen Sohnes habe sie in späteren Jahren ihrem dunklen Charakterbild einige hellere Farben beigemischt; in dieser Hinsicht beispielhaft ist Richard Bluncks Porträt: »Sie war in ihrer starken Vitalität von keinem Schicksalsschlag zu brechen, ihr lebhaftes und heiteres Naturell war dem Alltag und seinen Pflichten fest verhaftet; geistig war sie geborgen in ihrem Kinderglauben und unerschütterlich umhürdet von ihm. Ihre Mütterlichkeit war animalischer Natur und blieb es, das eigentliche Gefühlsleben ohne Tiefe und Weite, bei aller sentimentaler Ansprechbarkeit im Grunde kalt. Ihr aktives Wesen drängte zum Umsorgen und Dienen, aber ihre Phantasiearmut und geistige Enge machten ihr ein Sicheinfühlen in das Wachstum eines jungen Geistes und gar eines solchen wie dem ihres Sohnes ganz unmöglich, so daß er notwendigerweise vom ersten Dämmern seines Selbstbewußtseins an sich von ihr lösen mußte, so wenig er jemals die kreatürliche Bindung an sie verlor. / Dies mag angesichts der fast übermenschlichen Leistung mütterlicher Liebe, die sie in den letzten Jahren ihres Lebens aufbrachte, hart und ungerecht geurteilt scheinen, es ist nichtsdestoweniger wahr [...]«[22]

Wie immer es bestellt sein mag um die hier verkündete »Wahrheit« – dieser Text darf vor allem als Ansammlung freundlich umhüllter, abwertender Klischees und Vorurteile betrachtet werden. Wenn Blunck zum Beispiel von Franziskas »Kinderglauben« spricht, so legt er die Vermutung nahe, daß sie in der Entwicklung ihrer Persönlichkeit nie über ein bestimmtes infantiles Stadium hinausgekommen und lebenslang mit einem kindlich-»dummen« Welt- und Menschenbild behaftet ist. Und das als Positivum angeführte »heitere Naturell« wird dadurch sofort wieder dunkel eingefärbt, daß es sich angeblich nur an Haus und Herd auslebt – womit bedeutet ist, daß Franziska Nietzsche außerhalb dieser Sphäre möglicherweise ganz andere, »unheitere« Charakterzüge aufzuweisen hat. Besonders merkwürdig ist aber Bluncks Konstruktion einer »animalischen« Liebe zum Sohn, deren spezifische Konturen ja nur dann sichtbar werden können, wenn man, als Gegensatz, eine »geistige« Liebe erfindet, die unausgesprochen, aber doch sehr deutlich an die Vaterinstanz gebunden wird und damit höherwertig scheint. Mit Hilfe dieses Schemas ist es nun allzu leicht und problemlos möglich, die Person der Mutter abzuwerten und ihrer Beziehung zu den Kindern eine a priori mindere Qualität beizumessen; das Wort »animalisch« markiert nämlich »ohne Zweifel das Primitive, Ungeistige, Instinkthafte der mütterlichen Liebe Franziska Nietzsches, im Gegensatz zu dem, was die väterliche Liebe charakterisiert [...]«[23]. Es darf vermutet werden, daß der Biograph hier, vielleicht unbewußt, jenes patriarchalisch-»antifeministische« Denkmuster reproduziert, in welchem das Männliche stets mit dem Geist, das Weibliche jedoch mit dem naturhaft-primitiven Leben verknüpft ist; auf diese Weise ist das von Blunck entworfene, oft zitierte und fast kanonisch gewordene Franziska-Porträt vor allem wohl Ausdruck erkenntnishemmender ideologischer Fixierungen – und damit weit entfernt von einer vorurteilslosen, auch philologisch möglichst abgesicherten Personenbeschreibung.

Der Biograph modelliert den Gegenstand seiner Bemühung so lange, bis dieser, möglichst bruchlos, dem eigenen Welt- und Menschenbild einzuverleiben ist. Eine solche Gefahr schwebt mehr oder weniger über jedem Versuch, sich einer historischen Gestalt beschreibend (und dann wertend) zu nähern; sie ist natürlich immer auch vorhanden bei jenen neueren Deutungen, die (unter Zuhilfenahme eines bewundernswert-raffinierten psychologischen Instrumentariums) wirklich Ernst machen mit der heute allgemein akzeptierten These, daß im Fall Nietzsche Vita und Werk aufs engste miteinander verbunden sind und demgemäß der Prozeß und das Ergebnis seines Denkens nur dann recht begriffen und gewürdigt werden können, wenn die Lebensgeschichte mit all ihren Problemen, Brüchen und Traumatisierungen möglichst präzise erfaßt und interpretiert ist. Unter dieser Prämisse müßte wohl auch die Person der Mutter (ihr Charakter, ihre »Weltanschauung«, ihre Erziehungsprinzipien) jenseits aller bequemen, gängigen Schemata eingehend untersucht und gewürdigt werden; auf dieser Basis wäre dann mit größerer Sicherheit zu entscheiden, ob und unter welchen Bedingungen die Kommunikation Nietzsches mit der Mutter einwirkt auf Struktur und Inhalt seines philosophisch-dichterischen Werks. Es muß jedoch sofort hinzugefügt werden, daß sich auch die neuere subtile Nietzsche-Forschung dieser Aufgabe häufig entzieht und manchmal sogar recht kuriose Ergebnisse zeitigt. So kommt ein deutscher Denker und Deuter, der sich seit längerem schon der heroischen Aufgabe stellt, das maskuline Personal der Weltgeschichte in Mutter- und Vatersöhne aufzuteilen, bereits bei Ortsbestimmungen und bei der Klärung von Verwandtschaftsverhältnissen in die allergrößte Kalamität – über die Mutter des »Muttersohnes« Nietzsche erfährt man, daß sie eigentlich in Naumburg geboren und ihre Schwiegermutter gleichzeitig ihre Mutter ist: »Naumburg, wohin Franziska nach dem Tod ihres Mannes zurückgezogen war, rückfallend in den Schoß der eigenen Mutter.«[24] Was kümmern einen großen Geist die primitiven biographischen Fakten, wenn es ihn drängt, eine neue, revolutionäre, aufregende Weltschau selbst- und medienbewußt einer möglichst breiten Kundschaft anzubieten!

Es ist vielleicht unangemessen, den großen Nietzsche-Essay der feinfühligen Kindheitsforscherin Alice Miller ähnlich sarkastisch zu kommentieren. Man kann ihr allerdings den Vorwurf kaum ersparen, daß sie, zur Absicherung ihres sicher sehr einsichts- und eindrucksvollen psychologischen Konstrukts, biographische Sachverhalte verschiebt oder sogar »hervorzaubert«. Mit kritischem Blick auf die konservativ-konventionelle Forschung ist sie durchdrungen von der Gewißheit, das »Geheimnis Nietzsche« endlich entschlüsselt zu haben, indem sie dessen Werke als Spiegelungen der »ungelebten Gefühle, Bedürfnisse und Tragödien seiner Kindheit«[25] interpretiert. Sie sind »ein hoffnungsloser und doch bis zur Geistesauflösung nie aufgegebener Versuch [...], sich vom Gefängnis seiner Kindheit, vom Haß auf die ihn erziehenden und quälenden Personen zu befreien«.[26] Es wäre nun denkbar (und nötig!), daß die Autorin auf dem Hintergrunde einer solchen These auch die Gestalt der Mutter etwas klarer konturierte. In dieser Hinsicht bleiben ihre Ausführungen von einer überraschenden, ja ärgerlichen Dürftigkeit – ungeprüft und gänzlich ohne Skrupel übernimmt sie das Franziska-Bild jener psychologisch unbedarften älteren Biographen, deren Erkenntnisse sie doch mit Hilfe ihrer angeblich feineren Empfindung in einen völlig neuen Bezugsrahmen stellen möchte. Sie fällt, was Franziska Nietzsche betrifft, auf befremdliche Weise hinter ihre eigenen, erklärten Absichten zurück, vor allem wohl deshalb, weil sie allzu sehr fixiert ist auf ihr Schema vom gequälten Kind Nietzsche, das einer *bewußt* bösartigen, auf Unterdrückung und Dressur ausgerichteten Erziehungsmaschine ausgeliefert ist. Diese (wie sich zeigen wird) unangemessene, »undialektische« Konstruktion verführt sie dann nicht nur zu freien Phantasien über Prügelstrafen und Auspeitschungen[27], sie hat notwendig auch zur Folge, daß Franziska (wieder einmal) zur Karikatur verkommt und einer dem Grimmschen Märchenschatz entsprungenen bösen, herzlosen Mutter gleicht.

Auf den letzten jener 42 (!) Zeilen, die Alice Miller der Mutter widmet, erlaubt sie sich ein etwas zu eindeutiges Resumé, wenn sie vermerkt, daß Franziska Nietzsche »sogar von den wohlwollenden Biographen als kalt, dumm und uninteressiert« beschrieben werde[28]. Es ist ja auffällig (und aus der Perspektive ihrer These natürlich äußerst irritierend), daß aus den Zeugnissen jener Menschen, die Nietzsches Mutter gekannt und beobachtet haben, ein gänzlich anderes, gegenläufiges Persönlichkeitsprofil entwickelt werden könnte. Paul Deussen, Nietzsches Jugendfreund, erlebt sie als »eine Frau von seltener Frische und geistiger Regsamkeit, deren angeborener Frohsinn auch unter den herbsten Schickungen sich aufrecht erhielt«[29]. Es wird von der »unzerstörbaren Heiterkeit und Friedlichkeit ihres inneren Empfindens«[30] gesprochen; sie erscheint als eine »in jeder Beziehung vortreffliche Frau, gut und klug, von feinem, ja vornehmen Benehmen in allen Lebenslagen«[31]. Fanny Schumm berichtet: »Frau Pastor Nietzsche war unsere langjährige Nachbarin, als sie in Naumburg an der Saale wohnte [...] Mit all den Insassen der kleinen Häuser ringsum hielt sie gute Nachbarschaft und war christlich teilnehmend in Freud und Leid, ohne je ihrer Stellung, die sie sehr hoch und würdig auffaßte, etwas zu vergeben.«[32] Ein Besucher zeichnet folgendes Porträt der Siebzigjährigen: »Ein bleiches, offen anmuthsvolles, fast madonnenhaftes Gesicht mit blauen Augen und prachtvollem schwarzen Haar, das kaum von etlichen Silberfäden durchwoben ist, eine etwas sächsisch anklingende, freundliche Sprechweise, ruhiges, leidenschaftsloses Wesen, über dem der zaubervolle, schmerzliche Reiz banger Resignation ausgebreitet ist, fesseln an dieser klugen, einfachen Frau [...]«[33]. Franziskas Neffe Richard Oehler schreibt: »Nietzsches Mutter war nicht in dem Sinne eine ›bedeutende‹ Frau, in der man dieses auszeichnende Beiwort von literarisch oder künstlerisch hervorragenden Persönlichkeiten, wie etwa der Mutter Schopenhauers, gebraucht. Sie hat nie das Bedürfnis empfunden, ihre Fähigkeiten aktiv zum Ausdruck zu bringen [...] Was aber an dieser Frau als etwas sehr Merkwürdiges ins Auge fiel, was ihr [...] die intime Freundschaft feinsinniger und kultivierter Familien eingetragen hat, das war eine starke und sehr sympathische Originalität. Deshalb scheue ich mich nicht, sie eine bedeutende Natur zu nennen.«[34] Adalbert Oehler, gleichfalls ein Neffe Franziskas und zeitweilig ihr Hausgast, widmet seiner Tante eine von Liebe und Verehrung durchdrungene umfangreiche biographische Studie, deren Wert wohl darin liegt, daß sie sich auf persönliches Erleben stützen kann, gleichzeitig aber auch Dokumente vorstellt, durch die das Persönlichkeitsbild Franziska Nietzsches plastisch-»lebendige« Konturen erhält. Was dennoch irritiert, ist Oehlers durchgängiges Bemühen, Konflikte und Spannungen zwar anzudeuten, aber sofort wieder mittels eines manchmal allzu süßlich-harmonisierenden Vokabulars zu verschleiern; verdächtig oft ist die Rede von sensiblen und gedankenvollen Hausherren, von prächtigen Pastorenfrauen, von gesunden rotwangigen Töchtern und Söhnen, so daß der Eindruck entsteht, das tradierte, verinnerlichte Phantasie-Gemälde einer von christlicher Eintracht geprägten evangelisch-bürgerlichen Familienkultur habe ihn daran gehindert, die weniger idealen, tatsächlichen Lebensvorgänge angemessen realistisch zu schildern. Unzureichend ist auch jenes Hauptkriterium, durch das er die Persönlichkeit Franziskas glaubt erfassen zu können: Für ihn bemißt sich nämlich der »Wert« einer Frau nur an der mehr oder minder entwickelten Fähigkeit, mit der sie ihrer Aufgabe als »Mutter« gerecht zu werden vermag – Franziska Nietzsche erscheint ihm groß und bewundernswert, weil sie den Idealfall des in seiner Mutterbestimmung gänzlich aufgehenden weiblichen Wesens verkörpert. So kann er denn, im Schlußsatz seiner Biographie, mit reichlich hohlem Pathos verkünden: »Selten hat eine Frau die Krone, die ihr verliehen wurde, die Krone ihrer Mutterschaft, unwandelbarer durch die Anfechtungen eines langen Lebens hindurchgetragen als diese treueste der Mütter, deren Name unvergänglich bleiben wird, solange sich die Menschheit in Ehrfurcht vor dem Mysterium der Mutterliebe beugt.«[35]

Franziska Nietzsche: Edles, zeitloses Vorbild von Mütterlichkeit, geistig rege, fröhlich, klug – oder aber: Die »böse« Mutter, beschränkt, kalt und dumm? Wer sich vertraut machen will mit dieser Frau, wird schnell auf solche Widersprüche stoßen. Die Nietzsche-Literatur vermittelt in der Tat ein äußerst diffuses, wenig aussagekräftiges Bild. Es ist erstaunlich: Trotz der vielfältigen Beschäftigung mit Leben und Werk des Sohnes bleibt die Gestalt der Mutter immer noch dunkel und entstellt von nachlässig gebrauchten Stereotypen, ideologisch befangenen Glorifizierungen oder Abwertungen. Ein solcher Sachverhalt läßt sich zunächst wohl daraus erklären, daß dieser Frau die nötige philologische Sorgfalt bislang sehr mangelhaft zuteil geworden ist; wichtige Quellen, die Auskunft geben könnten über ihren Lebensweg, ihren Charakter, ihr Denken und Fühlen, sind unzureichend ausgewertet: die fragmentarische Autobiographie, die Tagebücher, die umfangreiche Korrespondenz mit Verwandten, Freundinnen und Freunden. Vielleicht ist diese auffällige Vernachlässigung in dem allgemeinen Unwillen der Biographen begründet, »sich überhaupt ernsthaft auf eine angeblich so minderwertige, unsympathische und ungebildete Frau« einzulassen[36]. Bei etlichen Interpreten könnte auch jenes (unter- oder vorbewußte) Angstgefühl blockierend wirken: daß nämlich durch die Beschäftigung mit einer solchen Thematik die möglicherweise spannungsvolle, konfliktreiche Beziehung zur eigenen »Muttermacht« störend und Unlust erzeugend ins Bewußtsein tritt. Um so erfreulicher ist es jedoch, daß in den letzten Jahren einige Arbeiten vorgelegt wurden, die äußerst hilfreich sind bei dem Bemühen, der Persönlichkeit Franziska Nietzsches etwas mehr historische Gerechtigkeit widerfahren zu lassen

– so geben (aus unterschiedlichster Perspektive) Reiner Bohley, Jörgen Kjaer und Hermann Josef Schmidt neue, wertvolle Hinweise; deren Arbeitsergebnisse, Deutungen und Vorschläge bilden eine wichtige Grundlage für jeden Versuch, die Lebensdokumente der Mutter Nietzsches vorzustellen und (behutsam) zu kommentieren.

5.

Ein Brief, den Franziska, einundfünfzigjährig, Anfang März 1877 an ihren Sohn schreibt, könnte hilfreich sein bei einer ersten Begegnung. Zu dieser Zeit lebt Nietzsche in Sorrent, in Gesellschaft der milden Humanistin Malwida von Meysenbug, die sich (in einem Schreiben an Olga Monod) sehr besorgt zeigt um den Gesundheitszustand ihres Gastes: »[...] der arme Nietzsche war gestern wieder so krank, daß er zu Bett bleiben mußte [...] der Arzt hat 2 Alternativen gestellt: entweder das Übel könne ganz plötzlich aufhören, oder aber es könne eine beinahe völlige Schwächung der Gehirntätigkeit zur Folge haben, wenn nicht in guten Tagen die äußerste Schonung beobachtet werde; seine Augen sind nun schon wieder schlimmer geworden, so daß seine Zukunft als Philologe beinahe jetzt schon als unmöglich erscheint.«[37]

Über die dramatischen Einzelheiten der Krankheit mit ihren bedrohlichen lebenspraktischen Folgen ist Franziska aus der Ferne nur ganz oberflächlich informiert: »Leider ging es Dir den Nachrichten nach nicht so recht gut mein lieber Fritz [...] nun wir geben uns dennoch guten Hoffnungen hin, wozu der treue liebe Gott sein Ja und Amen sagen möge! [...] Natürlich thust Du was Dir am Besten erscheint für Deinen Gesundheitszustand und die gute Frln. von Meysenbuch wird Dir mit ihren guten Rat behülflich sein.«[38] Das Beste wäre allerdings, so läßt sie gleichzeitig durchblicken, wenn sich der Sohn wieder ganz ihrer Obhut anvertrauen würde. Denn mögen Malwidas Ratschläge auch noch so wohlmeinend und hilfreich sein – in Franziskas Verständnis gibt es ein besseres Rezept: jene mütterliche »herzinnige Liebe, die Dir alles an den Augen absehen wird, schöne Süppchen, köstlicher Schinken, die prächtigen Spaziergänge und was es alles noch für Zuckerplätzchen giebt um ein Kind zu locken.«[39] Vielleicht ist der Sohn auch dadurch zu beeindrucken, daß man die Unannehmlichkeiten des sommerlich-italienischen Klimas heraufbeschwört: »Ich sehe mit Spannung entgegen, wie dir später die heiße Luft dort bekommen wird.«[40] Dagegen ist es bei ihr »im Sommer aber auch *zu schön* unsre wundervoll dick belaubte Veranta, unser kleines hübsches Heim [...][41]. Mag sich die Sorge um den kranken Sohn auch immer wieder wie ein Schatten auf ihr Leben legen – zu jener Zeit ist ihre Existenz dennoch geprägt von einer gewissen ruhigen Zufriedenheit; von der guten städtischen Gesellschaft wird sie wohlwollend akzeptiert, so daß sie dem Sohn (ein wenig geschmeichelt) berichten kann: »Tags vorher war ich auch zu einem Kaffee bei der Fr. Oberprediger, wo das alte Naumburg geladen war und wir uns (ich bin dort doch eine Art Wirthin) köstlich amüssierten, alle dankten *mir* besonders, wie intressant ich ihnen erzählt hätte, es war zu spaßhaft und noch mehr als gestern die Oberprediger anfrug, ob ich und Lieschen Sonntag frei wären sie wollten ihren zweiten Kaffee mit 25 Damen geben und ›fehlen dürfte ich nicht ich wäre die Seele des Ganzen u.s.w.‹ nicht wahr spaßhaft mein alter lieber Fritz?«[42] Des weiteren sind da mancherlei Bildungsveranstaltungen, an denen sie teilnimmt, »wunderschöne Vorlesungen, so auch gestern über ›Kreuz und Kruzifix im christlichen Alterthum‹ von einem Superintendenten aus Wernigerode und vorher von Predigern Oberlehrern und

Jenaischen Professoren und mußten recht bedauern, eben nicht in einer Universitätsstadt zu leben, wo man derartige Genüsse öfter hat, so allein vorzüglich, verdummt man auf deutsch gesagt [...]«[43] Aber gerade hier wird sie sich ihrer Bildungsdefizite klar bewußt: In dem sich anschließenden kleinen Lebenslauf versucht sie, diese Mängel zu erklären – es ist ein gänzlich unsentimentaler, realistischer Rückblick, der auch jene Katastrophen deutlich benennt, die sie mit größter Mühe überwinden und verarbeiten mußte:

»Ich fühle aber daß meine Schulbildung zu mangelhaft gewesen ist und unser Sinn mehr auf das praktische und nützliche Arbeit gerichtet wurde, woran es bei elf Kindern, wenig Mitteln, und *einen* dienstbaren Geiste nicht fehlte, dann verheirathete ich mich mit $17\frac{3}{4}$ Jahren, wo ich was ich überhaupt noch weiß, von meinen so begabten lieben Herzensmann hörte und nach Jahr und Tag kam mein Fritzchen, dann mein Lieschen und dann mein Josephchen, denen dann alle meine Zeit und Kraft gehörte. Dann kam diese Herz und Mark erschütternde elfmonatliche Krankheit dieses meines heiß und inniggeliebten Mannes, der überaus schmerzliche Verlust, ½ Jahr darauf, der Verlust des köstlichen Kindchen und meine Körperkraft, war von all den Stürmen *gebrochen*, so daß ich nach den Aufsteigen einer Treppe z. B. auf der obersten Stufe erst lange ruhen mußte, um weiter gehen zu können, und mein schönster Gedanke war damals, als 23 jährige, bald recht bald mit meinen Heißgeliebten vereinigt zu sein. Doch Gottes Wille war anders als der meine. Er schenkte mir wieder Kraft mich dem Werke der Erziehung Eurer zu widmen und so war hauptsächlich mein Zweck darauf gerichtet, Euch alles das lernen zu lassen, wo ich fühlte, was *mir* fehlte, indem ich den damaligen Ausspruch der Fr. Geheimräthin Lepsius so richtig fand, die eben auch dieses befolgte und darum die Privatstunden ihrer Kinder (zum Schrecken der Lehrer) selbst überwachte. Der liebe Gott legte seinen Segen darauf und so sind meine beiden jungen Seelen eigentlich meine Comentatoren, die mir immer fehlen, wenn ich sie nicht bei mir habe und Herz und Geist verarmt und möchte sich gern mit der ganzen Gluth der Mutterliebe an sie ketten, denn was ist einer Mutter *lieber, werther*, in diesen armen Menschenleben und unvollkommenen Erdenleben als ihre Kinder.«[44]

Der Blick auf Kindheit und Jugend: erstaunlich nüchtern und kritisch, so daß die dunkle Seite der oft in allzu helles Licht gerückten deutsch-protestantischen Pfarrhauskultur deutlich hervortritt. Hier ist von harter Arbeit die Rede, von Armut, von der unbefragt als Ausdruck göttlicher Ordnung praktizierten Tradition, den männlichen Kindern den sozialen Aufstieg, die akademische Karriere dadurch zu garantieren, daß man die Töchter als fast kostenlose Arbeitskräfte ökonomisch verwertet und ihnen keine (Aus-)Bildung, keine intellektuelle Entfaltung, keine weibliche Autonomie zubilligt – nur jene möglichst schnell herbeizuführende ausweglose Bindung an einen (Ehe-)Mann, der seiner Frau die »Welt« eröffnet, indem er ihr die eigenen Wert- und Lebensvorstellungen aufnötigt, an dessen Schicksal sie also nicht nur materiell, sondern auch mental, »geistig-moralisch« gekettet ist. In einer solchen Konstellation hat aber das plötzliche Verschwinden des Mannes die weibliche Daseinskatastrophe notwendig zur Folge; durch den frühen Tod des Gatten scheint Franziskas Existenz in der Tat sinn- und wertlos geworden zu sein. Sie spricht von tiefster Erschöpfung, von psychosomatischen Krankheitszuständen, ja sogar von Todeswünschen – und benennt jene Kräfte, mit deren Hilfe sie dennoch wieder ins Leben zurückzufinden vermag: den Glaubenstrost, die innere Verpflichtung zu einer ganz besonders intensiven, aufmerksamen Erziehung ihrer halbverwaisten Kinder. Das pädagogische Geschäft wird so zum wichtigsten Element einer Art von Selbst-Therapie und ist auf diese Weise keineswegs nur eine äußerlich bleibende, pragmatisch zu lösende Aufgabe. Durch den Erziehungsauftrag ist ihr Leben aufs neue gerechtfertigt und »sinnvoll« gemacht. Sichtbarer Ausdruck einer derart emphatisch begriffenen Mutter-Rolle ist diese fast unbegrenzte Hingabe und Opferbereitschaft, die den Kindern wohl Schutz und Geborgenheit zu geben vermag – und ihnen doch gleichzeitig das Abwehr erzeugende Gefühl vermittelt, unentrinnbar verknotet zu sein mit dem mütterlichen Liebesgespinst, in dessen Fäden jeder Versuch kindlicher Selbst-Findung, jede juvenile Revolte als bösartiger Anschlag auf die Würde und den Lebenssinn der Mutter gedeutet werden könnte.

So kann diese kleine Skizze, versteckt unter heiter-harmloser Plauderei, in der Tat schon ein Beziehungs- und Familiensystem aufscheinen lassen, dessen ganz spezifische Grundlagen und Mechanismen von den meisten Interpreten deshalb nur sehr unzureichend erfaßt und beschrieben werden, weil sie – eindimensional und naiv, oft ohne Kenntnis der Texte und Fakten – auf Franziska Nietzsche das Zerrbild der kalten, herzlosen, liebesunfähigen Mutter projizieren. Demgegenüber wird zu zeigen sein, auf welche Weise eine die ganze weibliche Existenz durchdringende »Gluth der Mutterliebe«, entgegen ihrer tiefsten Intention, das natürliche Streben der Kinder nach Eigenverantwortung und Autonomie blockiert und besonders dem Sohn weit weniger als Glück denn als schwere Lebensbelastung erscheint, so daß er sich am Ende nur in jene furchtbare, aber doch hilflos-vergebliche »Ecce homo«-Wut zu flüchten vermag. Um diesen schwierigen Prozeß verständlicher zu machen, muß aber die Gestalt der Mutter, entgegen der bisher geübten Forschungspraxis, etwas schärfer konturiert werden. Es gilt, das Leben der Franziska Nietzsche neu zu erzählen, jenseits der üblichen, statisch gebrauchten Klischees und Zuschreibungen; von der *Entwicklung* einer *Frau* muß berichtet werden, von ihren *Verwandlungen*, auch von ihrer Jugend mit diesem so interessanten, liebenswürdigen, unkonventionellen Vater, von dem Schock, der durch den Übergang in eine ganz andere, die Nietzsche-Sphäre nämlich, bewirkt wird, wodurch sie gleichsam an die Bruchstelle zweier protestantischer Lebenswelten gerät. Und so muß auch der *geistige Raum* beschrieben werden, dessen Werte sie in sich aufnimmt und verarbeitet: jene deutsch-evangelische Pfarrhauskultur mit ihren »überreinlichen Räumen«, ihrem »pathetischen Gelehrtenoptimismus«, ihrer »eigentümlichen Kanzelrhetorik [der] großen Wörter für Gut und Böse, Schön und Häßlich«[45], jene Welt also, die ihr erster Biograph mit den Vokabeln »traulich, gesellig, gemütvoll, idyllisch« belegt[46], im geheimen wohl wissend, daß er damit die Spannungen und Widersprüchlichkeiten einer zum bourgeoisen Tugendsystem verkümmerten Christlichkeit gnädig verschleiert – an deren scheinbar unüberwindlichen Zwängen beide jedoch, auf unterschiedlichste Weise, gescheitert und zerbrochen sind: die Mutter und der Sohn Friedrich Nietzsche.

ZERBRECHLICHE IDYLLE

1.

»Wie bin ich nur zu solch ›berühmten‹ Kindern nur gekommen«[47] – ein Stoßseufzer, als Randbemerkung einem jener Briefe beigefügt, in denen Franziska Nietzsche dem Basler Professor Franz Overbeck immer wieder Bericht erstattet über den Leidensweg ihres im Wahnsinn dahindämmernden Sohnes, auch über die Mühsal der täglichen, bis zur Erschöpfung ausgeübten Krankenpflege, und nicht zuletzt über all die Verwirrungen und Ängste, die das so plötzlich erwachte, manchmal indezente Interesse an Leben und Werk des geliebten Kindes bei ihr wachrufen muß.

Ein wenig Stolz mag mitschwingen in dieser kleinen Notiz, die doch vor allem Ausdruck eines fast bedauernden, traurigen Staunens darüber ist, daß ihr der stets als gnädig, gütig und barmherzig gedachte Herrgott eine Rolle zugewiesen hat, die sie nie hat spielen wollen und auf die sie niemals vorbereitet wurde. Wohl ist es schmeichelhaft und tröstlich, wenn ihr ein jugendlich-feuriger Schriftsteller seine Verehrung gesteht: »Ich, ein junger Mensch von vierundzwanzig Jahren, wage es, meine erste Dichtung in die Hände *der* Mutter zu legen, der ehrwürdigen Mutter, die der Welt einen so großen Sohn geschenkt hat«[48] – aber ist diese Würde nicht auch verbunden mit fast unerträglichen Belastungen und dem bedrückenden Gefühl der Überforderung? Fremde Menschen, die ihr Haus neugierig begaffen; karriere-süchtige Privatgelehrte, die sie peinlichst befragen; Angst und Sorge, daß sie, als Vormund des Sohnes, vielleicht nicht von gerichtlicher Verfolgung verschont bleibt, wenn manche dieser schrecklich blasphemischen, anti-christlichen Texte einem breiten, skandallüsternen Publikum bekannt gemacht werden; tiefes Erschrecken darüber, daß man in aller Öffentlichkeit über die Krankheit des Sohnes, ihre Entstehung, ihre besondere, vielleicht »familienbedingte« Art rücksichtslos zu spekulieren beginnt; schließlich die irritierende, etwas anstößige Energie, mit der Elisabeth, die Tochter, den »Geistesschatz«[49] des Bruders zu okkupieren beginnt, um damit endlich selbst »berühmt« zu werden – das sind die großen Störungen, durch die sie abgezogen wird von ihrer wirklich wichtigen, letzten Pflicht: dem hilflos gewordenen Sohn das Leben erträglich zu machen.

Dieser Familienruhm, als eher lästig empfunden, weckt in Franziska immer stärker den Verdacht, daß sich die Nachwelt dereinst auch ihrer Person zuwenden wird – vielleicht sogar in unfreundlicher Absicht und bestrebt, auf die christliche Mutter des großen Anti-Christen den Schatten des erzieherischen Versagens fallen zu lassen. Traurig genug, daß es die eigene Tochter ist, die solchen Befürchtungen als erste Nahrung gibt: Elisabeths Nietzsche-Biographie, deren erster Teil bereits im Jahre 1895 erscheint, muß bei Franziska ungläubiges Staunen und hilflose Wut hervorrufen, wird sie in diesem Werk doch vorgeführt als eine Art von »Randfigur«, unfähig, den mütterlich-erzieherischen Aufgaben selbständig gerecht zu werden; bösartig und beleidigend muß ihr diese Darstellung erscheinen angesichts der eigenen Erinnerung an jene frühe Naumburger Zeit, da sie als junge, fast mittellose Witwe den überheblichen pädagogischen Einreden und Vorhaltungen der nahen weiblichen Verwandten ihres so früh gestorbenen Gatten kaum ausweichen konnte, am Ende aber doch die letzte, entscheidende Verantwortung für das Wohl der Kinder ganz allein zu tragen hatte – voller Bitterkeit kommentiert sie das Phantasie-Gemälde der Tochter, wobei wohl immer noch der scharfe Gegensatz zwischen den Welt- und Lebensvorstellungen des Elternhauses und denen der Familie ihres Mannes im Gedächtnis auf schmerzliche Weise lebendig ist, jene Dissonanz, die sie als Braut und junge Ehefrau schweigend erdulden mußte: »Lieschen will eben durchaus nicht den geringsten geistigen Einfluß meinerseits, eben ›Oehlerschen‹ dulden und alles nur dem ›Nietzscheschen‹ zuschreiben, und so bleibt nur das einzige, was sie mir nicht abstreiten kann, daß ich Fritz geboren habe. Was wäre wohl aus den Kindern geworden, wenn sie vier weibliche Personen und teilweise mit welcher Nervosität erzogen hätten. Es kümmerte sich eben keine Seele außer mir um ihre Erziehung, es wäre ja sonst als Mutter nicht zum Aushalten gewesen.«[50] Tiefe Enttäuschung also über Elisabeth, die sich bedenkenlos auf die »Nietzsche-Seite« geschlagen hat; Franz Overbeck, der schon dem Sohn ein treuer, verläßlicher Freund war und jetzt, in diesen letzten Jahren, auch Franziskas Vertrauen genießt, erfährt in einem Brief von ihrem Kummer: vielleicht müsse er, als Garant der Wahrheit, zukünftig nicht nur für Nietzsche, sondern »auch für dessen Mutter einstehen [...] wer einzig und allein seine Erziehung geleitet, da er noch nicht 5 und Lieschen 3 Jahre alt war als sie den Vater verloren und daß wir uns doch immer *gut* gestanden haben.«[51]

Es ist nun nicht nur dieser Hilferuf an einen Außenstehenden, der deutlich macht, wie sehr Franziska getroffen ist von den biographischen Phantasien der Tochter, wie stark gleichzeitig ihr Wunsch bleibt, die empfindlich gestörte Familien-Eintracht noch einmal zu retten: vielmehr scheint sie aus innerstem Impuls gezwungen zu sein, eine eigene Version, ein Gegenbild zu entwerfen, trotz aller anderen Aufgaben, die sie als fast Siebzigjährige schon übermäßig belasten. Sie beginnt, ihre Lebenserinnerungen schriftlich niederzulegen – ein Werk, das sich (gemessen an den literarischen Mitteln, die der Tochter zur Verfügung stehen) anrührend naiv und bescheiden ausnimmt, an dem sie schließlich auch scheitern muß, jedoch nicht nur aus schriftstellerischem Unvermögen: es ist wohl jenes früh erlernte und verinnerlichte christliche Harmonie- und Friedfertigkeitspostulat, das sie letztlich daran hindert, die beabsichtigte Korrektur bis zu jenem Punkt voranzutreiben, da der evangelische Familienfrieden als brüchig, scheinhaft illusionär vorgeführt werden müßte. Vor dieser bedrohlichen Konsequenz scheint Franziska ängstlich zurückzuweichen; ihre Geschichte bleibt Fragment, durchaus noch zu vergleichen mit den zahlreichen liebenswürdigen Biedermeier-Pfarrhausidyllen, auf die sich eine vom Geist der Aufklärung irritierte bürgerlich-protestantische Kultur als letzte Bastion zurückzieht, ehe sie an den Herausforderungen und Ansprüchen des neuen, industriellen Zeitalters endgültig zerbricht. Was dieses literarische Genre im allgemeinen kennzeichnet, ist das Verschweigen, Ausblenden und Verdrängen all jener individuellen und gesellschaftlichen Widersprüche und Konflikte, die sich in den handelnden Figuren möglicherweise als »sinnlich« erfahrenes Lebensproblem widerspiegeln und ein »unglückliches Bewußtsein« erzeugen. Auch bei Franziska ist die »unheile Welt« verborgen hinter einem Schleier von Freundlichkeit und Harmonie. In einem an der Oberfläche heiter-fröhlichen Ton, manchmal abschweifend in anekdotisch-amüsante Einzelheiten, berichtet sie von einer bescheiden-glücklichen Kindheit und Jugend in einem kleinen sächsischen Dorf, erzählt sie eine schöne Liebesgeschichte, preist sie ihr junges Eheglück auf überschwengliche Weise, um dort abzubrechen, wo mit der Geburt des ersten Sohnes ein Wendepunkt erreicht ist und sich ihr großes Lebensproblem nur allzu scharf in die Erinnerung drängt. Der dunkle Hintergrund bleibt verborgen – ihn sichtbar zu machen, indem man den reizvoll-schwierigen Versuch unternimmt, Franziskas Lebenserinnerungen gleichsam »gegen den Strich« zu lesen und zu interpretieren, ist eine unabdingbar notwendige Aufgabe, trotz aller Widerstände, die sich vordergründig aus der sprachlich-literarischen Gestaltung ergeben. Diese komplizierten, manchmal fehlerhaften Satzkonstruktionen, diese unkonventionelle, zuweilen sinnentstellende Zeichensetzung, dieser willkürliche Wechsel der Tempora, diese ganz besondere, auf den ersten Blick unbeholfen wirkende Darstellungsweise – das alles mag die Lektüre zunächst etwas erschweren, läßt aber doch (wenn man den »Geist« des Dokuments nicht voreilig durch Modernisierung, Glättung und Verbesserung zerstört) die Persönlichkeit, das »Wesen« Franziskas, ihre Art des Denkens und Erlebens, deutlich und erkenntnisfördernd hervortreten:

2.
»Mein Leben[52]«

Ich bin am 2ten Febr 1826 geboren mithin an den heutigen Tage, wo ich diese Aufzeichnungen beginne (12 Mai 1895) 69 Jahre 3 Monate u 10 Tage alt. Mein guter Vater Pstr Oehler war Geistlicher in Pobles bei Weißenfels, meine gute Mutter war die Tochter des Finanzcomisars Hahn früherer Domänenpächter in Zeitz späterer Rittergutsbesitzer in Wählitz bei Hohenmölsen, der gute Vater / [Randnotiz:] wie schon gesagt aus Zeitz stammend war der Sohn des Webermeister Oehler. Wir haben leider diese guten Großältern nicht mehr gekannt. Vaterchen erzählte aber daß er natürlich als einziger Sohn seiner Eltern, der Stolz derselben gewesen sei, besuchte die Dortige damals beste Schule, wo der Rector noch große Gewalt gehabt habe, welche sich sogar bis auf die Kleidung der Schüler erstreckt habe z. B. hätten zwei junge vornehme Leute andere Hüte sich angeschafft als die Schüler tragen durften mit breiter Krämpe, worauf der Rec-

Franziska Oehler als ca. Sechzehnjährige

tor einfach den Hutmacher in die Schulstube kommen lassen u die Krämpen zu Nutz und Frommen der anderen Schüler verschneiden ließ. Mit einem Lehrer welcher die Disziplin nicht recht aufrecht erhalten konnte hätten sie aber doch ihren Scherz getrieben u. ihn z. B. einmal einen sogenannten Kuckuck aus den Drechslerladen in den etwas defekten Lederbezug seines Lehnstuhls gesteckt. Der alte Mann nichtsahnend fährt natürlich von seinen Sitz auf wiederholt nach allen Seiten horchend und forschend, wer ein solches Spielzeug in die Schule mitgebracht habe bis er später den Sachverhalt kennt u. den Schülern vom Rector eine exemplarische Strafe zudiktiert wird. Daß mein Vater als Waisenknabe erzogen worden ist (wie in der Biographie steht) ist wohl diese Verwandlung dadurch entstanden daß er als Currendschüler vor den Häusern, wie auch Luther seinerzeit mitgesungen hat.[53] Von der guten Großmama wissen wir nichts als daß sie im hohen Alter in der Stube bei einem Fehltritt das Bein gebrochen hat u. darüber gestorben ist. Meine fünf älteren heimgegangenen Geschwister wußten sich doch vielleicht Ihrer u. einzelner Züge zu erinnern, wir jüngeren wissen aber nichts, als daß die guten Großältern viel mit den lieben Eltern in G. verkehrt haben. / [der gute Vater] hatte in Leipzig unter Großmann, Goldhorn u Kuhne studiert u. sich deren Gunst erworben, so daß er viel in diesen Familien verkehrt hatte.[54] Später erhielt er eben durch dieser Herren Vermittelung die Pfarrstelle in Pobles von dem Patron dieser Kirche den Herren von Raschau (ein Sonderling aber sehr gescheidter Mann u. mein Hr. Pathe). Ich erhielt in der heiligen Taufe die Namen Franziska Ernestine Rosaura Oehler u. da es der gute Vater liebte gleichzeitig bei unser aller Namen Anfangsbuchstaben uns ein Wort mit auf den Lebensweg zu geben, so hatte ich »FERO« (dulde, trage) mitbekommen[54] ahnungslos daß mein Leben später wirklich den Mangel beggenen würde aber gleichzeitig mir immer wie ein väterlicher Zuruf erklingend, nicht unter der Last zu verzagen, sondern sich unter Gottes gewaltiger Hand still zu beugen.[55] Ich hatte noch 3 ältere Schwestern u. 2 ältere Brüder u war das sechste Kind, aber das mittelste von 11 Geschwistern indem ich auch 4 jüngere Brüder u. auch Schwestern besaß. So unter fünf Brüdern als einziges Mädchen dazwischen aufzuwachsen, hat mir gewiß zu meiner guten Gesundheit verholfen, indem ich die tollsten Spiele u Belustigungen mitmachen mußte, wollte ich mich nicht ihrem Hohn aussetzen. Unser Elternhaus war ein ebenso heiteres als strenges, indem unser guter Vater als guter Pädagog bekannt war, die gute liebe Mutter welche in dem Wohle ihrer Kinder aufging, ebenso als Seele des Hauses, u. so wurde streng auf gute Sitte gehalten, ohne besonderen Zwang auszuüben. Unsere Hauslehrer stets Kandidaten der Theologie, verfolgten dieselben Ansichten der guten Eltern u. so wuchs die ganze Kinderschaar fröhlich u. gesund heran. / [Randnotiz:] Als siebenjährige Schülerin, erinnere ich mich noch, kam ich höchstvergnügt mit meiner ersten Zensur in Vaterchens Studierstube selig »daß mir der Herr Kandidat ein Versehen darunter geschrieben habe.« Der gute Vater nahm mich auf den Schoss u. las ganz langsam aber vielsagend: »Zum einen Ohr hinein zum anderen wieder heraus« und machte mir nun in liebevollster Weise an meinen Oehrchen klar, wie dies zu verstehen sei, worauf natürlich die Freude an »den Versehen« ein Thränenstrom folgte. / Das eine Stunde von Pobles entfernte Großelternhaus in Wählitz wohin wir zuweilen geholt wurden, natürlich auf unserer eigenen »Kutsche« vollgepackt von Groß und Klein, war ein besonderes Vergnügen. Wenn uns dann der liebe freundliche Großpapa mit den steifgepreßten Busenstreifen od. in der Uniform als Finanzcomisarius[56] u. die auch schöne stattliche Großmama (welche als schönste Frau der Umgegend bekannt gewesen ist u. im

Kriege mit dem Prinzen welcher bei Großgörschen fiel Gevatter gestanden hat)[57] uns empfingen u. wir durch den Hausflur mit der mächtigen Hausthür, desgl. das Wohnzimmer mit den alten Roccocomöbeln u. Saal geführt wurden, wo uns noch besonders die prächtige Roccocouhr imponierte, u. wir im Garten die herrlichsten Früchte uns holen u. im Park uns herumtummeln durften, so war dies ein Plaisier was gar nicht zu beschreiben war. Daß dort »wohl sein« war, wussten selbst unsere Pferde, welche zu des Kutschers besonderen Spaß, kaum zu halten waren, wenn der Seitenweg nach Wählitz eingeschlagen wurde. Natürlich hatten die Großeltern auch ihre Freude an der Enkelschaar u. ich erinnere mich, daß der Großpapa uns ein kleines Poni mit kl. Wagen u. Schlitten schenkte. Eines Tages ritt aber mein ältester Bruder bei Glatteis aus, das Pferd glitt aus brach ein Bein u. mußte dem »Schinder« (wie damals ein Abdecker genannt wurde) übergeben werden. Diese Scene zu umgehen wo dieses uns so liebe Thier abgeholt werden sollte, wurden wir sämtlich nach Wählitz abgeholt und erinnere mich noch deutlich, daß als die Hausuhr die verhängnisvolle S‛[unde] schlug, wo das liebe Thier abgeholt werden sollte, wir uns hinter einer Stubenthür verborgen, unter Tränen zusammenfanden. Natürlich wurde dieser Verlust in der großelterlichen Güte bald wieder ersetzt, ebenso das Futter jeden Monat für das kl. Thier. Mein ältester Bruder Ernst mit langen schwarzen Locken u. zweiter Bruder Feodor mit langen blonden Locken, spielten dann in den v. d. Großältern gespendeten kl. Schlitten od. Wagen oft Brautleute, natürlich der Blonde in Kleidern der Schwestern u. ein Buchsbaumkranz auf dem Kopfe tragend, die Braut, u. fuhren so, durch die beim guten Vater eingepfarrten Dörfer, die Leute sich vor Lachen den Leib haltend, wenn sie so »Pfarrernstchen u. Feodorchen« Backobst unter die Kinder auswerfend (Brautpaarsitte waren Kuchenstückchen), kutschieren sahen. Meine jüngeren Geschwister haben all der Gleichen nicht mit erlebt, da sich das Groß älterliche Haus durch den Tod des betagten Großvaters geschloßen hatte u. die Großmutter zu ihrem Sohn nach Langenlunkwitz, wo selbiger eine Papiermühle besaß, ging. [Randnotiz von fremder Hand: 1831 Mutter 5 Jahre alt] War doch meine gute Mutter 43 Jahre alt, als ihr elftes Kind Bruder Oscar[58] das Licht der Welt erblickte u. erinnere mich noch, daß ich mit der guten Mutter 5 Tage nach dieser Katastrophe[59] aus dem Speisegewölbe, etwa 100 Schritte vom Pfarrhause entfernt, in dem Augenblicke über den Hof kamen, als der Hr. Dr. Ernert im Pfarrweg einfuhr um sie als Hausfreund zu besuchen u. Mutterchen halb erstarrt anredete »Ich denke Sie haben einen kl. Jungen Fr. Pastor« »jawohl (war die belustigte Antwort) einen allerliebsten kl. Jungen Kommen Sie nur herein Hr. Dr.«, worauf er drohend mit den Worten den Finger erhob innerlich aber selbst belustigt schien »Fr. Pastor, Fr. Pastor brechen Sie es nicht zu kühn ab.« Die gute Mutter war eben eine sehr gesunde Frau, welche auch ihre elf Kinder selbst genährt hat. Dieser kl. Nachkömmling war natürlich der Vorzug des Hauses, was man ihm, wie mir noch kürzlich seine so liebe Frau versicherte, noch anmerke. Er dagegen behauptet, daß ich, als er auf der guten Eltern Wunsch / [Überschreibung und Randnotiz:] im April 1858 kam er auf d. hiesige Gymnasium u. Michaelis zu mir in unsere neue Wohnung Weingarten 18 nachdem mein Herzensfritz zu selbiger Zeit also 1858 Michaeli nach Pforte gekommen war u. zwar 2 Tage vorher ehe wir die neue also jetzige Wohnung u. nun mein eigenes Haus bezogen habe / 2 Jahre als Primaner des hiesigen Gymnasiums in meinem Hause verlebte, ihn in scharfe Zucht, (wohl durch Fritz verwöhnt welcher ein so ausgezeichneter Schüler in der Zeit in Pforte war) genommen habe; ich hatte aber auch die Genugthuung, auf strengste Pflichterfüllung gehalten zu haben, daß mir von Bekannten vor allem aber, von unsren eignen guten Bruder / [Randnotiz:] (cand. d. Theologie Theobald) / nach einem halben Jahr versichert wurde: »Oskar kaum wiedererkannt zu haben, ja er hätte unerkannt an ihm vorüber gehen können so zu seinem äußeren und inneren Vortheil habe er sich verändert.«[60]

Doch ich muß zu meiner Jugend zurückkehren. Vor allem Spiel mit den Brüdern liebte ich vor allem meine Puppen, nähte auch eifrig für sie, machte der Puppenmutter, wie sie unsere gute Mutter trug, aber nicht aus Haaren, sondern aus gezupfter schwarzer Seide, Verbindelocken[61], desgl. eine Mütze mit großer Garnitur, wie sie damals unser Mütterchen trug, welche sich so darüber amüsierte. Ich erinnere mich noch eines Morgens vor den Weihnachtsabend, als Mütterchen zu den letzten Weihnachtseinkäufen nach Leipzig fuhr u. der langgehegt Wunsch, aber vor den Spott der Brüder sich fürchtend, endlich bei dem Abschiedskuß der guten Mutter, (denn ich war 14 Jahre) mir abrang »Mütterchen nichts als eine Puppe« welcher Wunsch natürlich Mütterchen amüsierte, ihn aber erfüllte u. am heiligen Abend erzählte: daß ihre Mutter auch solch eine Puppenfreundin gewesen sei, selbst noch als Braut von siebzehn Jahren, habe ihr oft ihre Erzieherin zugerufen »Karolinchen die Puppe weg der Bräutigam kommt.«

Als die Zahl der Kinder sich mehrte der Pächter außerdem nicht zahlte, übernahmen die guten Eltern die Wirtschaft u. Vaterchen den Unterricht. / [beigefügt auf losem Blatt:] Um auch den Französischen etwas zu genügen erhielten wir grammatikalischen Unterricht nebst Sprechübung u. mußten auch bei Tisch meist alles in französischer Sprache uns unterhalten, doch kam es wohl meist nur zu sil'vous plait u. donnez moi un peu de u.s.w. Vaterchen hatte den Krieg v. 1813[62] noch in Erinnerung wo er vielfach den Dolmetscher habe machen müssen u. selbst als junger

Geistlicher Russen im Quartier gehabt habe, welche oft seiner Haushälterin nicht parirt hätten u. diese ihn um Hilfe angefleht habe, worauf er sein Amtskleid angelegt u. den Russen die Sitten der Deutschen dargelegt habe, worauf sie den Vater knieend alles abgebeten hätten. Kurz der gute Vater hielt französisch lernen für halb geboten u. doch hat es keines von uns weit gebracht. Ich erinnere mich auch daß wenn der Vater mit uns da oder dorthin fuhr, von uns förmlich bestürmt wurde »was heißt denn das, was heißt jenes auf französisch« u. unser alter Kutscher Köppler mit Namen, stillvergnügt u. stolz auf seinen Herrn Pastor »was der doch alles wisse«, zuhörte. Am Orte angekommen u. Köpler alles aus dem Wagen nehmend fragte er b. dieser Gelegenheit plötzlich u. halb erschrocken »Was heißt denn verloren Herr Pastor« »perdu« sagt der Vater mit den damals besonders sprachlich scharfen Accent, worauf er erwiderte »der Mantelsack ist per*die* Herr Pastor« Ob er aus den Wagen gestohlen oder gefallen war, weiß ich nicht mehr, aber daß der gute Vater später öfter diese »perdu Geschichte belustigt erzählte, erinnere ich mich noch. / Zu Vaterchens Stunden erhielten wir auch Privatstunden von dem Sohn unseres alten Herrn Schulmeister Schirner, welcher vor kurzem das Seminar in Weißenfels verlassen hatte u. seines Vaters Substitut geworden war. Er gab uns Klavierunterricht, ferner Geometrie, Logik Kopfrechnen, ich natürlich mit den Brüdern zusammen u. weiß noch wie ich bei Geometrie (allerdings an einem furchtbar heißen Nachmittage) plötzlich durch ein Hallo der Brüder »Fränzchen schläft« schamroth erwachte was natürlich wieder zu vielen Neckereien Veranlassung gab. In Kopfrechnen dagegen muß ich nicht ganz übel gewesen sein, denn bei Vaterchens Erkundigungen, nach den Leistungen seiner Schüler, war ihm die Antwort geworden »wenn Fränzchen ein Seminarist wäre, würde sie in Kopfrechnen die Eins erhalten« (welches Vortheil mir meine Kinder in ihrem jugendlichen Übermuth nun immer streitig machen wollen). Auch gab es von dieser Kopfrechenstunde her, auch ein kleines belustigendes Erlebnis, als ich den Herrn Lehrer frug »soll ich die Aufgabe nach guten Thalern od. auf Silberthalern rechnen« (anstatt nach guten Groschen (24 a Thlr.) oder nach Silbergroschen (36 a Thlr.), worauf ich mit einem etwas sarkastischen Lächeln die Antwort erhielt »wie es Ihnen beliebt.« Meine Konfirmation, wo ich den Spruch vom guten Vater »Behalte was du hast daß Dir Niemand Deine Krone raube« erhielt[63], war mir ein besonders feierlicher Tag, indem ich nun selbst mit Bewußtsein mein allerheiligstes Glaubensbekenntnis erneuert hatte u. ich mir plötzlich als nun nicht mehr Kind erschien, wozu das erste lange Kleid u. sogar schwarzes Gewand, wohl nicht wenig beitrug. Von diesen wichtigen Lebensabschnitt an, bekam ich nun auch in Ab[Über?]wechslung mit meinen älteren Schwestern die Kochwoche, was mir als ein außerordentlicher Fortschritt in meinem Leben erschien; hielt doch Mutterchen darauf, daß eine Tochter gut kochen, gut nähen u. flott u. gut stricken lerne, welche letzteren Eigenschaften wir nach Kräften schon von klein auf, huldigen mußten, wozu unsere Brüder reichlich Gelegenheit gaben. Die guten älteren Schwestern, unterstützten hierin die gute Mutter in allen weiblichen Tugenden, indem sie dieselben schon selbständig ausübten, u. nun auch mich anlernten, u. welches Vergnügen für mich als Lernende, als Vaterchen mir einmal das Lob ertheilte »Fränzchen kocht noch mit Sorgfalt« was die guten lieben Schwestern fast als einen leisen Tadel im Stillen aufnahmen. Klagen aber über schwere od. viele Arbeit u. es gab bei Landwirthschaft u. nur einem Mädchen viel zu thun, liebte Mutterchen nicht u. ich weiß noch einen Herbsttag, wo es alle Hände voll zu thun gab, wir außerdem in der Kartoffelernte noch viele Leute u. Kinder in Arbeit hatten u. ich allein zu den Klößen die Kartoffel reiben u. danach 66 mächtige Klöße geformt hatte, dann gegen Mutterchen klagte: daß mir meine Arme u. besonders der rechte förmlich weh thäten«, erhielt ich zur Antwort »Talscherei! flink die kupfernen Schinkenkessel aufs Feuer u. losgekocht, es sei bald Mittag u. die Leute kommen vom Felde.« Damit soll nicht etwa gesagt sein, daß unser Mutterchen etwa hartherzig, irgendwelcher Art, gewesen sei, o nein! es mußte aber jeder seiner Pflicht u. zwar freudig obliegen, das hatten die Eltern gern u. so ging auch selten eine Arbeit ohne Gesang von statten, so daß es oft im Hause vom par terre tönte. / [Randnotiz:] ich glaube »Johann der muntere Seifensieder«[64] trug nicht wenig dazu bei. /

Der gute Vater u. der uns sehr befreundete Herr Amtmann Rockstroh / [Überschreibung und Randnotiz:] a. d. nahen Rittergut Göthewitz welcher unsere gute Mutter wahrhaft verehrte u. des Lobes von ihr ganz erfüllt war / diese beiden Herren liebten sehr die Musik, u. da auch diese uns so liebe liebe Familie eine erwachsene Tochter noch daheim u. einen Hauslehrer, nebst kleineren auswärtigen Söhnen besaßen, welche in den Ferien nebst unserern heimgekommenen Gymnasiastenbrüdern den Chor z. B. bei der »Schöpfung«[65] u. sonstigen klassischen Stücken vervollständigten / [Randnotiz:] war dieses eingerichtete »musikalische Kränzchen« für beide Familien ein Hauptvergnügen / so mußte der gute Vater öfter, wenn Besuch da war, zum allgemeinen Gaudium, Solostücke meist possierlicher Art z. B. die »Schulmeisterprobe«[66] vortragen, welches auch uns Kinder noch besonders ja bis zur Ausgelassenheit vergnügte. Sonst war es etwas alltägliches, daß sich der gute Vater in der Dämmerstunde an das Klavier setzte u. uns zu Volks- als auch geistlichen Liedern begleitete, od. in dessen Vertretung meine älteste Schwester. Wurde dann das Licht (natürlich gezogenes denn Lampen gab es damals nicht) angebrannt, so wurde aus den Jugendfreund / [Randnotiz:] ein altes musikalisches Liederbuch nach Noten gesungen: / z. B. »Wie reizend wie wonnig ist alles umher« dann ein Lied dessen Anfang ich leider nicht mehr weiß, welches aber mit besonderer Liebe von uns gesungen wurde u. vor allen der Vers:

>»Der Professor unser Vetter,
> Weiß doch wohl was Sturm u Wetter
> Sonne Mond und Sterne sind.
> Und der spricht wir alle drehten,
> Uns mit Dörfern Flecken Städten,
> Um die Sonne wie der Wind,
> wiederholt: Um die Sonne usw.

* * *

Mir schrieb mein Lehrer ein besonders musikalisches Gehör u. zwar zu seinem Leidwesen zu, so daß ich die mir inzwischen gegebenen Aufgaben, in der Klavierstunde dann auswendig spielte u. immer wieder die Mahnung erhielt »bitte auf die Noten«. Unser Pfarrhaus war in aller Einfachheit ein sehr gastfreies gesuchtes und besuchtes. Ging es einer alten Freundin als Pastorenwitwe [?], so kam sie auf so u. so viel Wochen zur wahren Freude der guten Eltern zu uns. Hatte jemand unserer Freunde in der Umgegend Besuch, so wurde es gewiß nicht versäumt, denselben nach Pobles zu führen, denn von Störung war keine Rede u. so wurde musiciert, Reif und Kämmerchen vermiethen gespielt, je nach Art u. Alter des Besuches, daneben Vaterchen in seiner Jovialität immer ein Späschen auf der Zunge habend, sein grosser ihn stets begleitender Jagdhund mit den Gästen um die Wette beim Spiel springend und jagend. Einmal besuchte ihn ein früherer Schüler, schon älterer Herr auf längere Zeit, u. da dieser auch ein großer Freund der Natur war, so brachten sie viel im Freien, namentlich im Garten u. vorzüglich in der Baumschule (Vaterchens Steckenpferd) zu, wo Vaterchen immer zu thun fand u. der Freund mit arbeitete. Als Mutterchen zum zweiten Frühstück ruft: »Geh Richter sagt Vaterchen, Du weißt ich esse kein zweites lass dirs gut schmekken.« Bald darauf kommt Hr. Richter vom Frühstück zurück u. nicht gar lange darauf, Mutterchen, den Vater beiseite nehmend und ihn etwas zuflüsternd. Mutterchen geht darauf erneut ins Haus zurück u. Vater zu seinem, Zweige beseitigenden, Gaste: »Richter ich habe dir immer einen guten Appetit zugetraut aber einen ganzen gekochten Schinken zu einem Frühstück zu vertilgen, geht mir doch über den Horizont,« Herr Richter ein ängstlicher Herr weiß kaum was Vaterchen meint, als sich heraus stellt, daß er »Diana« (so hieß Vaterchens mächtiger Hund) im Frühstückszimmer allein zurückgelassen, dieser sich vom Frühstückstisch den Schinken unter das Sopha geholt u. bis auf den Kreuz u. Querknochen verzehrt hatte. – Auch einer anderen kl. Geschichte eines Schülers vom guten Vater erinnere ich mich. Vaterchen war nach Leipzig gefahren, unterdessen kommt ein stattlicher Reiter angesprengt u. stellt sich als der u. der vor, wo wir aus Vaterchens Erzählungen wußten, daß dieser Zögling später manche Noth gemacht u. jetzt gänzlich verschwunden sei. Mutterchen in ihrer unendlichen Gastfreundlichkeit nöthigt ihn zum Bleiben »da der gute Vater am Abend zurück war«. Der Herr nahm sich sehr uns Kindern an u. wir sehr mittheilsam, unterhielten ihn nach Kindesart, u. vorzüglich von unseres gr. Kettenhundes »Pluto« Mordthaten u. welch ein gefürchtetes Thier er sei. Der Herr lächelte geht u. wiederholte »also ein böser Hund« geht aber an ihn heran mit den Worten »Nu Pluto« u. der Hund legte seine Tatzen auf des fremden Herren Hand. Wir athemlos u. voll Grauen, denn wir hatten eine solche Geschichte von einem Räuberhauptmann gelesen u. »konnte der fremde Herr am Ende gar nicht Vaterchens Schüler sein« diese Meinung steigerte sich da der gute Vater erst spät heimkehrte. Natürlich wurde ihm im nächsten unbemerkten Augenblicke athemlos das Ereigniß mitgetheilt, doch Vaterchen beruhigte die gute Mutter u. uns »er habe ihn sogleich an seinen stechenden Zügen wieder erkannt u. dieses habe wahrscheinlich, Pluto so zu sagen, gekannt u. imponirt.« Welcher Alp aber von unseren Seelen!! – Doch zurück zu meiner Jugend. Vor und nach der Konfirmation wurden wir zu keinem Theater mitgenommen, da wir wie es auf dem Lande Sitte ist, früh eingesegnet wurden, nach den zurückgelegten 14 Jahren. Etwa ein Jahr später wurde mir dann das besondere Vergnügen zu Theil, nach Hohenmölsen, wo ein Theaterdirektor v. d. Osten Vorstellungen gab, geführt zu werden. Kann ich mich auch nicht mehr besinnen welches Stück gegeben wurde, so weiß ich doch, daß diese Aufführung mit seinen schönen Personen, ihren eleganten Wesen u. Bewegungen, einen unauslöschlichen Eindruck auf mich machte. Ein andermal wurde in dieser Art eine dem gleichen Zweck entsprechende Fahrt an einem dritten Weihnachtsfeiertag, unternommen. Mit unserem muthigen siebenjährigen Rappenpaar, war eine Fahrt, mochte es nun zu Wagen oder Schlitten sein, ein besonderes Vergnügen. Weniger passend u. vergnügt fand es unser schneidiger Kutscher (später Kavallerist) welcher viel lieber das zweite Weihnachtsvergnügen wiederholt u. mit seiner Geliebten wieder getanzt hätte, als daß er mit uns nach Weißenfels in das Theater fahren sollte, doch änderte das nichts an Vaters Befehl, zumal unseren guten durch die Zeit vor Weihnachten abgearbeiteten Mutterchen, dadurch ein besonderes Vergnügen bereitet werden sollte. Mit verbissenen Gesicht waltete er seines Amtes, und der gute Vater hatte stets seine Freude daran, wie er die jungen Thiere im Zuge hielt. Doch anderen Morgens war der Kutscher verschwunden u. mit ihm sowohl die alte als gute Livree, die

Thiere von den zornigen Kerl furchtbar mißhandelt, wovon die geschwollenen Striemen u. die Wände von der geängstigten Thiere Huftritten zeugten u. da damals alle Verfolgungen sehr erschwert waren, so waren alle Nachforschungen umsonst.

Ein Hauptvergnügen war es wenn die Brüder in die Ferien kamen. Sie besuchten die Latina in Halle u. zu unseren u. der Eltern Kummer mußten vor allen nach Sitte u. auf des Direktors Wunsch ihre schönen Locken vor der Aufnahme zum Opfer fallen. Sie kamen mit ihren Ränzchen auf den Rücken in die Ferien u. meist bis Ammendorf[67] zu Fuß u. ich holte sie dann mit unseren Wagen ab. Wer v. d. Geschwistern zu Hause war, legte sich auf den Weg, wenn etwa die Ankunft erwartet wurde, um zu hören ob schon der Wagen nahte, und dann »sie kommen« den Eltern jubelnd zu verkünden. Wie imponierte uns jüngeren Geschwistern jeder neue Ausdruck der Brüder u. natürlich merkten sie das, und thaten sich damit. So weiß ich noch daß sie, mochte uns diese oder jene Begebenheit noch so wichtig erscheinen, sie es schlechtweg bezeichneten »das ist mir Wurst«. Wir freuten uns aber überaus, über einen Gummiball, den ersten welcher uns zu Gesicht kam, welchen sie uns von ihren äußerst kargen Taschengeld, zum gemeinschaftlichen Vergnügen bei ihren ersten Ferien mitbrachten. Auch ein kleiner Vetter mütterlicherseits brachte einmal mit den Brüdern seine Ferien im Winter bei uns zu. Er beschloß ein Stück zu schreiben u. zur gemeinschaftlichen Aufführung zu bringen. So geschah es, es gab darinnen Götterstimmen, welche sich durch das Luftloch in der Decke, wie es früher in den alten Häusern oftmals vorkam, vernehmen ließen, ebenso wurde jemand erstochen, danach war das Stück auf den Theaterzettel als »Posse« bezeichnet. / [Randnotiz:] Theilweise »Pose« v. d. kl. Geschwistern geschrieben / Nachdem der Vorhang gefallen war, welcher in zwei Bettlaken bestand, die an den durch die Wohnstube gespannten Seilen befestigt waren, sprach der Vater dem kl. Theaterdirektor seinen Dank aus u. wie gut jeder seine Rolle gelernt habe u.s.w., bemerkte aber belustigt dabei: daß man das Stück wohl mehr »Trauerspiel« als »Posse« nennen könne. Darüber war der Junge, welcher später wirklicher Theaterdirektor wurde, so erzürnt, daß er am anderen Morgen nicht zu halten war und abreiste. Da unser Pfarrhaus mehr auf einer Anhöhe lag, wenigstens höher als das Dorf, so gab es zur Winterzeit auch größtes Plaisir Schlitten zu fahren u. ich wurde immer noch später, oft von den Brüdern geneckt, was für eine ausgezeichnete Lenkerin ich, ob ich 2 bis 3 kl. Geschwister auf den Schlitten mitgehabt hätte, gewesen sei. Bei steilen Bergen in der Umgebung, wo man durch einen Absatz ein Stück in der Luft schwebte, wagte ich das Kunststück aber doch nur allein, oder that es vielmehr den Brüdern nach. Bei frischgefallenen Schnee ging es dann in den Hof, Vaterchen voran u. nun begann eine allgemeine Gesichts u. Händewäsche. Darauf gab es wie an jedem Morgen Mehlsuppe, Mutterchen oben an am Tisch, mit einem von uns hoch gehaltenen Steingutsuppenteller u. wir sämtlichen Kinder blanke Zinnsuppenteller. Meist wurde die Suppe aus Milch geschmelzt u. wessen Geburtstag war, hatte das Vorrecht die Milchhaut zu bekommen. Später gab es meist Honigbrot, da Vaterchen früher 36 Bienenstöcke gehabt hatte in 2 Bienenhäuschen, wo natürlich Vorrath in Fülle vorhanden war, doch war der Bienenstand später bis auf einen Stock zurückgegangen u. so wurde dieses kl. Haus mehr zu Garten Geräthe aufbewahren benutzt, während das andere zu einem Badehaus mit Douche eingerichtet wurde, was im Sommer mit Wasser aus unserer *sehr* tiefen und darum *sehr* kalten Pumpe, reichlich von uns benutzt wurde. Mittag gab es einfache gute Hausmannskost, außer dem, den ganzen Tag Obst so viel man essen wollte aus den *großen* Garten, zu

Abend Suppe im Winter im Sommer Kalt schale u. Butterbrod u. so wuchsen wir 11 Kinder gesund heran, denn ich kann mich nicht erinnern, je den Arzt als solcher in unserem Haus gesehen zu haben. – So sehe ich noch im Geiste meine gute Mutter in ihrem Mutterglück, wie sie am Nähtisch saß u. mit ihrem lieben Stimmchen ganz unbemerkt das Liedchen sang:

>Du mein Schutzgeist Gottes Engel
>Weige, Weige nicht von mir
>Leite mich durchs Thal der Mängel
>Bis hinauf, hinauf zu dir
>
>*
>
>Laß mich stets auf dieser Erde
>Deiner Führung würdig sein
>Daß ich immer besser werde
>Nie ein Tag mich darf gereun.

An jedem Sonnabend mußten wir ein Gedicht und zwar mit Gesten vortragen, vor der ganzen Familie u. wehe wer schlecht gelernt hatte. Der Vater welcher seine sechs Söhne gern für das geistliche Amt erziehen wollte, daselbe aber später nur drei wählten[68], glaubte ihnen auch dadurch zu nützen, damit sie sich später freier, auf der Kanzel bewegen lernten. Auch unseren Gästen wurde vielfach dieser Genuß einer Deklamation geboten u. je ungefaehr dem Sinne nach, die Kleinsten ihre Gedichtchen vortrugen, je mehr Vergnügen gab es. Z. B. schloß »der Biedermann«[69] stets u. kam an Ort u. Stelle an mit *einer* anstatt *heiler* Haut u. Nase«. So mußte ich mich bei den »Riesenspielzeug« mit besonderer Grazie auf das linke Bein niederlassen u. in die ausgebreitete Schürze ebenso, das »Puppenspiel« einstreichen, darinnen »den Bauer als wär er schier von Sinnen« einen kl. Schlag versetzen u. weiß das dieser Vortrag besonderen Effect machte.[70] Einmal kam ich bei d. Gedicht »Arion«[71] aber auch nicht von der Stelle u. als ich zum drittenmal anfing, natürlich schon mit thränenerstickter Stimme »Arion schifft auf Meereswogen nach seiner treuen Heimath zu er wird – er wird – u. Vaterchen rief »abtreten« war uns dies eine solche Blamage, daß es denjenigen wohl kaum wieder passierte. – Als ich dann in das ersehnte Backfischalter getreten war, wurde ich [die ich] schon im 12ten Jahr Privattanzstunde und Anstandslehre mit den älteren Schwestern gehabt hatte, endlich auch für ballfähig befunden u. nach Hohenmölsen in unsere Erholungsgesellschaft, bestehend aus den umliegenden Pastoren u. Rittergutsfamilien mitgenommen, was mir natürlich unendliches Vergnügen bereitete. In diesem Alter u. bald als flotte Tänzerin bekannt, war man gesucht, wenngleich stets Herrenmangel war u. eigentlich nur eine derartige Belustigung stattfinden konnte, wenn die betreffenden Familiensöhne in den Ferien waren. Einmal war aber Manöver in der Umgegend u. so wurde den 40 Officieren zu Ehren ein Ball arrangiert. Natürlich mußten wir unsere Mullkleider stets selbst waschen, plätten u. garnieren, diesmal aber mit welcher Lust, da ein so vielversprechendes Vergnügen noch nie verzeichnet werden konnte. Ich wurde zu sieben Tänzen im Voraus engagiert, doch da es damals keine Tanzkarten gab, konnte ebensogut der siebente zum ersten Tanz kommen, wäre mir nicht die benachbarte Frau Rittergutsbesitzer B. behilflich gewesen, welche die Herren als ihre u. des Pobleser Nachbargutes Quartierherren kannte. Kurz es war ein äußerst flotter Ball u. dabei wurde mir mitgetheilt, daß am anderen Tage unsere etwas allein liegende Pfarre, welche rings herum mit uns gehörenden üppigen Feldern umgeben war, bei der Manipulation des manoevrierens [?], eingenommen werden sollte. Plötzlich fiel mir bei diesem Gespräch, welches mehrere Officiere um mich herum mit mir führten, die äußerst ernste Gefahr für sie, der »Pfänderische« [?] ein, sobald sie das Feld betreten würden.[72] Ich mußte wohl mein Bedenken in naivster Weise geäußert haben, denn es folgte ihm ein schallendes Gelächter. Jeder wollte nun von mir gepfändet sein u. es gab den Abend darüber vielen Spas. Zum Kotillon wurde ich von einem Herrn v. Bienau engagiert, aber gleichzeitig von einem riesengroßen Herrn v. Raven, da sein Freund aber den Backfisch weggeschnappt hatte, so bat v. R. um die Erlaubniß sich während des Tanzes hinter uns setzen zu dürfen, wozu ihn B. sehr behilflich mit einem Stuhl zu sein schien. Doch kaum hatte sich der Riese halb niedergelassen, als derselbe Stuhl zusammenbrach, v. R. mit drohenden Finger auf seinen Freund deutend, betrübt abging, jener schütternd vor Lachen über den gelungenen Streich. – Natürlich gab es auch die nächsten Tage noch recht vergnügliche Abende bei den befreundeten Familien mit ihrer Einquartierung. Freilich wollten nach derartigen hochwichtigen Ereignissen die früher erwähnten Privatstunden nicht mehr recht schmecken; hatten wir doch auch bei den guten Vater mit den jüngeren Geschwistern Litteratur, wozu wir unsere Handarbeit mitnahmen, denn es gab, da kein Stück außer dem Hause genäht wurde u. da auch noch keine Nähmaschine existierte, viel zu nähen.

[Streichung]

Nach dieser Zeit war ein sehr feiner lieber Herr Pastor in unsere Gegend u. zwar in das eine Stunde von uns entfernte Dorf Röcken bei Lützen gekommen / [Randnotiz:] welcher die letzten 5 Jahre, wo die jüngste seiner Schülerinnen Prinzessin Alexandra konfirmiert worden sei, Erzieher der Prinzessinnen des Herzog Joseph gewesen sei. / Eines Tages machte auch er bei uns seinen Besuch, mit meinen alten Herrn Pathen und der Eltern Hausfreund und Beichtvater, Herr Pstr. Hochheim aus Starsiedel, einen lieben alten Junggesellen. Kaum waren sie angekommen, wurden uns gerade Nelkenstöcke zum Verkauf angeboten. Ich erinnere mich darum dieser ersten Begegnung, weil sich später oft mein Mann mit Scherz daran erinnerte, wie ich bei den Herren einen Knix gemacht u. gefragt habe, die Nelkenstöcke in der Hand haltend, »Herr Pathe sind das volle oder leere Nelken?« indem mir sein Urtheil, der einen sehr gepflegten Garten besaß, als sicher galt, denn weiter war doch nichts davon zu sehen. Wie sein Urtheil lautete weiß ich nicht mehr, aber daß wir Mädchen den hübschen jungen Herrn Pastor Nietzsche, als die Herren sich verabschiedet hatten, nachspähten, u. die superfeinen, schwarzen, glänzenden, Tuchkleider unsere höchste Bewunderung erregten, deren man, [Streichung] gewiß nur in dieser Feinheit bei Hofe trüge«, erinnere ich mich noch deutlich. Unterwegs hatte sich aber doch dieser neue Herr Pstr. bei seinem Begleiter erkundigt »wie heißt denn die jüngste Tochter von Herrn Pstr. Oehler? Hatte nun meinen alten als an und für sich sehr zerstreuten Herrn Pathen diese Frage frappirt, kurz er quält sich, dabei immer ausrufend »S'ist ja mein Pathchen u. kann nicht auf den Namen kommen«, reden dann von ganz anderen Dingen, als er plötzlich ausruft »Fränzchen heißt sie Fränzchen heißt sie«.[73]

Bald darauf machte der gute Vater seinen Gegenbesuch wo sich ergab, daß er des Herrn Pastors Mama schon gesehen hatte als Fr. Sup.[erintendent] in Eilenburg, indem er in der dortigen Diözese bei dem Pächter des Grafen Hohenthal Hauslehrer gewesen war. In einem Brief aus dieser Zeit schreibt der junge Theologe: »Er suche sich allabendlich die goldenen Aepfel des Tages zusammen u. hänge sie an seinen Lebensbaum auf u. so bleibe er zufrieden.«

Nach diesem Gegenbesuch des Vaters kam bald darauf der junge Herr Pastor mit seiner Mama u seinen beiden Schwestern, welche mit der Versetzung des Sohnes, Röcken mit Eilenburg vertauscht hatten u. bei ihm lebten u. machten nun unsrer Familie Besuch. Dieser wurde von beiden

Eltern nun erwiedert, aber von einem Gegenbesuch von uns Töchtern, war bei des Vaters Ansicht keine Rede, so daß jedesmal bei Ankunft der guten Eltern sich dieses Bedauern wiederholt hatte u. Mutterchen halb im Scherz, halb im Ernst erklärte »ohne die Mädchen fahre ich gar nicht wieder mit«. Dazwischen gingen wieder Wochen und Monate dahin, ich obwohl 17 Jahre alt im Hause aber noch immer als Backfisch behandelt. So besuchten wir eines Sonntags eine auch mit 4 erwachsenen Töchtern gesegnete uns sehr bekannte Pastorenfamilie, die gleichaltrige Jüngste ebenfalls in ihrer Familie meine Rolle einnehmend. Unsere älteren Schwestern schienen sich sehr im Gartenhäuschen zu amüsieren. [Streichung] Die eine der Töchter, welche auswärts gewesen war u. wahrscheinlich außer recht nützlichen Dingen, auch Allotria getrieben [durchgestrichen: »gelernt«] hatte, [hatte] allen die »Karte geschlagen« u. als wir hinzutraten meinte sie: »Ich will doch *denen* auch einmal die Karte schlagen«, im Tone als wie »zum Überfluß«. Doch welch Erstaunen als sich bei mir alle Könige und wer weiß was, sich drehten u. unsre Prophetin erregt kund that »was sich mit Fränzchen nächstens zuträgt wissen wir vielleicht alle nicht« doch machte es auf niemand besonderen Eindruck, ebenso was meiner Freundin das Orakel sagte, weil wir eben nicht für voll genommen wurden. So auch als eines Tages von mehreren jungen Mitgliedern unserer Bekannten eine Partie nach einem sehr schönen Park, den auch ich noch nicht kannte, arrangiert war. Als am Sonntag Vormittag unsere Pferde schon zum Anspannen vorgeführt wurden, wagte ich den im Stillen gehegten Wunsch gegen Mutterchen auszusprechen, doch mitgenommen zu werden. »Es ist auch wahr meinte sie, komm wir wollens Adelchen sagen«, doch diese sonst so liebe liebe Schwester schenkte den Wunsch keineswegs Gehör erklärend: »Ob Mütterchen nicht genug an drei erwachsenen Töchtern habe solle das

Kind auch schon alles mitmachen« kurz ich blieb zu Hause, wurde aber bald darauf entschädigt, indem ich zum Hohenmölser Vogelschießen, wo einen Tag unsere Erholung eine Tanzbelustigung gab, mitgenommen wurde, wo ich mich noch eines Referendars v. Leipziger aus Naumburg u. eines Kandidaten erinnere, welche recht freundlich zu mir waren u Letzterer wohl einiges Wohlgefallen an mir gefunden hatte. Inzwischen [Dazwischen?] war natürlich der neue Röckener Herr Pastor wieder bei uns gewesen, hatte sich auch öfter mit mir unterhalten u. sogar die Bemerkung gegen unsere gute Mutter fallen lassen worauf sie nicht wenig stolz war »daß Fräulein Franziska seiner früheren Schülerin Prinzessin Elisabeth so ähnlich sei«. Eines Tages hatte ein Verwandter des Röckener Hr. Pastors Kandidat Dächsel, welcher zur Zeit mit dem oben [eben?] erwähnten Kandidaten in dem 2 Stunden entfernten Röcken von Weißenfels aus, wo diese beiden ihren sechswöchigen Kursus am Seminar machten, einen Besuch abgestattet. Auf den Rückweg begleitet sie der Herr Pastor eine halbe Stunde Wegs, wo der erwähnte Kandidat von den Hochmölsener letzten Tanzvergnügen u. einer Franziska Oehler schwärmt. Als sich der Herr Pastor empfohlen hat um seinen Rückweg anzutreten, sagt der Verwandte Cand. Dächsel zu seinem Begleiter »Heute haben Sie bei meinem Onkel ins Fettnäpfchen getreten, indem auch er sich für die Franziska Oehler interessiert. Kurze Zeit darauf besuchten uns v. Hohenmölsen aus eine Duzfreundin der Eltern Frau Pstr. Förster geb. v. Helldorf u. des betreffenden Kandidaten Schwägerin eine geb. Berlinerin. Nachdem wir Kaffee getrunken, animierte mich letztere zum Veilchenpflücken im Garten u. theilte mir dabei die stürmische Neigung ihres Schwagers mit allen Zuthaten seiner Vortrefflichkeit mit, aber gleichzeitig auch die ihr erzählte Äußerung des Kand. D. vom Röckener Besuch her, forschend welchen von beiden ich wohl am Liebsten hätte, als eine meiner Schwestern gerade hinzu trat u. auf diese Weise das Gespräch glücklich abgebrochen wurde. Im Zimmer gemüthlich zurückgeblieben hatte unsere alte Freundin u. Eltern ihr Plauderstündchen gehalten u. waren auch auf Röcken u. den Gegenbesuch der Töchter gekommen. Der gute Vater seine Ansicht verteidigend, sich mit seinen nun 4 erwachsenen Töchtern nicht der Leute Gerede aussetzen zu wollen u.s.w., während die alte Freundin dies bestritten u. »wie es doch so ganz gegen die Etikette sei« geäußert und zum Gegenbesuch sehr zugeredet hatte. Die Gäste kehrten am Abend zurück in ihr Heim, als wir aber am anderen Mittag unser Mahl beendet hatten, sagte der Vater so bei den Aufstehem vom Stuhl »wir wollen heute nach Röcken fahren mag mal die Älteste u. Jüngste mitfahren.« Vaterchen auf seine Studierstube gehend »um seinen Bericht an den Superintendenten zu machen« wie er scherzweise, besonders wenn Gäste da waren, sich zum Mittagsschläfchen zurückzog, ließ uns halb erstarrt, wegen dieser Fahrt nach Röcken zurück meine älteste Schwester noch in die Worte ausbrechend »was fällt denn unseren Vater ein« (hatten wir doch keine Ahnung von den Zureden der Freundin). Kurz wir fuhren dahin mit den guten Vater u. wurden von Allen, besonders Mamachen Nietzsche wahrhaft jubelnd begrüßt, mich gleich am Arm nehmend u. erfreut sich aussprechend »wie ich zur Jungfrau heran gewachsen wäre, ich müsse mich gleich einmal mit ihrer Auguste messen« (hatte mein Ludwig doch immer von ihr auf seine Äußerung zärtlicher Neigung zu mir, die Worte hören müssen »sie ist ja noch ein Kind«). Bedauerte aber auf das Herzlichste »daß auch gerade heute der Ludwig den Besuch bei einer befreundeten Pastorenfamilie machen müsse.« Dennoch fuhren wir später sehr befriedigt über den überaus freundlichen Empfang von dannen, Väterchen beim Wegfahren uns belustigt mit einem »Ätsch nicht getroffen« uns neckend. Natürlich kam anderen Tags sein Bedauern aussprechend, der nette liebenswürdige Herr Pastor u. von da an mehrten sich seine Besuche theils mit, theils ohne eine Schwester. Einmal erzählte mir seine Schwester Rosalie, welche äußerst reizbar war, daß auf den Pfarrboden ihres Bruders, eine ganz hübsche Aussicht sein solle, sie könne dieselbe aber ihrer Nerven halber, nicht genießen. Dieses Wort »Nerven« hatte ich noch nie gehört u. kam mir ganz dumm vor, nicht zu wissen was das sei, so daß ich wohl kaum etwas darauf erwidert habe. Als aber unsere Gäste fort waren, erzählte ich Mutterchen das Gespräch mit Frln. Nietzsche u. frug »was das eigentlich wäre »Nerven.« Mutterchen wußte für den Augenblick auch keine rechte Antwort zu geben u. meinte dann »ich glaube es ist so eine allgemeine Schwäche.« – So kam der so liebe Herr Pastor mit dieser seiner ältesten guten [?] Schwester, auch an einem Freitag d. 14. Juli 1843 zum Besuch, wo ich gerade im Garten vom guten Vater als Aufseherin, der Grasmäherinnen angestellt war, mein Strickzeug in der Hand, damit die Frauen keine jungen Bäumchen mit absichelten. Plötzlich kam unser altes Original »Hanne«, in den Garten gestürzt mit den Zuruf »Fränzchen die Röckschen sind da wie gut daß ich noch Sand gestreut und Zidonchen den Tewisch (das war d. Tischdecke) auf den Tisch gelegt hatte ehe sie kamen.« Natürlich mußte ich augenblicklich meinen Posten verlassen, denn die Eltern waren nach Grunau zu Pstr. Heilmanns gefahren, die Schwestern mit den Logements für das Schülerbrüder Kommen beschäftigt, während ich allein im Empfangskostüm u. zwar lila Kattunkleid befand. / [Randnotiz:] Natürlich gab es gegenseitiges Bedauern wegen der Abwesenheit der lieben Eltern. – / Nach und nach kamen auch die guten Schwestern zum Vorschein, es wurde bei fröhlichen Geplauder Kaffee getrunken, sodann der Herr Pastor, uns als Klaviervirduoß schon bekannt, zum Phantasieren animiert, welches er den

Tag mit besonderer Meisterschaft ausführte. Darauf gingen wir in den Garten, wo er sich von mir einen Strauß erbat, auch um einen Stengel Dill »die er so gerne rieche« bat er, wobei ich ihm erzählte, daß andern Tags die Brüder in d. Ferien kämen u. gewiß auch wieder mit dem Vater wenns erlaubt wäre, nach Röcken kommen würden, u.s.w. während die Schwester von Hrn. Pstr. meine Schwestern in Beschlag genommen hatten. Sie nahmen auch ein Butterbrod, mit den von unserer kl. Kirschallee gepflückten prächtig gr. Ammern, sehnsüchtig auf der Eltern Rückkehr wartend, doch sie kamen nicht u. so empfahlen sich unsere Gäste, wobei der Herr Pastor, der mir doch so ganz besonders wieder gefallen hatte, noch sagte: »Frln. Franziska wir haben doch die Freude Sie recht bald wieder bei uns zu sehen«, worauf ich ihn in der Bestürzung, denn ich wußte doch, daß es Vaterchen sobald nicht wieder that, ihn erwiderte »ach ja wenn Sie erlauben werden die Brüder nächstens kommen«. Zu Hause angekommen hatte der Hr. Pstr. das tönerne Väschen suchen und bringen lassen, was er als Roßleber Schüler dazu benutzt hatte. Dem Dienstmädchen war aber doch das Interesse für das cultiviren dieser Blumen aufgefallen »da der Herr Pastor doch sonst nie derartiges in seinem Zimmer aufstelle« u. hatte ihre Gedanken auch gegen meine gute Schwiegermama ausgesprochen, »von *wem* nun dieser Strauß sein müsse?« Tags darauf Sonnabend kamen zu unserer gr. Freude die 3 Brüder in d. Ferien. Sonntag gehen wir alle mit den guten Vater zur Kirche, bis auf Mutterchen und Adalbert, u. da uns für den Mittag Fisch Vaters Leibgericht gebracht worden war, gab es somit nicht viel mit der Kocherei zu thun. Unterdessen kommt besagtes Dienstmädchen der Röckener Pfarre mit einem Brief des Herrn Pastor an den Vater u. den Auftrag »gleich Antwort mitzubringen.« Die gute Mutter sonst nie des Vaters Briefe öffnend sieht sich in diesem Falle der Abwesenheit desselben, doch dazu veranlaßt. Als ihr beim Lesen Thränen über die Wange rollen, sieht Bruder Adalbert (immer etwas neu=wollte sagen wißbegierig), ihr über die Schulter in den Brief u. kommt uns Kirchgängern in fliegendem Schlafrock, Gamaschenschuhen, wo aber Klappe u. Riemenzeug neben her schleifen, in höchster Aufregung den langen Pfarrberg galopp entgegen geeilt, die Worte stürmisch ausstoßend »Fränzchen der Röcksche Pastor will dich heirathen«, ich in höchster Ruhe erwidernd »*So*, wer hat denn das wieder einmal gesagt« (verlobte doch jede Bauersfrau des Vaters Gemeinde, ihre Pastorstöchter mit den oder jenen jungen Geistlichen der Umgegend). Adalbert aber freudigst erregt »wahrhaftig wahrhaftig er hat geschrieben.« Ich hätte vor freudigem Schreck u. Dankgefühl gegen den lieben Gott in die Knie sinken mögen, während der gute Vater, trotzdem er im Ornat war vergnügt u die Geschwister halb verdutzt dreinschauten. An der Pforte kam uns die gute Mutter entgegen, mir unter Thränen einen Kuß gebend und nahm mich am Arm. Rührscenen liebte der Vater nicht, ich mußte ihn auf seine Studierstube folgen, wo er selbst u. dann mir das herrliche Schriftstück meines Herzens Ludwig mit allen Nachdruck vorlas etwa lautend, es war der 10 Juli 1843 u. war gerade an den Sonntag von Petri Fischzug »Wie, wohl den Eltern am offensten das jugendliche Herz vorliege, versicherte seine große Liebe u. Zuneigung u. hoffe zu Gott mit dieser Wahl einen reich gesegneten Zug zu thun u.s.w.[74] Darauf stellte Väterchen ein sehr ernstes Examen mit mir an, ich wurde dann entlassen, um nach kurzer Zeit der Eltern Antwort zu hören etwa lautend »Wie sie sich über das Vertrauen zu ihrer Familie, und ihrer Tochter speciell, freuen, u. Gott mit ihr für die so gnadenreiche Führung dankten. Am Nachmittag werde der Wagen um 3 Uhr bei ihnen sein, denn sie bäten auch, um die Anwesenheit der l. Mama u. ihren Segen. Wir erwarteten sie mit Freuden u. »ganz besonders unser Fränzchen welche Sie schon lange im Stillen verehrt u. geliebt hat.« schloß der Brief. – Ich war tief bewegt von dem mir über alles Verdienst u. Würdigkeit erscheinenden Glückes u. weinte u. weinte u. je mehr mich die gute Mutter u. Schwestern zu beruhigen suchten, mich auch in ein Zimmer allein auf das Sopha brachten, je mehr floßen die Thränen, bis meine älteste Schwester mich bei der Eitelkeit nahm »wie häßlich ich denn wenn der Bräutigam käme aussehen würde u.s.w. u.s.w. während Mutterchen einmal über das andere mich zum Mittagessen animierte, ja mir sogar eine kl. Portion Fisch auf dem Teller brachte »Du mußt etwas essen da beruhigst Du dich auch« war ihr Grundsatz, aber vergebens. Unterdessen entwickelte sich bei den anderen Genossen des Hauses ein munteres Treiben. Johann unser Knecht u. gleichzeitig Kutscher, holte eiligst wegen des Sonntags des Vaters Erlaubniß ein u. es wurde ihm auch in diesem Ausnahme gestattet, u. er wichste das Kutschgeschirr nebst Kutsche u. Messing daran, spiegelblank, woran sich sogar die guten Brüder glückstrahlend betheiligten, während eine Schwester in die Kutsche kroch, und etwaige Schäden noch zu bessern versuchte, die anderen meinen einzigen Sommerstaat ein rosa Musslinkleid, in welchem ich doch florieren sollte, aufzuplätten, Johann sich zuletzt noch den Kragen seines Kutscherrocks, welcher für die Insassen des Wagens, keinen erquicklichen Anblick bot, noch reinigend, denselben unterwegs auf der heißen Sonne trocknenden Strahlen anvertrauend, kurz um 2 Uhr fuhr der Wagen weg, von Segenswünschen begleitet. Alles war in freudigsten Schaffensgeist, Mutterchen u. Schwestern, einen dem Tage gebührenden Kaffeetisch u. Mahl für den Abend vorzurichten, jeder sich in besten Sonntagsstaat zu putzen u. vor allen auch das »Bräutchen« wie ich schon flott weg, genannt wurde. Plötzlich ertönte unseres Kettenhundes »Pluto« langgezogenes »wau'« »wau'« als bekanntes Zeichen daß unser Wagen nahte. »Fränzchen du mußt sie natürlich am Wagen empfangen« hieß es, ich aber furchtbar schüchtern, sträubte mich dagegen, als ich im Rücken einen Stoß meiner Schwester verspürte u. so stand ich am Wagen. Das Weitere behalte ich im bewegten Herzen, nur daß wir nach einiger Zeit in die Wohnstube, wo Alt und Jung jubelte traten, mein guter Ludwig, uns glückstrahlend als Brautpaar vorstellte u. wir uns den beiderseitigen elterlichen Segen erbaten. Natürlich gab es allseitiges gratulieren u. allerlei Erinnerungen, was ein jeder sich schon bei der u. der Bemerkung, Handlungsweise u.s.w. gedacht habe. Später ging der Vater die Mama Nietzsche u. ich meinen geliebten Ludwig am Arm, durch das Dorf, um unseren Lieben unsere recht hübsche Kirche im Inneren zu zeigen. Doch als wir, es war doch Sonntag, den Rückzug antraten, standen in allen Thüren freundlich grüßend die guten Bauersleute, sich aber in des Geschickes Mächte kaum findend, »daß die vierte von Pastors Pfarrersch Fränzchen sich zuerst verlobt haben sollte.« Nach unserer Rückkehr äußerte mein Bräutigam den Wunsch am anderen Tag als Brautpaar die Verwandten in Naumburg u. die allda auf einige Tage zu Besuch weilende Schwester Auguste, die ihm eigentlich den Haushalt führte, zu überraschen, wozu der gute Vater bereitwilligst Pferde u. Wagen stellte. Nur die gute Mutter zögerte, indem Fränzchen mit ihrer Garderobe da sie alles entwachsen habe nicht in Stand sei u. das rosa Verlobungskleid erst wieder Wasser sehen müsse« u. bat um einen Tag später zur Reise, doch mein Ludwig sowohl als Mutterchen Nietzsche fanden das Kleid noch wunderschön, u. er möchte mich auch am Liebsten in demselben vorstellen u. so wurde der Montag festgehalten. Als sich unsere geliebten Gäste entfernt hatten, brachen die Brüder mit allerlei Neckereien los, was sie alles im Garten hinter der Laube bemerkt haben wollten, bis der Vater den Spottvögeln Ruhe gebot. Sodann brachte mich

Mütterchen, da ich der Reise halber sehr früh wieder aufstehen müsse, zu Bett unter Dankesgebet zu Gott, wo ich noch die Bemerkung fallen ließ »der einzige Fehler ist nur daß ich zu jung bin Mutterchen« worauf sie begütigend erwiderte »dieser Fehler verbessert sich alle Tage mein Kind

Meine guten Schwestern benahmen sich bei der ganzen doch für sie nicht gerade leichten Situation, geradezu musterhaft. So wurde den Abend noch mein Kleid mit Zuckerwasser aufgefrischt u. geglättet für die Reise, eine andere Schwester nahm das einfache Kreuzband auf meinem durchbrochenen Strohut ab u. ersetzte es mit einem weißen Schürzenband u. Feldblumenbouquet aus ihrem Bereich, u. so fuhr ich früh sechs Uhr nach dem eine Stunde von uns entfernten Röcken u. mit meinem glückstrahlenden Bräutigam u. dessen ältester Schwester R.[osalie] als Ehrendame die Leipz. Chausee nach Naumburg, da Röcken unmittelbar daran liegt. Dort fand das Brautpaar eine herrliche Aufnahme u. [brachte?] eine köstliche Überraschung. Auch dem Sohn einem stud. jur, welche Art Alter vorher meine Anbeter gewesen waren, schien der siebzehneinhalbjährigen neuen Tante, mehr als wohl räthlich war, Interesse abzugewinnen, was meinen Bräutigam als Onkel vielen Spaß, beinahe aber eifersüchtig machte, so daß der Neffe in höchst komischer echt studentischer Weise ihn beim Abschied um Absolution bat. Diese Fahrt war natürlich für uns beide glücklichen Menschenkinder eine köstliche, als auch für die beiden guten Schwestern, indem Augustchen nun nicht zu halten war u. mit uns zurückkehrte. In Röcken angekommen regalierte uns Mamachen Nietzsche noch mit Fisch u. so fand ich alles zu Bett als ich nach Pobles zurückkehrte. Die Freuden aber dieses herrlichen Tages mußte Mamachen u. Schwestern wenigstens im Gesamteindruck noch erfahren, vor allem aber noch mein erstes Bräutigamsgeschenk, ein graugemustertes Orleanskleid bewundern, ebenso eilte ich damit an der Brüder und des guten Vaters Bett, welch Letzterer halb erwacht zu meinem Erstaunen meinte »na morgen«. Ich selbst legte das Kleid über meinen Kopf zwischen Kissen und Bettenwand, um es bei Tagesgrauen von neuen bewundern zu können, denn es erschien mir eine Herrlichkeit sonder Gleichen. – Hierauf kam eine sehr arbeitsvolle Zeit, indem meines Geliebten 30 Geburtstag d 10 Oktober, unser Hochzeitstag sein sollte, u. da es damals keine Nähmaschine gab u. jede Familie u. Braut eine Ehre darin suchte die ganze Ausstattung theils [?] selbst u. im Hause zu nähen, so gab es für das Vierteljahr was nun zwischen Verlobung u. Hochzeit lag, ganz außerordentlich zu thun u. die guten lieben Schwestern waren schon in frühester Morgenstunde treueste Gehilfinnen, denn auf den Nachmittag mit Besuch aller Arten, außer den des Herzlichgeliebten, war nicht sehr zu rechnen. / [Randnotiz, gestrichen:] oder Antwort auf seine so lieben Briefe / Das Einrichten des neuen Heims, obwohl es eigentlich nur ein Wohnzimmer u. zwei Schlafzimmer betraf, war natürlich eine besondere Freude, obwohl das Haus schon durch meiner Schwiegermama Uebersiedelung u. den in Eilenburg gearbeiteten Kirschbaummöbeln meines theuren Ludwig, schon vorher ganz wohnlichen Eindruck machte. So kam der Polterabend heran, wo wir alle elf Geschwister beisammen, ebenso 4 meines lieben Bräutigams nebst Verwandten und Freunden, ja selbst Musik vorhanden war, indem es sich die Söhne eines Pächters vom guten Vater, welche Direktoren einer Musikkapelle waren, sich die Ehre ausbaten konzertieren zu dürfen auch verschiedene Aufführungen nicht fehlten u. so war es ganz heiter. Die Trauung wo mein guter Ludwig im Ornat ich in weißer Seide erschien / [Randnotiz:] und das herrliche Lied: Jesu' geh voran auf der Lebensbahn, gesungen wurde / war eine äußerst feierliche und bewegte Stunde, indem denselben Act mein guter Vater in prächtig von der Gemeinde geschmückten Kirche vollzog, woran sich ein recht heiteres herrliches Familienfest anschloß / [Randnotiz:] ein schönes Hochzeitsmahl bereitet war mit vielen Toasten gewürzt u. zum Schluß mein ältester Bruder der Buchhändler, mir mit einem sehr scherzhaften selbstgemachten Gedicht, wobei er mir Kranz und Schleier abnahm, das Häubchen aufsetzte, worin ich meinem geliebten Mann, »als nun völlig unter die Haube gebracht«, so besonders gefiel, nach damaliger Mode mit Bändern unter dem Kinn gebunden / Der Abschied von den so geliebten Elternhaus, welches ich noch nie länger verlassen hatte, war schwer genug wenn auch durch die Nähe der neuen Heimath erleichtert. Unser Johann fuhr in bekränztem Wagen nicht wenig stolz darauf, das junge Paar, sowohl zur Trauung, als auch durch die eingepfarrten Dörfer in das neue Heim, in den Orten nach Landessitte den Wagen durch ein Seil oft sperrend, wo man sich mit einem Geldstück auslösen mußte. In Röcken wurden wir im grünen Pfarrhof v. d. Gemeinde Herrn Schullehrer u. Schulkindern begrüßt u. mit einem geistlichen Lied empfangen, ebenso mit Hochzeitsgaben der drei Gemeinden von Röcken Michlitz und Bothfeld: als [ein?] Kaffeebrett mit 2 schönen Tassen, 2 Dz. silberne Esslöffel u. einen Spiegel an welch letzteres Geschenk welches mein Mann nur für die junge Frau Pastorin bestimmt glaubte, sich später viel Neckereien seinerseits anschlossen. – Mein geliebter Mann hielt darauf an die Versammelten eine Dankesrede, wollte aber auch daß dabei sein Frauchen neben ihn in die einige Stufen erhöhte Hausthür trat. Mit par force öffnete er dafür die sonst nie offene u. wahrscheinlich verquollene andere Hälfte der Flügeltür, wobei das ganze untere Fach ausbrach; ich kann mich aber nicht erinnern, daß es von uns Glücklichen als ein böses Omen angesehen worden wäre u. doch könnte man es, den späteren traurigen Erfahrungen nach wenn man überhaupt abergläubisch wäre. [Beigelegtes Blatt:] In den nächsten Tagen gab es natürlich viel Dankesbriefe zu schreiben, waren doch so viele Herzen u. Hände beschäftigt gewesen uns Freude zu bereiten, ebenso wollten alle lieben Verwandten welche nicht mit zugegen sein konnten von der Hochzeit hören u. so entschlossen wir uns acht Tage darauf zu einer Reise nach Plauen i. V.[ogtland] wo ein Bruder meiner Schwiegermama nebst Fr.[au] sich befanden ebenso eine geschiedene nun unverheirathete Stiefschwester u. eine eigene Schwester. Letztere dort zu Besuch weilte. Von unseren Heimathorte R.[öcken] gab es täglich dreimal Gelegenheit die v. Naumburg kommenden u. nach L.[eipzig] fahrenden Omnibuse, welche Verbindungschausee dicht an unseren Dörffern vorüberging, zu benutzen u. so traten auch wir damit Mittag 12 Uhr unsere Reise an. Wie imponierte mir schon der große Wagen, da ich noch nie in einem solchen gefahren war, ja er kam mir weit großartiger vor als unser für damalige Zeit recht hübscher Kutschwagen, wahrscheinlich nur der Größe halber, wie interessierte mich jeder einsteigende Passagier aber ganz im Stillen, denn sah mich jemand an wurde ich feuerroth u. so empfand ich doppelt und dreifach den Schutz u. die liebenswürdige Art meines geliebten Mannes, welche so glücklich über dieses gr. Schüchtern u Verlegensein hinweghalf. Leipzig kannte ich schon indem wir nach dort öfter von Pobles aus mit eigenen Geschirr fuhren um unsere Einkäufe zu machen. Von dort bis Altenburg fuhren wir dann, da es damals wohl die erste Strecke überhaupt von Eisenbahnen war, mit den Dampfwagen, ich natürlich auch zum ersten Mal u welche Verwunderung abermals. Von Altenburg bis Pl. gab es dann nur Postverbindung, welche Beförderungsart ich auch noch nicht kannte u. als mein lieber Mann auf einer der Stationen von den Postillon irgendetwas wissen wollte u. ihn »Schwager« anredete, war ich ganz erstaunt u. frug meinen Mann

heimlich »wie bist du denn mit diesem Mann verwandt.«
natürlich seinerseits großes Plaisir. Als es einigermaßen zu
tagen anfing, denn wir waren die ganze Nacht gefahren,
bestieg mein Mann mit mir das Cabriolet, um mir die theilweis wunderhübsche Gegend zu zeigen. Doch auch daran
knüpften sich bei seinen Erzählungen, [Streichung] von dieser meiner ersten gr. Reise die drolligsten Bemerkungen als
wir endlich früh um 7 dort anlangten. Wir fanden alle Lieben in der Mansarde im sogenannten Raucherstübchen, indem der Schwager ein Stickereigeschäft im Hause selbst
hatte somit kein Düftchen von Rauch die theilweise schneeweißen kostbaren Waren berühren durfte (sah ich doch dort
z. B. Kopfkissen für russische Wöchnerin das St. 50 M[ark]
u. höher,) überhaupt prachtvolle Handstickereien da es Maschinenstickerei noch nicht gab. Die lieben neuen Verwandten waren zu nett zu uns, [Streichung] indem mein guter
Mann der gr. Liebling der Familie war, und sie diese ihre
Liebe auch auf seine junge Frau gütigst übertrugen. Ich weiß
daß dies uns junges Volk zum Uebermuth reizte u. vergesse
[Streichung] nicht, als wir von einen Besuch dort heimkehrten, u. mein Mann beim Ablegen der Sachen meinen Mantel
u. Hut u. ich ihn reizend findend, seinen langen Surdou [von
fremder Hand verbessert: »Surtout«] u. Zylinder anlegten
u. wir so in die Stube tanzend kamen, so daß die alten lieben
Verwandten schütterten vor Lachen. [Streichung] Ich fand
jetzt vom guten Schwager einen damaligen Brief, worin er
nach unseren Besuch diese Scene höchst belustigt schilderte.
Bei Mutterchen Nietzsches Bruder dem Begründer der
sächsischen Nadelei u. Stickerei u. dessen Frau [Streichung]
mußten wir auch unsere Hochzeitsgedichte beim Frühstück
vorlesen u. vergesse nicht als mein Mann ein recht mittelmäßiges von einem uns fern stehenden Geistlichen vorlas, die
Tante ihr Glas Madeira umstieß welches sich auf d. Gedicht
ergoß u. mein guter Mann sie, die natürlich außer sich war,

gleich so hübsch zu trösten wußte »nun wäre ja erst Geist in das Gedicht gekommen. Ueberhaupt verstand er es allen Unangenehmen eine möglichst glückliche Wendung durch irgend eine hübsche Bemerkung zu geben meinte aber sein Freund Gersdorf hätte das zur Bewunderung gut u. noch besser verstanden als sie beide »Instructoren« wie damals ihr Titel am Altenburger Hof war, gewesen waren.

Nach sechstägigen Aufenthalt kehrten wir nach unserer lieben Heimath zurück fanden Mutterchen u. Augustchen sehr erfreut daß wir wieder da waren u. wir am erfreutesten, wieder zuhaus zu sein. Wie es nun jedem jungen Paar geht gab es viele Besuche zu machen u. zu empfangen / [Randnotiz:] wo mir besonders in d. ersten 4 Wochen, wo man nach alter Sitte nicht mehr [eher?] in die Heimat darf d. alte Pobleser Kirchturm, wenn ich ihn von fern sah, manche Thräne entlockte / hatte ich noch einen Theil meiner Ausstattung zu nähen, da vorher in der kurzen Zeit nicht alles fertig geworden war. Im Frühjahr u. Sommer gab es dann im Garten zu thun u. ein Jahr u. fünf Tage darauf d. 15 Octbr. 1844 erschien unser lieber kl. Sohn.

Auch kochte ich mit Augustchen meiner Schwägerin abwechselnd u. ich mußte dann einzelne Gerichte bei jeder Wiederkehr derselben bereiten, weil mein Mann behauptete, so bereitet schmeckten sie ihm wie in seinem geliebten Roßleben, (wahrscheinlich war es weniger fein, als bei Augustchen deren Kocherei *ich* nun wieder köstlich wohlschmeckend fand u. habe auch zum Theil diese Art beibehalten.

3.

Ganz unvermittelt brechen hier Franziska Nietzsches Lebenserinnerungen ab – gelingt es ihr noch, die Hochzeitsreise mit all ihren heiteren Geschehnissen auf amüsante Weise zu schildern, so scheint sie, wenn sie von ihren Erlebnissen als junge Ehefrau berichten und ihre neue Heimat Röcken schildern soll, unter einen derart starken seelischen Druck zu geraten, daß sie am Ende all ihrer Darstellungskraft beraubt und »sprachlos« wird: zunehmend verwirrt sich der Schreib-Duktus, die Sätze werden unverständlich, das Schriftbild wirkt gepreßt, nervös und fahrig. Innerlich teilnahmslos erzählt sie von Nebensächlichkeiten, die den Haushalt betreffen; befremdlich vor allem, wie knapp und lapidar sie das große, eingreifende Ereignis erwähnt: die Geburt des Sohnes – Friedrich Nietzsche. Es mögen schmerzvolle, auch hier noch zu verschweigende Erfahrungen sein, die jene auf den letzten Zeilen deutlich artikulierte Grundstimmung erzeugen: das Heimweh nach dem Heimatort, der im Rückblick nostalgisch verklärt wird und sich in ein verlorenes Paradies verwandelt, so wie er später dann auch ihren Kindern als Gegenbild zur städtischen Dumpfheit und Enge erscheint, als Platz der heiteren, friedlichen Harmonie: »[...] die Wiesen voll bunter Blumen, der Garten voll Erdbeeren, die Luft erfüllt von Frühlingsdüften, einer köstlichen Mischung von dem Geruch frischaufgeworfner Erde, und dem Je-länger-je-lieber, Flieder- und Lindenblüten. Auf grünen Pfaden zogen Schafheerden mit den herzigsten kleinen Lämmern, die Hirten bliesen auf wirklichen Schalmeien, aus weicher Baumrinde gefertigt und die gesammte Dorfjugend auf kleinen Pfeifen aus Holunderholz. Das Blöken der Lämmchen, der Klang der Schalmeien, das Pfeifen und Jubeln der Kinder, Alles vereinigte sich zu *einem* Ton: es war das Jauchzen des Frühlings!«[75]

Pobles – ein sächsisches Arkadien? Wohl eher ein ärmliches, winziges Dorf – 18 Gebäude, 130 Bewohner – in einer landschaftlich reizlosen Gegend, bemerkenswert vielleicht nur deshalb, weil Kirche und Pfarrhof auf einer mäßigen Anhöhe liegen, gleichsam topographisch jene alt-protestantische Forderung einlösend, das evangelische Pastorenhaus müsse, metaphorisch geredet, ein »Haus auf dem Berge« sein: als Vorbild und Muster christlicher Lebensführung für die ganze Gemeinde beständig sicht- und einsehbar.[76] Wer dort als Pfarrer lebt und wirkt, hat aber nicht nur geistlich die Aufgabe, Gottes Wort rein zu verkünden und das daraus hervorgehende ethische Regelsystem in der familiären Lebenspraxis exemplarisch vorzuführen – er ist nicht minder stark Vertreter und Garant der staatlich-politischen Ordnung, die sich in der Zeit, über die Franziska Nietzsche berichtet, nach eingreifenden Umbrüchen und Verwerfungen erneut (jedoch nur vordergründig) zu stabilisieren beginnt: Nach den Eroberungsfeldzügen Napoleons und nach den Schlachten der Befreiungskriege entsteht, zusammengesetzt aus vielen kleinen Territorien, die preußische Provinz Sachsen, zu der auch Pobles gehört. Gemäß dem in der Hauptstadt propagierten Staatsgeist entsteht (um die alte, kleinstaaterisch-ineffektive Verwaltung abzulösen) eine straff geregelte und rational bestimmte Administration, die unter dem in Preußen praktizierten Staatskirchentum auch auf den kirchlichen Bereich mit all seinen Berufs- und Organisationsformen übergreift: Der König als oberster Bischof ernennt die machtvollen Generalsuperintendenten – Regierungsangestellte, die den weltlichen Oberpräsidenten gehorsamspflichtig sind und die sogenannten Konsistorien leiten, vor denen sich nun wiederum jene einzelnen Kirchenkreis-Superintendenten verantworten müssen, die das kirchliche Leben, vor allem aber die Amtsführung und den moralischen, auch politischen Wandel der Gemeindepfarrer

Franziska Oehler als Siebzehnjährige

kontrollieren und bewerten müssen. In dieser strikten Hierarchie ist auch der unscheinbarste kleine Landgeistliche immer noch, wie der große Theologe Schleiermacher kritisch vermerkt, ein »kirchlicher Präfekt der Regierung«[77]; er gehört, als geistlicher Arm der Obrigkeit und als akademisch Gebildeter, durchaus der höheren Schicht der Gutsbesitzer, Amtmänner und Advokaten an, mit denen er gesellschaftlichen Umgang pflegt. Und doch ist er, auf spannungsvolle Weise, als Seelsorger und Gemeindehirt gleichzeitig auch Anwalt des einfachen Volks, dessen Sorgen, Nöte und Proteste er wahrzunehmen und manchmal sogar gegen die staatlichen Herrschaftsinteressen deutlich zu artikulieren hat. Die Obrigkeit ist allerdings fürsorglich bestrebt, die aus dieser Mittel-Stellung vielleicht sich ergebenden Rollen-Konflikte und politischen Unsicherheiten dadurch schon im Keim zu ersticken, daß sie dem Pfarrer mit mehr oder weniger administrativem Nachdruck empfiehlt, sich weniger als Sprecher der Gemeinde denn als deren Lehrer und Praeceptor zu verstehen. Man sieht es beispielsweise gern, wenn ein Pfarrer, der in einer bäuerlichen Gegend lebt, nicht nur als Prediger und Seelsorger seines Amtes waltet, sondern auch auf möglichst musterhafte, vorbildliche Weise eine Landwirtschaft betreibt, womit er nicht zuletzt auf agrarischem Sektor einen hocherwünschten Beitrag leistet zur allgemeinen wirtschaftlichen Prosperität des Staatswesens. Ein Konsistorialrat aus Jena, Christian Wilhelm Oemler, ist denn auch überzeugt, »[...] daß sogar ein Prediger, der eine vernünftige Landwirtschaft betreibt, weit praktischer predigen kann als der, der keine hat [...] Wer kann es also leugnen, wie viel Gutes ein vernünftiger Prediger, der ein geschickter Oekonom ist, in seiner Gemeinde stiften könne? [...] Seiner Gemeinde Muster und Beyspiel [...] Welch ein Segen [...]«[78]

In diesem Sinn scheint jener Mann, der als gütiger Familienpatriarch die Kindheit und die Jugend der Franziska Nietzsche bestimmt – der als prächtiger, lebenstüchtiger Pfarrherr »in Gutsbesitzerart seinem Grund und Boden verbunden ist«[79], der Bienenzucht und Baumpflege betreibt –, eine Zierde seines Amtes und eine Freude seiner Obrigkeit zu sein; das »gute Vaterchen«:

4.
David Ernst Oehler

Dennoch – in dieser Person, die sich zunächst so glatt und auf den ersten Blick problemlos ihrer festgelegten Rolle anzuschmiegen scheint, ist ein durchaus nicht unbeträchtliches Potential der Revolte und des Widerspruchs verborgen. Franziska notiert:

»Hr. von Raschau ist in der Kirche als der Vater in der Erntezeit über die Entheiligung der Sonntagsfeier gepredigt, durch Einfahren, Getreide [...?] usw. Hr. v. Raschau geht inmitten der Predigt heraus, schreibt augenblicklich an Vater u bittet ihn, ihn anzuzeigen worauf Hr. v. Raschau [12?] oder 15 sgr. [Silbergroschen] Strafe erhalten. Hr. v. Raschau ist gegen den Vater vor wie nach freundlich geht aber weder in Pobles noch in Poserna in die Kirche«[80]

Dazu gehört zu jener Zeit nun in der Tat ein hohes Maß an Mut und Furchtlosigkeit: den Patronatsherrn (Raschau), Repräsentant der weltlichen Obrigkeit und als solcher befugt, bei der Besetzung von Pfarrstellen und der politischen Kontrolle über die Geistlichkeit entscheidend mitzuwirken, ganz kompromißlos aus der Kirche zu predigen, weil er aus vordergründigen Profit-Interessen den staatlich verordneten Sonntagsfrieden stört und damit gegen jene Ge-

Der Vater: David Ernst Oehler

setze verstößt, die er doch kraft Amtes selbst durchzusetzen und zu überwachen hätte. Ein bescheidener, dennoch bemerkenswerter dörflicher Kampf gegen feudale Herrschaftsanmaßung und -heuchelei, wobei die Reaktion des angegriffenen Guts- und Adelsherrn erstaunlich ist: Er beugt sich seinem Pfarrer David Ernst Oehler und läßt sich auf den Rechtsweg locken, um denn auch prompt per Strafe formal die Bestätigung zu erhalten, daß er die staatlich-öffentliche Ordnung auf wenig beispielhafte Weise gröblich mißachtet hat. Deutlich wird auch, daß er diesen so direkt und konkret predigenden Pastor ängstlich respektiert und bloß zu einem ziemlich feigen Ausweichmanöver fähig ist, indem er nämlich fürderhin versucht, den unangenehmen Oehlerschen Sonntagsermahnungen möglichst aus dem Weg zu gehen.

David Ernst Oehler – ein kleiner Rebell mit leicht querulantischen Zügen? Zumindest nicht nur jener friedlich-harmonische Pfarrherr, der seiner ihm ehrfürchtig ergebenen Gemeinde dadurch ein leuchtendes Vorbild ist, daß er in einer fast als Karikatur wirkenden Art die wittenbergisch-lutherische Familienidylle nachahmt und des Abends, im Dämmerschein, die Seinen um sich versammelt, um dann, wie uns ein Biograph in freier Phantasie erzählt, auf dem Klavier »Ein feste Burg ist unser Gott« zu intonieren – »[...] und seine elf Kinder stimmten so freudig ein, daß die Balken bebten und die Bauern unten im Dorfe aufsahen und lauschten.«[81] Seiner Gemeinde ist er wohl eher in einer anderen Rolle präsent: nämlich in der eines streitbaren, vielleicht sogar streitlustigen Pastors, der seine Kanzelmacht gebraucht, um einzugreifen in die dörflichen Geschehnisse, der Konflikte nicht mit einem allgemeinen evangelischen Friedfertigkeitsgesäusel verdeckt, sondern klar artikuliert und christlich-moralisch bewertet. So heißt es denn auch, mit deutlich kritischem Unterton, im Führungszeugnis seines Superintendenten: »[...] Als Prediger traut er sich zu viel zu; denn er extemporiert, und zwar nicht glücklich. [...] Die Gemeinde ist ihm nicht recht zugetan. Doch mußte ich es unlängst bei einer Lokalrevision einigen Sprechern verweisen, eine vor mehreren Jahren zur Kenntnis des hochwürdigen Consistorii gekommene verdrüßliche Streitsache (bloß infolge unbedachtsamer Äußerungen von der Kanzel) recht absichtlich aufzufrischen und ihn dadurch zu kränken.«[82] Der prüfende Blick des Vorgesetzten ruht also nicht nur huldvoll auf ihm, und seine Schäfchen, die er in christlicher Eintracht und Liebe hüten soll, sind des öfteren verstört und unwillig. »Eine Herde und Ein Hirt! / Wie wird dann dir sein o Erde«[83] – dieser evangelischen Choral-Sehnsucht mag man in Pobles in ganz besonders ausdrucksvoller Weise nachhängen. Ist es noch möglich, den intellektuellen Fundus zu ergründen, der diese Persönlichkeit prägt und jene nicht allzu positive Kennzeichnung seines pastoralen Wirkens durch den vorgeordneten geistlichen Bruder erzeugt?

Es sind von David Ernst Oehler keine selbstverfaßten Dokumente, keine Predigten überliefert, die eindeutig Auskunft geben könnten über sein geistiges, theologisch-philosophisches Fundament und das daraus sich ergebende Amtsverständnis, so daß der Versuch, mit kirchen- und dogmengeschichtlichen Schablonen und Schemata eine Einordnung vorzunehmen, an seine gleichsam natürlichen philologischen Grenzen gerät – und selbstverständlich stets die Gefahr enthält, daß der Interpret, aufgrund seiner eigenen Interessen und Vorbedingungen, in eine manipulativ-spekulative Methode verfällt, die dem Wahrheitsgehalt seiner Erkenntnisse nicht immer zuträglich sein mögen. Erhalten sind nur indirekte Zeugnisse, zum Beispiel der vielleicht von einem befreundeten Amtsbruder verfaßte »Lebenslauf des seligen Herrn Pastors Oehler zu Pobles«, möglicherweise als Begräbnisrede vorgetragen.[84] Hier sind jedoch nur biographische Daten zu finden, daneben allgemeine, wenig aussagekräftige Floskeln, die – wie es bei einem solchen Anlaß üblich ist – das Leben und Wirken des Verstorbenen in ein glättendes, harmonisierendes Licht tauchen; so ist von seinem ehrlichen und offenen Charakter die Rede und daß er »heiter und gutmütig, gläubig und gottvertrauend« war.[85] Auch die Berichte der Söhne Theobald, Edmund und Oscar Ulrich lassen, was David Ernst Oehlers Glaubenshaltung und -praxis betrifft, keinen eindeutigen und klaren Befund zu, zumindest nicht in dem Maße, daß mit ihrer Hilfe die Einordnung in eine der vielfältigen, unübersichtlichen, teilweise in sich gespaltenen protestantisch-theologischen Richtungen auch nur annähernd möglich wäre.[86] Vielleicht ist es erkenntnisfördernder, den Blick zunächst nicht auf das Theorie-Spiel geistlicher Lehr- und Glaubensgebäude zu richten, sondern eher die gesellschaftlichen, ökonomischen Bedingungen und Voraussetzungen zu beleuchten, auf deren Hintergrund sich die persönliche und die geistig-geistliche Entwicklung David Ernst Oehlers vollzieht. Seine Lebensgeschichte ist ja vor allem die Geschichte eines gelungenen, erfolgreichen sozialen Aufstiegs, denn er ist keineswegs Abkömmling jener alt-evangelischen Pastorendynastien, die ihre Amtszugehörigkeit, durch einen stetigen Prozeß der Selbstrekrutierung, bis in die lutherische Ur-Zeit nachweisen können und daraus eine besondere Würde und Autorität auf manchmal anmaßende, überhebliche Weise ableiten. Er wird am 2. August 1787 in Zeitz als Sohn eines einfachen Handwerkers, des »Zeug-, Lein- und Wollenwebers« Christian Ernst Oehler geboren. In seiner Ahnentafel sind auch die Berufe »Mundkoch« und »Fleischhauer« genannt – jedoch stets mit dem Zusatz »Bürger«, was bedeutet, daß die Familie nicht dem meist in großer Armut lebenden Stadtproletariat zugerechnet wird, sondern durch Grundbesitz städtische Mitwirkungsrechte und -pflichten erworben hat und mit Hilfe der in den einzelnen Zünften geordneten korporativen Armenfürsorge vor dem sozialen Abstieg weitgehend bewahrt ist.[87] Ein Aufstieg in die höhere soziale Schicht ist allerdings nicht leicht; größere wirtschaftliche Sicherheit, ein erhöhter Status, öffentlicher Einfluß – das alles ist dem Angehörigen dieses Kleinbürgertums nur dann garantiert, wenn er die Universitätslaufbahn, das akademische Studium erfolgreich absolviert. Während jedoch die juristischen Fakultäten sich zu jener Zeit noch entschieden gegen solchen »Druck von unten« wehren und ihre Studenten hauptsächlich aus der Adelsschicht und dem Großbürgertum stammen, ist es gerade das theologische Fach, in dem sich die begabten jungen Leute aus den unteren Schichten finden – ihnen dient das Studium der Theologie häufig als Vehikel des gesellschaftlichen Aufstiegs, und ihre Berufsmotivation ist in einem recht beschränkten Maße genuin religiöser Natur; es sind also auch »weltlich«-pragmatische Gründe, die sie lenken und leiten, nicht nur die innere Glaubensüberzeugung und -inbrunst, dieser »missionarisch«-dunkle Drang, als Prediger das eigene, tief in der Seele erfahrene religiöse Erleben anderen Menschen möglichst gefühlvoll-überzeugend nahezubringen. So mag ihnen denn auch eine Theologie entgegenkommen, die weniger die »wider alle Vernunft« im Menschen wirkende persönliche Glaubenserfahrung ins Zentrum rückt, sondern eher jene Lehre, die einen praktisch-gesellschaftlichen, objektiv nachprüfbaren Nutzen des Christentums für die Existenz des Menschen anzunehmen wagt, die keineswegs den allguten, mit höchster jenseitiger Vernunft ausgestatteten Gott einer per definitionem bösen »unvernünftigen« Welt antithetisch-unversöhnlich gegenüberstellt, sondern davon ausgeht, daß die dem Individuum von Gott geschenkte Vernunft durchaus in Einklang zu bringen ist mit seinen religiösen, »irrationalen« Impulsen, um auf diese Weise nicht nur das ewige Seelenheil, sondern auch das irdische Lebensglück zu befördern. Ein solcher Glaube hält sich nun aber frei von Dogmatismus und religiöser Eiferung, er verdammt nicht die Werke der Welt als die Dinge des Teufels, er ist hingegen offen für alle Bereiche menschlicher Geistestätigkeit: Naturerforschung und Geschichte, Musik und dichterisches Schaffen, die schöne Kunst, die nicht des Satans, sondern Gottes gute Gabe ist.

Wenn man die Lebensdaten und den Werdegang David Ernst Oehlers betrachtet, so scheint es in der Tat plausibel, seine Gestalt auf diese historisch-gesellschaftliche Folie zu projizieren, um damit auch einige Erklärungen zu finden für seine Art der Amtsführung und für die ihr zugrundeliegende Theologie. Er wird uns vorgestellt als kluges, begabtes, geistig reges Kind, dem seine Eltern, trotz materieller Hindernisse, den Besuch der besten Zeitzer Schule ermöglichen. Er ist Vorsänger in der Kurrende, hat also die Aufgabe, »vor den Häusern angesehener und wohlhabender Bürger in regelmässiger Wiederkehr kirchliche und Volkslieder im Chor zu singen«[88], was mit einer willkommenen finanziellen Unterstützung verbunden ist. Der Weg nach oben führt, fast wie selbstverständlich, über die theologische Fakultät, auch wenn David Ernst Oehler, wie man vermuten darf, schon in recht frühen Jahren sehr weitgespannte geistig-literarische, aber auch künstlerische Ambitionen hat. Es ist eine Laufbahn, die in der allgemeinen wirtschaftlichen Not jener Zeit – das Land leidet schwer unter den Kontributionszahlungen an die napoleonische Besatzungsmacht – nur mit Mühe zu bewältigen ist und vor allem bei den Eltern ein hohes Maß an Opferbereitschaft erfordert. Es gibt zum Beispiel ein Zeugnis des Bürgermeisters und des Rates der Stadt Zeitz (vermutlich zur Erlangung eines Stipendiums erbeten), in welchem bescheinigt wird, »daß der Vater nur mit einem Häuschen ansässig, davon er keinen

Nutzen ziehen könne, und sonst in sehr dürftigen Umständen sei und seinen Sohn mit gar nichts unterstützen könne«.[89] Es folgt das dreijährige, erfolgreich abgeschlossene Studium in Leipzig, die übliche Wartezeit mit Hauslehrerstellen und Amtsvertretungen, dann endlich, auf Empfehlung seiner Professoren und eingesetzt vom Kirchenpatron Schubart von Kleefeld (dem Vorgänger des Herrn von Raschau), das ordentliche Pastorat in Pobles. Er wird diesen Ort nie wieder verlassen, denn er ist glücklich darüber, daß ihm das dörfliche Amt gute Gelegenheit gibt, neben den täglichen Berufsverpflichtungen seinen vielfältigen Interessen nachzugehen: Landwirtschaft und Bienenzucht, daneben Jagdvergnügungen, heitere Geselligkeit, Musik und Dichtung, vor allem aber diese angenehmen Mußestunden in der Studierstube mit ihrer umfangreichen Bibliothek, in der die theologische Fachliteratur wohl nicht den allergrößten Platz einnimmt. Ein strenges frommes Glaubensleben, das sich der eitlen Welt verschließt, ist keineswegs das Ideal David Ernst Oehlers; es wirkt ja in der Tat erstaunlich, daß Franziska, wenn sie in ihren Erinnerungen den Vater und das Elternhaus beschreibt, kaum etwas erzählt von evangelisch-christlichen Andachtsritualen, von Gebeten, Gottesdienstbesuchen, geistlichen Übungen, wohl aber über Lese- und Gesangsstunden, Rezitationen und Theaterspiel berichtet, also all jene Freizeitbeschäftigungen, die kennzeichnend sind für eine bürgerlich-gebildete, offene, humanistisch bestimmte Familienkultur. Besonderen Ehrgeiz auf theologischem Gebiet kann man David Ernst Oehler nicht nachweisen; die Diskussion mit Kollegen über exegetische Spitzfindigkeiten wird sich bei ihm in Grenzen halten, und der zu jener Zeit heftig aufflammende Streit der protestantischen Glaubensrichtungen berührt ihn nur mäßig. Mag auch die mächtig anschwellende Erweckungsbewegung die Grundfesten der lutherischen Kirche erschüttern und viele seiner Amtsbrüder in Glaubensfanatiker verwandeln – David Ernst Oehler scheint skeptisch reserviert zu bleiben gegenüber dieser neuen Religion des Gefühls mit ihren Selbstversenkungs-Exerzitien und Bekehrungserlebnissen. Er hält Distanz zu jenen, die dem modischen Schwärmertum folgen und mit gesenktem Blick und andächtiger Miene zu Buße und Umkehr animieren, – sein nüchtern-ironischer Geist bewahrt ihn vor dieser sentimentalen Erweckungshysterie, die ja nicht selten Ausdruck ganz persönlicher Neurosen und Komplexe ist. Wäre er wirklich einmal gezwungen, Rechenschaft abzulegen über sein geistliches Fundament, so würde er wohl Zuflucht suchen bei jenen Gelehrten, die sich in aufklärerischer Tradition (und entgegen der orthodoxen Lehre) der Aufgabe stellen, aufs Jenseits gerichteten christlichen Glauben und weltliche Vernunft miteinander zu versöhnen. David Ernst Oehlers Amtsführung, sein Selbstverständnis als Pfarrer, scheint in der Tat geprägt zu sein von den Grundpositionen der Aufklärungstheologie: Vernunft und Glaube stehen sich nicht feindlich gegenüber, sie ergänzen sich vielmehr in dem gemeinsamen Ziel, die Wohlfahrt des Menschengeschlechts schon in dieser Welt zu fördern und zu sichern. Die Religion ist unter dieser Prämisse »Beglückerin des Menschen und Führerin auf dem mühseligen Pfade des Erdenlebens, [...] eine Anleitung, wie wir als vernünftige Menschen hier uns unserer großen Bestimmung gemäß betragen, um dereinst als Männer und Greise glücklich zu sein.«[90] David Ernst Oehler könnte desgleichen der Auffassung zustimmen, daß (als Folge solcher Gedanken) die christliche Kirche nicht so sehr die Aufgabe hat, ein unbegriffenes, »Furcht und Zittern« erzeugendes Dogma zu verkünden – sie soll sich weit stärker verstehen als eine »Besserungsanstalt für den ganzen Erdenkreis«[91], also als ein Ort, an dem alles aufgehoben ist, »was auf die wahre Weisheit, auf die Moralität und Tugend, auf die Beruhigung und Glückseligkeit der Menschen wirklich Bezug und Einfluß hat«.[92] Die christliche Predigt hat das »kahle, unverdaute Geschwätz über Glaubenslehren«[93] zu meiden; sie muß sich hinwenden zur Lebenspraxis der Gemeinde, sie muß die allgemeine Moralität fördern, Ratschläge geben, Kenntnisse vermitteln – der Pfarrer soll sich vor allem als »Lehrer« verstehen. Franziska berichtet denn auch von den großen pädagogischen Interessen des Vaters, und in dem Bericht des vorgesetzten Superintendenten Förster heißt es, leicht tadelnd, David Ernst Oehler verbringe einen großen Teil seiner Zeit damit, nicht nur den eigenen Kindern, sondern auch der Dorfjugend Schulunterricht zu erteilen. Es wäre denkbar, daß er seinen Schützlingen jenen Konfirmationschoral aus dem Naumburgischen Gesangbuch von 1818 nahebringt, in dem diese »aufklärerisch-rationalistische« Glaubenshaltung einfach-prägnant und in erzieherischer Absicht folgendermaßen formuliert wird:

> »Du wirst auch in den künft'gen Jahren,
> Gott, durch Vernunft und durch Religion,
> uns Muth verleihn, bei den Gefahren,
> die unsrer Unschuld, unsrer Tugend drohn.
> Wir wollen ewig uns der Tugend weihn;
> o Vater, dieser Tag soll Zeuge seyn!«[94]

In einer als Typoskript erhaltenen Vorstudie zu seiner Franziska-Nietzsche-Biographie bemerkt Adalbert Oehler knapp, aber eindeutig, daß David Ernst Oehler »Mitglied einer Freimaurerloge [war], dem Rationalismus der damaligen Zeit ergeben«.[95] Wird diese Auskunft in der Druckfassung von 1940 verschwiegen (– möglicherweise aus politisch-ideologischen Gründen –), so ist in seinen nicht veröffentlichten, handschriftlichen, in Privatbesitz befindlichen Lebenserinnerungen nochmals vermerkt: »Der Großvater Oehler war kein Pietist, lebte in der Zeit des Rationalismus, war nach damaliger Sitte Mitglied einer Freimaurerloge.«[96]

Eine solche Auskunft wirkt nur auf den ersten Blick ein wenig überraschend – während die katholische Kirche die seit 1737 in Deutschland bestehende, ursprünglich in England beheimatete Freimaurerei von Anfang an als widerchristlich und satanisch brandmarkt (gipfelnd in der Enzyklika des Papstes Leo XIII. aus dem Jahre 1884), verhält sich der deutsche Protestantismus, besonders in seiner preußisch-staatskirchlichen Ausprägung, durchaus tolerant, geradezu integrativ gegenüber dieser neuen Form der Männerbündelei. Schon 1738 ist der Kronprinz und spätere König Friedrich der Große Mitglied einer Freimaurerloge; ihm folgen zahlreiche bedeutende Repräsentanten des Staates; schließlich vereinigt der preußische König in Personalunion das Amt des evangelischen summus episcopus mit dem eines Protektors des Freimaurerwesens. So ist es nicht verwunderlich, daß »Pfarrer und Theologen [...] einen nicht unbeträchtlichen Prozentsatz der Mitglieder [ausmachen].«[97] Ein Gottesglaube, der sich duldsam verhält gegenüber anderen Welt- und Denksystemen und dem dogmatisch-kämpferischen Konfessionalismus keinen Raum verschafft, eine humanistisch-weltbürgerliche Moral, eine Gestaltung des sozialen Lebens unter Beachtung der Freiheit und der Würde des Mitmenschen, karitatives Wirken in der Gesellschaft – diese Maximen des Freimaurertums fügen sich zunächst harmonisch ein in die ursprüngliche, vom Geist der Aufklärung geprägte raison d'état des Preußentums, und sie geraten gleichzeitig auch in die Nähe einer Theologie, die den Versuch unternimmt, das alt-protestantische, pessimistisch eingefärbte Welt- und Menschenbild mit seiner »negativen« Anthropologie rationalistisch-»optimistisch«

aufzuhellen und sich auf diese Weise dann auch Positionen zu öffnen, wie sie zum Beispiel 1787 als Leitmotive freimaurerischer Lebensweise dargelegt werden: »Das Herz des Menschenfreundes blutet, wenn er überdenkt, wie die Religion [...], deren Wesen Liebe ist, unter den betörten Menschenkindern gegenseitiges Mißtrauen und einen Haß erzeugen konnte, der die entsetzlichsten Auftritte veranlaßt hat. [...] Heil also dem Orden, der diesen Feind aller menschlichen Glückseligkeit (den Religionshaß) zu vertilgen sucht, der das Wesen der Religion nicht in gewisse theoretische Lehrsätze setzt [...] sondern darin, daß wir bei aller Verschiedenheit unserer Meinungen den Erhabenen und alle seine Geschöpfe lieben und ihnen ein heiliges, für die Tugend allein warmes Herz zum Opfer bringen! [...] Gepriesen sei [...] ein Orden, welcher den wahren Wert des Menschen nach seinem innerern Adel abmißt, dessen Gebräuche und Gesetze dem Mächtigen täglich die so heilsame Wahrheit predigen, daß wir alle Brüder sind, daß in den Augen unseres Schöpfers nur derjenige ein König ist, der ein höheres Maß an Weisheit und Tugend besitzt, und der ein niedriger Sklave, der sich von verächtlichen Leidenschaften beherrschen läßt.«[98]

Es scheint, daß dieses aufklärerisch-emphatische Gedankengebäude, das der Lehre Luthers von der Grundverderbtheit aller menschlichen Natur deutlich entgegensteht, dem Lebensverständnis, der »Charakter-Disposition« David Ernst Oehlers weitgehend entspricht. Jenes sympathisch-anrührende Porträt, das uns von ihm überliefert ist, strahlt nachsichtige und gelassene Toleranz aus; es läßt sehr klar seine »heitere Natur«, seine »wohltuende Ruhe« anschaulich werden, von denen Adalbert Oehler berichtet.[99] Daneben aber – und auch dies ist durchaus kennzeichnend für eine »aufklärerisch«-vernunftgeleitete Persönlichkeit – wird sein Wesen stets geprägt von einem gewissen Maß an kritisch-distanzierter Ironie, die freundlich, aber bestimmt Abstand hält zu den Menschen und Dingen, die ihn umgeben. Er ist, wie sein Großkind Elisabeth (in einer schönen Formulierung) bemerkt, »trotz aller Bonhomie ein sehr scharfsichtiger Beobachter von Menschen und Verhältnissen, [...] ein sehr skeptischer Beurteiler des Schauspiels Mensch, vorzüglich wenn sich dieser pathetisch gibt.«[100] Ignoranz und Dummheit, Unaufrichtigkeit und Heuchelei, christlich-dumpfe Verstocktheit, glaubensübereifrige Gefühlsseligkeit und kalter, lebensferner Dogmatismus – dagegen wird er sich, nicht immer nur zur gefällig-frommen Erbauung der Zuhörer, in seinen Sonntagspredigten wohl deutlich wenden; rhetorisch-homiletisch meisterhaft, direkt und aufrüttelnd, wie seine Amtsbrüder und Vorgesetzten, vielleicht ein wenig neidvoll, eingestehen müssen. Er ist als »guter Prediger« bekannt, hat »guten Kirchenbesuch«[101] – und doch darf man vermuten, daß für ihn nicht die Kanzel, also das öffentliche Wirken, im Mittelpunkt des Lebens steht; mindestens gleich wichtig ist die Abgeschiedenheit des Arbeitszimmers, die ihm Ruhe und Konzentration verschafft, und die »zwecklos«-müßige Beschäftigung mit den Bildungsinhalten und geistigen Strömungen seiner Zeit ermöglicht: »[...] seine Studierstube war sein besonderes Reich. Bücher, die er aufgeschlagen hatte und weiter benutzen wollte, blieben aufgeschlagen liegen, Zettel, auf denen er Notizen machte, mußten an Ort und Stelle liegen bleiben.«[102] Andererseits verkörpert er keineswegs den Typus des weltabgewandten Stubengelehrten, der die Freuden des Lebens schnöde verachtet, und dabei sind es nicht nur die geistigen Genüsse musikalisch-literarischer Geselligkeiten, denen er sich hinzugeben pflegt: »Großvater spielte mit den erwachsenen Söhnen und den ihn besuchenden Freunden eine Partie Whist, auch Skat. Getrunken wurde Bier, selten Wein – dann Naumburger. Bei Besuch und Festen wurde ein

Fäßchen Bier aufgelegt, mit dem Zapfhahn angestochen und der im Faß verbliebene Rest des Biers auf Flaschen gefüllt.«[103]

Franziska Nietzsches geliebter und verehrter Vater: kein unscheinbarer, grauer und griesgrämiger kleiner Landpfarrer, der sich seinem sozialen Umfeld möglichst glatt, opportunistisch anpaßt, dessen Geisteshorizont verengt ist auf die traurige Routine seiner Amtsgeschäfte – im Gegenteil: eine ganz bemerkenswerte, manchmal zum Widerspruch herausfordernde, prägnante Persönlichkeit, gebildet, weltoffen, bei aller Toleranz konfliktfähig und konfliktbereit, nicht frömmlerisch und nicht devot, mit Kenntnissen und intellektuellen Interessen, die weit hinausgehen über das in seinem Beruf geforderte Maß, begabt mit einem scharfen Psychologenblick; es mag nicht sehr verwundern, daß ein solcher Charakter im Umgang mit Menschen, deren moralische Borniertheit und geistige Trägheit ihn reizen, zuweilen barsch, abweisend und zornig wird. Er läßt es »an der rechten Pastoralklugheit [...] bisweilen fehlen [...]. Eine gewisse, ihm eigene Austerität stößt mehr ab als sie anzieht, doch wissen die, welche ihn kennen, daß er es damit nicht böse meint.«[104] Dieser Fehler ist ihm bewußt; ein Gegenmittel ist die »Aufschreibmethode«, über die der Sohn Oscar Ulrich berichtet: »[...] meist auf Zetteln ließ er allen Ärger, alle Bitterkeit aus. Er pflegte dann zu sagen: ›Das Papier ist geduldig, das läßt sich viel und alles gefallen.‹ Dann aber legte er das Schriftstück fein säuberlich an ein verborgenes Plätzchen in seinem Schreibtisch. Da lag es gut und ward nicht abgeschickt.«[105] Trotz solcher Bemühungen um Selbstkorrektur ist David Ernst Oehlers Verhältnis zur Gemeinde manchmal ein wenig gespannt, auch wenn ihm niemand die geistliche Autorität abspricht oder gar offen gegen seine Amtsführung rebelliert. Adalbert Oehler beschreibt sehr anschaulich das sonntägliche Unterwerfungs-

ritual: »[...] wenn er [...] nach dem Gottesdienst im Ornat aus der Sakristei trat, um zum Pfarrhaus hinüberzugehen, so stand die Gemeinde achtungsvoll vor der Kirchentür zu beiden Seiten seines Weges. ›Gott grüße Sie, Herr Pastor‹, ertönte es im Chor. Die Pastorin mit den Kindern folgte dem Hausherrn, begleitete ihn aber nie; das verbot die Würde des Amtes, das ihn in diesem Augenblick umgab. War man dann im Hause angekommen, so wurde es schon gemütlicher; der Pastor griff zu seiner langen Pfeife; die Gattin, eine aufmerksame Zuhörerin seiner Predigten, machte ihre Bemerkungen über den Gottesdienst.«[106]
Die Frau an seiner Seite, die »Pastorin«, energisch, zupackend, temperamentvoll, das »gute Mutterchen«

5.
Wilhelmine Oehler

gibt sich tatsächlich nicht damit zufrieden, still und bescheiden an der Seite ihres Pfarrer-Patriarchen die fromme Hausmutter zu spielen. Sie beobachtet ziemlich genau die Amtsführung des Ehemannes und scheut sich auch nicht, deutlich Kritik zu üben. Sie weiß: David Ernst Oehler ist auf solche Korrekturen angewiesen. Ihre Sicherheit, ihr »Selbstbewußtsein« resultiert vor allem daraus, daß sie den großen Haushalt mit bewundernswerter Perfektion führen und in Gang halten kann, obwohl sie diese Fähigkeit erst spät, nach ihrer Heirat, mühsam zu erlernen hatte. Sie ist die Tochter des Rittergutsbesitzers, Lehns- und Gerichtsherrn Johann Christian Friedrich Hahn, kurfürstlich sächsischer Finanzkommissar; die Mutter Karoline, geborene Pfeiffer, stammt aus einer angesehenen Juristenfamilie – ihr Vater hatte dem Naumburger Domstift angehört. Wilhelmine kommt also aus der vornehmen, sehr wohlhabenden Oberschicht, und als sie am 1. Februar 1816 in Pobles den unbemittelten, aus dem unteren Bürgerstande stammenden Pfarrer Oehler heiratet, ist diese Verbindung ein beträchtlicher sozialer Abstieg, ein völliger Wechsel aller bisherigen Lebensumstände. Jenes Hochzeitsgedicht, verfaßt und vorgetragen von der Schwester Marianne Hahn (später Gattin eines hohen preußischen Offiziers), thematisiert verklärend diesen von der Familie zunächst wohl nicht allzu freudig registrierten Sachverhalt und versucht, ihm positive Seiten abzugewinnen – ein Mann, der sich mühsam und unter großen Entbehrungen aus den Fesseln des niederen Standes befreit hat, wird seiner Gattin gerade dann, wenn harte, weniger glückliche Zeiten kommen sollten, ein treuer, hilfreicher und zuverlässiger Partner sein:

»Fern vom Geräusch der Stadt, in ländlich heitrer Stille,
Floß dir das Leben sanft und schön dahin.
Frei war dein Herz und fessellos dein Wille,
Kein fremdes Bild erfüllte deinen Sinn:
Dem Vater nur halfst du die Sorgen tragen,
Er mochte gern bei Allem dich befragen.

Da kam ein Mann in deines Dörfchens Nähe,
Ein Diener dessen, der die Welt regiert,
Sein einsam Haus verließ er, daß er sähe,
In welchen Kreis das Schicksal ihn geführt.
Da fand er dich, in häuslich stillem Walten,
Und konnte sich kein lieb'res Bild gestalten.
[...]

Nicht immer sanft, wie Frühlings Blütenregen,
berührt die Macht des Schicksals unser Herz:
Es klopfet auch mit fühlbar harten Schlägen
An unsre Brust, und draußen steht der Schmerz:

Doch wenn auch fern von dir nicht jeder Kummer
bliebe,
So tröste dich des treuen Gatten Liebe.

Er, der den Kampf mit Armuth schön bestanden,
Und nicht berauschet ward von seltnem Glück,
Der nicht verleugnet seine Anverwandten,
Nicht wendet kalt von ihnen seinen Blick,
Der wird auch muthig mit dem Unglück ringen,
Wenn es in deines Lebens Kreis will dringen.«
[...][107]

In ihrer Kindheit und Jugend wohlbehütet, umgeben von Zofen und Gouvernanten, hat Wilhelmine Oehler nun, in diesem ländlich-einfachen Pfarrhaus, Pflichten zu erfüllen, auf die sie überhaupt nicht vorbereitet ist, die ihr am Anfang gänzlich fremd sein müssen. Um so erstaunlicher ist, daß sie schon bald als äußerst begabte Hauswirtschafterin von den Leuten im Dorf geachtet und respektiert wird. Sie verfügt über Organisationstalent, sie kann Regeln setzen und überwachen, sie absolviert – unterstützt von einer einzigen Dienstmagd – ein gewaltiges Arbeitsprogramm: »Da ist der große Garten, das Vieh, das Beereneinkochen, Brotbakken, Lichterziehen, Wassertragen; da sind die gigantischen Waschfeste und vor allem die Erntezeiten, in denen noch zahlreiche Tagelöhner verköstigt werden müssen, während gleichzeitig das übrige Hauswesen geordnet weiterlaufen soll.«[108] Vor allem ist es ihre Aufgabe, die höchst bescheidenen Geldmittel der Familie zu verwalten; Adalbert Oehler berichtet: »Die Finanzen der Pfarre lagen in den guten und treuen Händen der Großmutter, sie sorgte für die Einholung der Einkünfte [...] Wenn die Söhne später [...] nach Halle auf die Höhere Schule gingen, berechnete Großmutter mit jedem Sohn, wieviel Geld er mitnehmen sollte: für

Schulgeld, Bücher, Taschengeld u.s.w. Wenn die Söhne dann um etwas mehr Geld baten, mußte sie die Bitten wohl mit dem Hinweis abwehren, daß doch für alle Kinder gesorgt werden müsse und daß sie nicht mehr habe. Dabei hatte sie ihr Säckchen mit dem Kupfergeld und kleinen Silbermünzen ›ihr Kippere und Wipper‹ wie sie es nannte, das nach viel aussah und doch wenig Wert hatte.«[109]

Es muß Wilhelmine Oehler manchmal schwerfallen, all diese Lasten zu tragen – nur mit großer Selbstdisziplin ist es ihr möglich, die körperlichen Gebrechen, unter denen sie leidet, zu überspielen und für sich und andere vergessen zu machen: Sie hatte ein verkürztes Bein, was sie aber nicht behinderte, verursacht dadurch, daß sie als kleines Kind in kaltes Wasser gefallen und vom unachtsamen Kindermädchen an dem Bein aus dem Wasser gezogen war, was den Eltern verschwiegen wurde. Das rechte Auge war in der Kindheit durch die Pockenkrankheit erblindet. Vielleicht sind diese Leiden die Ursache dafür, daß sie manchmal hart, ungeduldig und allzu fordernd ist; weil sie sich selbst viel abverlangt, gelingt es ihr nicht immer, die Schwächen, Müdigkeiten, Überforderungen der Menschen in ihrer Umgebung zu akzeptieren. Im Umgang mit den Töchtern und Söhnen ist sie nicht übertrieben zärtlich, sie ist alles andere als eine »überbehütende« Mutter. Aber sie besitzt die Gabe der genauen Beobachtung – ihr ausgeprägter pädagogischer Blick gibt ihr die Fähigkeit, rechtzeitig und gezielt einzugreifen, wenn das Verhalten eines der Kinder korrigiert werden muß. Nicht immer hält sie dann das rechte Maß; es kommt zu Zornesausbrüchen, die allerdings schnell unter Kontrolle gebracht werden und keine dauernde Verstimmung hinterlassen. Der Sohn Oscar Ulrich berichtet: »Sie glich zuweilen einem Pulverfäßchen, das leicht explodiert; aber nach der Explosion fühlte sie sich eben erleichtert, und es war alles wieder gut.«[110]

Die Mutter: Wilhelmine Oehler, geb. Hahn

6.

Wilhelmine und David Ernst Oehler: Zwei ausgeprägte Charaktere, gar nicht konfliktscheu, des öfteren geradezu streitlustig und grob; sie werden ihren Kindern nicht beständig jene »trauliche Geselligkeit«[111] vermitteln, von der Adalbert Oehler berichtet. Da gibt es auch Streit, finanzielle Probleme, und manchmal ist die Haushaltsordnung nur mit Mühe (hauptsächlich durch die Tatkraft der Mutter) aufrechtzuerhalten. Die »bürgerlich-gemütvolle Familienkultur«[112] des Oehlerschen Pastorenhauses blüht ja auf ökonomisch äußerst dürftigem Boden; sie ist dem Mangel abgerungen und spiegelt, um eine Formulierung Walter Benjamins zu verwenden, das »Aufeinanderangewiesensein des kargen eingeschränkten Daseins und der wahren Humanität«[113] aufs deutlichste wider. Noch weit entfernt ist jener bourgeoise Pracht- und Plüschsalon, dessen Luxus signalisiert, daß diese Verbindung gelöst worden und die Intention seiner Bewohner nur darauf noch gerichtet ist, die gesellschaftliche Vormacht einer zur politischen Herrschaft gelangten Klasse zu dokumentieren – ein Interieur, in dessen Kulissen dann aber, als Ausdruck tiefster Entfremdung, die privaten Neurosen entstehen und die geschichtlich so folgenreichen Macht- und Herrschaftsträume geträumt werden. Dagegen im Pfarrhaus zu Pobles: solide, einfache Möbel, auffällig nur der große Lehnstuhl für die Hausfrau, dann die Stutzuhr und vor allem das schöne, wertvolle Tafelklavier; derbe Holzbohlen als Fußbodenbelag, mit Essigwasser zu säubern und anschließend mit feinem Sand zu bestreuen[114]; wenig Kleidungsstücke, durch Garnieren, Dekorieren immer wieder verwandelt und herausgeputzt bei festlichen Gelegenheiten – dies sind Einzelheiten, die den bescheidenen Rahmen markieren, der gesetzt ist durch die schmalen, unregelmäßigen Einkünfte des Pfarrers. Es gibt noch keine allgemeine Besoldungsordnung für Geistliche nach den Regeln des Beamtenrechts. Die materielle Ausstattung ist für jede Pfarrstelle verschieden und richtet sich »nach dem Kirchen- und Pfarrvermögen, den Ländereien, Gerechtsamen, z. B. aus Bergwerken, Kohlengruben, Kapitalien. Zu den Einkünften gehörte auch der Pfarrzehnt in Getreide, Brot, Eier, Geflügel usw. Es war oft mühsam, das zum Leben Notwendige zu erhalten«[115], besonders wohl dann, wenn – wie in Pobles – eine Großfamilie zu ernähren ist. Wilhelmine Oehler erträgt die vielleicht nicht immer freudige Last, in 22 Jahren 11 Kinder zur Welt zu bringen; auf der zwölften Seite ihrer Lebenserinnerungen stellt sie Franziska vor, mit ihren Kosenamen und in der (nicht ganz korrekten) Reihenfolge ihres Erscheinens:

>»Adele (genannt Adelchen)
>Cäcilie   – Cielchen
>Sidonie   – Sidchen
>Ernst   – Ernstchen
>Feodor   – Fedchen
>Franziska – Fränzchen
>Theobald   – Baldchen
>Edmund   – Mundchen
>Adalbert   – Bertchen
>Ida   – Idchen
>Oscar   – Oschen«[116]

Erziehung im protestantischen Pastorenhaus – das ist nicht nur eine private Familienangelegenheit, sondern (speziell im dörflich-ländlichen Bereich) ein »öffentlicher« Prozeß: die »Kinderzucht« muß vorbildhaft geschehen, hat also immer auch Exemplum und Muster zu sein für die dem Pfarrer anvertraute Gemeinde, die am pädagogischen Konzept ihres geistlichen Oberhauptes lernen und direkt erfahren soll, wie ein Kind zu Gottesfurcht, Gehorsam und Bescheidenheit erzogen wird.[117] Daß Wilhelmine und David Ernst Oehler diesem hohen Anspruch stets und ständig gerecht werden können, muß nach den Zeugnissen, die überliefert sind, jedoch sehr stark bezweifelt werden. Man darf sich das Leben in Pobles durchaus als ein »geordnetes Chaos« vorstellen; unangenehme, demütigende väterlich-pastorale »Schicklichkeitspredigten«[118] werden nur selten gehalten – der Erziehungsstil im Hause Oehler folgt (um einen modernen Ausdruck zu verwenden) weitgehend dem Prinzip der Selbstregulierung. Unangefochten aber ist die stille Autorität des Vaters; er bleibt bei allen großen und kleinen Aufregungen und Konflikten ruhig und gelassen, dennoch: »In der Familie genügte ein Blick von ihm, um seinem Willen Geltung zu verschaffen.«[119] Er ist unangefochten die letzte Instanz, deren Hilfe sich die Mutter, die ihren Mann zumeist mit dem Nachnamen anredet, des öfteren versichern muß: [...] ein Wink von der Mutter bei den Kindern ›Oehler kommt‹, ›Oehler ist da‹, genügte, um die Kinder im Zaum zu halten.«[120]

Größtmögliche Entfaltungsfreiheit in einem weitgespannten, aber verläßlich-festen Rahmen – unter diesen offenen und liberalen Bedingungen wächst die unübersichtliche, je nach Alter und Spielinteressen in kleine Gruppen und Einheiten zerfallende Oehlersche Kinderschar heran, als Muster christlich-strengen pädagogischen Wirkens nur bedingt tauglich. Mit heimlicher Kritik, mit leichtem Kopfschütteln mag die Gemeinde das laute Treiben auf dem Pfarrberg registrieren; die waghalsigen winterlichen Schlittenpartien, die Schneeballschlachten, die fröhlichen Kutschfahrten der Jungen durchs Dorf, bis hin zu den Sprachkünsten jenes seltenen Vogels, den ganz besonders Theobald, der dritte Sohn, ins Herz geschlossen hat – eine zahm gewordene Elster, der man die Zunge gelöst hat und die nun öfters krächzend befiehlt: »Frau, koch Kaffee!« oder aber sich fragend vernehmen läßt: »Was macht denn mein Jaköbchen?« Und die Gesänge, die man aus dem Pfarrhaus hört, sind keineswegs immer nur geistlicher Natur: neben der schrecklichen Moritat von »Johann, dem Seifensieder« das eher melancholische Lied »An einem Fluß, der rauschend schoß, ein armes Mädchen saß« und dann der allbekannte, heiter-komische Volkslied-Gassenhauer, der allerdings den sehr ernsten Hintergrund hat, daß nach dem russischen Feldzug Napoleons im Jahre 1812 viele junge Männer in Rußland verschollen waren –

>»Wo mag denn nur mein Christian sein,
In Rußland oder Polen
Ich muß doch wohl das arme Tier
Mit meinen Tränen holen.
Ach, seh ich nur den Kloßtopp an,
So denk ich an mein Christian.«[121]

Diese trotz aller Schwierigkeiten und Konflikte heiter-gelöste, entkrampfte Familien-Grundstimmung und die daraus sich ergebende Erziehungsatmosphäre des Oehlerschen Pfarrhauses ruhen ganz zweifellos auf dem spezifischen geistig-moralischen Fundament, durch das die Welthaltung und das Selbstverständnis der Eltern bestimmt wird: Die weltlich-aufgeklärte Theologie des Vaters und der »Realitätssinn« der Mutter bewirken eine Glaubenspraxis, die (heuchlerisches) Frömmlertum und pessimistische »Kopfhängerei«[122] vermeidet, weil sie aus der Überzeugung lebt, daß der schon im Diesseits glücklich sich vollendende Mensch dem großen Schöpfungsplan weit eher entspricht als das angsterfüllte, nur auf jenseitige Freuden hoffende Individuum. Einübung ins Christentum ist Hinwendung zur Welt, und folgerichtig hat für Wilhelmine und David Ernst

Oehler christliche Erziehung dann ihr Ziel erreicht, wenn sie die freie Entfaltung der Persönlichkeit zu einem harmonischen, glaubensgewissen »Weltkind« garantiert, also gerade nicht dazu führt, daß durch Verzicht und Verbot ein Mensch sich entwickelt, der in ständiger selbstquälerischer Reflexion an der Welt verzweifelt und sein Leben lang mit einem »unglücklichen Bewußtsein« geschlagen ist. Es mag von besonderer Tragik sein, daß die so unbeschwert und unbelastet heranwachsende Franziska Oehler schon sehr bald und viel zu früh als junge Pfarrfrau in Röcken mit jenem dunkel eingefärbten Gegenmodell christlicher Erziehung und christlichen Lebens auf verwirrende, umstürzende Weise konfrontiert wird – der Vorstellung nämlich, daß der Weg des Erdenkindes aus Passionsstationen zu bestehen hat und es dem höchsten Willen des himmlisch-strafenden Vatergottes entspricht, wenn der irdisch-anwesende Vater, indem er »Kreuz und Rute« unlösbar miteinander verknüpft, das dereinst drohende göttliche Strafgericht schon in dieser Welt an seinem Kind symbolisch-lehrhaft und gleichzeitig schmerzhaft-konkret exekutiert.[123]

7.

Was im Hinblick auf manche Bewertung innerhalb der Nietzsche-Biographik mit allem Nachdruck festzuhalten bleibt: Franziska wächst in einem Elternhaus heran, dessen Erziehungsatmosphäre keineswegs geprägt ist von einer besonders intensiv gelebten Frömmigkeitskultur. Christlichkeit und die daraus entspringende evangelische Glaubenskultur – das sind zwar ständig anwesende, aber doch nicht allzu eindringlich reflektierte, unproblematisch-nüchtern vermittelte Bestandteile des täglichen Lebens, über die sie denn auch in dem, was sie von Kindheit und Jugend erzählt, eher beiläufig, am Rande berichtet. Einzig der Konfirmation gedenkt sie mit einigen nichtssagenden Floskeln, wobei recht deutlich wird, daß die damit verbundenen weltlich-praktischen Folgen mindestens ebenso wichtig für sie sind wie das religiöse Erleben einer im äußeren kirchlichen actus sich widerspiegelnden inneren Glaubensbefestigung: das schöne Seidenkleid, das sie »erwachsen« wirken läßt, vor allem aber die mit diesem Datum sich ankündigende neue, spezifisch »weibliche« Rolle einer allseits verfügbaren Hilfskraft im Haushalt. Erhalten ist die für Franziska am 12. April 1840 ausgefertigte »Ermahnung am Tage der Konfirmation«[124], ein Vordruck, in welchen der Vater den ihr zugedachten Bibelspruch aus dem dritten Kapitel der Offenbarung des Johannes handschriftlich einfügt. Die Randverzierung wird ergänzt durch allgemeine Aufforderungen: »Glaube und bete«, »Liebe und wirke«, »Hoffe und dulde« – im Mittelpunkt des Dokuments steht eine lyrische Betrachtung über die tröstliche, lebensbeglückende Wirkung des Glaubens, gefolgt von einem in Prosa gehaltenen Hinweis auf die tugendfördernden, das menschliche Dasein erleuchtenden Aspekte christlichen Wandels:

> »Mein Glaube, meines Lebens Ruh,
> Der führt mich deinem Himmel zu,
> O du, an den ich glaube!
> Ach gieb mir, Herr, Beständigkeit,
> Daß diesen Trost der Sterblichkeit
> Nichts meiner Seele raube.
> Tief präg es meinem Herzen ein,
> Welch Glück es sey, ein Christ zu sein.

Als die köstlichste Mitgabe für das ganze Leben, nimmst Du heute Deinen Christenglauben mit in die Welt. Bewahre ihn standhaft, und laß ihn immer Deines Lebens Leuchte,

Deiner Tugend Stütze und im Schmerze Deinen Tröster seyn. Segnen wirst Du dann hier und dort den Tag, an welchem Du nach dem Bekenntnisse dieses Glaubens in den Bund der evangelischen Christen aufgenommen wurdest von Deinem Vater Oehler.«[125]

Diese hier angesprochene Tugend, die durch den Glauben gestützt und abgesichert werden soll – sie besteht für Franziska in der Folgezeit hauptsächlich darin, daß sie sich ohne Rebellion dem aussetzt, was man heutzutage mit dem Begriff »geschlechtsspezifische Sozialisation« belegt und auch im Pfarrhaus zu Pobles gänzlich ohne Skrupel als Ausdruck göttlich beglaubigter Daseinsordnung praktiziert wird: Während nämlich die männlichen Kinder mit allem pädagogischen Nachdruck privat und öffentlich für den künftigen Beruf und eine möglichst erfolgreiche Karriere präpariert werden, beginnt bei den Mädchen die strikte Einübung in die einzig für sie vorgesehene Rolle der in allen Haushaltsfertigkeiten perfekten Ehefrau und Mutter, wobei die Förderung aller anderen Fähigkeiten, Talente und Interessen allgemein vernachlässigt wird. So ist denn David Ernst Oehler mit allem Nachdruck bestrebt, den Söhnen jenen akademisch-gehobenen Status zu erhalten, den er sich selbst unter so großen Entbehrungen erkämpft hat – ob er dabei ausschließlich an die theologische Laufbahn denkt, mag unentschieden bleiben; von seinen sechs Söhnen sind am Ende nur Theobald, Edmund und Oscar Ulrich als Pfarrer tätig, und ob sie ihr Amt mit Überzeugungskraft und innerer Glaubensfestigkeit ausüben, kann gerade angesichts der Lebensläufe von Edmund und Theobald Oehler durchaus bezweifelt werden.[126] Franziska jedenfalls behauptet, daß die in Pobles üblichen Rezitationsstunden vor allem den Zweck haben, die Söhne auf den Kanzeldienst vorzubereiten, also dazu dienen sollen, Sprechhemmungen zu beseitigen und schon möglichst früh eine klare Artikulation zu trainieren.

Bei solchen pädagogischen Bemühungen geraten allerdings die Töchter kaum ins Blickfeld; der Weg, den sie zu gehen haben, scheint festgelegt und vorgezeichnet, und wenn Franziska berichtet, daß mit dem Datum der Konfirmation neben der Einführung in die »Dienstmädchen-Rolle« gleichzeitig die weit freudiger begrüßte Erlaubnis verbunden ist, an den ländlich-gehobenen Geselligkeiten der Tanzvergnügen und Manöverbälle teilnehmen zu dürfen, so mag darin die allseits übliche und gänzlich ohne Bedenken praktizierte elterliche Strategie erblickt werden, sie allmählich, gleichsam unbewußt, mit der Rolle einer »Heiratskandidatin« vertraut zu machen. Es sind ja, jenseits aller emotionalen und moralischen Erwägungen, vor allem materielle, ökonomische Zwänge, die jeder Familie dringlich das Ziel nahelegen, die herangewachsenen und »heiratsfähigen« Töchter möglichst bald durch die Ehe finanziell versorgt und abgesichert zu sehen, wodurch dann der eigene Haushalt von der Pflicht einer möglicherweise lebenslangen Unterstützung wohltuend befreit ist. Eine solche Politik muß, angesichts der zahlreichen Töchter, im Pfarrhaus zu Pobles besonders intensiv und umsichtig praktiziert werden; sie zeigt bei Adele, Cäcilie und Sidonie, den älteren Schwestern, zunächst keinen Erfolg. Allerdings scheint niemand damit zu rechnen, daß Franziska die erste ist, der das (vielleicht fragwürdige) Glück zuteil wird, in den Stand der Ehe zu treten und eine eigene Familie zu gründen – zu einer Zeit, in der Adele, Cäcilie und Sidonie schon 25, 24, 23 Jahre alt sind und folglich kaum erwarten, daß die jüngere Schwester bereits als Sechzehnjährige die große Liebesgeschichte erlebt. In ihren Augen mag Franziska noch als Kind betrachtet werden: ein lebhaftes, neugieriges, vielleicht ein wenig undiszipliniertes Mädchen mit durchaus »jungenhaften« Zügen, das am liebsten die Gesellschaft der jüngeren Brüder sucht und sich gegen sie behaupten und durchsetzen kann.

Und doch zeigt sich recht bald bei festlichen Gelegenheiten und auf sittsam-bürgerlichen Tanzvergnügen, daß von ihr ein neiderregender Charme, ein Zauber ausgeht, der sie, auf manchmal komische Weise, sehr schnell zum Gegenstand des männlichen erotischen Interesses macht.

Auch jener Mann, der im Frühjahr 1842 seinen Antritts- und Höflichkeitsbesuch im Pfarrhaus zu Pobles absolviert, ist fasziniert von diesem auffallend hübschen, temperamentvollen und gleichzeitig noch so unbekümmert-naiven Mädchen:

8.
Carl Ludwig Nietzsche,

neu eingesetzt als Pfarrer in Röcken, einem Ort in der Nähe. Von nun an nimmt er jede schickliche Gelegenheit wahr, in Pobles zu erscheinen, in der stillen Hoffnung, daß Franziska seine Zuneigung bemerkt und erwidert. Die allerdings wird in Verwirrung gestürzt: Kann sie denn glauben, daß dieses auffällige Interesse des Röckener Pfarrers *ihr* und nicht, wie zu erwarten wäre, einer ihrer älteren Schwestern gilt? Insgeheim wird sie sich eingestehen, daß von diesem Dreißigjährigen eine merkwürdige, ihr bislang ganz unbekannte Anziehungskraft ausgeht – da gibt es keinen Vergleich mit den üblichen harmlos-unbedarften Tanz- und Flirtpartnern. Er ist groß, schlank, hat ein schmales, ernstes Gesicht mit ausdrucksvollen braunen Augen; er gibt sich höflich-zurückhaltend, ist immer gut gekleidet, fast ein wenig zu elegant für einen kleinen sächsischen Dorfpastor – daß er vor seinem Amtsantritt in Röcken als Erzieher am Fürstenhof in Altenburg beschäftigt war, verleiht ihm in dieser ländlich-bäuerlichen Gegend eine ganze besondere, fast geheimnisvolle Aura. So ist es denn verständlich, wenn man flüstert, daß er das Pastorat in Röcken keineswegs als Endpunkt seiner

Laufbahn betrachte, sondern dem Traum nachhänge, mit dem Amt eines Hofpredigers in der Hauptstadt Berlin seine Karriere krönen zu können. Bei seiner großen theologischen Begabung, seinem rhetorischen Talent, seiner hohen Musikalität scheint dieses Ziel nicht unerreichbar. Natürlich ist ihm klar, daß es in dieser Hinsicht auch ein Manko zu beheben gilt: Ein evangelischer Pastor, der in seinem Alter noch ohne »Pfarrfrau« lebt, wird kritisch betrachtet und gibt Anlaß zu allerlei unangenehmen Spekulationen, die sich beim Berufsaufstieg als hinderlich erweisen könnten. Es wird ihm zunehmend bewußter, daß diese aufregende, plötzliche Begegnung mit der kleinen Franziska Oehler den Weg zur Lösung seiner Partnerschaftsprobleme weist. Er ist hingerissen von ihrer Heiterkeit und ihrem fröhlichen Wesen, das seiner eigenen, eher melancholisch eingefärbten Grundstimmung so ganz entgegensteht und ihn deshalb um so nachdrücklicher bewegt; und so versucht er denn mit großer Energie, Franziska möglichst schnell in seine eigene Sphäre zu ziehen. Bald geht er mit ihr blumenpflückend durch den weitläufigen Garten, der auch verschwiegene und stille Winkel hat. Der tiefere Grund für seine häufigen Besuche bleibt der Familie (besonders Franziskas neugierigen kleinen Brüdern) nicht lange verborgen – er wird sich, wie es Sitte und Anstand verlangen, möglichst bald deutlich erklären müssen. Am 10. Juli 1843 schreibt er an David Ernst Oehler den großen, entscheidenden Brief, in welchem er in aller Form um die Hand Franziskas anhält. Er tut dies mit dem ihm eigenen rhetorischen Schwung, unter Heranziehung eines merkwürdigen Vergleichs: Am Morgen noch (es ist der fünfte Sonntag nach Trinitatis) hat er über den für diesen Tag bestimmten Evangelientext gepredigt, Petri Fischzug, Lukas 5, 1-11. Wie Petrus dort auf Geheiß Jesu seine Netze auswirft und überreichlich Beute macht, so glaubt er, mit der Wahl Franziskas zur Gattin einen reich-

Carl Ludwig Nietzsche

gesegneten Zug getan zu haben. Es ist durchaus denkbar, daß dem skeptisch-nüchternen, immer ein wenig ironisch gestimmten Menschenkenner David Ernst Oehler der hohe, schwülstige Ton dieses Schreibens etwas zuwider ist und ihn ahnen läßt, daß sich hinter diesem »Getue« möglicherweise ein sehr schwieriger Charakter verbirgt. Ist das der Mann, der sein Kind Franziska, für das er eine ganz besondere Zuneigung hegt, wirklich glücklich machen kann? Wenn er dann doch seine Zustimmung gibt, so mag die mehr auf praktisch-ökonomische Aspekte gerichtete Aussicht eine Rolle spielen, daß durch diese Verbindung zumindest ein Teil jener nicht ganz unbeträchtlichen Sorgen im Hinblick auf die zukünftige materielle Absicherung seiner Töchter nun von ihm genommen wird.

Das placet der Eltern stürzt Franziska in tiefste Verwirrung – es ist ein Schock, der sicher nicht nur ihre Glücksempfindungen, sondern ebensosehr ihre tiefsten Angst- und Unsicherheitsgefühle widerspiegelt, also die Furcht vor dem, was auf sie zukommen wird. Es ist ihr deutlich bewußt, daß sie im Grunde noch ein »unfertiges« junges Mädchen ist, fast ohne Welt- und Menschenkenntnis. Sie hat ihr Dorf kaum je verlassen und meist nur Umgang gehabt mit den vertrauten Familienmitgliedern. Wird sie schon fähig sein, die vielfältigen, auch »öffentlichen« Aufgaben einer Pfarrersfrau für die Gemeinde vorbildhaft und mustergültig zu erfüllen? Einzig der Bräutigam kann diese Hilflosigkeit mindern und sie behutsam bekannt machen mit all dem Fremden, das auf sie wartet. Auf lebensentscheidende, folgenreiche Weise legt sie von Anfang an (man könnte sagen: allzu kindlich und naiv) ihr Schicksal uneingeschränkt, vertrauensvoll und ohne jegliche Bedenken in die Hand des zukünftigen Gatten, den sie zu einer Idealität verklärt, die mit der Lebenswirklichkeit und mit dem wahren Charakter dieses Mannes kaum in Übereinstimmung gebracht werden kann – ein seelisches Stabilisierungs- und Rettungsmanöver, das ihr zwar vordergründig Sicherheit gewährt, sie aber gleichzeitig unwissend darüber macht, daß der Angebetete nicht immer strahlend und geistreich die Szene beherrscht, sondern selbst oft schwach und hilfsbedürftig ist, seine äußerliche Souveränität also auch als »Maskierung«, Täuschung, glänzend ins Werk gesetztes »männliches Theater« gedeutet werden könnte.

Als Carl Ludwig Nietzsche (geboren in Eilenburg am 10. Oktober 1813) durch die allerhöchste Gunst des preußischen Königs Friedrich Wilhelms IV. im Jahre 1842 die Röckener Pfarrstelle zugewiesen erhält, hat er schon eine sehr erfreuliche Karriere hinter sich. Auf der Klosterschule in Roßleben, die er von 1828 bis 1833 besucht, erfreuen sich seine Leistungen und seine Lebensführung des »ungetheilten Beifalls«[127] der gestrengen Lehrerschaft; im Abgangszeugnis werden »musterhafte Ordnungsliebe und unermüdliche[r] Pflichteifer«[128] hervorgehoben. Auch die Beurteilung der Universität in Halle, wo er von 1833 bis 1837 seine theologische Ausbildung erhält, spricht vom »besonderen Wohlverhalten«[129] des Studenten Nietzsche. Für eine »ausgearbeitete Predigt«[130] beehrt ihn die Fakultät mit einer Auszeichnung; zu dieser Zeit scheinen ihm die Regeln der protestantischen Homiletik durch beständige, intensive Übung schon in Fleisch und Blut übergegangen zu sein – seine erste Predigt schreibt er bereits als Zwölfjähriger, zwei Monate nach Antritt des Studiums predigt er (im Juli 1833) in einem Gemeindegottesdienst. Auch während seiner Tätigkeit als Erzieher – zunächst bei einem Hauptmann Baumbach in Altenburg, dann (mit großem Erfolg) am dortigen Fürstenhof – nimmt er jede Gelegenheit wahr, auf die Kanzel zu steigen. Das ist der einzige Ort, an dem die »Zweifel und Bedenken«, die ihn sonst beständig plagen, völlig verschwunden sind: »[...] sobald ich ans Predigen komme, [...] werde ich ruhig, sicher, muthig und entschieden [...]«[131] Es scheint, daß diese Predigtmanie ihre Triebfeder nicht nur in einem glaubensgewissen Verkündigungsdrang hat, sondern ebensosehr Hinweise gibt auf die eher »dunklen« Seiten seiner Persönlichkeit: Predigen ist eine Art von Flucht vor dem, was ihn sonst ängstigt und unruhig macht: seine seelische Labilität, seine Lebensangst, seine Furcht vor Konflikten, seine physischen und psychischen Schwächezustände. Carl Ludwigs bisherige Lebensgeschichte – so prächtig sie sich Franziska und den anderen Menschen darstellen mag – ist ja auch eine geheime, nach außen sorgsam verborgene Krankengeschichte, die man durchaus deuten könnte als Larvierung einer die ganze Charakterstruktur bestimmenden existentiellen Depression, deren Wurzel und Ausgangspunkt sich aus den biographischen Daten nur noch indirekt erschließen läßt. Der Vater, Superintendent Friedrich August Ludwig Nietzsche, ist bei der Geburt des Sohnes 58 Jahre alt; er stirbt mit 70 Jahren – es scheint, daß spätestens von diesem Zeitpunkt an die Mutter, Erdmuthe, zum alleinigen Bezugspunkt, zum einzigen Halt, zur unangefochten akzeptierten Zentralfigur im Leben des nun zwölfjährigen Carl Ludwig wird. Es ist eine Bindung, die sein ganzes weiteres Leben prägen wird – ein Mutter-Sohn-Geflecht, dessen psychopathologische Elemente unübersehbar sind und das dann auch später, im Pfarrhaus zu Röcken, der Ausgangspunkt für all die Macht- und Konkurrenzkämpfe ist, die der jungen, »ahnungslosen« Ehefrau Franziska aufgebürdet werden, ohne daß jemals die tieferen Gründe deutlich und klar artikuliert würden. Die von der Mutter gesetzten Regeln peinlichst genau auszuführen, sie auf äußerst angepaßte Weise überzuerfüllen – das ist von Kindheit an Carl Ludwig Nietzsches Lebensregulativ; eine Beziehungsstruktur, die seinem schwächlichen Ego die überlebensnotwendige Festigkeit verleiht, ihn allerdings gleichzeitig in die Isolation treibt und ihn unsensibel, kalt, gefühllos, also »unsolidarisch-unsozial« gegenüber allen anderen Menschen werden läßt.

Carl Ludwigs Charakterprofil tritt schon recht deutlich in jenen zahlreichen Briefen hervor, die er – zumeist an die Mutter gerichtet – im Internat zu Roßleben verfaßt: Er wirkt empfindsam, zaghaft, immer ängstlich um seinen Gesundheitszustand besorgt, der in der Tat des öfteren Anlaß gibt zu begründeter Sorge. Er klagt über häufige und heftige Kopfschmerz-Anfälle; seine insgesamt sehr zarte körperliche Konstitution erfordert sogar (im August und September 1831) eine längere ärztliche Behandlung in Leipzig – es wird ihm ein orthopädischer Apparat angemessen, »eine Maschine, die wie ein großer Schnürleib aussieht«.[132] Solche physischen Schwächen und Unzulänglichkeiten hemmen selbstverständlich die Entwicklung eines leidlich stabilen Selbstbewußtseins, gleichzeitig sind sie der Auslöser dieser sehr auffälligen Tendenz zu übertriebener, »hypochondrischer« Selbstbeobachtung – ein negativ gefärbter Narzißmus, der von der Mutter nun keineswegs vorsichtig-einfühlsam korrigiert, sondern dadurch noch bestärkt und gefördert wird, daß sie den Sohn mit großer Mitleidsgeste umsorgt und ihn gegen die als feindlich-bedrohlich empfundene Umwelt rigoros abzuschirmen versucht. Er kann dieser überlebensnotwendigen mütterlichen Zuneigung aber nur dann ganz gewiß sein, wenn er die an ihn gerichteten Erwartungen ohne Kritik akzeptiert, indem er sich nämlich den schulischen Anforderungen und Regeln besonders willfährig unterwirft, die vorgegebene Ordnung ohne Protest hinnimmt und krampfhaft-devot bemüht ist, die in diesem Rahmen von ihm geforderten Verhaltensweisen mit aller Kraft zu erfüllen. Diese Unterwerfungsleistung garantiert den äußeren Erfolg – sie führt aber andererseits in eine folgenreiche Isolation innerhalb des gegebenen sozialen Umfelds. Carl Ludwig wird von seinen Mitschülern abgelehnt als ungesellig, hochmütig, streberhaft; sein ständiges Bemühen, sich dem »Geist« des Instituts in einem Akt der Überanpassung zu assimilieren, trägt ihm den stigmatisierenden Beinamen »Pfaffe« ein – eine von ihm verfaßte schriftliche Arbeit bezeichnen seine Kameraden als einen »rechten Pfaffenaufsatz«.[133] Carl Ludwig kann dieser Verachtung nur dadurch begegnen, daß er sich selbst die Rolle des Verachtenden zuschreibt und seine Mitschüler, in einem Akt der Selbstaufwertung, in die niedere Existenzsphäre verweist: sie sind ihm zu roh, zu wild, zu ungebildet, wobei er auf bemerkenswerte Weise ihre »unsittlichen Gespräche« besonders scharf tadelt.[134] Man darf vermuten, daß der auf diese Weise indirekt und sofort mit einer negativen Aura versehene emotional-erotische Bereich von Carl Ludwig übermäßig problematisiert wird und ihm eine außerordentlich intensive Verdrängungsleistung abfordert, was sich nach außen als übertrieben-»altjüngferliche« Prüderie manifestiert. So bezeichnet er eine Komödie, die er auf dem Theater in Halle sieht (und in der es nach Lustspielart um die vielleicht etwas frivole Darstellung menschlicher oder sogar mann-weiblicher Beziehungen geht) als »nicht edel« genug[135]; überhaupt scheinen ihm Kunst und Kultur, die spielerisch heiteren Gebilde menschlicher Darstellungs- und Empfindungskraft, nichts weiter zu sein als ganz besonders deutliche und deshalb um so stärker abzulehnende Ausdrucksvarianten dessen, was er als »das Weltliche«[136] angewidert und in großer Pose von sich weist, weil es die schwankend-unsichere Psyche möglicherweise in allzu starke Irritation versetzt und damit eine unerträgliche innere Spannung erzeugt. Diese selbstbeschränkende Begrenzung und Verengung seines intellektuellen Rezeptionsvermögens bestimmt entscheidend die gesamte Lebensperspektive: Carl Ludwig sieht sich schon sehr früh und ganz ausschließlich in der Rolle eines Geistlichen. Das theologische Studium betreibt er folgerichtig mit der allergrößten Intensität – alle anderen Bereiche der humanen Geistestätigkeit werden vernachlässigt und kaum zur Kenntnis genommen; der Lebenslauf des Schülers und Studenten bleibt erstaunlich frei von Bildungserlebnissen, wie sie zum Beispiel durch die großen antiken oder auch die klassischen deutschen Denker und Dichter vermittelt werden könnten. Max Oehler resümiert: »[...] von einem ernsteren Interesse für Literatur und bildende Kunst verraten die Briefe nichts, auch gelegentlich der Aufenthalte in Weimar, Leipzig usw. ist davon nie die Rede. [...] Auch von starken Natureindrücken gelegentlich der zahlreichen, vielfach zu Fuß ausgeführten [...] kleineren Ferien-Reisen erfährt man nichts. – Einzig für Musik bekundet sich schon frühzeitig ein reges Interesse. Ludwig hat Klavierstunde, übernimmt schon als 15-jähriger bei Sonntagsbesuchen bei dem im nahen Nirmsdorf als Pfarrer angestellten Bruder das Orgelspiel während des Gottesdienstes [...]«[137]

Die Angst vor allem »Weltlichen« – und das ist in Carl Ludwigs Verständnis, weit über den geistlich-theologischen Bezugsrahmen hinaus, die gesamte »Außenwelt« – produziert nun aber zwangsläufig wirklichkeitsblinden Dogmatismus, geistige Unbeweglichkeit und Stagnation, mangelnde Toleranz gegenüber anderen Daseinsentwürfen und Lebenshaltungen, ein verzerrtes und beschränktes Wahrnehmungsvermögen – wobei sofort ergänzt werden muß: Dieser eher negativen Folgen einer selbstauferlegten mentalen Restriktion hemmen keineswegs Carl Ludwigs beruflichen Aufstieg (wie ja ganz allgemein und nicht nur im Theologen-Bereich oftmals festgestellt werden kann, daß psychische Defekte eine gesellschaftliche Karriere stärker fördern als behindern). Seine selbsterlösenden, von aller Furcht und Unsicherheit vorübergehend befreienden Fluchtbewegungen in die Prediger-Rolle, die er durch ständige Übung bravourös zu spielen vermag, führen ihn während seiner Erzieher-Zeit auch in die Altenburger Schloßkirche, dorthin also, wo die Kanzel und der Sitz des Fürsten auffällig nahe beieinanderliegen und sich weltliche Obrigkeit und geistliche Autorität, zwecks gegenseitiger Kontrolle, direkt in die Augen sehen; der, dessen prüfendem Blick Carl Ludwig Nietzsche standhalten muß, ist in jener politisch unruhig-aufrührerischen Zeit der Herzog Joseph von Sachsen-Altenburg (1789-1868), der das kleine Staatswesen seit September 1834 regiert und von dem es in einer Altenburger Fürstenchronik heißt, er habe zwar mit großer Gewissenhaftigkeit seine Regentenpflichten erfüllt und einen »regen Sinn [...] für allgemeine Bildungsinteressen« entwickelt[138], sein politisches System sei jedoch »das des monarchischen Prinzips in etwas doktrinärer [...] Ausprägung«[139] gewesen und habe deshalb »nicht zu den herrschenden Zeitansichten« gepaßt.[140] Die beschönigend-verschleiernde Diktion dieses (halb-)offiziellen Dokuments kann die »historische Wahrheit« nur mühsam verschleiern: Josephs Regiment basiert auf einem brutal-rücksichtslosen Repressionsapparat, der alle »progressiv-demokratischen« Strömungen der Vormärz-Epoche gewaltsam unterdrückt, weshalb denn auch, wie der Chronist feststellen muß, die Revolutionsbewegung gerade in Altenburg einen besonders extremen und mit gänzlicher Auflösung drohenden Charakter annahm. Auf dem Höhepunkt der Auseinandersetzungen, im Oktober 1848, wird Herzog Joseph dann sogar gezwungen sein, fremde (hannoversche) Truppen zu engagieren, um seine schwindende Macht stabil zu halten; er resigniert schließlich doch und zieht sich, indem er seinem Bruder die Regentschaft überläßt, auf sein Landschloß »Fröhliche Wiederkunft« zurück.[141]

Dieser in geistig-politische Abwehrkämpfe verstrickte

Herzog, dessen unumschränkte Macht bedroht ist von den gesellschaftlich sich manifestierenden Freiheits-, Gleichheits- und Brüderlichkeitsparolen der Aufklärung, mag sehr schnell begriffen haben, daß der junge Pastor Nietzsche, dessen geschliffene Kanzelrhetorik er schätzt und genießt, kein Aufrührer, kein Rebell ist, sondern ein zutiefst gehorsamer Untertan, mit allem Nachdruck bestrebt, die gegebene, als gottgewollt deklarierte monarchische Ordnung geistlich abzusichern und zu legitimieren. Carl Ludwigs innere psychische Disposition – diese seelische Labilität und Ich-Schwäche – erzeugt in ihm, jenseits aller möglichen politisch-rationalen Argumente und Einsichten, unabweisbar-drängend den Wunsch, daß zumindest der »äußere Rahmen« (die Welt, die ihn umgibt, die privaten familiären Verhältnisse, aber vor allem auch die gesellschaftlich-staatliche Ordnung) sich als verläßlich, sicher und schützend erweisen möge. Seine Biographie bietet tatsächlich genügend Beispiele dafür, wie stark er sich von äußeren Veränderungen (gerade auch politischer Natur) irritieren und beeinflussen läßt, bis hin zur Flucht in Krankheitszustände, die man als psychosomatisch bedingt bezeichnen könnte. Die Loyalität zur tradierten staatlichen Macht, konkret zum jeweils regierenden Herrscher, ist aus dieser Perspektive tatsächlich nicht das Produkt eines rational fundierten Denkprozesses, sondern tiefstes emotionales Bedürfnis, das in Altenburg eine für Carl Ludwig durchaus positiv-erfreuliche lebensgeschichtliche Wende hervorruft, indem ihn nämlich der Herzog, in Würdigung dieser Ergebenheit, in die höfische Sphäre versetzt und ihm die Stelle eines Erziehers seiner drei Töchter überträgt: Prinzessin Alexandra (1830-1911), später, als Gattin des russischen Großfürsten Konstantin, in Petersburg lebend; Prinzessin Elisabeth (1826-1896), später mit dem Erbgroßherzog Peter von Oldenburg verheiratet; Prinzessin Therese (1823 bis

1915), die unverheiratet bis zu ihrem Tod in Altenburg bleibt. Der Herzog ebnet ihm auch den Weg für den nächsten wichtigen Karriere-Schritt: Mit einem fürstlichen Empfehlungsschreiben darf Carl Ludwig Ende Januar 1841 an den Herrscherhof nach Berlin reisen, um sich dem preußischen König vorzustellen und ihn um die Zuweisung einer Pfarrstelle zu bitten – ein Wunsch, der zu jener Zeit nur beschränkt und unter großen Schwierigkeiten in Erfüllung geht, denn seit langem schon gibt es in Preußen, wegen des allzu großen »Theologen-Angebots«, eine Zulassungsbegrenzung für den Pastorenberuf, so daß um die wenigen vorhandenen Pfarrstellen immer wieder ein Verteilungskampf entbrennt, der manchmal tatsächlich nur durch die allerhöchste herrscherliche Gnade und Protektion entschieden wird.[142] In Berlin lernt Carl Ludwig zunächst nur den Hofprediger Strauß kennen, einen Mann, der ihm wegen seines »weltmännischen Auftretens« durchaus mißfällt und zuwider ist.[143] Dann wird er von der Tante des Königs empfangen, später von dessen Adjutanten, der verspricht, das Altenburger Empfehlungsschreiben an den König weiterzuleiten. Den Herrscher selbst trifft er noch nicht; man verspricht ihm nur, sein Anliegen wohlwollend zu prüfen. Erst bei Carl Ludwigs zweitem Aufenthalt in Berlin, im Sommer 1841, kommt es zu einer kurzen (zehnminütigen) Audienz beim König Friedrich Wilhelm. Der Lohn bleibt nicht aus: Im Oktober 1841 wird ihm die Röckener Pfarrstelle zugewiesen.

Trotz dieses großen äußeren Erfolgs ist Carl Ludwig im Inneren weiterhin unsicher und ängstlich; beständig plagt ihn der Zweifel, ob er den neuen Anforderungen gerecht werden kann – so wie er auch die Erzieherstelle in Altenburg erst nach langen Beratungen mit seinem Freund, dem Oberhauslehrer Gersdorf, unter tiefen Skrupeln übernommen hat. Diese sein Selbstbewußtsein immer wieder schwächenden Vorbehalte und Irritationen mögen auch damit zusammenhängen, daß er noch unentschieden und schwankend ist in dem Bereich der Entwicklung und Ausformung einer individuellen Theologie, einer halbwegs tragfähigen Glaubens- und Amtsauffassung. Scheint er zunächst Sympathie zu empfinden für das großangelegte protestantisch-aufklärerische Experiment, Vernunft und Glauben miteinander zu versöhnen und das Christentum als eine Tugendlehre zu interpretieren, mit deren Hilfe das von Gott verheißene, aber schon irdisch sich manifestierende Menschenglück befördert und ins Werk gesetzt werden kann, so fühlt er sich doch – vielleicht weil sie seiner eigenen psychischen Konstitution, seiner pessimistisch-dunkel eingefärbten Selbstwahrnehmung eher entspricht – immer stärker hingezogen zu jener neuen und doch konservativ-rückwärtsgewandten Glaubensrichtung, dieser »Erweckungsbewegung«, die den ursprünglichen pietistischen Frömmigkeitskult und die alt-lutherischen Gottes- und Menschenvorstellungen reaktiviert und miteinander verbindet – aus historischer Perspektive ein großangelegtes Projekt der Gegenaufklärung, in spezifisch theologischem Sinn wie auch als Hilfs- und Unterstützungsideologie einer antidemokratisch-antiliberalen politischen Restauration. Die freundlich-optimistische aufklärerische Anthropologie wird dabei wieder radikal in Zweifel gezogen; aus dem zwar sündigen, aber doch vernunftbegabten Individuum, das kraft seines gottgeschenkten Urteils- und Einsichtsvermögens zu Moral, Sittlichkeit und Tugend durchaus befähigt ist, wird nun erneut der unmündige, durch die Erbsünde in seiner Natur böse und besserungsunfähige und -unwillige Mensch, der aus seinem irdischen Jammertal nur durch die unverdiente göttliche Gnade erlöst werden kann. Die Gestalt und das Leiden Christi sind für das Individuum dadurch vorbildhaft und beispielgebend, daß es in ihnen, wie ein erweckungsbewegter Theologe formuliert, »die Abscheulichkeit der Sünde und die Größe des Zornes Gottes über die Ungerechtigkeit der Menschen [...] erkennen lerne, und in diesem Sünden- und Zornspiegel sich so lange beschaut, bis sein Gewissen durch die Empfindung einer göttlichen Traurigkeit und heilsamen Angst in die Gemeinschaft der Leiden Jesu hineingezogen werde, und also der Sünde wahrhaft absterbe.«[144] In diesem Deutungsschema von Sündhaftigkeit, Buße, Glaube und Gnade spielt nun der theologische Topos von dem zu irdischem Leid a priori verdammten Menschen eine ganz besondere Rolle: »Und führte er [Christus] euch auch vorerst an den Ort seiner Geburt, in die Erniedrigung in den Stall – und das thut Er, damit der alte hoffärtige Mensch, der solche Stalluft nicht ertragen kann, ersterbe – laßt's euch nur nicht grauen; in solcher Erniedrigung wird man groß: unter solchen Umständen wird der neue Mensch geboren, nach Gott, seinem Heilande geschaffen; in solchem Wehe wird man selig; aus solchem Tode ersteht Leben.«[145] Der Stall zu Bethlehem, hier als Symbol der Armut gesetzt, wird also stilisiert zum Ausgangspunkt der großen göttlichen Gnade; irdisches Elend und materielle Not, die zunächst nur Ausdruck von sozialen Ungleichheiten und gesellschaftlichen Disproportionen sind, werden verklärend umgedeutet zu Glaubensprivilegien und zu Grundvoraussetzungen einer »erfolgreichen« individuellen Heilsgeschichte – so kann denn jede Revolte gegen Armut und soziale Benachteiligung durchaus auch interpretiert werden als Rebellion gegen die göttliche Ordnung, als ein Akt unchristlicher Glaubensvergessenheit. In den harten Auseinandersetzungen der unruhigen Vormärz-Zeit, die schließlich in der gescheiterten Revolution von 1848 ihren Endpunkt finden, kommt den zahlreichen, teilweise äußerst aggressiv agierenden erweckungsbewegten Vereinen und Fraktionen tatsächlich eine wichtige ideologische, aber auch direkt (macht-)politische Funktion zu: Sie sind verläßliche, restaurativ-»bewahrende«, herrschafts- und königstreue Bastionen im Kampf gegen jene demokratisch-liberalen Kräfte und Bestrebungen, die das alte monarchisch-feudale, auf ökonomisch-sozialer Ungleichheit beruhende Herrschaftssystem auflösen und den aufklärerischen Prinzipien der Französischen Revolution auch in Deutschland Geltung verschaffen wollen. Einer dieser Gruppen, dem Gnadauer Verband, schließt sich Carl Ludwig Nietzsche etwas näher an – aber nur zögerlich, mit großen Vorbehalten, denn es ist ihm bewußt, daß seine Mutter, mit der er doch so tief verbunden ist, den theologischen Positionen und Glaubenspraktiken der Erweckungsbewegung aufgrund ihrer eher »rationalistisch« geprägten Familientradition sehr reserviert und skeptisch gegenübersteht; sie wird sich auch später nicht, wie ihre Großtochter Elisabeth berichtet, »mit dieser aufdringlichen Art von Frömmigkeit und Sündenbekenntniß«[146] anfreunden: »Eines Tages kam sie ganz aufgeregt von einem Besuch zurück: ›Ich weiß nicht was die Menschen jetzt wollen‹, meinte sie bekümmert, ›früher freuten wir uns über unsre und anderer Leute Tugenden, aber jetzt freut man sich über seine und anderer Leute Sünden. Je sündhafter desto besser‹«[147] – womit in der Tat das fragwürdige Menschenbild der Erweckungsbewegten sehr einfach, aber plastisch-anschaulich wiedergegeben ist.

Bei seinem Amtsantritt in Röcken ist Carl Ludwig immer noch schwankend in seiner Theologie, seinem Glaubens- und Berufsverständnis, so daß er im November 1841 seinem Freunde Schenk gestehen muß: »Mir tönet ins Ohr und Herz, wem viel gegeben ist, von dem wird man viel fordern, und zitternd und zagend, ob ich das vermögen werde, ergreift mich oft solche Bangigkeit, daß ich lieber gar nicht ins Amt möchte.«[148] Es ist ihm also wohl bewußt, daß seine physisch-psychische Konstitution die Arbeit als Dorfpfarrer beeinträchtigen muß. Er kann sich nicht, wie bisher, einfach nur als Prediger verstehen; als Seelsorger muß er sich mit den kleinen und großen Problemen der Gemeindemitglieder auseinandersetzen; er muß deutlich Stellung beziehen und versuchen, Streit zu schlichten und Konflikte zu lösen. Das aber sind Aufgaben, denen er sich kaum gewachsen fühlt. So tritt er sein Amt mit einiger Besorgtheit an, und er ist froh darüber, daß seine Mutter Erdmuthe mit ihm ins Pfarrhaus einzieht und auch seine unverheirateten Schwestern Rosalie und Auguste die meiste Zeit des Jahres bei ihm leben. Er erhofft sich von diesen drei Frauen ein wenig Rückhalt und Unterstützung, schafft damit aber eine Familienkonstellation, deren innere Struktur und Dynamik so angelegt ist, daß es seiner jungen Ehefrau äußerst schwerfallen muß, ihre eigene Persönlichkeit zu entfalten und den ihr angemessenen Platz zu erobern. Er legt damit den Grund für all jene Auseinandersetzungen und familiären Machtkämpfe, die Franziska später im Röckener Pfarrhaus zu ertragen hat, zumeist resignierend und duldend, manchmal kurz aufbegehrend, im wachsenden Bewußtsein, daß der geliebte und so idealisierte Carl Ludwig nicht fähig und nicht willens ist, ihr in diesen Konflikten hilfreich-schützend zur Seite zu stehen: ein Mann, der in seiner Seele, seinem Denken und Glauben ganz dem Bilde des geliebten Vaters widerspricht, dessen Psyche kaum gefestigt ist, der auf befremdliche Weise abhängig bleibt von der bedrohlich-fordernden Autorität seiner Mutter. Es ist Carl Ludwigs Labilität, vor allem diese Unfähigkeit, seine »kleine Franziska« als eigenständige Partnerin wahrzunehmen und ihre häusliche Position gegenüber den anderen Frauen zu befestigen, die den Ausgangspunkt bildet für all die Dissonanzen, an denen die Idylle zerbricht, noch ehe sie zur Wirklichkeit gelangen kann. Franziska wird jener traurige Weg aufgezwungen, den sie sich schreibend-erinnernd nicht mehr ins Gedächtnis rufen will, an dessen Ende sie jedoch verwandelt ist: gedemütigt, erstarrt, bei ihrem Gott verzweifelt Zuflucht suchend.

9.

Trotz aller Glücksbekundungen – in der kurzen Zeit ihrer Verlobung wird Franziska immer wieder bedrängt von Gefühlen der Angst und Unsicherheit. Sie kann sich innerlich kaum vorbereiten auf ihre neue, herausgehobene Rolle; es ist Carl Ludwig, der auf eine schnelle Heirat drängt, um seine große Lebensentscheidung, die doch unter schmerzhafter, zweifelnder Reflexion (und intensiver Beratung mit der Mutter) gefällt worden ist, durch den formalen, alle Skrupel und Zweifel endgültig aus der Welt schaffenden Akt der Eheschließung möglichst rasch zu beglaubigen und abzusichern. Schon am 10. Oktober, dem Geburtstag Carl Ludwigs, findet die große Hochzeitsfeier statt – ein ausgedehntes dörfliches Ritual, das für kurze, festliche Augenblicke mit seinem christlich-bourgeoisen Schein die Lebenswirklichkeit verklärt, alle Schatten drohender Konflikte überstrahlt und Anlaß bietet zu allerlei musikalischer Übung und Gelegenheitspoesie. Am Abend vor der kirchlichen Trauung haben zum Beispiel Franziskas Geschwister ihren großen Auftritt; sie überreichen kleine Geschenke und rezitieren dazu mehr oder weniger passende, anspielungsreiche Verse. Der elfjährige Bruder Edmund muß allerdings ein wenig beschämt, weil ohne ein besonderes Präsent, der erwartungsfrohen Festversammlung gestehen:

> »Wärs Sommer würd ich Blumen bringen,
> Und, könnt ich es, ein Liedchen singen
> Allein der Garten blüht nicht heut

> Und mit dem Singen hats noch Zeit.
> Drum laßt am Glückwunsch Euch genügen,
> Der Himmel wird es gütig fügen
> Daß ich dereinst als kräftiger Mann
> (schlägt sich an die Brust)
> Die jetzige Schuld abtragen kann.«[149]

Höchst feierlich wird die Überreichung des Brautkranzes gestaltet. Er ist aus Rosen, Lilien und Veilchen gewickelt; die Wahl der Blumen soll Franziskas Mädchen-Charakter symbolisieren: Rosenhaft ist ihre auffällige Schönheit, Anmut und Lebendigkeit, gebändigt jedoch durch die mit der Lilie angedeutete Sanftmut und die veilchengleiche bescheidene Zurückhaltung:

> »Die blühende Rose
> Sie ist Dein Bild,
> Mit lieblicher Anmuth
> Gleich Dir erfüllt.
> Du lächelst freundlich
> Wie sie, uns zu,
> Wie Rosen blühen
> So blühst auch Du.
>
> Die sanfftere Lilie
> Geht ihr zur Hand,
> Der Unschuld Farbe
> Ist ihr Gewand.
> Der Rose Feuer
> Wird sanfft durch sie,
> Und Unschuld und Freude
> Wird Harmonie.

> Sieh! ruft Dir das Veilchen
> Bescheiden zu,
> Ich blühe verborgen
> Und still, wie Du.
> Mich pflückt die Freundschaft
> Zum Kranz für Dich.
> Dich wählte ein Edler
> Zum Lohn für sich.«[150]

Carl Ludwig, dieser »edle« Bräutigam, wird mit einem Lorbeerkranz geschmückt, als Zeichen des Siegs nach dem erfolgreich bestandenen Braut-Werbe-Feldzug:

> »Du, Theurer! trägst heute
> Den schönsten Lohn
> Des stillen Verdienstes
> Zum Sieg davon.
> Dir grüne der Lorbeer,
> Den manche That
> Dir, Helden so ähnlich,
> Errungen hat.«[151]

Der Efeu gibt schließlich (ganz in der Manier: »Laßt Blumen sprechen!«) Hinweise auf die allgemein erwartete, gewünschte, »sinnvoll-gottgefällige« Rollenverteilung – wie diese zarte, aber doch lebenskräftige Pflanze sich um den starken Stamm eines Baumes schlingt, soll auch die Gattin anschmiegsam sein, ihrem Ehegemahl treu-beständig dienen und sein Lebensglück befördern:

> »Wie Epheu umschließe
> Dich ewig fest
> Des Weibes Treu
> Die nimmer läßt.

Sie schaffe und würke,
Mit frohen Sinn.
Das Glück Deines Lebens
Sey ihr Gewinn.«[152]

Sehr festlich ausgestaltet wird auch die Trau-Zeremonie in der Kirche zu Pobles; erhalten sind die »Chorgesänge am Tage der Hochzeitsfeier Sr. Hochwürden des Herrn Pastors Ludwig Nietzsche zu Röcken mit Ihrer Wohlgeboren Fräulein Franziska Oehler in Pobles«:[153]

I.
Coro Andante

Gott, dein Schöpfungshauch war Liebe,
Eint in Liebe Mann und Weib!

Allegro
Siehe, verbunden irdisch und himmlisch,
Flehend um Segen, nahet dieß Paar Dir!
Segn es, o Vater!
Höre sein Flehen!
Sprich dazu: Amen!

Choral
Hoch überm lichten Sternenzelt,
  Unendlich, ungesehn
Geht auf und ab der Herr der Welt,
  läßt Stern um Stern sich drehn.
Auf Erden hallt sein Fußtritt nach;
  es wägt der Menschen Loos
Sein Arm; und Glück und Unglücksschlag
  Trifft beide, Klein und Groß.

Sein Friede ruhe immerdar
Auf Euch, die er vereint;
Er schirme Euch von Jahr zu Jahr,
Sey Vater Euch und Freund!

II.
Nach der Trauung
Motetta

Coro.
So habt auch ihr die beglückenden Bande
Liebesglück um Euch geschlungen,
Habet auf ewig Euch Treue gelobet!
Geschlossen ward der Ehebund.

Solo
Heil Euch treu vereinten Beiden!
Euch vereinte hold Geschick!
Seht Euch winken reine Freuden
Und der Lieb und Freundschaft Glück.
Heiterer fließen Eure Tage
An geliebter Hand dahin;
Fern von Euch sey jede Klage,
Euch geleite froher Sinn!

Tutti
Euch geleite froher Sinn!«[154]

Es folgt, nach dem Segen, als krönender Abschluß das allbekannte Kirchenlied des pietistisch bewegten Grafen von Zinzendorf, einst Schüler der Franckeschen Anstalt in Halle, später Begründer und Leiter der berühmten, erwecklich-missionarisch geprägten Herrnhuter Brüdergemeinde:

> »Jesu geh voran
> Auf der Lebensbahn,
> Und wir wollen nicht verweilen,
> Dir getreulich nachzueilen.
> Führ uns an der Hand
> Bis ins Vaterland.«[155]

Der hohe Ton all dieser Hochzeitscarmina vermag für einen kurzen, schönen, feierlichen Augenblick abzulenken von den ganz besonderen Problemen, die das nach außen so glückliche, liebreizende Paar im zukünftigen Alltagsleben bewältigen muß – vor allem ist zu fragen, wie Carl Ludwig die Beziehung zu der in vielen Bereichen noch unerfahrenen, hilflosen Franziska ordnen, welchen Platz er ihr zuweisen will neben seiner Mutter und den beiden Schwestern. Es wird sich zeigen müssen, ob er fähig ist, der jungen Frau einen angemessenen Platz im Röckener Haushalt zu sichern, ohne bedrohliche Konflikte heraufzubeschwören, die diesen in den Hochzeitsgedichten so eindringlich heraufbeschworenen evangelischen Pfarrhausfrieden gefährden und vielleicht sogar zerstören könnten. Jene Freunde, die für den Tag der Hochzeit einen »Morgensegen« erdichten, mögen leise Ahnungen haben von den vielleicht schon bald am Ehe-Horizont aufziehenden düsteren Wolken, wenn sie dem Bräutigam folgende Verse »in den Mund legen«:

> »Ich stehe nicht allein
> Mein Weib wird um mich seyn
> Und der Oelzweig auf Deiner Hand
> Ist mir das Pfand
> Des Friedens, der das Haus beglückt.
> Ja Franziska will ich ehren;
> Und ihre Huld, sie soll mich lehren
> Gerecht und mild und fröhlich seyn [...]«[156]

Dieser harmlos-konventionellen, unbeholfenen »Dichtung« ist ein gewisser, »pädagogisch« gerichteter Hinweischarakter zu eigen – sie formuliert, versteckt und hintersinnig, eine Aufforderung an Carl Ludwig, dessen labile, leicht zu irritierende seelische Grundstimmung den Freunden ja durchaus bekannt sein dürfte: Nur an Franziska soll er sich halten; wenn er sein Dasein ganz auf sie ausrichtet (also Mutter und Schwestern »vergißt«), dann ist der häusliche Friede gesichert, dann wird aber auch, was noch viel wichtiger ist, sein Gemüt sich erfreulich verwandeln. Ist er bislang seinen Mitmenschen vielleicht etwas hartherzig-dogmatisch, kalt-intellektuell, unduldsam-fordernd erschienen und war seine Lebensauffassung stets ein wenig melancholisch-depressiv gefärbt, so mag er nun, durch das Wirken Franziskas, mitmenschlich-milder, freundlich-fröhlicher werden – in dem, was wir über die kurze »Hochzeitsreise« nach Plauen erfahren, sind in der Tat erste Anzeichen einer Veränderung zu erkennen: Carl Ludwig, sonst um seine Pfarrerswürde ängstlich besorgt, läßt sich zum Beispiel ein auf neckische Verkleidungsspielchen, animiert vom Temperament und von der heiteren Unbekümmertheit seiner Frau. Vielleicht gelingt es Franziska, allmählich seine innere Verkrampftheit zu lösen. Es könnte möglich werden, sein Vertrauen uneingeschränkt zu gewinnen, ihn also ganz »für sich« zu erringen, zumal sie ihm von Anfang an eine Aufgabe zuweist, die er nur allzu gerne übernimmt: Er fühlt sich wohl in der Rolle des freundlich-geduldigen Lehrmeisters, gibt sie ihm doch die Möglichkeit, als Überlegener, als »väterlicher« Lenker und Beschützer aufzutreten. Es schmeichelt seinem schwachen Selbstbewußtsein, daß Franziska alles an ihm bewundert: seine Weltläufigkeit, sein geistreiches, manchmal ironisch getöntes Geplauder, das eine souveräne, überlegene Haltung zur Umwelt auszudrücken scheint. Franziska mag glauben, daß dann, wenn sie sich dem Ehemann als lernbegierige, bewundernde »Schülerin« zu präsentieren bereit ist, eine stabile, dauerhafte Harmonie erreicht und sie mit diesem Gatten glücklich werden kann, auch um den Preis der Unterordnung, des Verzichts auf Selbstbestimmung und Eigenverantwortung. Was aber ängstigt und beunruhigt: Sie wird ihn, wenn das Alltagsleben beginnt und die Regeln für den kleinen unspektakulären täglichen Frieden mühsam gesucht und gefunden werden müssen, nie ganz für sich allein haben; in Röcken wartet Carl Ludwigs Mutter, die bislang unangefochten regiert und alle wichtigen Entscheidungen beeinflußt hat –

10.
Erdmuthe Dorothea Nietzsche.

Diese Frau wirkt fast unheimlich auf Franziska: Stets dunkel gekleidet, mit einem spitzenbesetzten Häubchen auf dem Kopf, ist sie von einer distanzierten Freundlichkeit, die immer zum Ausdruck bringt, daß ihr das Leben im Röckener Pfarrhaus im Grunde ihres Herzens mißfällt; sie darf ja stolz und mit einer vielleicht durchaus berechtigten Überheblichkeit zurückblicken auf jene frühere Zeit, da sie sich in städtisch-akademischen Kreisen, in der »höheren« Gesellschaft bewegen konnte. Geboren am 11. Dezember 1778 in Reichenbach (Vogtland) als Tochter des Archidiakonus Christoph Friedrich Krause und der Pfarrerstochter Johanna Sophie Stauss, ist sie in ihrer ersten Ehe mit dem Weimarer Hofadvokaten Krüger verheiratet; sie gehört zu den besten bürgerlichen Kreisen, die sich in jenen großen »klassischen« Tagen um den leuchtenden Stern des Dichterfürsten Goethe gruppieren. Nach dem frühen Tod des Ehemannes lebt sie bei ihrem Bruder Johann Friedrich Krause, der als Domprediger in Naumburg wirkt, später als Professor an die Königsberger Universität berufen wird, dann aber bald, womöglich aufgrund der Fürsprache des allmächtigen Geheimrats Goethe, als Nachfolger des berühmten Johann Gottfried Herder die höchst ehrenvolle Berufung zum Oberhofprediger in Weimar erhält. Im Oktober 1809 geht Erdmuthe eine zweite Ehe ein; sie heiratet den Witwer Friedrich August Ludwig Nietzsche, Superintendent in Eilenburg und Verfasser gelehrter theologischer Traktate, die ganz den Geist eines vom Welt- und Menschenbild der Aufklärung geprägten Protestantismus atmen, neben der »Verherrlichung Gottes« also vor allem zur »Beförderung des menschlichen Glücks durch Weisheit und Tugend« beitragen wollen.[157] Nach seinem Tod im März 1826 konzentriert sie sich ganz auf ihren Lieblingssohn Carl Ludwig, mit dem sie von seiner Kindheit an auf fast befremdliche Weise verbunden ist und den sie nun in seinem neuen Amt beschützen und behüten möchte, wodurch sie allerdings gleichzeitig gezwungen ist, die dörfliche Gesellschaft, die Ungebildetheit, Derbheit und Tölpelhaftigkeit dieses Landvolks geduldig-widerwillig zu ertragen. Alles Ungeregelte, Wilde erregt ihren Widerwillen, geradezu krankhaft ist ihre Lärmempfindlichkeit; hauptsächlich unter ihrem Einfluß ist die Atmosphäre im Röckener Pastorenhaus bestimmt von einer fast erdrückenden, totenhaften Stille, die so ganz verschieden ist von dem laut-lebendigen Treiben auf dem Pfarrhof zu Pobles und deshalb in Franziska angstvolle Gefühle und Verunsicherung hervorrufen muß. Was sie jedoch weit stärker ängstigt und verschüchtert: Erdmuthe, die sich bisher der mütterlichen Macht über Carl Ludwig stets sehr gewiß sein konnte, scheint ihre kleine Schwiegertochter als durchaus lästige, vielleicht sogar bedrohliche Konkurrentin um die Herrschaft im Hause wahrzunehmen, so daß es ihr Bestreben ist, Franziskas familiären Status eng zu begrenzen, um ihre eigene Dominanz eindeutig und unmißver-

Franziska Nietzsche als junge Ehefrau

ständlich zu dokumentieren. Wohl hat sie, nach langen kritischen Erwägungen, dieses unbedarfte Dorfpfarrerskind als ihres lieben Ludwigs Gattin akzeptiert – aber nun, da das Zusammenleben beginnt und man sich arrangieren muß, macht sie durch ihr Verhalten klar, daß sie auf keinen Fall gewillt ist, die Herrschaft im Haus an diesen »Wildling« abzutreten. Bei einer unbedachten Bemerkung Franziskas, bei einem vielleicht etwas groben Scherz hebt sie sehr indigniert und kühl die Augenbrauen. Schlimmer noch sind die offenen Zurechtweisungen – höflich und leise, aber doch recht bestimmt korrigiert sie das in ihren Augen unerzogene, allzu temperamentvolle Mädchen. Franziska fühlt sich bedrängt; sie zieht sich von Erdmuthe zurück, geht zu Carl Ludwig ins Studierzimmer, setzt sich mit einer Handarbeit neben ihn und schaut zu, wie er seine Predigt vorbereitet. Sie hofft, bei ihm Verständnis zu finden, sie erwartet Ratschläge und Unterstützung. Doch ihr Mann gewährt ihr diese Hilfe nicht; ziemlich deutlich sagt er ihr, daß er mit häuslichen Schwierigkeiten, mit familiären Machtkämpfen und Streitereien nicht behelligt werden will. Er läßt sie, in dieser verwirrenden Zeit der Umstellung und Neuorientierung, gänzlich allein. Es ist für Franziska eine schmerzliche Erkenntnis: Der angebetete Mann, den sie zu einem Idol gemacht und in den sie ihr ganzes Vertrauen gesetzt hat, ist keineswegs in allen Dingen der große Überlegene – in seinem männlichen Selbstwertgefühl noch keineswegs gefestigt, weicht er, um jeden seine Labilität entlarvenden Konflikt zu vermeiden, einer offenen Auseinandersetzung mit der Mutter aus. Er ist nicht bereit, seiner jungen Frau einen angemessenen Platz in dem neu sich bildenden Familiensystem zu garantieren. Es entsteht ein Beziehungsgeflecht, das Franziska in die Passivität, in eine Art von Subordination zu drängen scheint – eine Entwicklung, die nicht etwa gemildert, sondern auf verhängnisvolle Weise eher noch verstärkt und befördert wird durch jene beiden anderen Frauen, die im Röckener Pfarrhaus ihre Heimat gefunden haben: Carl Ludwigs Schwestern

11.
Rosalie und Auguste Nietzsche.

Beide sind in ihrer ganzen Existenz – »behütend« und »beschützend« – auf den Bruder fixiert, obwohl Rosalie (geb. im Januar 1811), anders als Auguste (geb. im April 1815), erst ab 1844 ständig in Röcken lebt; sie hatte vorher bei Verwandten in Plauen gewohnt. Carl Ludwig darf sich schon bald als die zentrale Figur eines Unterstützungs- und Versorgungsmechanismus begreifen, in dem, unter der unbefragt und unangetastet hingenommenen regelstiftenden Herrschaft Erdmuthes, die einzelnen Rollen und ihre unterschiedlichen Aufgaben und Pflichten allmählich festgeschrieben werden – mit dem gerade für Franziska äußerst schmerzvollen Ergebnis, daß jede äußere Veränderung (jede »neue« Person) als Störung wahrgenommen und entsprechend deutlich abgewiesen wird. Auguste steht mit nie ermüdendem Fleiß dem gesamten Hauswesen vor, in dem eine wahrhaft bewunderungswürdige Ordnung und Sauberkeit herrscht. Rosalie dagegen besorgt die »geistlichen« Angelegenheiten und scheint auf diese Weise die »intellektuellen Bedürfnisse« ihres Bruders zu befriedigen – man könnte meinen, daß in diesem christlich-evangelischen Familientheater noch einmal, halb bewußt, die schöne Evangelien-Szene von der dienenden Martha und der den Worten des Herrn Jesu andächtig-hingebungsvoll lauschenden Maria zur Aufführung gelangt. Es ist Franziska, die in diesem Spiel zwangsläufig als Verliererin erscheint, auch wenn sie zunehmend versucht, sich Anerkennung und Respekt zu verschaffen, besonders gegenüber Rosalie, deren Persönlichkeit und psychische Konstitution mehr Angriffsflächen bietet als der Charakter und das Auftreten der beiden anderen Frauen. Schon zur Verlobungszeit hatte sie Gelegenheit, diese Schwägerin etwas kennenzulernen – eine heikle, merkwürdige Person, fahrig-nervös, etwas geschwätzig, Unruhe verbreitend. Als Pfarrfrau in Röcken hat sie nun Gelegenheit, Rosaliens Befindlichkeiten näher zu ergründen und gehörig unter ihnen zu leiden. Anders als die vornehm-stille Erdmuthe gibt Rosalie ihren Hochmut, ihre Abneigung gleich sehr deutlich zu verstehen. Sie stilisiert sich selber gern zur Geistesheroine, sie ist stolz darauf, über alle kirchlichen Angelegenheiten (insbesondere über die mehr oder weniger intriganten Postenverschiebungen innerhalb der Geistlichkeit) stets blendend informiert zu sein. Sehr gerne führt sie kluge theologische Gespräche, sie verbreitet sich des öfteren ausführlich und belehrend über die Erweckten, die Orthodoxen oder die Rationalisten, wobei sie, in wachsendem Einklang mit ihrem Bruder, der erwecklich getönten Glaubensrichtung den Vorzug gibt.[158] Sie bringt sich damit allerdings in einen Gegensatz zu ihrer Mutter Erdmuthe, die Zeit ihres Lebens einer von aufklärerischen Positionen beherrschten Glaubenslehre verpflichtet bleibt. Solche Differenzen und Dissonanzen werden in der Familie aber kaum thematisiert; man übt sich in der Kultivierung einer verschleiernden, verdeckenden Oberflächen-Harmonie, die jede substantielle Auseinandersetzung verhindert. Ganz ungewöhnlich sind Rosaliens politische Interessen; fast anstößig muß es sein, daß sie als Frau sich der regelmäßigen Zeitungslektüre hingibt. Ihr ganzes Herz aber gehört der Diakonie, den Hilfsvereinen, den Missionsgesellschaften, der Kaiserswerther Pastor Fliedner mit seinen Diakonissen ist einer ihrer leuchtenden Sterne. Manchmal erschreckt sie ihre Umgebung mit rätselhaften nervösen

Anfällen – dann ist sie unleidlich, barsch, verletzend und anmaßend. Ihr problematischer Charakter mag hauptsächlich daraus resultieren, daß ihr durchaus »emanzipatorischer« Lebensimpuls immer wieder in Konflikt gerät mit den (zu ihrer Zeit) dem weiblichen Geschlecht auferlegten sozialen Beschränkungen und Rollenfixierungen. Sie fühlt sich eingeengt in diesem kleinen Wirkungsbereich kirchengemeindlicher, karitativer Aktivitäten, da ihre Fähigkeiten und Interessen eigentlich viel weiter gespannt sein könnten: »Wäre es damals schon möglich gewesen für Frauen, so hätte sie sicher selbst Theologie studiert.«[159] So aber führt sie, an der Seite und im Schatten des Bruders, eine intellektuelle Existenz »aus zweiter Hand« – die daraus entstehende große Frustration scheint sie des öfteren, in einem Akt der Entlastung, an den Menschen ihrer näheren Umgebung auszuleben, besonders dann, wenn sie diese als »schwach« oder geistig unter ihr stehend wahrzunehmen vermag. Sie erblickt in ihrer jungen, unbedarften und »ungebildeten« Schwägerin eine Art von Opfer, eine Projektionsfläche also für all die innerlich quälenden Unzufriedenheiten. Franziska jedoch reagiert, anders als bei Erdmuthe, mit heftiger Gegenwehr. Es kommt zu unangenehmen Auseinandersetzungen, die den schönen Pfarrhausfrieden ernstlich gefährden. Nach solchen Auftritten mit Rosalie fühlt sich Franziska etwas erleichtert, doch nimmt sie mit Entsetzen die fast krankhafte Reaktion Carl Ludwigs wahr: Angewidert, mit verzerrtem Gesicht, erträgt er eine kleine Weile diese Wortgefechte, dann flüchtet er in sein Studierzimmer, schließt sich für Stunden dort ein, verweigert Essen und Trinken. Schockiert beobachtet Franziska dieses unangemessen »dramatische« Verhalten, das in keinem rechten Verhältnis steht zu diesen existentiell kaum bedrohlichen Macht- und Positionsstreitereien. Aber sie will ihren geliebten Mann nicht beschweren; es wäre unerträglich für sie, wenn ihr Kampf mit Rosalie ihn unglücklich machen oder gar in die Krankheit treiben würde. Mag es im Augenblick auch wohltuend sein, Rosalie in die Schranken zu weisen – wird dadurch jedoch Carl Ludwigs Wohlbefinden gestört, muß sie nachgeben und sich ein- und unterordnen; sie muß eine Strategie des Vermeidens entwickeln und versuchen, der Schwägerin, wann immer möglich, aus dem Weg zu gehen – draußen im Garten kann sie sich nützlich machen und Unkraut zupfen, die Hecken stutzen, die Stauden begießen. Die tägliche Arbeit im Haus wird ja doch von Auguste erledigt; es ist die einzige Aufgabe, die ihrem Leben noch ein wenig Sinn verleiht – stets etwas grämlich, geplagt von undefinierbaren chronischen Leiden, führt sie die Hauswirtschaft perfekt, und es wäre fast ein Akt von Inhumanität und unchristlicher Mitleidslosigkeit, wenn ihr diese Pflichten aus der Hand genommen würden. Will man ihr dennoch einmal hilfreich zur Seite stehen, sagt sie verbittert und mit trauriger Stimme: »Laßt mir doch diesen einen Trost!« Es ist schwer für Franziska, eine den Tag ausfüllende Beschäftigung zu finden, eine Arbeit, die sie zufrieden stimmt – auch als »Hausfrau« wird sie an die Seite gedrängt. Es fallen schon sehr früh die ersten Schatten auf das schöne Eheglück und die nach außen so anrührend harmonisch sich darstellende Röckener Pfarrhaus-Idylle. Franziska spürt, daß sie mit Konflikten und Problemen konfrontiert und belastet wird, die sie in ihrer »Mädchen-Unerfahrenheit« kaum lösen und bewältigen kann – Heimweh und Fluchtgedanken stellen sich ein.

12.

Es mag nicht verwundern, daß Franziska immer wieder versucht, der von Erdmuthe, Rosalie und Auguste ausgehenden bedrückenden Umklammerung wenigstens für kurze

Zeit zu entkommen und bei den Eltern und Geschwistern in Pobles Besuch zu machen. Carl Ludwig allerdings liebt solche Ausflüge nicht – schon immer hat er sich gegenüber der Familie Oehler ziemlich distanziert verhalten, aber erst jetzt wird Franziska langsam bewußt, daß diese Zurückhaltung auf einer tiefen, ihr unbegreiflichen Abneigung beruht. Wenn sie ihn nach den Gründen fragt, antwortet er ausweichend. Einem Freunde aber offenbart er sich, wenn er im Februar 1844 an ihn schreibt, daß er die Schwiegereltern, »je länger ich sie kennenlerne, nur immer weniger achten kann, namentlich ist die Frau Schwiegermutter ein ganz weltliches und gemeines Weib. Es drückt und quält mich oft schrecklich, daß ich mich meiner Schwiegereltern schämen muß, und ich bewundre nur, wie auf solchem Grund und Boden mein Fränzchen erwachsen ist. Leider hat das Mißverhältnis mit den Schwiegereltern auch schon manche Stunde der Mißstimmung mit meinem Fränzchen herbeigeführt – es thut ihr so weh, daß ich ihre Eltern nicht leiden kann, da sie mir doch nichts thun; das ist wahr, aber es ist so eine verschiedene Lebens- und Glaubensrichtung zwischen mir und ihnen, daß ich bei Gelegenheit einer Expectoration, *die aber sorgfältig vermeide*, einen förmlichen Bruch mit dem Pobleser Pfarrhaus fürchte, wenn ich nicht um Fränzchen willen gern Alles trage und dulde, auch gegen mein Frauchen von diesem Widerwillen und Ekel vor den Ihrigen nur so wenig als möglich merken lasse, um ihr nicht weh zu thun, da sie doch sehr an den Ihrigen hängt – merken aber müßte sie es, da ich mich gegen das gegenseitige Besuchen entschieden ausgesprochen habe! [...] dennoch kann ich Dir versichern, daß ich ganz glücklich bin und meine Wahl nicht bereue, *sobald ich an mein Fränzchen allein denke*; wenn ich aber freilich ihre Familie ansehe, da wird mir, namentlich wegen der Zukunft Angst und Bange, doch können dieß auch unnöthige Sorgen sein, darum unterdrücke ich sie mit aller Gewalt.«[160] Bemerkenswert, wie tief und stark hier Haß und Ablehnung artikuliert werden – verwunderlich vor allem deshalb, weil Carl Ludwig, wie er selbst eingestehen muß, keine konkreten Gründe nennen kann, die diese negativen Gefühle halbwegs rechtfertigen würden, sind ihm Franziskas Eltern doch immer wohlwollendfreundlich gegenübergetreten. Allerdings – ihr Lebensstil, ihre Welt- und Glaubensauffassungen sind irritierend befremdlich für ihn; sie müssen, damit die eigene Psyche nicht allzu sehr verunsichert und destabilisiert wird, einer »niederen« Daseinssphäre zugewiesen werden. Aus dieser Perspektive mag zunächst die Schwiegermutter ins abwertendkritische Blickfeld geraten: Obwohl ihr doch, aufgrund der sozialen Herkunft, keine allzu abstoßenden Umgangsformen zu eigen sein dürften, ist sie im Gegensatz zu Erdmuthe, kaum fähig und bereit, stets einen vornehmen Kultus der »Innerlichkeit« zu pflegen, stille Zurückhaltung zu üben und das Temperament zu zügeln. So mag es für Carl Ludwig folgerichtig sein, wenn er gerade auf sie diesen merkwürdig weitgefaßten Begriff von »Weltlichkeit« anwendet, der ja bei ihm alles angsterzeugend Unregelhafte, Ordnungs- und Systemwidrige, aber auch das verhaßte Sittenlose, Fröhlich-Frivole umschließt. Im geheimen allerdings scheint der Schwiegervater sein eigentlicher, wichtigster Gegner zu sein. Ganz abgesehen davon, daß sich Carl Ludwig von dem skeptisch-ironischen Menschenkenner David Ernst Oehler »durchschaut« und deshalb abgewertet fühlt, muß er dessen selbstsichere, von Grübelei und Glaubensdepressionen kaum berührte Lebenshaltung, aber auch die vom Rationalismus weitgehend geprägte Amtsführung, durchaus als »oberflächlich-weltlich« klassifizieren und unter seinen gegensätzlichen »erwecklichen« Prämissen ablehnen und verdammen – insofern ist diese »Familienverschiedenheit« der private Reflex eines allgemein theologischen, zu jener Zeit aber auch politisch bedeutsamen Konflikts innerhalb des deutschen Protestantismus. Die hier aufbrechenden substantiellen Dissonanzen werden gleichsam auf dem Rücken der (halb ahnungslosen) Franziska ausgetragen – Carl Ludwig ist nicht bereit, die Konflikte offenzulegen; er flüchtet sich in mehr oder minder deutlich formulierte Besuchsverbote. Ausweichen, Verdrängen ist seine Devise, und so bleiben Franziska die tiefen, entscheidenden Dimensionen seiner Abneigung verborgen. Sie fügt sich dem Wunsch, die Beziehung zu den Oehlers möglichst lose zu halten. Aber sie ist traurig darüber, daß er die Gründe seines Verhaltens nie deutlich benennt. So schwach ist sein Selbstbewußtsein, so stark die Angst vor dem »Gesichtsverlust«, daß er die erste Distanzierung, die »Mißstimmung«, den Anfang eines zerstörerischen Vertrauensverlusts, schweigend und fatalistisch hinnimmt. Franziska aber lernt ihre Lektion: Sie wird als »Frauchen« *neben ihm* und nicht als gleichwertige Partnerin *mit ihm* zu leben haben – vielleicht mögen all diese Schatten dann wieder verschwinden, wenn sie erst jene schöne Rolle ausfüllt, die man in Röcken einzig für sie vorgesehen hat: Franziska spürt, wie sie von den drei Frauen im Haus auf fast obszöne Weise belauert wird. Wann endlich wird sie ihrer eigentlichen Pflicht nachkommen – und *Mutter* werden?

13.

Als Franziska im Frühjahr 1844 verkündet, daß sie schwanger sei, geht so etwas wie Erleichterung durch das Haus; am 15. Oktober, einem Dienstag, vormittags 10 Uhr, erscheint der erste Sohn, »unter dem Geläute der Glocken, die die Gemeinde zur Feier des Geburtstages [...] Friedrich Wilhelms IV. riefen«.[161] Sie muß ein langes schmerzhaftes Wochenbett ertragen; aus Briefen Carl Ludwigs läßt sich erschließen, daß sie an einer Brustentzündung leidet und deshalb das Stillen des Säuglings nicht nur Glück, sondern gleichzeitig eine beständig wiederkehrende Qual sein muß. Nur schemenhaft nimmt sie die Geschehnisse in ihrer Umgebung wahr. Das Kind bleibt ziemlich lange namenlos, nach einigem Zögern fällt Carl Ludwigs Wahl auf »Friedrich Wilhelm« – aus tiefer Verehrung für den preußischen König, dem er doch seine Pfarrstelle zu verdanken hat und an dessen Geburtstag der Sohn, wie eine göttliche Fügung, auf die Welt gekommen ist. Franziskas Wünsche scheint er nicht zu erfragen, wohl aber muß darauf geachtet werden, daß Erdmuthe einverstanden ist: »›Fritz!‹ wird er gerufen, ein Name, der meiner Mutter sehr recht ist, indem ihr Erstgeborener, der 2 Jahr alt starb, auch Fritz geheißen hat.«[162] Am 24. Oktober findet die Taufe in der Röckener Kirche statt – ohne Franziska, die noch zu schwach ist, um das Wochenbett zu verlassen. Carl Ludwig hätte ihr, nach den kirchlichen Gesetzen, die Teilnahme ermöglichen und mit der Feier noch sechs Wochen warten können, es wäre auch eine Haustaufe denkbar gewesen – um aber der Gemeinde ein gutes Beispiel zu geben, besteht er darauf, das Kind möglichst schnell in der Kirche zu taufen. So hört Franziska nicht, wie ihr Gatte, bevor er den Sohn über das Taufbecken hält, mit großem Pathos die evangelische Pfarrhaus-Idylle herbeipredigt. Er erinnert sich, »wie der Eintritt in diese Gegend wieder der Weg wurde zu neuem Glück, und mir Gott da, wo ich es nicht gesucht, ein Kleinod finden ließ, das meines Herzens Sehnsucht stillen und meines Lebens Krone werden sollte. Ja, wie mußte sich auch da erst Alles so wunderbar fügen, bis der zehnte October des vergangnen Jahres der Geburtstag meines ehelichen Lebensglückes werden konnte, und ich nun in meinem freundlichen Pfarrhaus, begnadigt durch die segnende Nähe meiner heißgeliebten Mutter und theuren Schwestern, geliebt von einer treuen zärtlichen Gattin, umgeben von theilnehmenden Verwandten und Freunden, werthgehalten von drei lieben Gemeinden, heimischer geworden in dem köstlichen Amte, das die Versöhnung predigt – nun vollkommen befriedigt bekennen mußte ›Hier, hier ist gut sein – wie groß ist des Allmächt'gen Güte!‹ – Aber Gottes Güte wollte sich noch größer, noch herrlicher an mir offenbaren, daran mahnt uns nicht bloß der Ort, sondern auch der Zweck, warum wir uns hier versammelt haben! Was wollen wir hier? Warum seid ihr Lieben meiner Herzensbitte gefolgt und von nah und fern hierher gekommen? O ich zeige auf dieß Kindlein – ›wie groß ist des Allmächt'gen Güte!‹ – es ist mein Kind, meinen Erstgebornen wollen wir taufen, dazu sind wir hier! Dazu heiße ich euch, ihr Geliebten, an diesem freundlich geschmückten Taufaltare herzlich willkommen, tiefbewegt, da ich in Euch nur solche liebe Personen sehe, an die sich meine beglükkendsten Erinnerungen knüpfen, nur solche Lieben, denen mein Herz mit der aufrichtigsten Dankbarkeit und innigsten Liebe ergeben ist; und wenn ich unter Euch besonders meine geliebte Mutter erblicke, – o daß der Herr ihr Leben bewahret hat bis auf die Stunde und sie nun mit großmütterlicher Freude ihren ersten wirklichen Enkel aus der Taufe heben kann – wie erhebt dafür meine Seele den Herrn! – Ja, diese Stunde ist ein Denkmal der göttlichen Güte und Gnade, – und als solche erscheinet sie mir immermehr, wenn ich jetzt erst recht erwäge, welche Angst und Sorge ihr vorausgehen mußte, wie erst aus Thränen die Freude erblühen konnte! Ach meine geliebte Gattin – wie wird sie jetzt daheim danken und beten – ach, was mußte sie erst leiden, was für Traurigkeit erfahren, ehe das Kind zur Welt geboren; was haben wir nahen Zeugen der entscheidenden Stunde für Qual und Schmerz gefühlt, ehe des lieben Kindes erster Schrei der Siegesruf war, daß der Kampf und die Gefahr glücklich, glorreich überstanden sei! Nun aber ist alle

Traurigkeit vergessen, nun steht die mir von Neuem gegebene liebe Gattin als die gerettete und begnadigte jugendliche Mutter da; nun fühlen wir uns beide überschwenglich selig in der Elternfreude, in der Elternwürde; nun ist das Pfarrhaus eine Stätte neuer Freude, neuer Liebe, neuer Thätigkeit geworden; nun kommen Großvater und Großmutter, Brüder und Schwestern, Gefreundte und Verwandte, wie einst in Zacharias Priesterhause, und freuen sich mit uns, daß der Herr große Barmherzigkeit an uns gethan hat – ja, wie groß ist des Allmächt'gen Güte!«[163] – Carl Ludwig weiß, was ihm in dieser Stunde abgefordert wird. Es ist seines Amtes, »Versöhnung« zu predigen, und darum muß er, um glaubwürdig vor der Gemeinde zu sein, das Leben in seiner Familie – allzu positiv, beschönigend – als versöhnlich darstellen, völlig frei von Mißstimmungen und Konflikten, gegründet auf gegenseitige Achtung und Liebe. Natürlich ist ihm bewußt, daß für sein »Kleinod« Franziska das Pfarrhaus keineswegs immer nur freundlich und Erdmuthe – die in seinem Sermon ja so auffällig stark in den Vordergrund tritt! – manchmal alles andere als segenbringend wirkt. Und selbstverständlich hat er auch die Wortwechsel seiner Frau mit der »teuer«-anstrengenden Rosalie im Ohr. Aber diese spannungsvolle Wirklichkeit muß von der auf Verschweigen und Verdrängen beruhenden Fiktion der harmonisch-friedlich zusammenlebenden evangelischen Pfarrfamilie verdeckt und durch salbungsvolles Vokabular verschleiert werden. Am Schluß seiner Predigt gibt Carl Ludwig der Vermutung Ausdruck, daß Franziska »daheim [...] das Herz gebebt haben wird in heiliger Wonne [...]«.[164] Wäre sie zugegen gewesen: Vielleicht hätte sie sich in der Tat berauschen lassen von der gekünstelten Diktion ihres Mannes, vielleicht wäre ihr aber auch, ganz im geheimen, die schreckliche Diskrepanz von emphatisch formuliertem Anspruch und trister Realität deutlich vor Augen getreten, hatte sie doch bisher das Röckener Pfarrhaus nicht nur als Stätte des Friedens, sondern ebensosehr als Ort des Streites und der Disharmonien erlebt.

Allerdings: Die neue Freude, von der Carl Ludwig in seiner Taufpredigt spricht, könnte sich nun, da der Sohn geboren ist, für Franziska erfüllen: Sie hat eine Aufgabe, von der sie glaubt, daß sie ihr niemand entreißen wird. Sie konzentriert sich ganz auf das Kind und versucht, ihrer Mutter-Rolle möglichst vollkommen gerecht zu werden. Schon bald bemerkt sie jedoch die allzu wachsamen Augen der drei anderen Frauen – es scheint, daß man starke Zweifel setzt in ihre Fähigkeit, den Säugling angemessen zu versorgen; man beobachtet sie genau, man belehrt und korrigiert, man greift also ganz bedenkenlos ein in diese so intime und prekäre Mutter-Sohn-Beziehung, ohne dabei in Rechnung zu stellen, daß eine solche Praxis die innersten Gefühle Franziskas schwer verletzen und ihr Verhältnis zum Sohn möglicherweise nachhaltig und folgenreich belasten könnte. Franziska wird erneut »an den Rand gedrängt« und »unmündig« gemacht, was auf erschreckende Weise deutlich wird in einem Geburtstagsgedicht, das Carl Ludwig für Erdmuthe Nietzsche verfaßt: Er hat die ziemlich gekünstelte, fast makabre Idee, seinen kleinen Sohn reden und ihn jene maßlose Idolatrie ausdrücken zu lassen, die der Familien-Patriarchin wohl gefallen, Franziska aber aufs tiefste beleidigen muß – wobei auffällig ist, wie primitiv und unbeholfen hier ein sprachlich sonst so versierter Kanzel-Rhetor seine poetischen Übungen vollbringt:

»Mein Vater und Mutter sagen mir, daß heute Geburtstag
   wär hier;
Mein liebes Großmütterlein soll sechsundsechzig Jahr alt
   geworden sein!

Da komme ich kleines kaum Sechswochenkind und bringe
 meinen Geburtstagswunsch geschwind,
Denn wenn ich auch noch nicht viel Tage zählte, Eine ist
 doch, die sich mein Herz erwählte –
Die vom ersten Tag an so freundlich mit Liebe und Sorge
 erwiesen für und für,
Und keine Mühe und Plage gescheut hat, bald einmal mich
 zu bringen ins Wasserbad,
Dann wieder trocken zu legen mit liebender Hand mich zu
 beschauen sorglich und unverwandt.
Jetzt zu spaßen mit holdseligem Witz, dann zu füttern den
 kleinen Fritz –
O, die ich auch sah mit Beten und Flehen als liebe Pathin
 an dem Taufstein stehen!
Ja, liebe Großmutter, dich liebe ich sehr und will dir gerne
 danken je länger je mehr,
Jetzt mußt du freilich dich gar sehr begnügen, da ich dir
 heute bereite noch wenig Vergnügen,
Doch mit der Zeit solls schon besser werden, dazu erhalte
 dich der liebe Gott lange auf Erden!
Das ist auch der Wunsch, den mir aufgetragen Vater und
 Mutter dir heute zu sagen:
Du möchtest noch recht lange glücklich bei uns leben, damit
 sie dir können viele Beweise geben:
Wie dankbar sie deine große Güte ermessen und diese
 Dankbarkeit niemals wollen vergessen!
Bleibe du auch in Liebe freundlich gesinnt meinem Vater
 und Mutter und ihrem Kind!«[165]

Nicht nur, daß Carl Ludwig in diesem Gedicht den Eindruck erweckt, die beständig wiederkehrenden und aufreibenden Obliegenheiten einer sorgfältigen Säuglingspflege würden hauptsächlich von der Großmutter wahrgenommen werden (und man scheint Franziska in der Tat diese für die Entwicklung einer stabilen, störungsfreien Mutter-Kind-Beziehung so wichtigen Aufgaben schon recht bald ganz bedenkenlos aus der Hand zu nehmen!) – mehr noch: das »Herz« des kleinen Friedrich hat sich, aus der Perspektive des poetisch dilettierenden Vaters, nicht etwa die Mutter, sondern die Großmutter erwählt, die also hier als eigentlich entscheidende Bezugsperson, gerade auch im emotionalen Bereich, vorgeführt und lauthals gepriesen wird, so daß sich zwangsläufig die Frage stellt, welche Funktion dann der Mutter noch zukommen kann. Carl Ludwigs Poem markiert, im Hinblick auf die »mütterliche« Rollenzuschreibung, den Beginn eines langsam sich verstärkenden Ausgrenzungsprozesses, denn Franziskas Marginal-Stellung innerhalb der in Röcken praktizierten pädagogischen Muster scheint sich, je mehr der Sohn an Alter zunimmt, immer weiter zu befestigen: Der kleine Fritz entwickelt sich zu einem nicht ganz leicht zu behütenden Kind, er ist ein »wilder Knabe« und manchmal sogar erstaunlich »starrköpfig«.[166] Franziska findet nur schwer Konzepte der Korrektur, hilflos ist sie der Widersetzlichkeit des Jungen ausgeliefert. Wie sollte sie auch, als Zwanzigjährige, die selbst manchmal noch des erzieherischen Rückhalts bedarf, über angemessene, wohlüberlegte und wirksame pädagogische Instrumente verfügen? Aber gerade diese Defizite bieten die Möglichkeit, sie als Mutter und »Erzieherin« bedeutungslos, fast überflüssig zu machen. Carl Ludwig greift ein; das »Versagen« seiner jungen Frau bietet ihm, dem Älteren und Klügeren, die willkommene Gelegenheit, den Sohn mit aller Kraft an sich zu ziehen. Er ist »sofort zur Stelle [...] wenn die junge Mutter [...] einmal nicht weiter weiß«[167], gezielt vermag er seine Fähigkeiten und Talente einzusetzen: Das Kind »horcht mäuschenstill und verwendet kein Auge vom Vater, wenn dieser anfängt zu musizieren, so daß Fränzchen manchmal um Musik bittet, wenn das Söhnchen aus unbekannten Gründen weint.«[168] Es beginnt hier ein Prozeß, in dessen Verlauf das Kind immer stärker unter die Dominanz des Vaters gerät. Nicht ohne Stolz berichtet Carl Ludwig kurz vor dem Weihnachtsfest des Jahres 1846 seinem Freunde Schenk, daß den Jungen »manchmal allein der Papa noch zur Raison bringt, sintemalen von diesem die Ruthe nicht fern ist; allein jetzt hilft ein Anderer mächtiger mitziehen, das ist der liebe heilige Christ, welcher auch bei dem kleinen Fritz schon Kopf und Herz ganz eingenommen hat, daß er von nichts anderem sprechen und hören will als vom ›heile Kist‹! – Es ist das etwas gar Liebliches [...]«[169] Carl Ludwigs pädagogisches Instrumentarium besteht also nicht nur aus Musik-Besänftigung – es gibt stärkere Mittel, der Unartigkeit des Sohnes zu begegnen; nämlich die körperliche Züchtigung und, eng damit verbunden, gegeneinander austauschbar, der liebe Herr Jesus, der die folgsamen Kinder zu Weihnachten mit schönen Gaben beglückt, während den ungezogenen die Rute droht. Ungeniert, geradezu beglückt verwendet er also Christus als Erziehungsgehilfen, so daß die Gestalt des »befreienden«, »erlösenden« Heilands sich unversehens verwandelt in eine Zwangs- und Strafinstanz, der die Aufgabe zukommt, den Eigenwillen, die Persönlichkeit des Kindes zu brechen. Ganz offensichtlich beruhen Carl Ludwigs Erziehungsmaßnahmen auf einem pädagogischen Konzept, das sich weitgehend ausrichtet an der pessimistisch-negativen Anthropologie der erwecklich geprägten Glaubens- und Lebensauffassung: Sündhaftigkeit, Ungehorsam, böswillige Gottesvergessenheit sind Grundbefindlichkeiten menschlicher Existenz; in ganz besonderem Maße ist aber das unmündige, »unfertige« Kind böse, uneinsichtig und sündenbeladen, muß also, in der erzieherisch wirkenden Gestalt des irdischen Vaters, zur Unterordnung, zum Sündenbekenntnis gegenüber dem allein Seligkeit verheißenden göttlichen Vaterbild gezwungen werden, auch und gerade durch die körperliche Züchtigung, die als ein Element zur Förderung der individuellen Heilsgeschichte vor Gott und den Menschen gerechtfertigt scheint. Diese Praxis christlicher Erziehung ist Franziska allerdings sehr fremd: In Pobles hatten ihr die Eltern ein anderes, »freundliches«, aufklärerisch-protestantisch an kindliche Einsicht und Vernunft appellierendes Christentum vermittelt; später bestätigt sie, in einem Brief an ihren Neffen Adalbert Oehler, ausdrücklich jene Straf-Aktionen ihres Ehemanns: »Als kleiner Junge wo mein Mann noch lebte, hatte er [Friedrich Nietzsche] allerdings die Angewohnheit, sich wenn es nicht nach seinem Willen ging, sich rücklings hinzuwerfen, was ihm aber der gute Papa *handgreiflich* abgewöhnt hatte.«[170] Sie mag vielleicht ein wenig entsetzt sein über diese Prügel-Szenen, diese »harte« Erziehung – im Bewußtsein ihrer Jugend, ihrer »Unzulänglichkeit« wagt sie natürlich nicht, Carl Ludwig zu kritisieren oder gar ihm direkt Einhalt zu gebieten. Sie scheint sich damit abzufinden, daß allein und ausschließlich der Gatte die Grundlinien der Erziehung bestimmt; sie beschränkt sich auf die tägliche Sorge um das leibliche Wohl des Sohnes, soweit sie die drei anderen Frauen nicht auch daran hindern.

Ein solcher »Rückzug« muß ihr um so leichter fallen, als nun, da Carl Ludwig den kleinen Fritz endgültig okkupiert hat, das zweite Kind sich ankündigt: Am 10. Juli 1846 wird Elisabeth geboren – »Heute [...] schenkte mir der Herr ein Töchterchen. Gelobt sei der Herr« vermerkt Carl Ludwig freudig bewegt in seinem Tagebuch.[171] Der Pobleser Kindersegen scheint sich auch auf das Röckener Pfarrhaus zu breiten.

14.

Für Franziska ist das Glück der neuen Schwangerschaft nicht ungetrübt: Sie bemerkt rätselhafte Veränderungen im Verhalten ihres Mannes. Manchmal sitzt er wie erstarrt auf seinem Stuhl, blickt stumpf und starr vor sich hin, scheint geistig völlig abwesend zu sein; später weiß er nichts mehr von diesen seltsamen Anfällen. Am Neujahrsmorgen 1846 wandert er, gemeinsam mit dem Hauptlehrer Dathe, von seiner Filialgemeinde Bothfeld zum Gottesdienst nach Röcken – »da fällt es diesem unglückseligen Menschen Dathe ein, auf *diesem* Wege von der [...] Geschichte mit seiner Frau zu sprechen und mir dabei die ungezogensten und ungerechtesten Vorwürfe zu machen.«[172] Carl Ludwigs Reaktion auf dieses unangenehme, unpassende Gespräch ist äußerst erschreckend: Zwar kann er den Gottesdienst noch eröffnen, doch während der Eingangsliturgie fängt er vor dem Altar heftig zu weinen an. Er zittert am ganzen Körper und verläßt, unter den Augen der verwirrten Gemeinde, fluchtartig die Kirche. Er kehrt zurück und bringt seine Amtshandlung mühsam zu Ende, aber die folgende Woche muß er im Bett verbringen und ist auch nicht fähig, am nächsten Sonntag zu predigen. Er scheint sich keine Rechenschaft abzulegen über die inneren und ganz geheimen Gründe dafür, daß jene Eheprobleme des Lehrers, die ihn in tiefster Seele nicht berühren dürften, dennoch bei ihm eine derart heftige, auch nach außen so peinlich sichtbare Nervenkrise bewirken – undenkbar für ihn, daß seine Psyche zwischen dem fremden Ehe-Unglück und den eigenen Unsicherheiten und tiefgreifenden Beziehungsängsten eine Verbindung geknüpft haben könnte und dieser Zusammenbruch also als Hilferuf der vom christlich-moralischen Schweige- und Verdrängungsgebot zu sehr gequälten Seele zu begreifen wäre. Die seltsamen Absencen, dann dieser Nervenschock: Es sind die ersten Kapitel einer bedrohlich-unheimlichen, unter konventionellen medizinischen Kategorien kaum eindeutig zu erfassenden Krankheitsgeschichte, in deren Verlauf Franziska langsam erkennen muß, daß ihr großer Lenker und Beschützer zu einem hilfsbedürftigen Mann wird, der nur noch unter großer Kraftanstrengung seinem Amte gerecht werden kann: »Ich bin viel im Freien, auch um meiner Gesundheit willen, denn ich kann das Stubensitzen und Studiren gar nicht recht mehr ertragen; wenn ich arbeite, bin ich krank, daher jeder Sonntag mir ein Krankheitstag ist.«[173] Das Predigen, sonst immer gern geübte Pflicht und seelisches Regulativ, versetzt ihn nun in Angstzustände – tatsächlich ist das Bild dieses Leidens ziemlich diffus; Carl Ludwig deutet die Symptome oberflächlich und sich selbst beruhigend als allgemeine vegetative Schwäche und meint, »[...] einmal etwas für meine Nerven thun [zu] müssen.«[174] Eine in Erwägung gezogene Badereise wird jedoch immer wieder aufgeschoben, es bleibt bei fragwürdigen homöopathischen Kuren.

Der Krankheitsschatten legt sich auch auf ein drittes freudiges Ereignis: Am 27. Februar 1848 bringt Franziska den zweiten Sohn, Ludwig Joseph, zur Welt, ein Sorgenkind von Anfang an. Daneben beobachtet sie ängstlich, wie ihr Gatte erneut aufs bedenklichste irritiert wird durch das, was im fernen Berlin sich ereignet: Der König Friedrich Wilhelm, der Carl Ludwigs Karriere einst so hilfreich-gönnerhaft ins Werk gesetzt hatte, muß sich den gegen die Obrigkeit rebellierenden Volksmassen beugen und unter der schwarz-rot-goldenen Revolutionsfahne durch die Stadt reiten, ein Akt der Unterwerfung, den Carl Ludwig nicht begreifen kann, gilt doch sein ganzer Haß den »Radicalen und Liberalen«[175], die das »gottgewollte« Monarchentum zerstören und die innige Verbindung von Thron und Altar auflösen wollen: »[...] ich jammere darob, daß unser *König* todt ist, denn der Friedrich Wilhelm, welcher in den Straßen Berlins, mit der Freiheitsfahne und den Burschenbändern geschmückt, umherreitet, ist nicht mehr *der* König, dem ich einst in tiefster Ehrfurcht ins Auge geschaut als Einem, der von Gottes Gnaden vor mir stand.«[176] Carl Ludwig reagiert auf die für ihn so furchtbaren Entwicklungen im preußischen Staat mit einer neuerlichen Nervenkrise; er fühlt sich durch die »politischen Unruhen [...] nervös sehr angegriffen, kann namentlich nicht recht schlafen und [hat] dabei allerlei merkwürdige Visionen«[177] – die großen gesellschaftlichen Unruhen und Veränderungen sind für ihn nicht einfach nur Ereignisse, über welche die individuelle politische Vernunft je nach Geisteshaltung und (ökonomisch-sozialer) Interessenlage pragmatisch ihre Werturteile fällt; sie stellen vielmehr seine ganze Existenz in Frage, sie zerstören grundlegend sein Welt- und Lebensverständnis, vielleicht bis zu der Endzeit-Phantasie, daß die Entthronung der irdisch-preußischen Majestät die Vernichtung des himmlischen Gottes im Bewußtsein des Menschen bewirken und somit das schreckliche Zeitalter des Anti-Christen heraufziehen könnte. Zwar nimmt er noch teil an den Bemühungen seiner Freunde aus der Erweckungsbewegung, die Revolution mit aller Macht zu bekämpfen und die alte Ordnung wiederherzustellen – die Krankheitszustände werden häufiger, ihre Intensität immer bedrohlicher. Im letzten Brief, den er zu schreiben in der Lage ist, berichtet er seinem Freunde Schenk am 7. September 1848: »[...] ich war nämlich die ganze Woche vorher nicht wohl, und zum lieben Sonnabend wurde es so schlimm (Erbrechen, Kopfschmerzen und dgl.) daß ich an fremde Hilfe denken mußte.«[178]

Zehn Tage später ist Franziska dann wirklich gezwungen, den Arzt ins Röckener Pfarrhaus zu rufen. Es wird ihr immer klarer, daß das Leiden ihres Mannes eine Krankheit zum Tode ist, auch wenn wohlmeinende Verwandte ihr sagen, Carl Ludwigs Zustände seien ein »Familienstück, [auch] der gute alte selige Pappa [habe] daran gelitten und ein hohes Alter erreicht.«[179] Sie wird vor allem dadurch beunruhigt, daß eine klare ärztliche Diagnose nicht möglich ist und demzufolge alle Heilungsversuche fragwürdig und schließlich erfolglos bleiben: »Wir haben große Sorge um ihn und steigert sich natürlich wenn der Artzt zeigt daß er die Krankheit nicht ergründen kann; es ist auch ein böses Übel [...] er wird immer schwächer.«[180] Im November 1848 wird er zu einem Medizinalrat Stapf nach Naumburg gebracht, aber dessen homöopathische Mittel bleiben gänzlich wirkungslos – von einem Krankenbesuch, gemeinsam unternommen mit dem kleinen Fritz, berichtet Franziska ihrer Freundin Emma Schenk, es sei »betrübend [...] Ihnen über meines guten Mannes Befinden, noch gar nichts Erfreuliches [schreiben zu können], das sonstige Uebel, Erbrechen und dazu täglich die fürchterlichsten Kopfschmerzen, worüber er täglich klagt plagen ihn unaussprechlich und sind in den Tagen des Erbrechens besonders arg, daß er schon geäußert darüber könne er den Verstand verlieren, was der liebe Gott gnädig verhüten wolle. Den Tag nach seiner Hinreiße [nach Naumburg] hat er sehr gelitten und so sind in den drei Wochen noch mehrere solche Tage gewesen, auch gerade an denselben wo ich mich mit Fritzchen aufmachte ihn zu besuchen um ihn in seinen Leiden eine kleine Freude zu machen und unsre Sehnsucht zu befriedigen, fand ihn aber sehr traurig weinte viel und hatte schlimme Zufälle zu welcher nach aller Meinung unser Besuch beigetragen [...] wir vertrauen nächst dem lieben Gott dem geschickten Artzt welcher uns zu seiner Wiederherstellung, wenn es Gottes Wille ist, die beste Hoffnung macht und diesen Trost halten wir fest und trösten uns damit in unserer Einsamkeit untereinander [...] Wir sind auch Gott sei Dank Mutterchen Erdmuthe Nietzsche Rosalchen und die Kinder wohl welche uns durch ihre körperliche und geistige Entwicklung viel Freude machen und wirklich eine wahre Aufheiterung sind [...] Daß der dortige Arzt die Krankheit leider auch für Gehirnleiden erklärt und eine langsame aber sichere Heilung verspricht hatte ich zu schreiben vergessen [...]«[181]

Zum Weihnachtsfest kehrt Carl Ludwig nach Röcken zurück, er hat jetzt »zu wenig Kraft zum selbst essen, [kann] alle Sätze nur anfangen aber nie vollenden.«[182] Sein Zustand hat sich trotz der hoffnungsvollen Aussage des Herrn Stapf keineswegs gebessert. Der aus Leipzig herbeigerufene Hofrat Oppolzer diagnostiziert »theilweise Gehirnerweichung«[183], also Enzephalomalazie, hervorgerufen zumeist durch eine Embolie, eine Thrombose oder eine Gefäßzerreißung infolge eines außergewöhnlich hohen Blutdrucks. Nun ist medizinisch Klarheit geschaffen; die Leipziger Kapazität hat – das weiß Franziska nur allzu genau – endgültig das Todesurteil über Carl Ludwig gesprochen: »[...] das Liebste auf der Welt menschlichen Ansichten nach hoffnungslos zu wissen, ist ein Gedanke welcher Mark und Pein durchdringet.«[184] Sie möchte die Kinder von dem Todkranken fernhalten; immer ist sie froh, wenn »Fritz und Lieschen draußen auf dem Hofe [...], wo sie auf dem daliegenden Holze herumklettern und sich wiegen.«[185] Natürlich kann sie nicht verhindern, daß gerade der fast fünfjährige Sohn das langsame, qualvolle Sterben des geliebt-gefürchteten Vaters schon mit voller Bewußtheit verfolgt. Was er da sieht, muß ihn zutiefst verwirren und erschüttern: Jener, der bisher seine kleine Welt regiert, der belohnt und bestraft hat, der omnipotent, fast »göttlich« für ihn war, ist nun zu einer hilflosen, erbarmungswürdigen Kreatur geworden – bewegungsunfähig, blind, manchmal fast komisch mit den Augen rollend, unverständlich vor sich hinlallend. Am 30. Juli kommt die Erlösung für Carl Ludwig; seine letzten Worte: »Fränzchen – Fränzchen – komm – Mutter – höre – höre.«[186] Des kleinen Sohnes Gott ist tot, Franziskas Idylle zerbrochen, noch ehe sie ihre Lebenswirksamkeit und Dauer unter Beweis zu stellen vermochte – und die Gemeinde nimmt voll tiefer, aufrichtig empfundener Trauer Abschied von einem Seelsorger, der seinen Pfarrkindern mit aller Kraft, aber auch mit aller nach außen kaum spürbaren inneren Not, mit »Furcht und Zittern« gedient hat; am 10. August 1849 erscheint, im Namen der Gemeinden Röcken, Michlitz und Bothfeld die große Trauer-Ode auf Carl Ludwig Nietzsche im »Merseburger Kreisblatt«:

> »Ach! so bist Du doch von uns geschieden!
> Es erlag der Krankheit doch Dein Herz! –
> Treuer Hirt! Dir ist des Himmels Frieden,
> Die Verlaßnen aber beugt der Schmerz.
>
> Wenn Gefühle alle Klagen hemmen,
> Wenn das Herz im Busen sprechen will,
> Heiße Tränen von der Wange strömen:
> Ach! Dann schweigt die Lippe zitternd still.
>
> Alle Worte, alle Sinne schwinden,
> Und der Wehmuth mitleidvolles ›Ach‹ –
> Aus des Herzens tiefsten Zaubergründen,
> Tönt traurig dem Geliebten nach.
>
> Fortgerissen aus der Deinen Mitte,
> Unerbittlich aus der Gattin Arm;
> Ob die Mutter liebend um Dich bitte,
> Ob Du liebtest Deine Kinder warm!
>
> Ach, Du bist dahin, und keine Thränen,
> Nicht des Auges wehmuthsvoller Blick,
> Nicht der Wünsche allerreinstes Sehnen,
> bringt Dich ihnen, bringt Dich uns zurück.
>
> Deine Heerde, die Du treu geweidet,
> Steht verwaiset da und schaut Dir nach,

Dir der sie so väterlich geleitet,
Dir der für sie sorgte Nacht und Tag. [...]«[187]

Der tiefe Schmerz mag Franziska, wie der unbekannte Poet vermutet, in den ersten Tagen nach dem Tod Carl Ludwigs »sprachlos« machen und sie in höchste Verzweiflung stürzen – einzig getröstet durch den Anblick ihrer Kinder, wie sie am 16. Oktober 1849 ihrer Freundin Emma Schenk gesteht: »[...] wir haben den Tag [Carl Ludwigs Geburtstag] nur in schmerzlicher wehmütiger Erinnerung verlebt, haben sein liebes Grab mit schönen Blumen geschmückt und heiße Thränen der Liebe und Sehnsucht geweint, aber uns war es auch, als müßte sein lieber Geist an den Tage besonders nahe sein, denn es war doch eine feierliche Stille in der Natur Ach [...] an solchen Tagen vermißt man seine liebe freundliche Erscheinung doppelt schmerzlich. So war es auch an Fritzchens Geburtstag [...] Ja Gott sei es gedanckt, daß er meine lieben Kinder bis hierher erhalten und hoffe daß des guten Vaters Segen auch ferner auf ihnen ruhen wird; wir sehen sie, besonders jetzt wo sie uns durch ihre leibliche und geistige Entwickelung große Freude machen und uns durch ihre unschuldige Heiterkeit in dieser für uns so bedrängten Zeit manche Aufheiterung verschaffen, als eine wahre Gottes Gabe an [...] Fritz geht seit seinen Geburtstag, täglich auf eine Stunde in die öffentliche Schule, daß er [...] sich nach und nach, an eine tägliche bestimmte Beschäftigung gewöhnt, es gefällt ihm auch sehr wohl und meinte er hätte es sich doch so schwer gedacht und wäre doch so leicht, und versicherte als er zum Erstenmal, einer großen Zuckerdüte von der guten Großmamma zu Hause kam, daß er so eine Freude wirklich noch nicht erlebt hätte. Auch Josephchen macht uns durch sein menschenfreundliches Wesen und tägliches Fortschreiten im Sprechen sehr glücklich [...]«[188] Trotz aller Herz und Geist bestimmenden Traurigkeit – schon bald tritt die kalte Lebenswirklichkeit in den Mittelpunkt: Es wird Franziska bewußt, daß sie, die dazu geschaffen schien, die Mutter einer großen, blühenden Familie zu werden, in der sich die Tradition des Pobleser Pfarrhauses hätte fortsetzen können, zu einer Art von Sozialfall geworden ist. Sie ist gezwungen, sich über ihre und der Kinder Zukunft ernsthaft Gedanken zu machen, denn sie weiß: Nach einer kurzen Frist muß sie das Röckener Pfarrhaus verlassen, und bald erfährt sie auch, daß ihr Witwengeld für die Gründung und Aufrechterhaltung eines eigenen Haushalts nicht ausreichen wird. Soll sie nach Pobles zurückkehren und ihren Eltern auf peinliche Weise »zur Last fallen«? Oder ist es besser, auf die Pläne ihrer Schwiegermutter einzugehen? Erdmuthe ist entschlossen, wieder nach Naumburg zu ziehen; dort hat sie noch immer viele Bekannte aus früheren Zeiten und »besseren Kreisen«, dort also könnte sie, umgeben von Rosalie und Auguste, die letzten Jahre ihres Lebens in Würde verbringen. Stets hat sie über etwas Vermögen verfügt – sie wäre fähig und willens, der Schwiegertochter und den Enkelkindern ein Heim und ein bescheidenes Auskommen zu bieten. Der nackte ökonomische Zwang läßt Franziska kaum eine andere Wahl: Sie geht auf das Angebot Erdmuthes ein, auch wenn sie ahnt, daß eine solche Entscheidung die Fortsetzung ihres Röckener Martyriums bedeuten könnte. Sie würde sich ja weiter unterordnen, also »unfrei« bleiben müssen. Schon Mitte November schreibt sie an ihre Freundin Emma Schenk: »Augustchen ich und Fritzchen, waren auch einmal in Naumburg, um unser zukünftiges Logis anzusehen.«[189] Während sie sich so, traurig und voller Angst, auf ihr neues Leben vorbereitet, bricht die zweite Katastrophe herein: Der Zustand des stets kränkelnden kleinen Joseph wird kritisch, am 9. Januar 1850 erliegt er seinen Krämpfen. Fritz, dem verstörten älteren Bruder, kommt es in seinen nächtlichen Angst-Phantasien so vor, als sei der Vater Carl Ludwig noch einmal aus dem Grab gestiegen und habe das Kind zu sich geholt. Später, als Vierzehnjähriger, erzählt er von einem schauerlichen Traum aus jenen Tagen: »[...] ich hörte in der Kirche Orgelton wie beim Begräbnis. Da ich sah, was die Ursache wäre, erhob sich plötzlich ein Grab und mein Vater im Sterbekleid entsteigt demselben. Er eilt in die Kirche und kommt in kurzem mit einem kleinen Kinde im Arm wieder. Der Grabhügel öffnet sich, er steigt hinein und die Decke sinkt wieder auf die Öffnung.«[190] Franziska aber ist »in ihrem doppelten Unglück«, das ihre Kräfte weiter lähmt – und sie wohl nicht befähigt, die Ängste und Komplexe des verwirrten kleinen Sohnes angemessen wahrzunehmen – auch innerlich bereit, sich unter die Obhut Erdmuthes zu begeben, zumal sie immer wieder hört, daß damit sicherlich der Wille des geliebten Carl Ludwig vollzogen werde. Als sie im April 1850 Röcken verläßt, ruft ihr ein Bekannter der Familie dichterisch zu:

>»So zieh', wie Ruth einst an Naemis Hand,
>In der sie eine zweite Mutter fand,
>Mit Gottes und des selgen Freundes Segen
>Der neuen Heimat glaubenreich entgegen.«[191]

Hier wird wohl doch ein allzu harmonisch-optimistischer, biblisch-verklärender Schein über das Schicksal Franziskas gebreitet. In der schönen alttestamentarischen Geschichte, auf die sich der Poet bezieht, folgt ja die Moabiterin Ruth ihrer Schwiegermutter Naemie mit großer Freude und aus freiem Entschluß in deren alte Heimat nach: »Wo du hingehst, da will ich auch hingehen; wo du bleibst, da bleibe ich auch.«[192] Franziska aber ist nicht frei, sie ist aus tiefster Not gezwungen, Erdmuthes Schritte nachzuvollziehen.

Vielleicht will der Gelegenheitsdichter daneben zart und verdeckt auf eine denkbare Lebensperspektive anspielen – denn diese biblische Ruth findet bald, sanft unterstützt von ihrer Schwiegermutter, ein neues Glück in einer neuen Ehe. Für Franziska ist jedoch, nach dieser Lebenskatastrophe, ein anderer Weg vorgezeichnet: in jene Innerlichkeit, jenen Glauben, der die irdischen Leiden als Stufen zur himmlischen, göttlich verheißenen Seligkeit deutet, rechtfertigt und verklärt, auch um den Preis einer einengenden und niederdrückenden Schicksalsergebenheit – so wie es ihr Hochzeitschoral klar und fast erschreckend deutlich formuliert:

>»Solls uns hart ergehn,
>Laß uns feste stehn!
>Und auch in den schwersten Tagen
>Niemals über Lasten klagen;
>Denn durch Trübsal hier
>Führt der Weg zu Dir.«[193]

GLAUBENSERFINDUNG

Die neue Heimat: Zwei dunkle Hinterzimmer im Haus des Naumburger Bahnspediteurs Otto, Ecke Neugasse-Priestergasse; Erdmuthe, Rosalie und Auguste haben die vorderen, helleren Zimmer belegt. Franziskas äußere Existenz ist gesichert, ein familiäres Versorgungsproblem scheint zur Zufriedenheit aller gelöst. Wer aber fragt nach dem Seelenzustand dieser Vierundzwanzigjährigen, die doch nach allem, was ihr in Röcken widerfahren ist, ein jämmerliches Fazit ziehen könnte? Wie kann sie diese große Trauerdepression überwinden, diese existentielle Hilf- und Ratlosigkeit, die sie seelisch und gleichzeitig körperlich beschwert – bis hin zu tiefen Erschöpfungszuständen, Todeswünschen, Selbstabschaffungsphantasien? Mit welchen Mitteln kann sie ihr Schicksal bewältigen, woher soll sie die Kraft nehmen, weiterzuleben und sich dem zu widmen, was jetzt ihre wichtigste Aufgabe ist: der Erziehung der unmündigen Kinder. Viel sorgende Anteilnahme, Hilfe und Zuspruch kann sie von ihrer Schwiegermutter und den Schwägerinnen nicht erwarten, sie ist gezwungen, aus eigener Kraft eine Strategie des Überlebens zu entwickeln – sie muß einen neuen Rückhalt gewinnen, nachdem Carl Ludwig, der »Herr ihres Lebens«, von ihr gegangen ist.

Schon in der letzten Röckener Zeit, als sie das lange schreckliche Krankenlager ihres Mannes miterleben muß, schreibt Franziska an ihre Freundin Emma Schenk, daß sie in diesen Wochen des Leids »das Bedürfniß einen lieben himmlischen Vater noch zu haben, [...] erst recht schätzen und kennenlernt.«[194] Sie spricht also nicht, wie es die allgemeine protestantische Konvention doch nahelegen würde, von der *Gewißheit* eines objektiven, jenseits der menschlich-irdischen Existenz zu fixierenden göttlichen Gnaden-

und Erlösungswirkens – die Gestalt des »gnädigen« Gottes entspringt hier vielmehr den subjektiven Rettungswünschen eines an der Welt leidenden Individuums, ist demnach eine Art von personaler Projektion, ein möglicherweise taugliches Hilfsmittel in einem selbsttherapeutischen Prozeß psychischer Stabilisierung. Hier ist im Kern der Weg schon vorgezeichnet, den Franziska gehen wird: Sie aktiviert, während und nach der Lebenskatastrophe, ihr Glaubenspotential auf eine ungewöhnliche, geradezu befremdliche Weise. Als Kompensation ihrer Einsamkeit und Ratlosigkeit konstruiert, »erfindet« sie sich einen ganz persönlichen Gott, mit dem sie immer wieder Zwiesprache hält, »dessen Allgemeinheit anzurufen ihr nicht [genügt].«[195] Den Vater im Himmel begreift sie nicht als Abstraktum, sondern als reale Person, mit der sie täglich reden, der sie all ihre Bedrängnis, all ihren Schmerz anvertrauen kann – und den zu Gott gegangenen Carl Ludwig, in seiner irdischen Existenz schon als Idol verehrt und »vergöttert«, stellt sie sich vor als neben dem Allmächtigen sitzend, mit ihm in einer Art von unio mystica verbunden, gleichermaßen (wieder) »lebendig« und ansprechbar. Der Gott und der Gott gleich gewordene Mann sind für sie die einzig noch wirklich akzeptierten Gesprächspartner; wahrhaft Bedeutung hat jetzt nur noch diese »untrennbare, fast mystische Gemeinschaft über den Tod hinaus.«[196] Dagegen wird die Kommunikation mit denen, die sie in Naumburg umgeben, immer unwichtiger, formaler und inhaltsleerer. Franziskas Privatreligion mit ihrer »scharfe[n], individuelle[n] Prägung«[197] stellt eine lebensnotwendige, das Leid erträglich machende Distanz zur Welt her – sie bewirkt aber auch, daß sie nicht in eine die Persönlichkeit gänzlich vernichtende Kummerhaltung versinkt und ihren Mitmenschen beständig das Bild einer unzugänglichen, weltabgewandten vor sich hintrauernden Witwe bietet; vielmehr wird sie befähigt, ihr

Schicksal anzunehmen und sich den Menschen und den Dingen wieder zu öffnen. So wirkt sie denn auf jene, die sie in Naumburg kennenlernen, gerade nicht wie eine griesgrämige »Betschwester« (eine »Kanzelschwalbe«, wie man im protestantischen Milieu zu sagen pflegt), die allem irdischen Treiben abgeschworen und die Flucht vor der Gesellschaft angetreten hat; gerühmt wird im Gegenteil immer wieder ihre Freundlichkeit, ihre Begabung zum vergnüglichen Plaudern, ihre amüsante, nie verletzende Ironie, mit der sie die kleinen Naumburger Gesellschaftsereignisse zu kommentieren pflegt, vor allem aber ihre nie ermüdende Hilfsbereitschaft – Eigenschaften, die ihr den Eintritt in die städtischen »gehobenen« Kreise erleichtern.

Allerdings: ihr »Innerstes« offenbart Franziska niemandem; keiner soll erfahren, auf welche Weise und mit welchen Mitteln sie ihre Trauerarbeit vollbringt. Nur ihre Tagebücher, die sie jetzt, in der Zeit des Wandels zu schreiben beginnt, geben Auskunft über das, was sie in ihrer tiefsten Seele bewegt. So formuliert sie denn, kurz nach dem Tod ihres Mannes, folgende Zeilen:

»Ach mein heißgeliebter Ludwig es ist gestern als Donnerstag den 9. August schon acht Tage gewesen, wo wir Deine liebe irdische Hülle zur Ruhe brachten! Es hat unser tiefbetrübten Herzen wohlgethan, daß Du mein lieber fürwahr seliger Ludwig durch so viele Zeugen der Liebe und Achtung so geehrt wurdest. Aber Du warest es auch werth, denn Dein gutes Denken und Handeln werde ich nie vergessen und nachstreben Dir mein bester Mann und Freund immer ähnlicher zu werden und es unsern Kindern sagen wie Du immer nur das Beste wolltest. O mein lieber guter Ludwig! Ich danke dir herzlich und inbrünstig für Deine treue Liebe und das schöne Vorbild als welches Du mein inniggeliebter Ludwig wie ein guter lieber Geist immer um mich schwebst. Blicke ferner segnend und schützend auf Deine verlassne Franziska mit ihren drei Kindern herab, bitte mein treuer Ludwig doch den lieben Gott auch in meinen Nahmen daß er Dich den guten Engel sein lasse, der mich mit meinen ganzen Leben leite und führe damit wir unsere drei Kinder fortan in Gemeinschaft erziehen, zu des lieben Gottes Ehren. Ach, und wie werden wir uns dann freuen wenn wir dort uns wiederfinden und keine Kluft zwischen Mann und Frau ist wie Du einmal in einer Deiner Predigten sagtest, was ich mir tief eingeprägt habe. Aber auch Deine gute Mutter und Schwestern verlasse nicht, denn sie haben Dich sehr geliebet und las uns fortan in Frieden und Einigkeit mit einander durchs Leben gehen denn ich werde mich fortan an sie halten, weil ich ja auch noch eine ganz besondere Dankbarkeit gegen das Mutterchen fühle weil sie Dir auch zugeredet hat daß Du mein guter verklärter Ludwig *mich* wählen solltest und ich mich doch in Deiner treuen Liebe so unaussprechlich glücklich gefühlt habe und noch fühle. Der liebe Gott bei welchem Du nun bist weiß was ich jetzt wieder geschrieben habe und wird meine Bitten und seinen Beistand verleihen. Deine ewig dankbare und Dich nie vergessende Franziska.«[198]

Franziskas Gebet an den himmlisch verklärten Carl Ludwig, der (gleichsam in der »katholisch-unprotestantischen« Funktion eines »Heiligen«) bei Gott Fürbitte halten soll: Geistergespräch mit einem Toten, ein Gelübde – aber auch der fast befremdliche Versuch, reale Lebensabläufe und -zwänge metaphysisch abzusichern, um sie auf diese Weise für die individuelle Psyche annehmbar und »sinnvoll« zu machen, wobei Franziska, ungewollt und zwischen den Zeilen, noch einmal jene Probleme markiert, die das Leben in Röcken oft belastet haben: der übermächtige, bestimmende Einfluß Erdmuthes, die irritierende, nie deutlich artikulierte

»Kluft« zwischen ihr und Carl Ludwig, die nur in der Sonntagspredigt indirekt-verschleiernd thematisiert werden kann. Dieser Kontakt mit dem Jenseits ist für Franziska lebensnotwendig – und vielleicht das wichtigste Therapeutikum in einem Selbstheilungsprozeß; wichtig vor allem dann, wenn sie glaubt, an ihrem Unglück ersticken zu müssen. So legt sie, nach dem Tod des kleinen Joseph, wiederum all ihren Schmerz in ein »Gebet an Carl Ludwig«:

»Mein theurer guter Ludwig
Wie oft ich im Geiste mit Dir spreche wirst Du am besten selbst wissen da Dir ja nun dieses durch Gottes Gnade zu Theil geworden ist denn Du weißt wodurch meine Seele jetzt wieder von Neuen gebeugt wurde ach mein prächtiges Josephchen so hast Du mich oft klagen hören mein herziges Jungelchen es ist nicht mehr! mich durchgeht von Neuen tiefer Schmerz Du weißt wie lieb ich das Kind gehabt habe wie gern ich es gewartet und gepfleget habe und wie es unser aller Herzensfreude war das frische und fröhliche Gedeihen unseres kleinen Liebling zu sehen ja Gott weiß es mit welch innigen Dankgefühlen ich ihn oft auf meinen Arm genommen und ihn noch am Weihnachtsfest an mich drückend der Gnade Gottes ferner empfahl denn wenn man in des lieblichen Kindes herrliche blaue Augen und sein holdes freundliches Angesichtchen sah mußte einen das Herz aufgehen und sich in Loben und Danken ergießen gegen den, welcher ein so liebliches Wesen uns werden ließ, ach sein Bildchen wird nie aus meiner Seele weigen und nur immer beschäftiget ihn mir so deutlich und lebendig als möglich vorzustellen«[199]

Es mag nicht leicht sein, diese hier zum Ausdruck kommende religiöse Haltung, diese Glaubensinnerlichkeit auf irgendeine Weise theologisch zu klassifizieren und in ein gängiges Schema zu pressen: Die meisten Nietzsche-Biographen retten sich, wenn sie Franziskas Religion erörtern, in die sehr naheliegende Vermutung, diese so sehr durch Gefühlsintensität bestimmte Einstellung sei weitgehend »pietistisch« gefärbt – wenn sie nicht gar, abwertend-(ahnungslos) wie Richard Blunck, von Franziskas auf intellektueller Beschränktheit beruhendem naivem »Kinderglauben« sprechen.[200] In starkem Gegensatz zu diesen von so tiefer Emotion durchdrungenen Gebeten an Carl Ludwig steht jedoch der auffällig nüchterne, skeptisch-distanzierte, manchmal ironische Ton, in dem sie über kirchliche Ereignisse, Gottesdienste, Gemeinde- und Missionsfeste berichtet, so daß man die Vermutung hegen könnte, aus ihr spräche ein ganz ursprünglicher Protestantismus, also jenes radikale Luthertum, in dem es nur ankommt auf das subjektive, direkte Verhältnis zu Gott, das allein Christus als Mittler zuläßt und in dem folgerichtig jede äußerlich sichtbare Glaubensausübung, jeder Ritus, alle menschlichen »Werke«, seien sie nun gut oder böse, letztendlich für das Glaubensheil bedeutungslos werden und nur eine Art von Unterhaltungswert besitzen. Aus dieser Perspektive – und auf dem Hintergrunde ihrer ganz geheimen, nach außen verborgenen Privatreligion – erscheint der kirchlich-theologische »Betrieb«, wie Franziska ihn, als wichtigstes Element des bürgerlichen Lebens, später in Naumburg erfährt, eher als eine geistlich kaum bedeutungsvolle Größe – er ist nur Zeitvertreib, gesellschaftliches Amüsement. Zwar werden die »erbaulichen« Wirkungen des sonntäglichen Kirchenbesuchs und die Predigt-Künste des Pfarrers durchaus gewürdigt:

»Heute früh gingen wir, Mutterchen Rosalchen und ich in die Kirche wo Hr. Sup.[erintendent] Jahr über das Thema predigte, Behalte was Du hast daß Dir Niemand Deine

Krone raube 1.) soll uns dies eine Erinnerung 2.) eine Aufforderung 3.) eine Warnung u. 4.) eine Stärkung sein, welches Herr Sup.[erintendent] sehr gut durchführte und wir uns dadurch wahrhaft erbaut und erhoben fühlten«[201]

– gleich wichtig, wenn nicht gar bedeutender, sind die sich anschließenden Begegnungen, Gespräche und Kaffee-Einladungen, von denen Franziska denn auch (direkt folgend) sehr ausführlich und mit großem Engagement erzählt. Mögen also Gottesdienste und Predigtbelehrungen das Glaubensleben ein wenig befördern und die Seele stärken – erfreulich und schätzenswert sind vor allem die mit dem kirchlichen Ritus verbundenen sozialen Kontakte und Begegnungen, die sich allerdings nicht immer herstellen lassen:

»In der Kirche sah ich von den bekannten Geistlichen Hr. Sup. Jahr, Hrn. Sup. Hauptmann, Hrn. Sup. Muehl, Hr. Archidiakonus Wenkel, Hr. Pastor Sulza und Hrn. Diaconus Fiedler, habe aber mit keinem gesprochen, was mir sehr leid thut.«[202]

Trotz allem Respekt vor den beamteten Glaubensverwaltern – Franziskas nüchtern-distanzierte Einstellung bewahrt sie vor einer allzu kritiklosen Ehrfurcht und Unterwürfigkeit gegenüber der geistlichen Autorität, so daß in ihren Notizen die menschlich-allzumenschlichen Eigenarten der Pastorenschaft durchaus vermerkt werden. Da hat denn ein Missionsprediger wohl »sehr geistreich« geredet, ist aber dennoch »etwas durcheinander gewesen«.[203] Trokken markiert sie die natürlichen Grenzen, an welche die gelehrt-protestantische Geschwätzigkeit zuweilen gerät:

»Dienstag ging ich früh mit Frau Nitzschke in die fünfundzwanzigjährige Gustav Adolf Feier, hörten da zu unsrer wahren Erbauung Superintendent Consistorialrat Niese aus Barbie, sowie den geschichtlichen Vortrag von Hrn. Pastor Friedrich aus Wernigerode, aber der letzte Vortrag war zu viel, denn alles war abgespannt und ein großer Theil ging fort.«[204]

Bei Franziska ist das wichtigste Kriterium für die Qualität einer protestantischen Predigt ihre »Erbaulichkeit« – der Theologe muß, wie sie schreibt, »zu den Herzen sprechen«[205]; entscheidend scheint also der Appell an das religiöse innere Gefühl zu sein, nicht etwa die strenge, an den menschlichen Verstand gerichtete, rational-»rationalistische« Exegese, die der Gemeinde das christliche Dogma möglichst systematisch-»vernünftig« nahezubringen versucht:

»Hr. Pastor Lange aus Halberstadt hielt hier die Missionspredigt am 4 Juni es ist eine liebe Predigererscheinung u. was er spricht ist herrlich mild beherzigenswerth u. wahrhaft erbaulich«[206]

Natürlich sind es nun gerade die Predigten, in denen jene Dissonanzen und Konflikte deutlich werden, die zu Franziskas Zeit den deutschen Protestantismus spalten und in eine äußerst kritische, unruhige Phase bringen: Es ist der langandauernde, heftige Kampf zwischen einer Theologie, die im aufklärerischen Geiste zwischen Glauben und Vernunft »vermitteln« will, und der neupietistischen Erweckungsbewegung, die in einem solchen »Rationalismus« den Abfall von der wahren Lehre, eine »Verdunklung der Gottheit Christi«, eine »Entweihung der heiligen Schrift und Verachtung derselben« erblickt und sehr engagiert, zuweilen ziemlich aggressiv gegen dieses Bündnis mit einer »falschen Aufklärung« Stellung bezieht.[207] Manchmal verlaufen die Fronten quer durch eine Kirchengemeinde, dann tobt zwischen den jeweiligen Protagonisten ein heroisch-erbitterter Kanzelstreit, der die Gläubigen auf unfriedlich-unchristliche Weise gegeneinander aufbringt und in heftige geistliche Scharmützel führt. Mag solches Pastorengezänk auch einen gewissen Unterhaltungswert besitzen – Franziska notiert, kritisch und ein wenig angewidert: »Die *Zerißenheit* unter der Geistlichkeit ein groß Uebel.«[208] Des öfteren entzündet sich dieser Streit an der Konzeption der im Gebrauch befindlichen oder neu einzuführenden Kirchengesangbücher – so auch in Naumburg:

»Großer Gesangbuchstreit auf dem Dom Hr. Dompr[ediger] Mitschke will d. Minden Ravensburger Gesangbuch einführen aber die Domgemeinde u. Kirchenrath will es nicht. Das Domkapitel hat es mit Hr. Dompr[ediger] erzwingen wollen.«[209]

Eher sekundäre liturgische Praktiken und Gebräuche sind hier zunächst die Auslöser des großen innerprotestantischen Streits: Die bisher unkontrolliert herrschende geistliche Autorität des Domkapitels, staatlich garantiert und abgesichert, will jenen neuen, erwecklich inspirierten Geist in Naumburg wehen lassen, der in dem »Gesangbuch für die evangelischen Gemeinden des Fürstenthums Minden und der Grafschaft Ravensberg« (nicht Ravensburg, wie Franziska fälschlich schreibt)[210] deutlich und klar zum Ausdruck kommt, ist dieses preußische Herrschaftsgebiet doch ein Kern- und Ursprungsland der Erweckungsbewegung, die dort ihre schönsten Blüten treibt. Gegen diesen Plan erhebt sich nun der demokratisch angehauchte Protest des Kirchenvolks, das die weitgehend rationalistisch geprägte Naumburger Glaubenstradition verteidigen möchte. Allerdings ist eine solche Auseinandersetzung nicht nur als lokaler, unwichtiger, eher amüsanter Streit innerhalb einer evangelischen Kirchengemeinde zu deuten – sie ist vielmehr der Widerschein eines großen gesellschaftlichen Konflikts und hat in diesem Sinne eine weitreichende politische Dimension: Während und nach den Ereignissen der Revolution von 1848 nimmt die der Erweckungsbewegung verpflichtete Geistlichkeit restaurativ-bewahrend, als verläßliche Stütze des schwankenden Königtums, Stellung gegen die stärker aufklärerisch-»rationalistisch« ausgerichteten Pfarrer, denen eher eine liberale, parlamentarisch-demokratische Erneuerung des Staatswesens am Herzen liegt, und die sich, nach dem Scheitern der Aufstandsbewegung, der gnadenlosesten, mit aller Macht des preußischen Polizeiapparats in Werk gesetzten politischen Verfolgung ausgeliefert sehen. Franziska notiert:

»Tod des Herrn Pastor Hartung, ist im Gefängnis wegen zu Freipredigen, besonders über die Obrigkeit, hat noch Abschied von seiner Gemeinde vorher nehmen wollen, welches man ihm verweigert, er hat versichert, käme er in das Gefängnis, er würde *bestimmt* nichts essen, und ist so nach 14 Tagen gestorben, man hat ihn das Essen eintrichtern wollen, aber er hat die Zähne fest zusammengebissen.«[211]

Hungerstreik und Zwangsernährung, brutalste politische Repression, gleichzeitig mit und neben der machtgeschützten Innerlichkeit all dieser Missionsfeste, Bibelstunden, christlichen Kaffeekränzchen – hier zeigt sich der ganz besondere Charme eines Staatskirchentums, das die brüchig gewordene evangelische Glaubenseinheit nur scheinhaft und mit äußerer Gewalt aufrechterhalten kann. Franziska nimmt nicht Stellung, sie enthält sich jeden Kommentars – bemerkenswert ist allerdings, daß sie eine Abschrift fertigt von »der Dissidentischen Denkschrift Uhlichs«[212], also jenes umstrittenen, von der Obrigkeit verfolgten sächsischen Pastors, der wohl am deutlichsten die progressiv-aufrührerischen politischen Konsequenzen aus seiner durch die Aufklärung geprägten Theologie zieht und mit der Gründung von »freien Gemeinden« auch die preußisch-kirchlichen Organisationsformen bedrohlich-umstürzlerisch in Frage stellt:

»die Religion ist eine Denkfähigkeit wie jede andere, in der Religion gilt die Vernunft so gut wie auf jedem anderen Lebensgebiet, die Religion muß aber so beweglich, flüssig sein, wie alles übrige Geistesleben, die Religion ist aber Menschliches u. muß nicht mehr sein wollen als menschlich.«[213]

Die Transformation (oder auch: Reduktion) des Christentums in eine Tugendlehre, die Glaubenspraxis als ein ständiges Bemühen, die irdische Wohlfahrt und nicht nur das himmlische Heil des Menschen zu fördern – das ist die Botschaft dieses Leberecht Uhlich, der als Christ für die Verwirklichung des Fortschritts kämpft und visionär eine Welt heraufkommen sieht, in der es, wenn das recht verstandene Christentum die Herrschaft angetreten hat, beispielsweise keine Sklaverei und keine Unterdrückung der Frau mehr gibt; das irdische Himmelreich beschreibt er folgendermaßen: »[...] einst alle Völker Christen, kein Krieg mehr auf Erden [...] die Völker alle Brüder untereinander [...] kein Betrug mehr auf den Märkten, Gerechtigkeit und Treue überall. Wol noch Obrigkeit in den Ländern, aber nicht mehr, um zu strafen, sondern um überall weisere, bessere Einrichtungen zu treffen.«[214] Ein Mitstreiter Uhlichs, der Pfarrer Wislicenus aus Halle, formuliert die notwendigen praktischen Schritte, die dieser Utopie zur Wirklichkeit verhelfen könnten; es ist nur folgerichtig, daß er dabei den Status quo, den herrschenden Konsens in Staat und Kirche kritisiert, indem er einen Geist beschwört, »der Wahrheit [will] in allen Dingen [...] er will nicht bloß hie und da ein Almosen hinwerfen, und etwa um der Seelen Seligkeit willen hie und da eine milde Stiftung gründen; er sucht nach gründlicher Abhilfe des Elends, und er hat noch niemals so ernstlich darauf gedacht, die Menschen wirklich zu einem Brudervolk zu machen.« Mit gefährlich-demokratischem Unterton erinnert er die Staatsmacht daran, daß »die wahre Kraft eines Volkes und Staates nicht in einem todten sklavischen Regiment, sondern im Leben, in lebendiger Teilnahme der Angehörigen an den gemeinsamen Angelegenheiten besteht.«[215]

Es ist kaum anzunehmen, daß Franziska solche revolutionären Tendenzen mit (heimlicher) Sympathie oder Zustimmung wahrnimmt und verarbeitet – zu sehr ist sie befestigt und umhüllt von ihrer individuellen Glaubenslehre, ihrer Privatreligion, ganz abgesehen davon, daß sie sich kaum das intellektuelle Rüstzeug zubilligen mag, das sie in die Lage versetzen könnte, ein halbwegs begründetes Urteil zu fällen und mit Überzeugungskraft zu vertreten. Und doch scheint sie zu spüren, daß dieser Kirchenstreit, diese »Zerrissenheit«, nicht bloß aus dem mehr oder minder mutwilligen Spiel der Geistlichkeit mit theologischen Konstrukten resultiert, sondern Ausdruck tiefgreifender gesellschaftlich-politischer Konflikte ist, die schließlich eine Entwicklung auslösen könnten, an deren Ende die Zerstörung jener heimatlich-protestantischen Lebenssphäre stünde, in der sie aufgewachsen ist und die ihr ganzes Denken und Fühlen bestimmt.

Mag der verbissene evangelische Streit um den wahren, rechten Weg zur Gottesgnade auch noch so irritierend sein – gestärkt wird Franziskas lutherische Seele, ihr stolzes Glaubensbewußtsein immer dann, wenn sie einen Blick werfen kann auf die andere große Konfession mit ihren anachronistisch-dumpfen, heidnisch-magischen Praktiken. Das Überlegenheitsgefühl, das Ressentiment der werk- und ritusverachtenden Protestantin kommt zum Beispiel aufs schönste zum Ausdruck in einer kleinen Notiz, die Franziska anfertigt, um die abstoßend-aufregenden Reiseeindrücke eines Bekannten festzuhalten; dieser Mann hat es gewagt, die religiösen Sitten und Gebräuche in der katholischen Diaspora des nahen Eichsfelds etwas näher zu betrachten:

»In katholischen Ländern zu leben könnte man nicht begreifen daß man im 19 Jahrhunderte lebe. An einem solchen Wallfahrtstage immer nach Pfingsten brächten sie z. B. im Eichsfelde auf dem Hülfensberg [?] wo die Mutter Gottes als ein Holzbild steht als Opfer: Leinen Flachs, Gemeinden [?] Wachskerzen mit Sträußen u. einem seidenen Röckchen angeputzt oft so dick wie ein Deller groß. An dem Marienbilde stehe eine Leiter gelehnt, wo einer dazu Bestimmte darauf steht u. wenn die Leute nun leiden z. B. an Füßen so geben sie ihm des Leidenden Strümpfe hinauf, welche er an der Maria Füße recht reiben muß u. so denken sie wenn sie sie nun gleich anziehen daß ihnen die Mutter Gottes für dieses oder jenes Leiden helfe, oder eine wollen Socke oder ein Hemd oder Taschentuch, worauf sie sich dann die kranke Stelle mit dem Tuch oder anderen Kleidungsstück reiben. An einem Jubiläum soll man für 3000 [Reichstaler] allein Wachskerzen da geopfert haben u. Geld daß sie es über ein Maß gemessen. Welche Verblendung es ist himmelschreiend!!!«[216]

Drei Ausrufezeichen am Schluß, eine verwirrte Diktion, ein Schriftbild, das den starken Druck der Feder deutlich sichtbar werden läßt – Franziskas etwas theatralische Empörung wird nur dann verständlich, wenn man die tiefe Differenz dieses katholischen Glaubenswesens zu ihrer ganz persönlichen, privaten Theologie in Rechnung stellt: Es ist das sehr intime, sich nicht in spektakulärer Anbetung äußernde unmittelbare Verhältnis zum strafenden und gleichzeitig gnädig-barmherzigen Gott, das den christlichen Glauben kennzeichnet, eine Beziehung, vor der nicht nur die papistischen Spektakel, sondern auch die Irrungen und Wirrungen der eigenen evangelisch-kirchlichen Geschäftigkeit, des Kulturprotestantismus, als unwesentlich-bedeutungslos abfallen müssen. Vielleicht ist es diese nie ernsthaft in Zweifel gezogene, für Franziska existentiell sinnstiftende Glaubensgewißheit, die ihrer Lebenshaltung den Anschein kindlich-einfältiger Naivität verleiht, andererseits jedoch als vorbildlich-nachahmenswert gilt und bei anderen Menschen Nachdenklichkeit, ja sogar Bekehrungserlebnisse auszulösen vermag. So berichtet Franziska von einem kleinen Religionsgespräch mit einem Naumburger Handwerker; eingewoben ist die amüsant-makabre Geschichte eines Dompredigers, der, offensichtlich in seinem Glauben schwankend gemacht durch die Lektüre der Kantischen »Kritik der praktischen Vernunft«, in die Trunksucht geraten ist, um auf diese Weise seiner Frustrationen Herr zu werden:

»Mein Maurer [...] war hier und kamen auf die Unsterblichkeit zu sprechen, worauf er mir erwiderte: Ob ich wirklich an so etwas glaubte und erzählte mir, wie einst der nun verstorbene Domprediger Heizer ihm auseinandergesetzt habe, daß es kein Fortleben nach dem Tode gebe [...] daß wenn wir gestorben, es auch aus mit unserer Seele wäre und sie nur dies predigen müssten, weil sonst die Sittlichkeit immer mehr herabsinke und die Welt nicht aufrecht zu erhalten wär. Ich war ganz starr und mußte den Maurer darauf aufmerksam machen, daß ich leider gehört, daß dieser

Geistliche wohl mannigmal ein Gläschen getrunken und da so etwas habe sprechen können, ohne daß es seines Herzens Überzeugung gewesen sei, aber er erwiderte mir: daß er sich habe darnach erst zu seinem Frühstück eine Flasche habe bringen lassen. Ich war ganz verwundert über den mir so gut scheinenden Mann und mußte offen erklären, daß ich mich bitter getäuscht sähe und gedacht hätte: ich hätte nach meinen früheren freisinnigen Maurer einen recht guten frommen Mann gefunden, man könne und müsse doch nur das Leben für eine Vorbereitung auf den Himmel ansehen, sprach noch manches hierüber mit ihm, wo er zuletzt sagte: Ich glaube doch am Ende der Frau Pastor, ihres ist das Beste und Rechte.«[217]

Das Leben des Menschen in dieser Welt als oftmals hartes, leidvolles Propädeutikum für das schöne Dasein bei Gott, für die große »Freude der himmlischen Wiedervereinigung«[218], für dieses letzte Ziel »worauf ich mich sehne«[219] – das ist der Kern und die Substanz ihres theologischen Konstrukts. Wie aber wird ein solcher Glaube, der hier dem einfachen Handwerker so tiefen Eindruck macht, im täglichen Leben gelebt? Wie wirkt er sich aus auf das Familien-Umfeld, auf die soziale Interaktion, besonders aber auf das, was Franziska als ihre wichtigste Aufgabe begreift: die »christliche« Erziehung ihrer Kinder? Wird sie dem Sohn und der Tochter ihre Christlichkeit vermitteln können, ohne auf Widerstand, Protest und Ablehnung zu stoßen? Denkbar ist auch das radikale und fundamentale Nein, die große Revolte, unter deren Kraft ihr Christentum zu einem Zerrbild und zur Fratze einer fordernd-niederdrückenden »Naumburger Tugend« wird, die also nichts mehr davon wissen will, daß diese »Glaubenserfindung« ein aus innerster Not entstandener Rettungsversuch ist, überlebensnotwendig – auch um den Preis einer beständigen Passivität und Schicksalsergebenheit, einer Flucht vor der letztlich notwendigen, endgültigen Vernichtung dieses jenseitigen Gottes, dessen himmlische Existenz sich legitimiert aus dem irdischen Unglück derer, die zu ihm beten.

DIE MUTTERPFLICHT

Die sehnlichst erwartete himmlische Wiedervereinigung – Franziska stellt sich wirklich vor, daß sie nur dann dieses ewigen Glücks teilhaftig werden kann, wenn sie vorher auf Erden ihre große Aufgabe erfüllt: die Erziehung der Kinder zu »lebenstüchtigen«, zugleich frommen, gottesfürchtigen Menschen. Unter diesem Verständnis ist es ganz folgerichtig, daß sich ihre pädagogische Kraft in hohem Maße auf den Sohn konzentriert; wird sie nicht glänzend vor Carl Ludwig gerechtfertigt sein und die endlich erlösende Gnade finden, wenn sie erreicht, daß aus dem kleinen Fritz ein Kirchenrat, ein Domprediger oder doch zumindest ein allseits geehrter und geachteter Landpfarrer wird? So setzt sie den Jungen von Anfang an unter einen belastenden, einengenden Zwang – er soll (nicht zuletzt um ihres eigenen Seelenheiles willen) den Weg, den der Vater nicht vollenden konnte, um so glänzender und erfolgreicher durchlaufen. Es mag ihr angenehm in den Ohren klingen, wenn sie hört, daß ihn die Kameraden in der Naumburger Knaben-Bürgerschule den »kleinen Pastor«[220] nennen; kann sie begreifen, daß solche harmlosen Bezeichnungen bei dem, der sie ertragen muß, auch Einsamkeit, Isolation, Stigmatisierung bewirken? Und legt sie auf das Kind nicht eine schwere Bürde, wenn sie ihm immer wieder zu verstehen gibt, daß jedes kleine, belanglose Vergehen eine schlimme Widersetzlichkeit gegen den Papa im Himmel, also tiefste Schuld und im negativen Sinne für die individuelle Heilsgeschichte von allergrößter Bedeutung ist?

Ein solches metaphysisch aufgeladenes Erziehungskonzept entspringt nun aber nicht allein der einmalig-besonderen, ganz persönlichen Haltung Franziskas – es akzentuiert vielmehr auf eine harte Weise jene grundlegenden Elemente, die aller protestantisch-lutherisch geprägten pädagogischen Kultur zu eigen sind und bis in die Gegenwart hinein ihre spezifische Aura bewirken; als eine Magna charta ist, trotz aller Varianten und Differenzierungen, Luthers kleiner Katechismus anzusehen, dessen Auslegung des vierten Gebots die Haupt-Strukturen evangelisch inspirierter Pädagogik klar und eindeutig skizziert: »Du sollst deinen Vater und deine Mutter ehren, auf daß dir's wohlgehe und du lange lebest auf Erden. – Was ist das? – Wir sollen Gott fürchten und lieben, daß wir unsere Eltern und Herren nicht verachten noch erzürnen, sondern sie in Ehren halten, ihnen dienen, gehorchen, sie lieb und wert halten.«[221] In der Schrift »Eine kurze Form der zehn Gebote« von 1520 lautet es bei Luther ähnlich: »Die Erfüllung des vierten Gebotes ist williger Gehorsam, Demut und Unterordnung unter alle, die über uns zu bestimmen haben, ohne jedes Widersprechen, Klagen und Murren, wie es der Apostel Petrus (1 Ptr 2,8) sagt, weil es Gott so gefällt.«[222] Hier ist also von einer schönen Verheißung, im Hintergrund jedoch von einer schlimmen Drohung die Rede: Glück und Wohlergehen sind dem Menschen dann garantiert, wenn er seine Eltern liebt, ihnen gehorcht und dient und sie, wie Luther an anderer Stelle formuliert, »auch dann ehrt, wenn sie Unrecht tun und Gewalt üben.«[223] Wer sich aber auflehnt gegen dieses allgemeine Gebot, dem ist als Strafe das irdische Unglück gewiß. Erziehung, in die Kinder und Eltern zunächst formal gleichwertig (man könnte sagen: paritätisch) verwickelt sind, wird demnach als ein gleichsam hierarchisch strukturiertes System von Schuldzusammenhängen aufgefaßt, in dem sich das Kind konstitutiv in einer Position der Schwäche, der Unterordnung, ja des Unrechts befindet: Es gibt also keine Rechte des Kindes, sondern nur Pflichten, die es den Eltern schuldet – auf äußerst eindringliche Weise wird dieses Gebot noch dadurch verschärft, daß dem Objekt der

Der Sohn Friedrich Nietzsche als Abiturient in Schulpforta

Erziehung nicht nur ein bestimmtes äußerliches, der sozialen Kontrolle zugängliches Verhalten (nämlich die dienende Unterordnung), sondern gleichzeitig auch positiv-hingabebereite innere Gefühlshaltungen (nämlich die der voraussetzungslosen, unbedingten Liebe zu den Eltern) abgefordert werden. In diesem Sinne müssen dann, soll die christliche Erziehungsarbeit gelingen, nicht nur die einzelnen, empirisch greifbaren Aktionen und Interaktionen des Kindes ins pädagogische Blickfeld geraten; es muß vor allem auch der zunächst verborgene, unsichtbare und ungreifbare Raum ureigenster kindlicher Intimität und Subjektivität erzieherisch bearbeitet und bewertet werden, so daß es keinen Bereich mehr gibt, der sich der Kontrolle und dem Zugriff elterlicher Autorität entzöge – ein Erziehungsmodell also, das radikale, schrankenlose Seelenerforschung notwendig einschließt und die unbeschränkte Herrschaft der Erziehenden über die Psyche des Kindes garantiert; sehr deutlich und prägnant kommt diese Erziehungshaltung in dem pädagogischen Ratschlag eines alten Lehrers zum Ausdruck, den sich Franziska ganz besonders einzuprägen versucht: »Des Kindes Auge muß sein so hell wie ein klarer Bach, und merkt man eine Veränderung im Auge, so muß man suchen, die Ursache zu erforschen«[224] – auch bei Franziska bedeutet christliche Erziehung also stets die allumfassende, kontrollierende Herrschaft über das Kind und dessen zunächst verborgenen Raum der innersten Emotionen und Triebe, die unter Zugrundelegung eines vorgegebenen theologisch-heilsgeschichtlichen Schemas von der elterlichen Autorität (der irdischen Repräsentanz göttlicher Macht) als gute, förderungswürdige Gesinnungen entweder belohnt oder als böse, schädliche, unchristliche Gefühle bestraft werden, damit schon im Kinde, wie Luther formuliert, der »alte Adam in uns durch tägliche Reue und Buße soll ersäuft werden und sterben.«[225]

Protestantische Erziehungskunst beansprucht das Recht, sich der Individualität, des Willens, der *ganzen* Persönlichkeit des Kindes schonungslos und allumfassend zu bemächtigen – ganz offensichtlich sind auch Franziskas pädagogische Maximen in hohem Maße von solchen Grundsätzen bestimmt; wie sehr sie damit allerdings nur Forderungen widerstandslos erfüllt, die ihr vom christlichen Umfeld, von anderen Personen mehr oder minder nachdrücklich aufgezwungen werden, wird in besonders deutlicher Weise spürbar in einem Geburtstagsbrief, den der Pfarrer Gustav Adolf Oßwalt, ein naher Freund Carl Ludwigs aus der Erweckungsbewegung, am 15. Oktober 1849 an den kleinen, fünfjährigen Friedrich Nietzsche schreibt, ein bemerkenswert eindringliches, fast makabres Dokument metaphysisch fundierter Zwangspädagogik: »Mein lieber Fritz, Der heutige Tag, der für Dich und dir theuren Deinen ein rechter Freudentag sein sollte, ist ein schmerzlicher Trauertag, denn der geliebte herzensgute Vater, der Dich so lieb hatte und sich so sehr über Dich freute, wenn er sah daß Du an Leib und Geist gediehest, kann ihn ja nicht mit feiern, sich nicht mit freuen und nicht seine heißen Segenswünsche über Dich aussprechen. Aber doch feiert Dein verklärter seliger Vater im Geiste Deinen Geburtstag, Du gutes so früh verwaistes Kind, und er schaut herab auf Dich aus der Höheren Welt und sagt auch die besten Wünsche für seines lieben Fritz Wohl, ja er spricht sie aus vor dem Throne des himmlischen Vaters, der so gern Gebet erhört. Was er da spricht, wie er da betet, hat kein menschliches Ohr gehört, ich auch nicht, aber ich denke mirs etwa so: ›ich danke Dir mein Gott, daß du meinen lieben Fritz bis hierher erhalten und an Leib und Seele gesund bewahret hast; ich bitte Dich, Du wollest ferner über sein Leben wachen und walten, seine Seele behüten vor jedem Übel, vor Ungehorsam, Trotz, Eigensinn, Lüge und vor jeder Sünde du wollest ihn stärken und kräftigen, daß er forthin sei und immer mehr werde der theuren Großmutter und den Großeltern Stolz und Freud, den lieben Mutter und Tanten Trost und Stütze und seiner kleinern Geschwister Freund und Vorbild.‹ Nun, mein lieber Fritz, damit dieses Gebet Deines guten sel. Vaters in Erfüllung gehe, dazu wirst Du selbst das Deinige beitragen und immer recht hübsch folgsam, verträglich und lernbegierig sein, wie Du bisher warst. [...]«[226] Nur mühsam verdeckt hier der freundlich-salbungsvolle Pastorenton die intendierte, bewußt angsterzeugende Einschüchterungsstrategie: Der tote Vater wird dem Sohn als Drohgestalt aus dem Jenseits vorgeführt und auf diese Art pädagogisch verwertet. Das Kind soll begreifen: Trotz, Eigensinn und Lüge sind schwere Vergehen gegen den seligen Vater, und Folgsamkeit, Verträglichkeit und Lernbegierde sind göttlich geforderte Verhaltensweisen; jedes Abweichen wäre Sünde wider den Vater und letztlich Rebellion gegen Gott. Diese bedrückende Botschaft ist nun aber nicht nur an den kleinen Fritz gerichtet – sie enthält ja auch eine pädagogische Handlungsanleitung und ist deshalb wohl ebensosehr für Franziska bestimmt: Es wird ihr indirekt-unausgesprochen, aber doch recht eindringlich nahegelegt, die Gestalt des toten Vaters als pädagogisch nützliches Instrument zu verwerten und, gleichsam als Carl Ludwigs irdischer Arm, ihre Erziehungsgewalt mit größter Intensität zur Beobachtung, Gefühls- und Willenserforschung, schließlich zur Maßregelung des Kindes wahrzunehmen. Es wird ihr damit ein hartes, eingreifendes Erziehungsverhalten anempfohlen, dem sie sich ohne Protest zu unterwerfen scheint, das aber immer belastet ist mit der Hypothek des elterlichen Machtmißbrauchs.

Diese durch gesteigerten Druck gekennzeichnete pädagogische Umklammerung, diese beständige Rückbindung erzieherischer Aktionen an die Macht aus dem Jenseits, die dem Objekt der Erziehung kaum einen Schonraum gewährt, geschieht in einem familiären Rahmen, der durchaus ungewöhnlich, »regelwidrig« ist; aufgrund der biographischen Entwicklungen, dieser »Lebenskatastrophen«, entsteht eine Familienstruktur, die in ihrer Regelwidrigkeit in höchstem Maße »störanfällig« ist und den Prozeß der Erziehung zu einem ganz besonders schwierigen Experiment mit ziemlich ungewissem Ausgang machen muß: Da ist zunächst Carl Ludwig, der alle Erziehungsgewalt an sich zieht, dann aber plötzlich verschwindet; da ist Erdmuthe, die verlangt, daß ihre Wert- und Lebensmaximen die Familienkultur, also auch die pädagogische Haltung entscheidend zu bestimmen hätten; da ist Rosalie, hyperaktiv-neurotisch; da ist Auguste, geplagt von einer tiefen Lebensdepression; da ist schließlich Franziska, sehr jung, weltunerfahren, aber aufgeschlossen, bildungswillig und vielleicht gerade deshalb in den Augen der anderen Personen selbst noch eine Art von Erziehungsobjekt, so daß sie stets aus einer Position der Defensive pädagogisch zu handeln hat und unter den bedrückenden Zwang gerät, den nächsten Angehörigen deutlich beweisen zu müssen, daß sie schon fähig ist, die Standards christlicher Erziehung an Sohn und Tochter halbwegs erfolgreich zu exekutieren – dieser kurze Blick auf die Familien-Konstellation und das darin eingebundene pädagogische Personal macht wohl hinreichend deutlich, unter welch besonders schwierigen Voraussetzungen die Erziehung der Kinder sich im Naumburger Haushalt zu vollziehen hat. Nicht nur, daß hier die gerade für die psychische Entwicklung des Sohnes so außerordentlich wichtige »Gechlechterbalance« empfindlich gestört ist – viel folgenschwerer mag es sein, daß in dieser »Primärgruppe« (wie man die Familie in Abgrenzung zu den öffentlich-gesellschaftlichen »Sekundärgruppen« ja nennt) schon sehr früh so etwas wie ein »Kampf ums Kind« entbrennt, also die aus der spezifischen familiären Struktur und den unterschiedlichen individuellen Temperamenten und Werthaltungen entstehenden Macht- und Positionskämpfe im Medium der Erziehung ausgelebt und damit die jeweiligen pädagogischen Aktionen unangemessen verzerrt und verfremdet werden. Die pädagogische Arbeit scheint also in einer Art von Grund-Dissens zu verlaufen, so daß es nur mühsam gelingt, das in der Idealität geforderte christlich-harmonische Familienbild real mit Leben zu erfüllen. So entwickelt sich ein stets am Abgrund der Selbst-Destruierung und Selbst-Widerlegung taumelndes Familien-System, in welchem man Franziska wohl den undankbarsten Platz zukommen läßt: Hat sie die täglichen immer wiederkehrenden anstrengenden Pflichten der Erziehungsarbeit auch pünktlich-zuverlässig zu erfüllen, so wird doch andererseits ihre Fähigkeit in Zweifel gezogen, die großen und wichtigen pädagogischen Entscheidungen allein, in eigener Verantwortung fällen zu können. Ihre Mutterrolle bleibt diffus und umstritten; es ist ja sehr bezeichnend, daß sich Franziska noch in späteren Jahren, nachdem die große Nietzsche-Biographie der Tochter erschienen ist, mit aller Kraft dagegen wehrt, als eine pädagogische Randfigur charakterisiert und abqualifiziert zu werden, so daß sie sich gezwungen sieht, ein möglicherweise gleichfalls nicht sehr realistisches Gegenbild zu entwerfen: Ihre Richtigstellung übermittelt sie dem Neffen Adalbert Oehler; es ist ein Dokument, in dem etwas spürbar wird von dem beengten äußeren Rahmen, in dem sich hier der Erziehungsprozeß vollzieht – und deutlich treten auch die bedrückenden gegenseitigen ökonomischen Abhängigkeiten mit den daraus entstehenden Dominanz- und Unterordnungsverhältnissen, schließlich die unterschiedlichen Temperamente der einzelnen Personen hervor:

»Ich hatte ja *nur* für die Kinder zu sorgen, da Auguste und Miene [das Dienstmädchen] die Wirtschaft führten, und ich, wenn ich unsre kleine Stube jeden Tag in Ordnung gebracht hatte und die Kinder erst Fritz und später Lieschen für die Schule fertig gemacht hatte, saß ich am Nähtisch die letzte Stunde, ehe die Kinder wieder erschienen, meistentheils meiner guten Schwiegermamma vorlesend, im Uebrigen kamen wir nur zu Mittag und Abendessen in die vorderen Räume, da wir in Naumburg Kostgänger, wie sie und die Tanten es bei uns in Röcken waren. Es waren für uns, was im gewöhnlichen Leben ›die guten Stuben für Menschen sind u. vor allem für die Kinder sind‹ wo für sie das Spielzeug u. die Schulbücher fehlten u. für mich der Nähtisch. So kann von *eingreifenden* erziehenden Einfluß des alten schwachen Großmütterchen der furchtbar nervösen Rosalie u. der vielbeschäftigten himmlisch guten Auguste keine Rede sein.«[227]

Noch einmal also wird in Franziska der alte, untergründige Naumburger Konflikt lebendig, diese Mißstimmung, dieser heimlich-unheimliche Kampf um die pädagogische Macht, dieses Unbehagen darüber, daß man ihren Erziehungskünsten grundsätzlich mit Mißtrauen begegnete und hochmütig-arrogant, durchdrungen vom Gefühl der intellektuellen Überlegenheit, stets ihre Fähigkeit in Zweifel zog, erzieherische Entscheidungen allein und in eigener Verantwortung treffen zu können – um sie dann doch die täglich-mühsame praktische Arbeit allein ausüben zu lassen, weil man zu alt, zu schwach, zu sehr mit anderen Dingen beschäftigt, zu nervenschwach-neurotisch ist. Franziska will mit allem Nachdruck deutlich machen, daß wichtige, fördernde Impulse – gerade auch im Hinblick auf die geistig-moralische Entwicklung der Kinder – nicht etwa nur von den anderen Frauen ausgingen, daß vielmehr ihr Anteil zumindest ebenso hoch zu bewerten ist, zum Beispiel bei der Vermittlung elementarer Kulturtechniken oder der Entfaltung musischer Begabungen:

»Unsinn daß Fritz 2½ Jahre gewesen wäre ehe er sprechen lernte u. wir den Dr. [Doktor] zu Rathe gezogen hätten; dieser kam der kranken Schwägerin [Auguste] halber alle acht Tage u. hatte sein gr.[oßes] Pläsier an dem kräftigen Kinde, als es aber nach den Jahren noch nicht sprechen konnte, sagte ich so beiläufig einmal zu ihm ›nur daß er noch nicht sprechen will‹ darauf sagte er ›ja Sie geben zu sehr auf seine Zeichen acht wie er seinen Willen Ausdruck giebt‹ u. so that ich dies von da an nicht mehr. Dann was fabelt L.[ieschen] v.[on] d.[er] Großmama als Fritz in die Bürgerschule gebracht worden wäre, Lieschen die damals noch nicht 4 Jahre alt war! Der Sachverhalt war, daß der Vormund Rechtsanwalt Dächsel mir rieth ›schicke Fritz fürs Erste in die Bürgerschule ich habe auch allda meine Elementarkenntnisse erhalten u. ich bin damit recht zufrieden gewesen‹ auch daß der gute Papa ihn habe lesen u. schreiben lernen ist Fabel, denn dazu hatte er weder Geschick noch Zeit, da er viel studirte / [Randnotiz:] Auch L.[ieschen] habe ich es gelernt ehe sie in die Schule ging, ich erinnere mich daß ich Tafel und Schreibbuch bei einem kürzeren Aufenthalt bei Pst. Pastor Schenks mithatte u. als es Schenk sah als ich sie darin unterrichtete sagte er ›mein rührendes Fränzchen‹ / meine Schwiegermama belustigte sich noch über meine wie sie sagte neuere Art, die ›Lautiermethode‹, zu ihrer Zeit habe man richtig b u. c gesagt u.s.w. Ich beobachtete natürlich jede leibliche und geistige Regung, so gab ich ihnen irgend ein Wort u. sie mußten etwas darauf reimen L.[ieschen] z. B. ›Puppe‹ u. Fritz ›Meer‹ oder sonst was u. ich weiß noch, daß L. ebenso Fritz viele Verse oft reimten ›ich nehme sie auf meinen Schooß... dann setz ich sie ins grüne Moos‹ /

[Randnotiz:] Auch als sie 6 Jahre war u. mir ein gesäumtes Tuch z. Geburtstag brachte hatte sie einen Reim gemacht ›Täglich frag ich Großmama was soll ich nun geben der lieben Mama, da sagte die Tante säume ein Tuch u. nähe hinein der Mama Namenszug u.s.w. / Auch kaufte ich damals das [...] Klavier, weil ich in Fritz Musikinteresse wahrnahm u. nahm selbst bei einem alten Kantor Stunde, um ihm die ersten Regeln beizubringen ließ ihn später bei unserer ersten Klavierlehrerin Stunde geben. Wir haben dann viel vierhändig zusammen gespielt ›Haydnsche Sonaten‹ [...] Ich erinnere mich noch eines Ausspruches meines ältesten Bruders Ernst, der da sagte ›Dein Junge soll wenn er einmal etwas wird nicht denken, daß er es von selbst geworden ist.‹ Ich erinnerte Ernst darauf, daß er mir einmal von einem gr.[oßen] Pädagogen erzählt habe, der die Behauptung aufgestellt habe ›man müsse bis zum sechsten Jahre die geistigen Fähigkeiten bei einem Kinde zu wecken suchen‹ Hier verkehrten wir damals mit einem alten Schulprofessor u. seiner Pflegetochter, welcher öfter uns einlud wo er gute Dinge über Erziehung uns vorlas u. ich lieh mir von ihm die Bücher, die mich lebhaft interessierten ›Pastologie‹ ›v.[on] Stein‹ u.s.w. [...] Auch daß ein Kind gerne geben lerne; ich ließ sie täglich auf unseren Spaziergängen den Armen, die damals noch an den Promenaden u. Bürgergarten stehen durften, *selbst* die Gaben reichen [...]«[228]

Franziskas Blick zurück auf die frühen Naumburger Erziehungsjahre: Sichtbar wird die Gestalt einer jungen, fürsorglichen Mutter, die all ihre Geistes- und Gefühlskraft auf die Kinder richtet, ihrer pädagogischen Fähigkeiten und Mittel dennoch nie ganz gewiß ist und deshalb ständig um Rat, Hilfe und Bestätigung nachsuchen muß, so daß ihre Erziehungsarbeit bei den Angehörigen stets auch den Eindruck eines zwar »rührend«-liebenswerten, doch gleichzeitig gefährlichen Dilettantismus erweckt, den es sorgfältig zu beobachten, zu überwachen und zu kontrollieren gilt – es ist durchaus verständlich, daß dieser kritisch-bedrohliche Blick die Unsicherheiten Franziskas eher fördern denn beschwichtigen muß. Um so wichtiger sind deshalb für sie alle meßbaren, nach außen deutlich hervortretenden Ergebnisse einer im Sinne bürgerlicher Konvention erfolgreichen Erziehungsleistung, also diese erfreulichen An- und Einpassungsfortschritte, die aus Anlaß familiärer Feste und Feiern präsentiert und vorgeführt werden können; dann nämlich wird dem Sohne und der Tochter die Gelegenheit geboten, in künstlerisch-poetischen Auftritten ihre günstig verlaufene Geistesentwicklung vor aller Augen und Ohren zu dokumentieren, um auf diese kindlich-innige Weise den schönen Harmonie-Schein eines christlich-bourgeoisen Hauswesens noch ein wenig heller strahlen zu lassen. In ihren Tagebuch-Notizen hält Franziska, bewegt von mütterlichem Stolz, diese kleinen Höhepunkte immer wieder fest – gleichsam als Triumph-Signale ihres pädagogischen Erfolgs:

»Ein Verschen welches Rosalchen gedichtet und w[elches] mein Fritz an meinen Geburtstag 1853 sagte:

> Ein Körbchen wünschtest Du Dir
> Zu bergen die Schlüssel des Zimmers?
> Sieh' ich reiche es Dir gefüllt mit einigen Blumen
> Mehr hätte ich gern gegeben
> Doch zu jetziger Zeit sind schwer sie zu finden,
> Möge nur Freude Dir bringen
> Was heut ich gespendet
> Mit herzinniger Liebe
> Und mit dem herzlichen Wunsche
> Das Gott der Allmächtige Dich segne
> Mit Leben Gesundheit und Frieden«[229]

»Elieschens Geburtstagsverschen 1853

    Nimm gute Mutter freundlich hier
    Elieschens kleine Gabe,
    Dies und ein liebend Herz in mir
    Ist alles was ich habe,
    Doch wenn ich erst größer bin
    Wirds besser mir gelingen
    Durch Fleiß und frommen Kindersinn
    Mehr Freude dir zu bringen,
    Erhalt nur Deine Liebe mir
    Und bleib gesund dies wünsch ich Dir
    Ja Gott erhalte uns dein Leben
    Ich bitt ihn, er wirds geben.«[230]

»Zu Mutterchens Geburtstag 1853

    Meine liebe Großmama
    Auch Deine Enkelchen sind da
    Und bringen Dir heute
    Zur schönen Geburtstagsfreude
    Die besten Wünsche ein ganzes Herzchen voll
    Und glaube nur alle für Dein Wohl
    Denn der liebe Gott hat dich und von neuen gegeben
    Er wird auch ferner beschützen Dein Leben
    Ja ihm sei Dank und Dir seine Gnad
    Und auch Deine Liebe früh und spat.«[231]

»Zu Ros.[alies] Geb.[urtstag] 1854

    Lieschen:
    Mein liebens Rosalchen nim freundlich an
    Hier meine kleine Gabe
    Mehr ists nicht was ich bringen kann

Weil ich noch nicht viel habe
Doch gute Wünsche hab ich viel
In meinem Herzchen drin
Möcht recht viel Freuden dir erblühn
das wär nach meinem Sinn.

Fritz:
Und Gott der uns ja alles giebt
Wenn wir zu ihn kindlich flehn
Er der uns ja als Vater liebt
Mög sagen es soll geschehn
Doch noch ein Wünschchen habe ich
Und füg es freundlich dran
Daß Du uns liebst so wie wir Dich
Jetztund so auch fortan.«[232]

»Sonnab.[end] 2. Fbr.[Februar] mein Geburthstag welche Freude ab.[er] auch welche stille Sehnsucht empfunden an dies.[en] Tagn ab. Meine Kind.[er] empfingen mich beide mit selbstgemachten Werken. Fritz überraschte mich mit seiner kleinen Gedichtsammlung u. Liesch.[en] u. auch selbst Verse dazu gemacht«[233] (1856)

»Vor allen aber muß ich aber des Neujahrs morgens gedenken wo mein guter Frtz. [Fritz] mir ein selbstgemachtes Gedicht sagte sehr niedlich, so mein Lieschen auch ein reitzendes größeres Gedicht welches sie in der Schule gelernt hatt. ach, ich fühlte mich so dankbar gegen meinen lieben himmlischen Vater.«[234] (1857)

»[...] es war ein herrlicher Tag früh hatten mir meine Herzenskinder einen allerliebsten Geburtstagstisch bereitet Fritz hatte mir 2 Sonaten komponiert und ein hübsches Gedicht gemacht und ein Büchelchen Gedichte gemacht Lieschen hatte einen Beutel zur schmutzigen Wäsche gehäkelt, so noch Resedastöckchen u[nd] Blumen und empfingen mich beide mit selbstangefertigten reitzenden Gedichten«[235] (1857)

»Mein Geburtstag [...] haben wir still mit Ros.[alie] verlebt. Früh empfingen mich meine beiden Kinder singend u. begleitend mit [?] Lied »Ach bleib mit Deiner Gnade« sodann sagten sie selbstgefertigte Gedichtchen u[nd] Fritz überreichte mir noch einige Gedichtchen [...]«[236]

(1858)

Kurze, schöne Augenblicke für Franziska: Jedes Gedicht, jeder »reitzende« Auftritt der Kinder legt positives Zeugnis ab von der mühsamen, aber schließlich doch erfolgreichen pädagogischen Arbeit; der Sohn und die Tochter sind, wie sich an festlich hochgestimmten Tagen für alle deutlich erweist, scheinbar harmonisch-widerspruchslos eingebunden in den Mechanismus jener protestantisch-bürgerlichen Leistungsethik, die in der kindlich-unfertigen Seele schon sehr früh, aber nachdrücklich das Bewußtsein dafür schärfen will, daß elterliche Liebe nur dann sicher zu erwarten ist, wenn vorher – mit Geschenk, Gedicht und anderen Gaben wie Gehorsam, Unterwürfigkeit – eine äußerlich sichtbare Arbeit, eine Anstrengung vollbracht worden ist, also emotionale Zuneigung und Hingabe nicht etwa unbefragte, voraussetzungslose Grundkonstanten jeder Eltern-Kind-Beziehung sind, sondern nur Funktionen und Ergebnisse eines halbwegs befriedigenden, regelkonformen, vor allem überprüf- und kontrollierbaren sozialen Verhaltens. So steht auch für Franziska im Zentrum allen pädagogischen Bemühens nicht so sehr das kindlich-emotionale Wohlbefinden, die »Geborgenheit«, die eine »zwangfreie« Lebensstimmung bewirkt – weit wichtiger sind die äußerlich wahrnehmbaren intellektuellen Leistungen der Kinder als schöne, trostspendende Zeichen dafür, daß der Segen des Himmels, Gottes Gnadenblick auf dem irdischen Erziehungswerk zu ruhen scheint. Allerdings ist diese Arbeit täglich neu zu vollbringen, um all die in der »unartigen«, sündhaft-bösen kindlichen »Natur« begründeten Unwägbarkeiten und Widerstände zu bekämpfen und schließlich dauerhaft-endgültig zu überwinden. Die Tochter: lebhaft, neugierig, wild, ein »Plappermäulchen« – es ist nicht leicht, sie einzupassen in die konventionell vorgeschriebene Rolle des schüchtern-sittsamen Mädchens, dessen schönste Aufgabe es ist, »niedlich« zu sein; der Sohn: auf fast beängstigende Weise lern- und wißbegierig, lesehungrig, geistig »frühreif«, begabt mit musischen Talenten, andererseits jedoch ein wenig zu ängstlich, schüchtern, zurückhaltend – wie gewinnt er jene männlich-energische Durchsetzungskraft, die doch nötig ist, um all seine Fähigkeiten in eine erfolgreiche Berufskarriere einbringen zu können? Solche Fragen und Bedenken legen sich immer wieder wie eine schwere Last auf Franziska, und manchmal sucht sie Rat von Menschen außerhalb des engeren Familienkreises, bei denen sie nüchtern-objektiven pädagogischen Sachverstand vermutet:

»Hr. [Herrn] Tellers Ansicht Kinder müssen unter Kinder wenn sie auch manches annehmen Die häußliche Erziehung so sie gut ist macht alles gut«.[237]

»Mit Mad.[ame] Laubsch.[er] besprochen wie unendlich gut es ist wenn man recht viel in der Jugend lernt d[enn] man weiß nicht welch.[e] Zukunft ein.[em] wird«.[238]

»Frln. Moll (Schwägerin Pstr. Burckard) Lieschen nicht so viel lesen.
  Fritz weniger ängstlich Ueberhaupt ihn alles selbst

machen lassen u[nd] abhärten im Sommer kalt übergießen«.[239]

»Liesch.[en] n[icht] so viel lesen
Fritz weniger ängstlich zu sein alles selbst machen lassen u[nd] abhärten«.[240]

»Wir haben sehr hübsch gesprochen sie [Madame Laubscher] hat mir ihre u. die Liebe zum Kind.[ern] versichert. Meinte als ich s[ie] um Rath der Kinder halber bat. Ich sollte ja darauf sehen d.[aß] Fritz nicht so viel Gewohnheiten bekäme er würde sonst Pedant. Bei Liesch.[en] soll.[e] ich ja nicht leiden, wenn sie in alles spräche, u. beide ordentlich und folgsam gewöhnen, dabei einen frommen Sinn einpflanzen. Lieschen solle ich in das hiesige Institut schicken.
Kinder dürfen nur in Sachen reden, wenn Große sprechen u. wenn jemand mit ihnen spricht so müssen sie die Person erstens ansehen, so lange die Person sich mit ihnen abgiebt.«[241]

Ein kunterbuntes, wirres pädagogisches Mosaik, das Franziska präsentiert, zusammengesetzt aus den keineswegs immer hellglänzenden Steinchen bürgerlicher Erziehungslehren; und doch treten die individuellen Charaktere ihrer Kinder plastisch hervor: Der Sohn – nach »innen« gerichtet, wenig spontan, so sehr auf starre äußere Regeln fixiert, daß deren strikte, allzu korrekte Befolgung fast schon als leicht krankhafter Ausdruck von Zwangshandlungen gedeutet werden könnte. Franziska scheint ihn viel zu sehr an sich und an die Häuslichkeit zu binden, aus der Befürchtung heraus, er könne »auf der Straße«, im Umgang mit anderen Kindern, schlechte Manieren annehmen, womit ihm allerdings ein wichtiges soziales Lernfeld weitgehend verschlossen bleibt. Die Tochter dagegen – nach »außen« gerichtet,

*Die Tochter Elisabeth Nietzsche
als junges Mädchen in Naumburg*

mit ihrem Temperament, ihrer Aufgeschlossenheit viel »jungenhafter« wirkend als der eher mit »Mädcheneigenschaften« ausgestattete Bruder, wenn man die üblichen, als pädagogische Leit-Muster allgemein akzeptierten Rollen-Klischees zugrunde legt. Das ist in der Tat eine ungewöhnliche Geschwister-Konstellation, die einige Probleme aufwerfen mag; fraglich jedoch, ob jene Erziehungsmaßnahmen, die man Franziska nahelegt, zu einer Lösung führen, die das Wohl der Kinder befördert und die Harmonie in der Familie garantiert: Schock-Therapie für einen hochsensiblen, von den Alltagsschocks schon übermäßig irritierten Jungen, damit er männlich, stark und durchsetzungsfähig wird – für die Tochter intellektuelle Restriktion, um die als »unweiblich« geltenden Bildungs- und Erkenntnistriebe zurückzudrängen; weit folgenschwerer als diese Unterdrückung ihrer kognitiven Fähigkeiten und Talente mag für die heranwachsende Elisabeth allerdings jene emotionale Kränkung sein, die daraus resultiert, daß sie ins pädagogisch-mütterliche Blickfeld zumeist nur durch und über den Bruder gerät, dem in der Naumburger Geschwister-Hierarchie scheinbar »naturwüchsig« der höhere Rang zugewiesen wird. So lernt sie schon sehr früh, daß sich ihr eigener Wert nur dann erhöht, wenn sie sich mit dem Bruder in höchstem Maße identifiziert, ja über-identifiziert, was sich nach außen dann als kritiklose Anbetung und Glorifizierung manifestiert, als übersteigerte, distanzlose Idolatrie, mit deren Hilfe sie jedoch die Anerkennung und die Zuwendung der sonst ganz auf den Sohn fixierten Mutter zu gewinnen hofft. Und doch vermag auf dem Boden eines solchen, für die Selbst-Definition zunächst wohl unabdingbar notwendigen »Verherrlichungssystems« ein großes Potential von negativen Emotionen erwachsen: Eifersuchts- und Haßgefühle, auch tiefe, nie völlig in die Sphäre der Bewußtheit dringende Vernichtungsphantasien, zumindest aber dieser stets latente

Wunsch, den Bruder durch Manipulation und Okkupation »in sich« zu überwinden – wenn Elisabeth in späteren Jahren das Verhältnis zum Bruder als leuchtendes Beispiel und Vorbild inniger Geschwisterliebe, als Brüderlein-und-Schwesterlein-Idyll auf manchmal penetrante Weise verklärt, so mag gerade diese so krampfhaft wirkende Gefühlsschwärmerei als Ausdruck eines großangelegten, der Um- und Nachwelt zugedachten Ablenkungsmanövers gelten, also als der Versuch, schreibend, räsonierend und mit literarischer Erfindungsgabe die frühen seelischen Verletzungen, die schmerzhaft erfahrenen Unwert-Empfindungen gegenüber dem Bruder für sich und andere endgültig vergessen zu machen.

Die Naumburger Erziehungswirklichkeit, wie sie Elisabeth in ihrer Kindheit erfährt, ist keineswegs auf andauernde schöne Geschwistergemeinschaft, auf Parität und Harmonie ausgerichtet, sondern führt schon bald zu Abgrenzung und Differenzierung dadurch, daß der kindliche Erwerb von Wissen und Bildung eher als brüderlich-männliche Aufgabe erscheint – denn wenn auch Franziskas Freundin Laubscher durchdrungen ist von der zweifellos edlen Überzeugung, daß ein Mensch in seiner Jugend recht viel lernen solle, so wird dieses heroische Erziehungswahrwort doch auf sehr unterschiedliche, »geschlechter-spezifische« Weise in die pädagogische Praxis umgesetzt. Elisabeth wird, gemäß dem Laubscherschen Ratschlag, dem »Institut« überantwortet, also der privaten Mädchenschule des Fräulein von Paraski, in der die Töchter »besserer Kreise« Lesen, Schreiben, Rechnen, etwas Französisch, vor allem aber die Umgangsformen der »guten Gesellschaft« erlernen – es ist eine jener Anstalten, in welchen Mädchen-Begabungen mehr abgetötet denn gefördert werden, weil das Erziehungsziel die anpassungswillige und anpassungsfähige, halbgebildete Frau ist, deren geistiger Horizont nie über den des Mannes sich erheben darf. Im übrigen scheint dieses Institut einen nicht gerade hellen Glanz zu verbreiten, vermerkt doch Franziska selbst trocken in ihrem Tagebuch, daß »Frln. v. Parasky sehr schlimm daran« sei, denn es gebe in ihrer Schule vier Tage lang »kaum einmal Fleisch«[242], ganz abgesehen davon, daß die Kontinuität des Französisch-Unterrichts aufgrund besonderer Charaktereigenschaften der zuständigen Lehrerin nicht immer gesichert scheint: »Die Französin klaute u[nd] hat kein Geld zur Heimreise.«[243] Die offensichtlichen Mängel und Defizite des Paraski-Institutes scheinen Franziska aber kaum weiter zu beängstigen, soll sich die Tochter doch auf keinen Fall zu einem überheblich-unweiblichen »gelehrten Frauenzimmer« entwickeln – viel angemessener erscheint ihr dagegen der übliche, traditionelle Weg: die möglichst frühe Ehe Elisabeths mit einem strebsamen jungen Rechtsanwalt oder Pastor. Dagegen konzentriert sie sich mit großer Intensität auf alles, was den reibungslosen, erfolgreichen Bildungsgang des Sohnes zu befördern in der Lage ist – vermag doch dessen glänzende schulische Laufbahn vor aller Welt aufs schönste zu dokumentieren, daß sie als junge, unsichere und unerfahrene Mutter dennoch in der Lage ist, den irdischen Erziehungsauftrag wahrzunehmen und dem Kind eine seinen Talenten angemessene Karriere zu eröffnen. Gleich wichtig ist: mit jedem Hindernis, das der Sohn überwindet, wird sie ein wenig mehr der aus dem Jenseits verheißenen göttlichen Gnade teilhaftig und vor dem himmlisch verklärten Carl Ludwig gerechtfertigt.

Wenn dieserart der kleine kluge Fritz als eine Art Vehikel zur Beförderung der Mutter-Seligkeit imaginiert wird, so darf Franziska allerdings getröstet und zufrieden sein: Der Bildungsgang des Sohnes ist ein erfreulicher, gerade auch von den nahen Angehörigen mit großer Genugtuung aufgenommener progressus. Er besucht, ab 1850, zunächst die

Knaben-Bürgerschule, tritt dann in das Privatinstitut des Kandidaten Weber ein, das ihn auf das Dom-Gymnasium vorbereiten soll – dort wird er 1854 in die Quinta aufgenommen. Seine hervorragenden Leistungen eröffnen ihm die Möglichkeit, eine Freistelle in der berühmten »Hohen Landesschule zur Pforte« zu erhalten. Jenes ehrwürdige, traditionsreiche Institut, günstig vor den Toren Naumburgs gelegen, wurde einst mit dem pädagogischen Ziel gegründet, dem Staat eine umfassend gebildete, leistungsfähige Beamten- und Pastorenschaft zur Verfügung zu stellen. Der Lehrstoff ist weitgehend humanistisch ausgerichtet, das Studium der klassischen Sprachen steht im Mittelpunkt des Unterrichts. Es wird jedoch ein äußerst harter Erziehungsstil praktiziert – mit ihrer strengen Zucht, ihrem peinlichst exakt geregelten Tagesablauf gleicht diese Schule eher einer von militärischem Geist geprägten Kadettenanstalt. Mit aller Kraft setzt sich Franziska dafür ein, daß des Sohnes Sprung nach Pforta gelingt. Hier mag er das nötige formale Rüstzeug erhalten, das ihn zu einer glänzenden Karriere befähigt – wenig sensibel scheint sie dafür zu sein, daß dieses Institut, so ehrwürdig und laufbahnfördernd es auch sein mag, der inneren, emotionalen Entwicklung des Sohnes durchaus auch Schaden zufügen könnte. Dieser stets an sie und an das Haus gebundene, in mancher Hinsicht »einsame« Junge, wenig erfahren in sozialen Kontakten mit anderen Kindern, ungeübt in der Praxis, seine individuellen Wünsche und Bedürfnisse erfolgreich durchzusetzen – er wird nun einer übersteigert strengen Internatsordnung ausgesetzt, hinter deren äußerlich friedlicher Fassade sich das tägliche Leben der Schüler oftmals als harter, unbarmherziger juveniler »Kampf aller gegen alle« gestaltet. Doch alle Bedenken, daß durch den Wechsel nach Pforta in der wenig stabilen Psyche des Sohnes tiefe und eingreifende, innerlich nur mühsam zu verarbeitende seelische Konflikte ausgelöst werden könnten, scheinen bei Franziska zurückzutreten vor der strahlenden Aussicht, daß durch den Schüler-Glanz des Sohnes auch auf ihre Existenz ein helleres Licht geworfen werden könnte – wird mit jedem schulischen Erfolg des Jungen nicht gleichzeitig vor aller Welt ihre pädagogische Kompetenz unter Beweis gestellt, also ihre Fähigkeit, den Mutterpflichten mustergültig zu genügen, trotz aller Zweifel, die von den nahen Angehörigen, aber auch von Freunden und Bekannten, offen oder versteckt immer wieder zum Ausdruck gebracht werden? Es darf vermutet werden, daß in Franziska schon sehr früh die Hoffnung keimt, den Sohn nach dem Naumburg ja so nahe gelegenen Pforta zu bringen – ein Plan, der bei den hohen Geistesgaben des Sohnes durchaus realistisch und vernünftig scheint; erstaunlich ist, daß sie sich in Verfolgung dieser Intentionen auch gegen die sonst freudig akzeptierte Autorität ihres Vaters David Ernst Oehler wendet und sich dessen pädagogischen Vorstellungen hinsichtlich des hoffnungsvollen Großsohns sehr energisch widersetzt. Noch als fast Siebzigjährige erinnert sich Franziska:

»Der gute seelige Vater (mein Vater) wollte Fritz durchaus nach Halle auf das Waisenhaus, wo sie wirklich Waisenknaben nichts od. er nur eine Kleinigkeit das Jahr kosteten u. auch später als Studenten fast von Stipendien lebten, bringen, wogegen ich mich mit aller Macht sträubte, denn ich sollte den lieben Jungen schon mit 10 Jahren hergeben. Der gute Vater machte mir alle Vorstellungen welche ich allzeit gut bekämpfte, doch hatte er mit dem dortigen Direktor ein Abkommen getroffen, mir doch jedenfalls zu melden, wenn eine Stelle offen wäre, was auch geschah, was ich natürlich aber ablehnte u. den guten Vater dadurch beruhigte, daß ich Fritz vielleicht später nach Pforta brächte, wenn vielleicht allda eine Naumburger Freistelle offen würde, er würde doch in dieser Zeit einige Jahre älter trug ich ja beide Kinder jeden Abend noch auf dem Rücken ins Bett so daß ich immer sagte wenn das so fort geht trage ich dich noch als Candidaten ins Bett.«[244]

Aus diesen Reminiszenzen geht deutlich hervor, daß in Franziska der Gedanke, den Sohn nach Pforta zu bringen, schon sehr früh lebendig ist und bereits im Jahre 1854 als Abwehr-Argument gegen die Pläne ihres Vaters verwendet wird. Allerdings: daß ihre Bemühungen am Ende so erfolgreich verlaufen, nimmt ihr nichts von der immer vorhandenen heimlichen Sorge um dieses geliebte Kind; fast ist sie beängstigt von der Schnelligkeit, mit der ihr Fritz das Schul-Pensum bewältigt, mit Erstaunen nimmt sie seine vielfältigen Freizeitaktivitäten wahr, diese Dichtungen, Kompositionen, diese Lesewut – es wäre ja denkbar, daß er seine Fähigkeiten, seine intellektuelle Überlegenheit mißbraucht zu destruktivem, in den Augen der Gesellschaft schädlichem Verhalten. Obwohl sie stolz ist auf den Sohn und ihr noch der Domgymnasiums-Direktor versichert, »er habe stets v.[on] Fritz keine andere Meinung nach der Aussage der Lehrer als daß es ein guter fleißiger Knabe sei«[245], lebt sie dennoch beständig in der Furcht, er könne »anders« werden und sich nicht genügend ein- und unterordnen – würde nicht jede »Auffälligkeit«, jede Regelabweichung erheblichen Zweifel wecken an ihrer christlichen Erziehungskunst? Elisabeth, die Tochter, berichtet später in ihren biographischen Erzählungen von einem Gespräch, das sie als kleines Mädchen in Pobles belauscht haben will: »Unsre Mutter beklagte sich bei ihrem Vater, daß ihr Fritz so anders sei als andere Jungen und sich so schwer anschlösse. Sonst wäre er gut und gehorsam, aber er habe über alle Dinge seine eigenen Gedanken, die mit denen andrer Leute garnicht übereinstimmten. Beide hatten vergessen, daß ich in einer entfernten Zimmerecke mit den Puppen spielte, so daß der Großpapa merkwürdig heftig auf diese Auseinandersetzungen entgegnete: ›Aber meine Tochter, du weißt garnicht, was du an diesem Jungen hast! Das ist das ungewöhnlichste und begabteste Kind, das mir in meinem Leben vorgekommen ist; meine sechs Söhne zusammengenommen haben nicht die Begabung deines Fritz. Laß ihn doch in seiner Eigenart.‹«[246]

Wie immer es bestellt sein mag um die Authentizität dieser Szene – sicher scheint doch, daß der tolerante, weltoffen-liberale Menschenfreund David Ernst Oehler mit seiner aufgeklärten Glaubenshaltung den in seinen Augen wohl etwas krampfhaft-christlichen Naumburger Erziehungskünsten stets mit großer Skepsis begegnet. Es gelingt ihm aber nicht, Franziskas Ängste zu zerstreuen; zu sehr ist sie von der Furcht bestimmt, daß durch weniger Kontrolle, stärkeres »Loslassen« die Entwicklung des Sohnes negativ verlaufen könne und sie dadurch vor der Welt, besonders aber vor Carl Ludwig schwere Schuld auf sich lüde. Es ist gerade dieser Rechtfertigungskomplex, diese metaphysische Rückbindung der Erziehungsarbeit, diese individuell gesteigerte, gleichsam ins Extrem getriebene protestantische Pädagogik, die sie im täglichen Umgang mit dem Sohn hart, streng und fordernd werden läßt. Sie umgibt ihn mit einem Netz von Regeln und Vorschriften, bis hin zu einer fast komisch wirkenden exakten Festlegung seiner Kleiderordnung. In einem Brief, den sie im August 1857 aus Eilenburg schreibt, heißt es zum Beispiel:

»[...] nim hübsch den Regenschirm wenn es regnet und solltest Du je einmal naß geworden sein so ziehe Dich gleich wenn Du zuhause kommst um, denn Du weißt daß es Dir allemal nicht gut bekommt. Die Sachen liegen alle auf den Bett am Schrank, für täglich ziehst Du Deine *alte Jacke und leichten grauen Hosen* die Du in Pobles mithast nebst *Weste* an, ist es sehr *kühl die dikeren grauen Hosen* und Sonntags die *guten nebst Kutte* welche Du Dir von Frau Ludwig mit einem wollnen Läppchen und heißen Wasser darnach wie vorher gut gebürstet, reine machen lassen kannst; ist etwas Besonderes so hast Du Dein gutes Jäckchen und Weste am Sonntag, tagtäglich zu etwas Besonderem nur die Kutte und läßt Dir von irgendjemand noch einen Kragen einstecken oder hebest das Vorhemdchen was Du ja wohl mithast [...] dazu auf [...] Schließe allemal zu was Du aufgeschlossen und täglich die Stube ab wenn Du in die Schule gehst [...] Nimm das Blatt mit Dir [...] lege es in Dein Pult und lies es von Zeit zu Zeit einmal oder sieh einmal mit darauf ob Du alles thust es sind ›*Verhaltungsregeln*‹«[247]

Aus diesen Zeilen spricht kaum Freundlichkeit, Gefühlszuwendung, liebevolle »Mütterlichkeit«; es werden Befehle gegeben und (äußere) Verhaltensweisen rigoros gefordert, es wird eine Anpassungsleistung verlangt; ist nun daraus zu schließen, daß Franziska ihren Sohn nicht liebt, daß sie ihn ablehnt – vielleicht weil sie auf Grund einer Gefühlsarmut, eines »kalten« Charakters dazu auch gar nicht in der Lage ist? Viel eher wohl ist ihr Erziehungsverhalten gegenüber dem Sohn das Resultat eines schmerzlichen Akts der Selbstverleugnung: Sie liebt dieses Kind emphatisch; es ist ihr »Lebensinhalt«. Gleichzeitig aber hat sie die fast zwanghafte Vorstellung, solch eine große emotionale Bindung vor dem Sohn verbergen und unterdrücken zu müssen, damit das vorgegebene Erziehungsziel nicht durch (»mütterlich-weibliche«) Weichheit und Nachgiebigkeit gefährdet wird. Ein folgenschweres Paradox: Der Sohn erfährt die tief liebende, ganz *für ihn* lebende Mutter als (»väterlich-männliche«) Straf- und Kontrollinstanz *gegen sich*, fordernd, richtend, all seine kindlichen Bedürfnisse nach Gefühls-

und Körpernähe strikt abweisend, also letztlich auch Angst erzeugend. Die Reaktion des Jungen: Flucht- und Ausweichmanöver – wenn er beispielsweise nach einer kleinen häuslichen Regel-Verletzung oder Widersetzlichkeit zur Rede gestellt wird, zieht er sich, wie Elisabeth berichtet, in »irgendwelche Einsamkeit« zurück. Franziska präzisiert: »Untersagte man Fritz etwas so war er nicht ›starrköpfig‹ sondern ging zu unserm stillen Amüsement allemal auf den Abtritt ohne ein Wort zu erwidern.«[248] Es ist ihr nicht bewußt, daß dieses »resignierende«, ausweichende kindliche Verhalten – hier als komisch, aber durchaus positiv gedeutet – hinweist auf einen seelischen Prozeß, an dessen Ende eine Art von Persönlichkeitsspaltung stehen mag: Um der gefürchteten Sanktion zu entgehen, entwickelt der Sohn eine Strategie der Vermeidung, mit deren Hilfe es ihm gelingt, sich nach »außen« als das folgsame, brave, fast überangepaßte Kind darzustellen. Nach »innen« aber schafft er sich eine sorgsam gehütete, vor der Mutter ängstlich verborgene kleine Privatwelt, in der er alle Kritik, allen Zorn, alle Unlust in einem Akt der Kommunikation mit sich selbst zu verarbeiten sucht. Franziska weiß nichts davon, daß sich in diesem geheimen Kosmos ein starkes Potential des Protestes entwickelt und der Grund gelegt wird für die große Revolte, für den fundamentalen Zweifel am protestantischen Tugend- und Erziehungskodex, dessen Zwänge ja ständig leidvoll erfahren werden, schließlich für die radikale Ablehnung jeglichen Christentums, da doch der allgütige Vater-Gott, dessen Name Liebe heißt, sich irdisch-real, in der mütterlichen Autorität, als angsterzeugende Straf- und Bedrohungsinstanz manifestiert, das christliche Liebesgebot also in der täglichen erzieherischen Praxis in einen Unlust, Abwehr und Haß erzeugenden Sanktionsmechanismus verwandelt scheint. Denkbar, daß dieses Kindheits-Skandalon das Fundament, der tiefste Ausgangspunkt für jenes substantielle, stets mit innerster Wut vorgetragene Anti-Christentum ist, das Franziska später, da der Sohn sich endlich schreibend-philosophierend offenbart, als große Lebenskränkung, als schmerzhaftes Mutter-Leid erfährt. Sie ist aufs höchste verstört und verwirrt, als ihr Fritz, kurz nach der Konfirmation, etwas preisgibt von seinen abweichenden, ketzerischen Gedanken-Experimenten. Hat er gerade noch gläubigen Herzens, wie sie meint, das Sakrament vom Tisch des Herrn empfangen, so zeigt er sich nun als kleiner Rebell, der den Glauben, ihren großen Rettungsanker, intellektuell in Frage stellt. Sie reagiert zornig und empört; der Sohn muß erkennen, daß ein Gespräch über alles, was ihn wirklich umtreibt und im Innersten bewegt, mit der Mutter nicht möglich ist. Er zieht sich zurück, nimmt wieder alles in sich hinein, damit bei Franziska das Bild des strebsam auf das Pastoren-Amt hinarbeitenden Jünglings weiterbesteht – ein Täuschungs- und Maskierungsversuch: »Nun noch, liebe Mamma, ein Wort mit dir allein. Auch mir erscheinen jene sonst so schönen Osterferien durch die häßlichen Vorfälle getrübt und verfinstert, und es berührt mich, so oft ich daran denke, sehr schmerzlich, daß ich Dich so betrübt habe. Ich bitte dich noch recht herzlich um Verzeihung liebe Mamma! Denn es wäre doch traurig, wenn ich durch diesen Mißklang unser schönes gegenseitiges Verhältnis gestört hätte. Verzeihe mir doch ja liebe Mamma, aber dann bitte ich dich, nie mehr dieser Ereignisse zu gedenken, sondern sie als ungeschehen zu betrachten. Ich will mich fernerhin auch so sehr ich kann, bemühen, durch mein Betragen und Liebe zu dir den verursachten Riß auszufüllen [...]«[249]

Der Sohn ist nicht fähig zum vollständigen Bruch; er kann sich von der Mutter nicht endgültig lösen. Damit aber seine Privatwelt weiter erhalten, sein innerstes Empfinden unangetastet bleibt, baut er seine Strategie des Ausweichens und Ausklammerns immer stärker aus – nur so ist ein Arrangement zu erreichen, ein Gleichgewicht, das allerdings labil und stets gefährdet ist; aber zu allem, was seine Persönlichkeit, sein geistiges und emotionales Leben essentiell betrifft und berührt, hat Franziska bald keinen Zugang mehr. Im schönen gegenseitigen Verhältnis, von dem der Sohn hier (fast ironisch getönt) redet, übernimmt sie eifrig und mit nie ermüdender Energie den Part der Pflegerin, die dem Sohn behagliche äußere Lebensumstände verschafft. Es entsteht auf diese Weise ein stets funktionierendes Versorgungs- und Karriere-Förderungssystem, in das Elisabeth voll einbezogen wird. Der Erfolg bleibt nicht aus: Mit Bravour absolviert Fritz seine schulische Laufbahn in Pforta; im Herbst 1864 geht er zum Studium nach Bonn – Theologie, Altphilologie. Wird Franziska ihn bald als geachteten, bewunderten jungen Pfarrer erleben, der den Weg Carl Ludwigs glänzend vollendet? Und doch: Zweifel und Ängste bleiben bestehen – nachdem der Sohn ihr seine ersten Seminarerfahrungen brieflich berichtet hat, schreibt sie ihm irritiert, ahnungsvoll-warnend zurück:

»Verliebe Dich nur nicht *zu* sehr in den schönen geistreichen Kunstgeschichtsprofessor man hat hier schon seine Sorge ausgesprochen, daß Du einmal ›Belletrist‹ werden könntest, sobald Du Dir nicht ein festes Ziel stecktest; ›das wird aber mein Fritz nicht werden‹ war meine feste Antwort.«[250]

Franziska weiß nicht (oder will es nicht wissen), daß in seiner Innenwelt schon alles bereitliegt, was ihn zu einem Belletristen sui generis machen wird – einem, der keine amüsant-gefälligen Romane schreiben, sondern in seinen Werken all das in Frage stellen und ad absurdum führen wird, was *ihrem* Leben mühsam Sinn und Würde verleiht. Manchmal jedoch wird ihr für kurze, schmerzliche Augenblicke klar, daß dieses schöne Zukunftsbild, das sie für sich und den Sohn entworfen hat, gleichsam über einem dunklen Abgrund schwebt – vor allem, nachdem sie trauernd zur Kenntnis nehmen muß, daß Fritz die theologische Wissenschaft erstaunlich schnell beiseite schiebt, um sich, von Bonn nach Leipzig gewechselt, ganz den klassischen Studien zu widmen; brieflich führt ihm Franziska seine angeblich unausweichlichen großen Lebenspflichten vor Augen, doch der Sohn repliziert: »›Thue Deine Pflicht‹ Gut, meine Verehrten, ich thue sie oder strebe darnach sie zu thun, aber wo endet sie? Woher weiß ich denn das alles, was mir zu erfüllen Pflicht ist? Und setzen wir den Fall, ich lebte nach der Pflicht zur Genüge, ist denn das Lastthier mehr als der Mensch, wenn es genauer als dieser erfüllt, was man von ihm fordert? Hat man damit seiner Menschheit genug gethan, wenn man die Forderungen der Verhältnisse, in die hinein wir geboren sind, befriedigt? Wer heißt uns denn uns von unseren Verhältnissen bestimmen zu lassen?«[251] Für Franziska sind solche in ihrem Verständnis zersetzenden, allen Lebenssinn zerstörenden Reflexionen nichts weiter als der Ausdruck einer »innerliche[n] Zerrissenheit«[252], die es mit Hilfe eines unangefochtenen Gottesglaubens zu bekämpfen und zu überwinden gilt. Unbeirrt, in geradezu therapeutischer Absicht, hält sie ihrem Sohn den eigenen Lebensentwurf entgegen, verbunden mit präzisen Forderungen:

»Ergieb Dein Herz recht treu dem lieben Gott und Herrn und alle Weltweißheit die Du vielleicht in dicken Bänden finden wirst, wird mit solchen Augen angesehen, zur Schande werden. Hast Du doch vor Allen rechte Ursache zur Zufriedenheit, wie der gute Gott nach so schweren Verlust, noch alles so gnädig mit Dir und uns Allen geleitet und geführt hat und muß nicht vor Allen die Jugend dafür recht empfänglich und dankbar sein? Du [...] bist mit mancherlei

Gaben ausgerüstet und hast die Lebensaufgabe, später Deiner Mutter eine gute Stütze zu sein, vielleicht auch Deiner Schwester mein guter Fritz, also strebe darnach diese Deine Aufgabe fürs Leben recht treu zu lösen und Du wirst ein glücklicher guter Mensch sein dem es hier und dort wohlergeht.«[253]

Ein letzter substantieller Dialog – der Sohn muß erkennen, daß all seine inneren Zweifel an dem großen Lebenscredo der Mutter in der Tat »zuschanden« werden. Was bleibt, sind Flucht- und Ausweichbewegungen, sind die zahllosen und doch so inhaltsleeren Briefe, ist das nützliche, aber eigentlich unwichtig-ephemäre Versorgungssystem, in welchem es nur um schmutzige Socken, Geldgeschäfte, Papier-Sorten und Soennecken-Stahlfedern geht: eine Kommunikation der Non-Kommunikation, die größte Entfernung bei größter Nähe, wohl ein ständiges nie abreißendes Gespräch; dessen tiefer, trauriger Charakter ist jedoch – das Schweigen.

GEHEIMRÄTLICHE TEES

Die junge, fromme Frau Pastor Nietzsche mit dem klugen Sohn und der niedlichen Tochter – das ist für die Menschen in Naumburg ein rührendes Bild! Franziska aber hat am Anfang große Schwierigkeiten, die Stadt zu ertragen; sie fühlt sich manchmal wie eingeschlossen in die Dunkelheit und Enge der Neugassenwohnung, ganz abgesehen davon, daß Erdmuthe, trotz ihres hohen Alters und ihrer Kränklichkeit, die Familien-Herrschaft weiter ungebrochen ausübt und stets ehrerbietig-respektvoll behandelt werden will. Und doch ist es gerade die Schwiegermutter mit ihren vielfältigen sozialen Kontakten innerhalb der gehobenen Kreise, durch die Franziska ihre Einsamkeit und anfängliche Isolation überwinden kann, indem sie eingeführt wird in die bürgerlich-kirchliche Welt der Damengesellschaften und mildtätigen Missionskränzchen. Naumburg: eine Beamtenstadt, zutiefst protestantisch, konservativ – was sie vorteilhaft von anderen deutschen Städten unterscheidet, ist – wie ein Lokal-Chronist nicht ohne Stolz vermerkt – »die wohlthuende, angenehme Ruhe, die auch in den entlegensten Straßen herrschende, fast peinliche Sauberkeit und Reinlichkeit und nicht zuletzt der Vorzug einer reinen, rauchfreien gesunden Luft. Die Stadt hat entschieden einen vornehmen, aristokratischen Charakter [...]«[254], ein Tatbestand, der in der ganz spezifischen Zusammensetzung ihrer Einwohnerschaft begründet scheint, ist Naumburg doch »wohlangesehen in der Welt der Juristen. Ein großer Teil derselben, bis zu den höchsten Stellen hinauf, hat während seiner Laufbahn hier – Sitz des Oberlandesgerichts für die Provinz Sachsen und Anhalt, eines Land- und Amtsgerichts – kürzer oder länger eine freundliche Heimstätte gehabt und bewahrt auch in der Ferne seinem lieben ›Thüringer

Eldorado‹ ein treues Gedenken. Auch andere Gelehrte und Gebildete aller Stände gedenken gern der Stätte, wo ihnen zu Füßen geliebter Lehrer der Weisheit Schätze erschlossen wurden [...] All diese Momente sind der Grund, Naumburg zu einem Heim für solche Leute zu machen, die nach des Lebens aufreibender Thätigkeit einen ruhigen Lebensabend genießen wollen, ohne jedoch der Sphäre ganz entrückt zu sein, in der sie bisher gelebt und gewirkt haben. Eine ungewöhnlich hohe Zahl von pensionierten höheren Gerichts- und Verwaltungsbeamten, Militärs, Lehrern und Gelehrten aller Art [...] hat sich hier zur Ruhe niedergelassen [...] Der Zusammenfluß einer solchen Menge von Gebildeten aller Stände drückt dem gesellschaftlichen Leben seinen eigentümlichen Stempel auf. Wenn man auch nicht behaupten kann, daß ein ausgeprägter Kastengeist strenge Schranken zwischen den einzelnen Gesellschaftsklassen aufrichtet, so ist doch das Bestreben nach Zusammenschluß dieser Klassen und Abschließung unschwer zu erkennen.«[255]

Trotz der beschwichtigenden Relativierung durch den Chronisten: Naumburg ist eine Stadt, in der die sozialen Strukturen und Hierarchien auf ganz extreme Weise festgeschrieben sind, beherrscht von einem Bürgertum, das sich in seinen einzelnen Gesellschaftskreisen streng gegeneinander abschließt. Es ist verständlich, daß Franziska, dieses wenig weltläufige und sozial recht ungeübte Landpfarrerskind, zunächst nicht deutlich abzuschätzen weiß, ob und auf welche Weise sie den harten Kriterien der bourgeoisen Werte-Skala gerecht zu werden vermag. So ist sie anfangs schüchtern und furchtsam; ihre Unsicherheit wird aber bald völlig verschwinden, denn sie spürt sehr schnell, daß sie in ihrer neuen Umgebung durchaus akzeptiert und wohlwollend behandelt wird – ein Umstand, der ihr das Dasein in der kleinen, engen Wohnung und das nervenaufreibende Leben mit den drei anderen Frauen halbwegs erträglich macht, so daß sie, zurückgekehrt von einer Reise aufs Land, zufrieden und schon etwas getröstet notieren kann:

»Hier kam es mir im Anfang sehr kleinlich und leer nach dieser vollen Wirthschaft vor u. wollte mir kaum gefallen doch jetzt bin ich wieder ganz glücklich in meiner kl.[einen] Häuslichkeit.«[256]

Die heimliche Sehnsucht nach dem freien, ungebundenen Leben in der dörflichen Umgebung wird immer mehr verdeckt und überwunden von der wachsenden Bewußtheit, daß sie in der gehobenen Naumburger Damengesellschaft durchaus eine allseits geschätzte Rolle zu spielen vermag; man entdeckt sehr schnell Franziskas Plaudertalent, ihre »Fähigkeit, den unbedeutendsten alltäglichen Erlebnissen [...] noch eine interessante und amüsante Seite abzugewinnen.«[257] Sie kann Personen und Ereignisse auf plastisch-heitere Art darstellen, immer mit einem Hauch von freundlicher, nie verletzender Ironie. Anziehend ist auch »der eigentümliche Wohlklang ihrer Stimme [...] Und dann ihr Äußeres: eine mittelgroße Gestalt mit sehr graziösen, runden Formen und Bewegungen, mit tiefbraunem, in der Mitte gescheiteltem Haar [...] mit dunkelbraunen, unter gewölbten Brauen tief zurückliegenden Augen und mit einem runden, sehr harmonisch geformten Gesicht [...]«[258] So begegnet man denn dieser neuen, durchaus liebenswürdigen weiblichen Erscheinung, trotz all ihrer Unsicherheiten und gesellschaftlichen Unzulänglichkeiten, mit hilfreich-aufmunternder Sympathie, so daß sich Franziskas Entrée in die gehobenen bürgerlich-städtischen Kreise sehr erfolgreich gestaltet – erleichtert und zufrieden schreibt sie beispielsweise in ihr Tagebuch:

Franziska als ca. Fünfzigjährige in Naumburg

»Ich hatte vor diesen geheimräthlichen Thee große Angst, befand mich aber dann ganz wohl«[259]

Es bleibt nicht aus, daß sich die neuen Bekannten aus der besseren Naumburger Damengesellschaft in ihrer (vielleicht etwas arroganten) Fürsorglichkeit einige Gedanken über Franziska und deren Lebensumstände machen – daß man also die besonderen, recht unangenehmen Bedingungen erörtert, unter denen diese doch so nette, nach außen stets freundlich-heitere junge Witwe ihr ziemlich eingeschränktes Dasein zu fristen hat: Man sieht, welch' gute, aufopfernde Mutter sie ist; man bemerkt, daß die alte Patriarchin Erdmuthe immer schwächer, kränklicher, hilfsbedürftiger wird und die pflegerischen Dienste ihrer Schwiegertochter täglich stärker (und wie selbstverständlich) in Anspruch nehmen muß; man kennt schließlich Wesen und Art der beiden anderen Frauen, und man hat mit Sicherheit schon wahrgenommen, daß insbesondere Rosalie mit ihren Unzufriedenheiten, überheblichen Ratschlägen und Bevormundungen der hilflosen Schwägerin das Leben keineswegs erträglicher macht. So mag man denn wohl diskutieren, ob sich für Franziska, diese attraktive, schöne Witwe, nicht bald eine weitaus hellere Lebensperspektive eröffnen könnte – vielleicht sogar ein zweites Eheglück an der Seite eines soignierten Gerichtsrats oder Stadtpredigers. Man zieht, diskret und verdeckt, Erkundigungen ein, man will Franziskas Zukunftspläne ergründen, so auch:

»Fr.[au] Dr. Schilling, sie war ganz herzlich u. außerordentlich freundlich, meynte, ob ich wieder auf das Land ging, ob ich wohl Naumburg verlassen würde ob Mutterchen [Erdmuthe Nietzsche] ohne mich bestehen könnte usw«[260]

Franziska schreibt nicht, welche Antwort sie der huldvoll-interessierten Dame aus akademischen Sphären hat zuteil werden lassen – vielleicht, weil für sie selbst die Zukunft noch im Dunkeln liegt; doch insgeheim wird sie sich sagen müssen, daß dieses Leben in der Neugassenwohnung eine täglich wiederkehrende Qual ist, obwohl ihr ständig im Bewußtsein steht, daß Erdmuthes Haushalt ihre Existenz ökonomisch absichert und deshalb Dankbarkeit und Loyalität geboten sind. Mag sein, daß sie, uneingestanden, in tiefster Seele darauf hofft, dieser Konflikt möge vom himmlischen Herrn, der über Leben und Tod zu richten vermag, bald an ein gnädiges Ende geführt werden: Da ist Auguste, deren Kränklichkeit sich seit dem Umzug nach Naumburg in dauerhafte, chronische Leidenszustände verwandelt hat; ärztliche Hilfe bleibt erfolglos, man ist sich aber sicher, »daß an der Lunge eine Veränderung vorgehe«[261], am 2. August 1855 stirbt sie an »Lungenschwindsucht«, wie das Naumburger Kirchen-Buch St. Wenzel vermerkt.[262] Es ist Erdmuthe Nietzsche, die am stärksten von Augustes Tod getroffen ist, sie scheint all ihren Lebensmut verloren zu haben und nunmehr nur noch von dem Wunsch beseelt zu sein, der Tochter, die nie getrennt von ihr gelebt hatte, in die Ewigkeit nachzufolgen; des öfteren hört man sie jammern: »Meine Auguste! Meine Auguste«[263] – acht Monate später, am 3. April 1856, kommt dann auch ihre Todesstunde. Franziska hat einen aufschlußreichen Bericht über das Sterben Erdmuthes hinterlassen:

»1 und 2 April hatten wir große Wäsche mit 2 Waschfr[auen] d.[er] Schmidt u. Loren [?]. Den 3 Morgens weckt unser gutes Mutterchen noch Minnen [das Dienstmädchen] d.[ie] bei ihr schlief. Diese sieht nach der Uhr u. sagt Fr.[au] Sup.[erintendent] es ist erst ½ 4 Uhr ich kann doch noch bis 4 im Bett bleiben, worauf Mutterchen noch erwidert ›Du wirst es wohl verschlafen‹ Um 4 Uhr zieht sich Minna an wo Mutterchen noch sagt ›Wenn Du den Kaffee fertig hast vergiß mich ja nicht. Gegen 5 Uhr hört sie Rosalchen von der Kammer aus seufzen, u[nd] fragt noch ›sind sie krank meine Mutter‹ worauf sie noch mit kräftiger Stimme erwiedert ›Nein‹ Ros.[alie] hört das Seufzen fort, steht auf wo Mutterchen noch die Filzschuh ihr anzuziehen, wünscht. (sie verrichtet auch noch etwas) klagt aber daß es ihr gar nicht wohl sei, sie wird mit Hülfe Minnens wieder ins Bett gebracht, wo noch Ros.[alie] zu ihr sagt ›Meine Mutter Sie werden doch nicht sterben?‹ wo sie erwidert ›Laß mich sterben wenn es Gottes Wille ist‹ Darauf kam ich zu ihr, wo sie sehr über die rechte Seite des Kopfes u. d[es] Auges klagte. Ich sage noch zu ihr ›Mein Mutterchen wir holen lieber den Doctor‹ worauf sie noch fast unwillig erwiderte ›Ich dachte [?] gar‹ Wir schicken aber doch zu uns.[erem] Arzt Hr. Dr. Keil, welcher aber den Tag wie alle Donnerstage in Weißenfels ist, welche Nachricht sie noch hörte u. noch erwiederte ›Es ist recht gut‹ später sagte sie der Schmerz sei weg (hatte noch einmal ganz gesunde Athmung [?]) und nun fing sie an zu schlafen nachdem sie schon 5 mal solch Heben wie Erbrechen gehabt hatte, es kam aber nichts als ein wenig Spucke [?] ohngefähr so viel als man ausspeiht. Der Schlaf schien uns aber sehr schwer und bedenklich, weßhalb wir um ½ 9 nach dem Hrn Dr. telegraphieren ließen. Diesen hatte aber die Depesche nicht auf seiner Stube getroffen sondern ihn erst eine halbe Stunde nach Abgang des Zuges erreicht. Mutterchen sprach gar nicht mehr mit uns, antwortete auch nicht auf das, was wir sie, wenn sie durch das Heben etwas ermundert wurde, fragten, u. schlief immer den Augenblick darauf wieder ein. Gegen 12 nachdem Keil nicht kam schicken wir zum Hrn. Dr. Schmidt welcher es gleich für Gehirn und Lungenschlag erkannte [...] Unser gutes Mutterchen schlief fort, der Athem wurde immer schneller dann langsamer, zuletzt that sie noch die Augen zu, neigte 2 mal den Kopf athmete noch leiser und *verschied*! Ein unendlicher Schmerz ergriff unser aller Herzen als sich die theuren Augen, welche ihr noch Ros.[alie] zudrückte, auf immer geschloßen u. das lieberfüllte Herz nicht mehr schlug, ja und doch müssen wir bekennen Der Herr welchen sie allezeit als den besten Helfer und Freund bekannte, hat ihr Gebet um einen sanften Tod erhört, und sie selig und ungeahnt [?] in die ewigen Hütten hinüberschlummern u. eingehen lassen zu den Frieden u[nd] Wiedervereinigung nach dem ihr mildes u[nd] gläubiges Herz Verlangen getragen u[nd] darum müssen wir sagen: Des Herren Wille geschehe allezeit. Es wurde ihr doch die Altersschwäche immer fühlbarer, besonders nach Gustchens Tod u. sagte mannigmal ›Der liebe Gott wird mir vergeben wenn ich mich sehne und den Wunsch äußere abzuscheiden. Doch sein Wille geschehe.‹ So und nicht anders bat sie zu Gott und dieses auch wollen wir uns zum Vorbild sein lassen wie überhaupt ihr ganzes gottergebenes Leben und Wandel und so wird ihr Andenken unter uns ein Segen sein und bleiben. Minna sah sie auch im Tode gern an u. Fr.[au] Bürgermstr. Rasch [?] meinte, sie habe noch nie mit solchen Wohlgefallen eine Leiche ansehen können ja auch im Tode ruhete noch die Freundlichkeit Gottes auf ihren lieben Angesicht u[nd] erhielt noch die rührendsten Beweise der ehrendsten u[nd] liebevollsten Theilnahme wie auch wir was uns sehr erquickt u. erbaut hat. [...] Der Vater [David Ernst Oehler] kam am Abend mit Lieschen [Elisabeth, die in Pobles zu Besuch war] aber die lieben Augen hatten sich schon seit 2 Uhr nachmittags geschlossen. Das Begräbniß war sehr ehrenvoll. Herr Archidiakonus hielt eine herrliche erbauliche Rede, es begleiteten sie von hier aus viele Herren ich Linachen [Daechsel, Verwandte] u[nd] Fritz fuhren mit u. am Gottesacker schloßen sich alle lieben Freundinnen an. Es war Sonntag und darum viele viele Menschen aus allen Ständen zugegen, herrlich und still war es in der Natur Nachmittag 4 Uhr als wir die liebe Hülle dem Schoße d.[er] Erde übergaben, dann regnete es. Der gute Onkel Balster [Erdmuthes Schwager] aus Eilenburg war auch zum Begräbniß gekommen so wie die lieben Brüder als Kandidaten Theobald u[nd] Edmund u. Adalbert welcher hier war um in den nächsten Tagen sein Examen zu machen. Onkel und Brüder reisten noch mit dem 6 Uhrzug ab, Abends kam noch unsere liebe Herzensfreundin Madam Laubscher wo wir noch eine Nachfeier hielten, denn sie hatte ja unser gutes Mutterchen auch so lieb. Wir müssen uns in Demuth unter die gewaltige Hand Gottes fügen, so vereinsamt wir uns fühlen besonders Rosalchen!«[264]

Am Anfang also die große Wäsche, dann, unmittelbar folgend, der ausführliche Bericht über die letzten Stunden Erdmuthes – wenn man Franziskas bisherige Familien-Situation in Rechnung stellt, wenn man sich deutlich macht, welches Bedrückungspotential stets mit dieser schwiegermütterlichen Herrscher-Gestalt verbunden war, dann ist man durchaus versucht, ihren Funeral-Rapport als aufschlußreiches, musterhaftes Beispiel »uneigentlichen« Sprechens zu charakterisieren: All diese Trauerfloskeln, all diese verklärenden, beschönigenden Formeln vom guten segensreichen »Mutterchen« wirken künstlich, wie »herbeizitiert«, willkürlich aneinandergereiht, so daß sich der Verdacht einstellt, daß sie hier lediglich verwendet werden, um eine ganz andere, gegenläufige Gefühlswirklichkeit und -wahrheit gnädig zu verschleiern, nämlich Franziskas Unbeteiligtheit, ihre Unfähigkeit, substantielle, tiefempfundene Emotionen des Schmerzes, der Betroffenheit zu mobilisieren. Insofern ist dieser Bericht eine Art von Camouflage – auffällig ist vor allem, wie stark Franziska alle Äußerlichkeiten betont: der Anblick der »schönen Leiche«, die Anteilnahme der Naumburger Bevölkerung, die würdige Feier auf dem Friedhof, der plötzliche, merkwürdig deplacierte »Wetterbericht«, wobei der mechanische, gleichsam verfremdete Gebrauch ehrwürdiger, biblisch-arkaner Sprachformeln (»Und verschied«) ihrer Erzählung fast einen Hauch von (ungewollter) Ironie verleiht. Franziska ist, anders als vielleicht Rosalie, durch den Tod Erdmuthes keineswegs in tiefster Seele getroffen – ihr Tagebuch legt Zeugnis ab von der erstaunlich intensiven, unsentimental-nüchternen Geschäftigkeit, mit der sie die äußeren, praktischen Folgen dieses Sterbefalls auf eine für sie günstige Weise zu bewältigen sucht. Zwar ist sie etwas angewidert von der kalten, pietätlosen Juristen-Sprache, in der die notwendigen testamentarisch-gerichtlichen Probleme einer Klärung zugeführt werden – das Ergebnis solcher Erörterungen eröffnet ihr jedoch ganz neue, für das weitere Leben positive Perspektiven: Man muß erkennen, daß die finanziellen Mittel nicht ausreichen, um das Neugassen-Domizil aufrechtzuerhalten; so ist die günstige, einmalige Chance gegeben, sich von der ungeliebten Rosalie endgültig und für immer zu separieren, ohne großen Streit, durchaus plausibel für die Naumburger Bürgerlichkeit. Auf diese Weise bedeutet der Tod Erdmuthes für Franziska eine wichtige Etappe auf dem Weg zur Selbständigkeit, zur insgeheim ersehnten Freiheit von der bedrückenden Herrschaft der Nietzsche-Frauen. So ist es denn auch nicht verwunderlich, daß Franziska der Schwägerin bei der Suche nach einer eigenen Wohnung eifrigst behilflich ist; man findet schließlich eine bescheidene Behausung am Topfmarkt, im Schatten der Wenzelskirche – dort kann Rosalie ihre prägnante Persönlichkeit voll entfalten und sich ungestört den kirchlich-karitativen Mildtätigkeiten hingeben, hauptsächlich in dem von ihr mitbegründeten Frauenverein der Gustav-Adolf-Stiftung.[265] Franziska verläßt gleichfalls die Neugasse; sie findet als Mieterin Unterkunft im Hause der mit ihr befreundeten Frau Pastor Haarseim – eine sehr bescheidene Wohnung, die allerdings den Vorzug hat, daß sich der Sohn und die Tochter im dazugehörigen Garten aufhalten dürfen. Elisabeth berichtet später, nostalgisch bewegt: »Fritz und ich lebten von früh bis abends darin, schwangen uns in einer Schaukel bis in die höchsten Gipfel der Bäume, spielten die schönsten Spiele, aßen, tranken, lernten in den tief umschatteten Lauben und erzählten uns im Halbdunkel alter, ganz unmoderner Bäume grauliche Geschichten.«[266] Im Sommer 1858 findet Franziska dann, zunächst als Mieterin, ihr endgültiges Heim, das sie bis zum Tode nicht mehr aufgeben wird: das Haus am Weingarten 18, zu jener Zeit »Wohnhaus No. 335 auf dem Weingarten«, das einem Schuhmacher Carius gehört; zwanzig Jahre später kann sie es von dem nachfolgenden Besitzer, dem verwaisten Studenten Bruno Lurgenstein, käuflich erwerben. Es ist ein durchaus ansehnliches Gebäude, idyllisch am Stadtrand gelegen neben den mittelalterlichen Wallanlagen und in der Nähe des »Zwingers« (eines alten, zur Stadtbefestigung gehörenden Verteidigungsturms), erbaut »im frühen 19. Jahrhundert [...] über schiefwinkeligem Grundriß zweigeschossig mit türloser Traufseite zur Gasse und nach Süden weisender, ebenfalls traufständiger Eingangsfront«, ein Jahr vor Franziskas Einzug erweitert durch einen »östlichen Anbau mit Laubenaufsatz«.[267] Diese schöne neue Unterkunft ist so geräumig, daß sich für Franziska die willkommene Gelegenheit eröffnet, ihr schmales Familienbudget durch Zimmervermietungen ein wenig aufzubessern; die Mieter kommen größtenteils aus den gehobenen sozialen Schichten: Referendare und Assessoren, die ihre Ausbildung am Naumburger Oberlandesgericht absolvieren, Geistliche, Adlige, manchmal auch junge Verwandte, die aus schulischen oder beruflichen

Gründen eine Zeitlang in der Stadt leben müssen. Das Haus am Weingarten erfreut sich bald allgemeiner Beliebtheit – es herrscht bei Franziska eine gepflegte, ruhige, gediegene Atmosphäre. Es gelingt ihr immer wieder, die notwendige Distanz gegenüber den Logiergästen zu wahren; sie ist aber auch sehr hilfsbereit und aufgeschlossen, wenn sie von den meist recht jungen Untermietern um Rat und Unterstützung bei den kleinen, alltäglichen Sorgen und Problemen gebeten wird. Als freundlich-zurückhaltende Zimmerwirtin ist sie in den folgenden Jahren eine in Naumburg allseits bekannte und mit Wohlwollen akzeptierte Persönlichkeit. Franziskas Neffe Richard Oehler berichtet, daß »ihr Haus von feinsinnigen, für erfreuliche Eigenart empfänglichen Menschen gern aufgesucht wurde: sie stellte inmitten ihrer eigenen Welt etwas Besonderes dar, das man nicht so leicht in ähnlicher Weise wiederfand. Vor allem sah sie gern fröhliche, lachende, übermütige Jugend um sich; und die Jugend kam gern zu ihr: denn im Äußeren wie im Temperament machte diese Frau den Eindruck unverwüstlicher Jugendlichkeit.«[268]

Befreit von der bedrückenden Familien-Last, der demütigenden Bevormundung durch die Schwägerin Rosalie weitgehend entzogen, neben der täglichen Sorge um Kinder und Haushalt mit den Vermietungsgeschäften befaßt – Franziskas Lebenshorizont scheint sich ein wenig aufzuhellen, ist doch bislang ihr Wandel in Naumburg als ein Prozeß erfolgreicher sozialer Integration zu bezeichnen. Vielfältig sind die gesellschaftlichen Kontakte, die zahlreichen Bekanntschaften im kleinen, überschaubaren städtisch-bourgeoisen Lebensverbund. Besonders wert- und ehrenvoll ist die freundschaftliche Verbindung mit den Familien Pinder und Krug, die gemeinsam ein Haus im Zentrum der Stadt (am Marktplatz) bewohnen. Sie gehören zur Naumburger Bürger-Aristokratie, von ihnen gehen wichtige Impulse auf das städtisch-kulturelle Leben aus: Eduard Pinder, Jurist am Oberlandesgericht, widmet sich in seiner Freizeit engagiert kirchlichen Angelegenheiten, den Missionsgesellschaften und Bibelvereinen; der Appellationsrat Gustav Adolf Krug ist musikalisch-literarisch interessiert, gilt als begabter Pianist, ist aber für das Naumburger Geistesleben ganz besonders wichtig dadurch, daß er als herausragendes Mitglied der »Literaria«-Vereinigung großen Einfluß auf die jeweils aktuellen philosophisch-politischen Debatten ausübt.[269] Für Franziska ist vor allem erfreulich, daß ihr talentierter Sohn in den Söhnen dieser beiden Männer, Wilhelm Pinder bzw. Gustav Krug, die höchst erwünschten, etwa gleichaltrigen Freunde findet, mit denen er, in der fördernd-anregenden Atmosphäre beider Familien, seine vielfältigen dichterischen und musikalischen Bemühungen gemeinsam und im gegenseitigen fruchtbaren Austausch verwirklichen kann: Die Jungen diskutieren ihre dichterischen Versuche und Entwürfe, sie musizieren gemeinsam, es finden sogar kleine Theateraufführungen statt. Stolz und zufrieden berichtet Franziska zum Beispiel:

»B.[ei] Pinders war ich d.[en] 8 Febr.[uar] zu einer Vorstell.[ung] gelad.[en] welche Wilh.[elm] P.[inder] u[nd] mein Fritz geschrieben. ›Die Götter auf den Olymp‹. Hr Rth Pinder übernahm f.[ür] d.[en] fehlenden Krug d.[ie] Rolle als Jupiter Frtz [Fritz] w.[ar] Mars Wilh.[elm] Merkur [...] Lies.[chen] Pallas Athene es war wirklich reizend.«[270]

Von dieser schönen Bekanntschaft, insbesondere vom kirchlich einflußreichen Vater Pinder, gehen für Franziska aber auch noch andere, durchaus willkommene Initiativen aus:

»[...] Gute Menschen giebt es hier so hatte sich Hr. Rth Pinder für mich ohne daß ich eine Ahnung hatte b.[ei] d.[em] hieß [hiesigen] Domkapitel für mich verwendet, in dem ein Fonds jetzt ins Leben tritt, wo alljährlich ein.[e] hieß [hiesige] Dompredigerwittwe 30 [Taler] Pension gegeben werden soll u. da keine jetzt da, hat man geäußert könne es wohl auch an eine Wittwe in der Stadt, deren Leben ohne Makel u[nd] welche ihre Kinder in d.[er] Gottesfurcht erzöge verabreicht werden, wo Hr. Rth. Pinder *mich* vorgeschlagen hat (obgleich noch viel Makel an mir sein mag) Der gute Herr hat seinerseits eine Eingabe gemacht daß Mutt. [Erdmuthe Nietzsche] gestorb[en] bei welcher ich bisher mit meinen Kind.[ern] gewesen das [ß] ihr Bruder früher hier Domprediger gewes.[en] daß ich zwar noch die Eltern aber auch noch 10 Geschwister habe, worauf mir ein Schreiben zugesendet, worauf ich 20 Tlr [Taler] durch die Verwend.[ung] d.[es] Hrn Rth Pinder als Geschenk v.[om] Domkapitel erhalten solle, ich war ganz überrascht, denn ich hatte von allen dem was da vorgegangen keine Ahnung, u. erfuhr es dann erst bei Pinders wo ich einen Dankesbesuch machte. Ich ging den and.[eren] Tag z.[u] Pstr. [Pastor] Richter wo ich hinbestellt, welcher sehr gut und theilnehmend war, ich machte ihn bekannt, daß wir weitläufig verwand[t] seien, worauf er mir seine Hand u[nd] seine Freude u[nd] doppelte Theilnahme für mich kund gab, u[nd] machte mir Hoffnung Michaelis wieder etwas zu erhalten.«[271]

Diese Notiz wirft ein bezeichnendes Licht auf Franziskas finanzielle Situation – sie hat von einer äußerst bescheidenen Witwenrente (mit geringem Waisengeld) zu leben; jährlich erhält sie Geldzuwendungen von den Altenburger Prinzessinnen, die Carl Ludwig unterrichtet hatte, öfters verbunden mit Sachspenden, zumeist Kleidungsstücken, die den hohen Damen modisch nicht mehr passend erscheinen; später erzielt sie durch die Zimmervermietungen zusätzliche, aber stets schwankende, unsichere Einnahmen. Jede Aufbesserung des schmalen Familienbudgets ist also höchstwillkommen; und sehr begreiflich scheint, daß sich Franziska unter dem Zwang solcher Verhältnisse zu einem »Spargenie« entwickelt, wobei sie stets versucht, diese notgedrungen erlernte Tugend der Sparsamkeit, manchmal recht nachdrücklich, dem Sohn und der Tochter zu vermitteln. Dennoch lebt sie keineswegs im Status jener schlimmen, großstädtischen »Proletarier-Armut«, die zu jener Zeit das Daseinsminimum kaum garantieren kann, ganz abgesehen davon, daß ihr Selbstbewußtsein wenig Schaden nimmt durch die unstreitbar vorhandenen äußerlich-finanziellen Defizite. Als »Pastorenwitwe« entwickelt sie vielmehr ein ausgeprägtes bürgerliches Standesgefühl, das sie gegenüber jenen, die den unteren Schichten angehören, immer recht deutlich zu artikulieren versteht. Sie weiß, daß sie, trotz aller bescheidenen Umstände, zur »besseren Gesellschaft« gehört und von dieser auch als gleichwertig akzeptiert und aufgenommen wird.[272]

In bunter, manchmal amüsanter Vielfalt spiegelt sich nun Franziskas Naumburger Existenz in ihren Tagebuch-Notizen wider; deren Lektüre vermittelt aber nicht nur aufschlußreiche Einblicke in das städtisch-bürgerliche Leben – sichtbar werden auch die einzelnen Facetten ihres Persönlichkeitsprofils: diese keineswegs dümmlich-stumpfe Naivität (die stets ein wenig »hintersinnig« wirkt), diese taktvolle, nie unangenehm-zudringliche Neugier, diese Fähigkeit, die kleinen täglichen Geschehnisse im Lichte einer milden Ironie zu betrachten. Der Kern ihrer individuellen Wesensart und ihre Welt- und Lebenshaltungen lassen sich jedoch nur mittelbar erschließen; intime Konfessionen sind gänzlich vermieden, subjektive Stimmungen oder persönliche Empfindungen werden kaum notiert. Wenn also Franziska (am 24. April 1850) ihr Diarien-Programm folgendermaßen formuliert:

»Heute am Bußtage an diesen ersten und ernsten hohen Festtage welchen ich in Naumburg verlebe habe ich mir zugleich vorgenommen mir ein Tagebuch anzulegen um von jeden verlebten Tag eine Rechenschaft abzulegen ob der Tag mir zum Segen gewesen und überhaupt alles mich interessierende hierherzuschreiben«[273]

– so scheint sie diesem Vorsatz nur sehr eingeschränkt gerecht zu werden: In ihrem bunten Notizen-Gemisch (das man unter vorurteilsvoll-negativem Blickwinkel ohne Schwierigkeiten als »konfus« abwerten könnte) kommt nur sehr selten direkte Betroffenheit zum Ausdruck; erstaunlich ist, wie wenig Franziska von »sich selbst« erzählt, wie fragmentarisch-unvollkommen sie (trotz der erklärten Absicht) eine tägliche persönliche Bilanz zu ziehen vermag, um dieserart Rechenschaft abzulegen von der individuellen Verarbeitung äußerer Ereignisse. Bemerkenswert ist aber auch, wie knapp und lapidar sie von dem Sohn und von der Tochter berichtet, den wichtigsten Personen, denen doch die ganze mütterliche Hinwendung und Sorge gilt. Erziehungsfragen werden nie direkt erörtert, die Geistes- und Gefühlsentwicklung ihrer Kinder bleibt verborgen; es finden sich nur kurze, inhaltlich substanzlose Notate – zum Beispiel:

»Gummischuh[e] f.[ür] Lieschen gekauft«[274]

»Examen v.[on] Fritz mit Mad.[ame] Götz gespr.[ochen] zu Empfehlung in d.[ie] Domschule [...] Hr Weber w.[ar] zufrieden mit Fritz sehr gute Censur«[275]

»Frtz. hofft das Franzsch [Französische] lernen«[276]

»Haben ein schönes Weihnachts Fest verlebt. Fritz bekam den groß.[en] Baukasten [...] Lieschen die kl.[eine] Puppenstube mit Kammer [...]«[277]

»[...] Lieschen war nicht wohl ich lies[ß] den Dr.[oktor] holen und hat die Grippe. Mit meinen Lieschen geht es besser«[278]

»Eine Schürze für Lieschen gemacht«[279]

»[...] ich [...] erfuhr das [ß] Fritz unwohl geworden u[nd] die Schule nicht habe besuch[en] können. Er war nehmlich v.[on] Willi Pinder mit sich zu Abend gebeten word.[en] hatt.[e] da saure Milch die nicht recht fertig genossen u. hatte die Nacht Diarhoe u[nd] Leibschmerzen bekommen.«[280]

»Mit Frtz. [Fritz] z.[ur] Prob.[e] d[es] Requiem v.[on] Mozart«[281]

»d[en] dritten Feiertag Fritz u[nd] Theobald [Franziskas Bruder] gingen in das schöne Orgelconcert gemeinschaftlich anzuhören«[282]

Und doch scheint sich Franziska mit pädagogischen Problemen ziemlich intensiv zu beschäftigen: In diesen Tagebüchern findet man öfters kleine Abschriften aus Zeitschriften oder kirchlichen Postillen, in denen es um Fragen der Erziehung geht – weit häufiger jedoch sind Text-Notate der erbaulich-besinnlichen Art, deren Inhalte und Aussage-Intentionen mit Franziskas eigenem Lebensgefühl wohl besonders klar im Einklang stehen: Merksätze, Sinnsprüche, Lebensweisheiten, geistliche Betrachtungen, zum Beispiel Gedanken »über einen frommen Familienvater«, Reflexionen zur Unsterblichkeit, eine Lebensbeschreibung der »seligen Königin Luise«, auch »Salomos Urtheil von einer guten Frau ›Wem ein thugendhaft Weib beschert ist sagt er, die ist viel edler, denn die köstlichen Perlen«.[283] Einen breiten Platz nehmen die Abschriften lyrischer Produkte ein, zumeist geistlichen Inhalts, beispielsweise: Ein Gedicht an Schiller, »Heimweh«, »An mein Stübchen«, »Sonnenuntergang«, ein Todes- und ein Hochzeitsgedicht, das »Lied vom Himmel«, »Ob wir uns wiedersehn?«, dann auch »Ein Lied was ich im Naumburger Gesangbuch gelesen und mich an einem Morgen mit meiner Elisabeth so erbaut hat«.[284] Daneben gibt es Textabschriften, deren praktisch-pragmatische Natur einen höchst reizvollen Kontrast bildet zu den gefühlsselig-sentimentalen Daseinsbetrachtungen: »Über die Düngung der Obstbäume«, »Reinigungsmittel für Glas«, »Ein erprobtes Mittel gegen Zahnweh«, »Zur Aufbewahrung von Aepfeln«, »Starken Kaffee zu kochen«, »Warnung vor dem Schnupftabak«, nicht zuletzt: »Wie bewahren die Engländerinnen ihren schönen Teint«.[285]

In dieser farbigen Mélange nimmt die möglichst perfekte Gestaltung des Hauswesens einen großen Raum ein; Franziska notiert sich immer wieder Haushaltstips und nützliche Verfahren, zum Beispiel wie man Wäsche glättet und gestickte Textilien am günstigsten bügelt, wie man Makkaroni schmackhaft zubereitet, oder wie man mit Hilfe von Backsteinen die Spargelkultur erfreulich verbessert, dann auch:

»Hollunderblüthen v.[or] d.[em] Aufblühen in Salzwasser weich gekocht u. als Salat bereitet schmeckt sehr gut.«[286]

»Gartenkresse. Die Sporen der Blüthen als Salat bereitet […]«[287]

Franziska überliefert sogar einen Speiseplan (vom 2. bis zum 15. August 1857), und es mag aus alltags- oder kulturgeschichtlicher Perspektive durchaus aufschlußreich sein, daß die für jene Zeit beträchtliche Opulenz der aufgeführten Mahlzeiten (besonders was den Fleischverbrauch betrifft) keineswegs hindeutet auf eine sehr bedrückende, das Leben trüb gestaltende Ärmlichkeit des Naumburger Hauswesens, wie sie nietzsche-biographisch bisweilen heraufbeschworen wird, vor allem wohl deshalb, weil man sich nicht vom imaginierten Bild Franziskas als einer puritanisch-frömmlerischen Welt- und Kostverächterin zu lösen vermag:

»Sonntag große Schweinskeule mit Suppe nachher n.[och] Compot
Montag [fehlt]
Dienstag Suppe gewärmter Braten u[nd] Gemüs[e]
Mittwoch Suppe Klöschen u[nd] Bohnen
Donnerstag geräucherte Zunge und [?]
Freitag Suppe aufgebratene Zunge und Schoten [?]
Sonnabend Suppe Kartoffeln u. Hering
Sonntag Suppe Nierenstück u. geschmorte Lins.[en]
Montag Bohnen und [?] fleisch
Dienstag Suppe u. Budding u[nd] Heidelbeer[en]
Mittwoch Suppe Leber u[nd] Heidelbeeren
Freitag Mariechens Geburtstag d.[en] 14. 8.
Sagosuppe Sauerbraten u. Birnen und Plungen [?]
Sonnabend Kartoffelmus u[nd] gewärmten Braten u[nd] Servelatwurst«[288]

Nicht nur über häusliche Angelegenheiten informiert Franziskas Tagebuch – auch ihre Freizeit-Aktivitäten, ihre vielfältigen sozialen Kontakte geraten ins Blickfeld: die kleine, doch anregend aufregende Welt der Damenkränzchen und gemütlichen Zusammenkünfte, vereinzelt dann die Kultur- und Kunstgenüsse:

»Fr.[au] Pastor Geiner [?] u. Fr. Pstr. Schullbach [?] waren da wir hatten große Bettenstopferei und Jubel nächsten Nachmittag Mad.[ame] Laubscher nebst Frln Keil u. Frln. [?] zum Besuch, wo wir uns vorgelesen«[289]

»War b.[ei] Fr.[au] Geheimrath Lepsius zum Kaffee war sehr hübsch da«[290]

»Ersten Feiertag Abend 6 Uhr zu Bescherung bei Pinders es war wieder wunderhübsch. D.[er] Hr Rth [Rat] hatte auf alle Geschenke Knittelverse gem.[acht] zuletzt wurde noch vorgelesen [...]«[291]

»Auf dem Präsidentenball ist es sehr hübsch gewesen es sind an 300 Personen geladen u. über 200 da gewesen allein 84 Referendare. Hr. Rfrd. Schreiner Tanzvorsteher.«[292]

»[...] war [...] mit Fr.[au] Pastor Haarseim so seelenvergnügt dort auf einem Kränzchen, haben uns aber vorgenommen, nicht wieder so viel zu lachen [...]«[293]

»Donnerstag nach Bußtag hatte ich mein Kränzchen [...] wir lasen zum 2 ten Mal die Erinnerungen einer Großmutter«[294]

»[...] hörte ferner die herrliche Orgel wo man von den stärksten Tönen wo d.[en] Dom erschütterten eben so zu d.[en] sanftesten überging, es spielte Hr. Winterberg aus Weimar Schüler von List [Franz Liszt] ganz ganz herrlich [...]«[295]

»[...] Sebastian Bach Cantor in Leipzig außerordentlicher Orgelspieler und Componist von der Passionsmusik. Jesu Tod Musickaufführung leidlich vom hieß [hiesigen] Gesangver.[ein] vorgetragen«[296]

Was man auf den Geselligkeiten, die Franziska besucht, im einzelnen diskutiert und beredet, hält sich im Rahmen dessen, was bei solchen Zusammenkünften kleinstädtisch-bürgerlich die Regel ist: mehr oder minder schlimme Krankheitsfälle, Karriere-Erfolge, allgemeiner Stadtklatsch, selten ernstere Themen aus Politik und Geistesleben; Franziskas Tagebuch-Notizen vermitteln, auf manchmal recht erheiternde Art, einen Eindruck von der ganz speziellen Atmosphäre dieser Naumburger Gesprächskultur:

»Fr.[au] Herzogin v. Meiningen gestorben ganz sanft nach zu früher Entbindung. Der Herzog über den Tod außer sich u. hat alles selbst bei der Leiche besorgt.«[297]

»Pstr. [Pastor] Römer wegen Nervenfieber Frau u. [...] Tochter verlassen u. beide gestorben«[298]

[...] er [Unbekannter Gesprächspartner] erzählte uns nebst anderen daß er jetzt Theologie studiere, indem er bis jetzt Philosophie studirt habe auch erzählte er die heilige Schrift wäre in Ursprung griechisch in sehr reicher Sprache geschrieb.[en] aber die Apostel hab.[en] kein gut Griechisch gesspr.[ochen] es wär ohngefähr der Untersch.[ied] wie Deutsch u[nd] platt Deutsch. In Berlin liefen Rinnsteine an jedem Haus aber eine Brücke denn sie sind tief u[nd] voll Schlamm.«[299]

»Frln Gösch sehr scharf über O. [?] hergegangen weg.[en] ihrer Bettelart um etw.[as] z.[u] bekom.[men].«[300]

»Fr.[au] Sup.[erintendent] sich einen Schnupfen geholt [auf dem Religionsfriedensfest in Plauen,] das so schön gefeiert wurde«[301]

»[Herr Laubscher berichtet, daß] das Friedrichshaller Bitterwasser so sehr gut und wirksam sei. Bartensteins Vater hat früher in Friedrichshall gelebt u[nd] erzählt, es sei eine harte und weiche Quelle da, beide gemischt gebe das gute wirksame Wasser, er will da es in Paris gar nicht bekannt dort ein Depot gern anlegen. Dr. Keil gut und aufrichtig. Die armen Jungens müssen so viel Hebräisch, griechisch lateinisch lernen, todte Sprachen genannt, aber freilich die Bibel im Ursprung ist griechisch u[nd] hebräisch, aber es haben sie doch viel gescheide Männer als Luther u. aus der neuen Zeit übersetzt aber jeder will sich doch gern selbst überzeugen. Aber mit französisch, [Streichung] englisch Deutsch und Musik kann man in der Welt durchkommen.«[302]

»Abends b.[ei] Laubschers gewesen, man soll alle Rechnungen aufheben«[303]

»Tod der guten Frau Assessor [?] in Zeitz die Entb.[indung] ist nicht schwer gegangen aber die Milch ist ihr in den Kopf getreten«[304]

»Mad.[ame] Laubsch.[er] hat sich einen weißen Hut u[nd] Samtaufsatz gekauft.
    Mad.[ame] Laubsch.[er] will gern daß ich mit Fr.[au] Direktor Neumüller bekannt werde«[305]

»Zögling d.[es] Hrn. Candidat Brandt ein so prächtiger Mensch an Seele und Leib hat gesagt: Wir Christen viel zu wenig als Christen dann auch gehört [von einem Geistlichen,] der sich in der Kreuzzeitung ausgelassen über den Sonntag und Fastenheiligung. Also von oben herab wäre d.[er] Befehl d.[er] Sonntag u. Fastenheil.[igung] ergangen u[nd] v.[on] Ob[en] herab hörte man wie wenig es gehalten, sie als Geistliche wären auf d.[en] Mund geschlagen denn sähe das Volk nicht auf die Residenz? u. alle Zeitungen u[nd] Blätter wären ja voll von den Glanzvollen Vergnügungen am Hof!«[306]

»Luischen Reinhard sagte ihr Heißhunger käme von Gemüthsbewegung her. Da hätte sie oft nicht gegessen, u[nd] daran würde der Magen krank, sie äße jetzt aus Vorsatz«[307]

»Hr. Archidiak[onus] Obstfelder hat das Nervenfieber. Gott sei mit ihm! Es geht besser.«[308]

»Hr. Pofessor Schmidt sehr schwach und krank mir erschienen«[309]

»Hr. Profess.[or] Schmidt geht es besser. Der junge Jahr hat sein Examen [...] bestanden und die I bekommen.«[310]

»Fr.[au] Pstr. Pastor Haarseim sollte 10000 [Taler] geerbt haben [...] aber sie hat blos 3000 geerbt«[311]

»Fr.[au] Rth. [Rat] Liebald war mit ihr[em] Mann in Blankenburg gewesen u[nd] hatte Fichtennadelbäder gebraucht Die Nadeln würden gestampft gebrüht u[nd] nun mit d.[em] Bad je nach dem es der Kranke braucht vemischt«[312]

»Die arme Heinitz hat sich [...] so verbrannt u[nd] leidet furchtbar, sie können sie nicht anpacken u[nd] liegt darum ganz nackt im Bett. Die eine Hand fault ab [...]«[313]

»Der gute Bruder [Edmund Oehler] ist so bescheiden aber er hat mir alles erzählen müssen was ihn bewegt hat alle die Herren Consistorialräthe sind sehr freundlich gegen ihn gewesen u[nd] hat müssen im Dom predigen u[nd] sehr gut bestanden«[314]

»Fr.[au] Geheimrth. Unterbeinkleider von Zeitzer Leinwand für sich und Wilhelm gemacht«[315]

»Der Comet soll den 13 Juni die Erde berühren Hr. [?] zu Wien sagt aber daß selbst wenn ein Komet mit unserer Erde in Berührung kommen sollte, ein gefährlicher Zusammenstoß der beiden Himmelskörper nicht zu fürchten sei.«[316]

»Gestern d.[en] 3 Mai 1871 ging ich mit dem Oberpfarrer an d.[em] Bürgergarten auf u. ab wo der Hr. Oberpr.[ediger] so viel hübsches erzählte, so daß ich es mir aufschreiben will. Er sagte das [ß] Bismark ein großer Staatsmann sei und daß wir seine Verdienste nicht hoch genug anschlagen könnten, denn alles wie er alles leitete zeigte von einer Umsicht die seines Gleichen suchte. Die Verdienste habe er sich aber 66 erworben, daß er den Krieg zu Stande gebracht u. das Ganze bis 71 zusammengehalten hätte, aber Moltkes Verdienste seien jetzt ungleich größer, da Bismark nur die reifen Früchte geschüttelt habe, während Moltkes Scharfsinn b.[ei] der Aufstellung der Truppen in höchsten Grade zu bewundern wäre u. es thäte einen leid, daß er doch immer nur in zweiter Linie genannt würde. Dann sprach er: daß, wenn später einmal eine Revolution vorkommen könne, so wäre es nur möglich darüber, daß fast alle hohen Stellen u. auch die einträglichsten in d.[en] Händen d.[es] Adels wären, eines Bürgerlichen Avancement, er könnte noch so gescheidt sein, ginge fast nie bis zu höchsten Stellen u. nicht so begabte aber adelige Leute, bekämen sie, u. diese beförderten eben wieder welche zu ihrer Kaste gehörig, es ginge bei Beförderungen oft sehr menschlich her.«[317]

Franziskas Tagebücher spiegeln auf fragmentarisch-kurzweilige Art den Naumburger Mikrokosmos wider, dieses bourgeoise juste milieu mit seinen manchmal sehr beschränkten Wert- und Lebenshaltungen – politisch engagiert nur dann, wenn es darum geht, die Vorbehalte des Bürgertums gegen die noch immer gesellschaftlich dominierende Adelsklasse mehr oder minder deutlich zu artikulieren: Da ist das geradezu unchristliche Wohlleben an den Fürstenhöfen, da ist die Postenjägerei der adligen Kamarilla, die verhindert, daß den staatstragend-tüchtigen Kräften aus dem bürgerlichen Stand der gerechte Anteil an der Macht zuteil wird. Solche Dissonanzen und Probleme können jedoch das allgemeine Grundgefühl von Sicherheit und Saturiertheit nicht im Kern erschüttern – wenn Franziska in ihren Aufzeichnungen einen Blick wirft auf die zuweilen merkwürdigen und verworrenen Geschehnisse, die sich, jenseits der Naumburger Grenzen, draußen in der bunten, weiten Welt ereignen, dann wird in ihrem Erzählduktus immer etwas spürbar von der auf sicherer Geborgenheit beruhenden neugierig-skeptischen Verwunderung über die glücklicherweise fernen Seltsamkeiten und Kuriosa, die Menschenwerk auf dieser Erde hervorzubringen vermag. Ihre Aufmerksamkeit ist auf die unterschiedlichsten Gegenstände gerichtet: Sie interessiert sich für die Bauarbeiten an der neuen Eisenbahnstrecke Halle–Nordhausen, es finden sich Notizen über ein Observatorium in Washington, das unter großen technischen Schwierigkeiten errichtet wurde, man liest von schlimmen Kriminal- und Mordfällen, man erfährt zum Beispiel auch, daß auf der Insel Wollin ein direkter Nachfahre Martin Luthers lebt, der – Martin Luther heißt! Besonders aufregend sind allerdings die Reiseberichte aus fernen Ländern, die Anekdoten und Geschichten aus der fremden, fast unheimlichen Welt:

»18. war Hr. Professor mit Luischen d[a] u. zeigten uns alle die Merkwürdigkeiten welche Hr. Cand.[idat] Brandt aus dem gelobten Land mitgebracht hatte. Vor allem eine Zukkerschale u[nd] Briefbeschwerer in Form eines Notizbuches beides von Erdgut welches im todten Meere gefunden wird. Das todte Meer ist mehr sumpfig u. früher hat der Bibel nach da Sodom u[nd] Gomorra gestanden aber die Lebenssphäre ist so ungesund daß kein Thier kein Fisch u[nd] auch kein Vogel in d.[er] Nähe leb.[en] kann. Ein Mensch hat einmal gewagt sich darin zu baden ist aber mit Harz überzogen herausgekommen u. hatte ihn fast das Leben gekostet dann sahen wir Perlmuttervasenkrüge mit dem Bildniß des Pabstes u[nd] Muscheln aus den Mittelländ.[ischen] Meer. Dann ein kleines schwarz.[es] Kreuz [...] mit dem Gekreuzigten aus gediegen Silber aus Jerusalem dann Muscheln aus dem galiläischen Meere u[nd] Wass.[er] aus dem Jordan selbst geschöpft, dann einen Stein vom Oelberg so auch ein Kreuz von Holz welches auf dem Oelberg gewachsen [...] Dem Pascha haben sie sich auch vorgestellt [...] es ist auch 2 mal auf sie geschossen worden.«[318]

»[Man berichtet Franziska:] aber Berlin wär reitzend u. abends diese künstliche [köstliche?] Beleuchtung, die prachtvollen Läden. Die Schauspielerin besonders Sängerin Frln Wagner bekommt alljährlich 12000 [Taler] Gehalt, u. drei Monate Urlaub [...]«[319]

»Im Modejournal Rossinis Portrait gesehen. Er schon sehr stark wohl [...] hat den Barbier v.[on] Sevilla componiert [...] hat fast alles im Bett componiert.«[320]

»In Frankreich giebt man in den höheren Cirkeln Kostümbälle, welches Gelegenheit giebt, die schönsten Anzüge zu bewundern. So erschien die Kaiserin von Frankreich als ›Königin d.[er] Nacht‹ Sie trug als solche ein Kleid v.[on] schwarz.[em] Tüll mit Schleppe und Tüllrüschchen garniert [...], darüber flimmerte eine Diamantenschnur u. Diamantengürtel [...] der Kopf und Halsschmuck von Diamantensternen.«[321]

»Das Hotel du Louvre in Paris verbraucht mehr Gas als die ganze Stadt Orleans.«[322]

»In Persien hat der Schah den Befehl erlassen daß Prinzen und Prinzessinnen seiner Familie (2000!) ohne seine Ermächtigung sich nicht verheirathen dürfen.«[323]

»[Bericht über das Attentat auf Kaiser Napoleon, 1858:] als er eben ins Theater gehen wollte doch Gott hat d.[ie] böse That abzuwenden gewußt u[nd] ist ihm nur durch den Hut das Geschoß gegangen. Die Geschosse sollen vergiftet gewesen sein denn bei näherer Untersuchung dieser Projektils zweier Waffenschmiede hat d[em] Einen die Nase geblutet der andere fühlte sich unwohl.«[324]

Franziskas Tagebuch-Berichte haben ihren eigenen, ganz individuellen, unverwechselbaren Humor – sie lassen eine weibliche Persönlichkeit aufscheinen, die sich, trotz aller intellektuellen Defizite und Naivitäten, stets aufgeschlossen, bildungswillig und bildungshungrig zeigt, begierig nach Informationen und neuen Erfahrungen. Es ist ein »offener« Charakter, begabt mit freundlich-distanzierter Ironie, der sichtbar wird in diesen Notizen; der innere, tief religiöse Kern, das feste Welt- und Menschenbild bewirken nach außen keineswegs »Verschlossenheit« oder bigott-dogmatisches Gemeinschaftsverhalten; kennzeichnend sind für sie vielmehr soziale Neugier, Anteilnahme, Mitleidensfähigkeit.

Diese besonderen Eigenschaften sind wohl auch der Grund dafür, daß Franziska, je älter und selbstbewußter sie wird, in der weitläufigen Verwandtschaft als »Tante Fränzchen« eine äußerst wichtige Rolle ausfüllt; sie wird Bindeglied, Vermittlungsinstanz und Kommunikationszentrale. In Hunderten von Briefen hält sie Kontakt zu den Angehörigen: »Da sind natürlich vor allem die Krankheiten und Wiedergenesungen im Verwandten- und Bekanntenkreise, die besprochen werden müssen, weil nicht jedes Familienglied darüber auf dem laufenden ist; da sind Ratschläge an Wöchnerinnen und unerfahrene junge Mütter zu erteilen, Verlobungen und Entlobungen zu diskutieren und Ballberichte zu erstatten; denn stets ist Tante Fränzchen bereit, junge Nichten vom Lande auszuführen, damit sie [...] Theologen oder Juristen kennenlernen [...] Manchmal muß sich Tante Fränzchen auch für die männlichen Verwandten einsetzen; als Mitglied der angesehenen Familie Nietzsche besitzt sie in Naumburg ja Beziehungen. Bald gilt es einem Bruder eine Empfehlung für eine bessere Pfarre zu verschaffen, bald einem Neffen zu einer Anstellung im Justizdienst zu verhelfen; keine Gefälligkeit ist ihr zuviel.«[325] Zahlreich sind Franziskas Besuche bei den Verwandten; stets ist sie in schwierigen Situationen zur Stelle, bei Krankheiten, bei großen Festlichkeiten – manchmal verschafft sie auch einer vom evangelisch-pfarrerlichen Kindersegen arg geplagten Schwägerin den dringend erforderlichen Erholungsurlaub: »Ich übernahm im Hause die Kocherei und nähte für Bruder Theobald ½ D[ut]z[end] Hemden und ebensoviel für die Kinder. Ameliechen war darüber sehr glücklich, auch daß sie einmal in dieser Zeit auf 10 Tage nach Dresden zu ihrem Vater und Geschwister reisen konnte. Die 5 kl[einen] Jungen haben mir viel Spas gemacht [...]«[326] Zuweilen überlegt Franziska sogar, ob dieses »sozialpädagogische« Wirken nicht hinführen könnte zu einer regulären Ausbildung, also zu einem Beruf: »Mir ist schon manchmal der Gedanke gekommen, ob ich nicht Diakonissin werden könnte. Denn meine Kinder sind erzogen, und so nütze ich doch noch dem und jenem, solange der liebe Gott mir Leben und Gesundheit schenkt, und mir ist, als wäre ich da am meisten an meinem Platze.«[327] Das ist ein schöner, vielleicht allzu waghalsiger Traum; im Dunkel bleibt, warum Franziska nicht die Kraft hat, diese kleine, so vernünftige Privat-Utopie real werden zu lassen. Und auch der andere Weg – von vielen, die sie kennen und schätzen, im stillen erwartet und erhofft – scheint ihr für immer verschlossen zu sein: das zweite Eheglück, dem sie dann allerdings das lebensbestimmende, aus dem himmlischen Jenseits immer noch wirkende und bindende Herrscher-Bild Carl Ludwigs zu opfern hätte. Darüber hüllt sich Franziska in Schweigen, wie überhaupt bei ihr nie etwas spürbar wird von dem, was man die Dimension des Erotischen nennen könnte – nur jene kurze Notiz im Tagebuch gibt, verdeckt und verschleiert, einen zarten, fast verschämten Hinweis:

»Eine Wittwe erröthete bei der einfachsten Berührung einer Wiederverheiratung daß es hieß: es sind dies jene schüchternen schamhaften weiblichen Naturen, deren sensibles Wesen wir nur mit jener seltsamen Blumen [Streichung] Pflanze ›noli me tangere‹ [vergleichen können], die ebenfalls bei der leisesten Berührung zusammenzuckt.«[328]

DER HERZENSFRITZ

1.

Trotz aller Naumburger Zerstreuungen, trotz all der heimlichen Gedanken an einen Beruf, an eine eigene und ganz persönlich-individuelle Aufgabe – in ihrer tiefsten Seelenschicht bleibt Franziska lebenslang gefesselt an ihre Kinder, die (wie sie dem Sohn gesteht) »mein *ganzes* Glück ausmachen«.[329] Diese niemals ernsthaft in Zweifel gezogene Bindung verhindert die Entwicklung und Verwirklichung eines eigenen, zur Unabhängigkeit führenden Lebensentwurfs; sie hält aber auch, in einem wechselseitigen Prozeß, den Sohn und die Tochter in dem Gefängnis mütterlicher Liebe und Umklammerung unentrinnbar fest; nie können sie endgültig und für immer – auch nicht als scheinbar selbstbestimmende, »erwachsene« Menschen – der bedrückend-einengenden Pflicht entkommen, ihre Wünsche und Pläne, ihre privaten und beruflichen Aktivitäten, ihr ganzes Dasein vor den mütterlichen Lebensvorstellungen und Werthaltungen rechtfertigen zu müssen. Wenn also Franziska ihrem Fritz in anrührender Zuneigung schreibt: »Meine Gebete begleiten Dich Tag und Nacht, denn *Du* bist mein erster und mein letzter Gedanke vor den lieben himmlischen Vater«[330] – dann mag dieses schöne Geständnis im Sohne nicht nur das tröstliche Gefühl auslösen, bei der Mutter allezeit geborgen zu sein, sondern vor allem auch ein tiefes, Abwehr erzeugendes Ressentiment – muß er nicht seine ganze Existenz, in einem Akt der permanenten Liebesdankbarkeit, mit dem mütterlichen Seelenfrieden verknüpfen und sich stets auch auf *ihr* Wohlergehen konzentrieren, besonders dann, wenn Franziska dieser Beziehung eine gleichsam metaphysische Dimension dadurch verleiht, daß sie das gute und in Harmonie gelebte Mutter-Sohn-Verhältnis als ihre eigene Leistung der himmlisch-richtenden Vater-Instanz und damit, in ihrem Verständnis, auch dem dahingegangenen irdischen Vater, Carl Ludwig, gnadesuchend zu Füßen legt? So ist denn auch das Leben mit ihren erwachsen gewordenen, selbständig und in Eigenverantwortung handelnden Kindern nie partnerschaftlich-gelöst, heiter und harmonisch, sondern immer belastet mit hohen Erwartungen, bestimmt und beschwert von dieser individuell-theologischen Projektion, unter deren Wirkung der äußerlich erfolgreiche, vor aller Welt sichtbare irdische Wandel des Sohnes und der Tochter als wichtigster Indikator für die eigene (mütterliche) Theodizee begriffen und bewertet wird. Franziska bleibt in der Vorstellung befangen, daß ihr Seelenheil nur dadurch garantiert und abgesichert wird, daß sich die Kinder widerstandslos und willig einpassen in die konventionell-bürgerlichen Rollen-Klischees, daß sie ihre Laufbahn, ihre Karriere mit allen Kräften fördern muß, um so jenen weltlichen Glanz auf sich zu ziehen, der hinweist auf das zukünftige, ewige Himmelsglück. So ist ihr ständiges Streben, den Kindern bei solcher Bemühung hilfreich-unterstützend zur Seite zu stehen, nicht nur der Ausdruck hingebungsvoller, uneigennütziger Liebe; ebensosehr steht ein heimlicher, verborgener, uneingestanden-unbewußter Egoismus hinter diesem Versorgungs- und Behütungssystem, das sie mit aller Intensität entwickelt und befördert, auch gegen den mehr oder minder deutlich artikulierten Widerstand ihrer Kinder. Der Sohn ist auf besondere Weise gefangen in dieser Umklammerung; Franziskas Aktivitäten nehmen ihm gegenüber durchaus kuriose, komisch wirkende Formen an: in ihren langen, manchmal kurzweilig-amüsanten Episteln, die sie ihre »Plauderstündchen«[331] nennt, erörtert sie auf eindringliche, zuweilen penetrante Weise das leibliche Befinden des geliebten Fritz, macht immer wieder Ratschläge zur gesunden Lebensführung und versorgt ihn sogar, unter technisch-postalisch oftmals schwierigen Bedingungen, mit Naumburger Nahrungsmitteln, so daß der dissonante Eindruck entsteht, dieser Sohn sei, auch als erwachsener Mann und souveräner Geist, im täglichen Lebensvollzug stets noch ein unmündiges Kind, das sich in einer infantilen Regression befindet – nie scheint Franziska wahrzunehmen und zu begreifen, daß eine solche Versorgungsmanie für das »Opfer« nicht nur hilfreich-angenehm, sondern auch quälend, ja sogar verletzend sein kann. Es ist, wie sie meint, ihr ganz persönlicher, notwendiger Beitrag zum Gelingen dieses Lebensplans; daß nämlich der Sohn seine vorherbestimmte Aufgabe in dieser Welt verwirklicht, dermaleinst also als strahlender Geistlicher, als glaubensgewisser Verkündiger des göttlichen Worts zum Segen seiner Gemeinde, gleichzeitig aber auch zu ihrer eigenen Freude und Genugtuung sein Dasein vollendet.

Scheint also der Weg des Sohnes klar vorgezeichnet zu sein und muß ihm bei diesem progressus alle mütterliche Hilfe uneingeschränkt zuteil werden, so ist Elisabeth, der Tochter, wohl weit weniger Aufmerksamkeit zu schenken, obwohl auch ihre Lebenswege sanft, aber doch mit einigem Nachdruck in eine ganz bestimmte, eindeutig festgelegte Richtung zu lenken sind; es gilt, sie möglichst bald der Naumburger guten Gesellschaft als begehrenswerte, attraktive Heiratskandidatin zu präsentieren, also das zu tun, was Franziska als (leider kostspielige) »Verschönerung von Lieschens Jugend«[332] kennzeichnet: Teilnahme an Geselligkeiten, öffentlichen Tanzbelustigungen in passender, geschmackvoller Garderobe. Diesen Bemühungen scheint zunächst der schönste Erfolg beschieden – auf den Sommerfesten und Winterbällen der »Erholung«, des vornehmsten Festlokals in Naumburg, ist Elisabeth (»klein und zierlich von Gestalt, fein gefesselt mit hübschen Füßen und gepfleg-

Franziska als ca. Fünfzigjährige in Naumburg

ten Händen«)³³³ eine sehr gefragte Tanzpartnerin für die zahlreichen ehewilligen jungen Referendare, Assessoren oder Leutnants. Mit Liebe zum Detail berichtet Franziska dem Sohn über einen solchen erfolgreichen Auftritt:

»Lieschen hatte ein weißes garnirtes Unterkleid an und darüber einen feuerrothen gepufften Doppelrock mit entsprechend garnirter weißseidner Ta[i]lle, oben mit Schwan besetzt und dazu Maiblumen im Haar. Kurz sie sah gut aus und soll die Toilette zu Sonnabend über acht Tage zum Juristenball wieder sein. Es dauerte gar nicht lange, so überreichte sie mir ihre Tanzkarte, als ausgefülltes Document, sie wurde 4 male zu Tische angagirt, aber ein Lieutn[ant] Bauernforst [...] hatte sich diesmal hübsch dazugehalten, angagirte sie auch zum Cotillon, brachte ihr auch da das Bouket (was eigentlich vom Cotillonherren doch nicht geschieht) und führte sie auch nach dem Ball zum Kaffee, kurz es war ein Bischen viel, aber es ist ein sehr solider guter Mensch und ein Pastorensohn, als L[eutnant] eben nicht gefährlich. Außerdem sind noch 4 neue Lieutn[ants] hier, kurz es war das Reißen um unsre Kleine, sie amüsirte sich köstlich und zog mit 7 Boukets ab, eine Zahl die hier noch nicht dagewesen war und ist auch schon wieder für nächsten Ball von 2 Herrn zu Tische und Codillon angagirt.«³³⁴

Ein Erfolgsbericht, geprägt von mütterlichem Stolz und der begründeten Hoffnung, daß Elisabeth die für sie bestimmte Rolle widerstandslos akzeptieren und ihr in nicht allzu ferner Zeit der adäquate Lebenspartner in der Gestalt eines Leutnants (noch dazu Pastorensohn!) oder Gerichtsassessors zufallen wird. Allerdings bemerkt Franziska bald, daß ihre Tochter keineswegs bereit ist, so schnell und so ausschließlich ihrer »Frauen-Bestimmung« Genüge zu tun; zwar flirtet Elisabeth ausgiebig-kokett und läßt die Avancen der ehrbar-hoffnungsvollen jungen Herren bereitwillig über sich ergehen, macht aber später doch, auf ziemlich »unweiblich«-ironische Weise, abfällig-arrogante Bemerkungen über das pfauenhaft-alberne Gehabe ihrer Verehrer. Im Grunde langweilt sie das oberflächlich-kleinstädtische Gesellschaftstreiben; sie hat, nach dem Besuch des ominösen Naumburger Mädcheninstituts, ein halbes Jahr in einem Dresdner Pensionat verbracht, und man bescheinigt ihr immer wieder, daß sie dem Bruder durchaus ähnlich ist in ihrer außergewöhnlichen intellektuellen Begabung und Lernfähigkeit. Es wäre also denkbar, daß sie ihren Weg verfehlt und ein »gelehrtes Frauenzimmer«[335] wird, ein Umstand, der Franziska irritiert, geradezu in Schrecken versetzt, zumal sie bemerkt, daß Elisabeth sich in der Nähe des kritiklos verehrten, angebeteten Bruders immer am wohlsten befindet und ganz an ihn und seine anregend-aufregende Lebens- und Gedankenwelt gebunden ist. Dieses merkwürdig intensive Bruder-Schwester-Verhältnis, das sich nach außen so schön und harmonisch darstellt, muß bei Franziska dennoch heimliche Ängste hervorrufen, vor allem weil sie spürt, daß sie aus diesem fast hermetischen geschwisterlichen Beziehungssystem gänzlich ausgeschlossen und also der Verdacht nicht von der Hand zu weisen ist, Elisabeth und Fritz könnten in solch enger Gemeinschaft auch Kräfte entwickeln, die den mütterlichen Plänen und Wünschen vielleicht störend zuwiderlaufen. Tatsächlich macht Elisabeth den Bruder zum heimlichen, verständnisvollen Partner ihrer gegen die angeblich naive Franziska gerichteten Ehe-Verweigerungs-Strategie, wenn sie ihm stolz, im verschwörerischen, etwas überheblichen Tonfall berichtet, daß wieder einmal einer ihrer glühenden Verehrer, ein gewisser Rudolf, resigniert zurückgewichen ist und sich mit einem anderen Mädchen verlobt hat, in den Augen Franziskas also wieder eine schöne Gelegenheit durch ihr Verschulden versäumt wurde: »Sehr possierlich geberdet sich dabei die Mama, sie behauptet es wäre empörend [...] ich hätte dieses Herz besitzen können und hätte es verschmäht, und sie würde heute nicht zu Mittag essen und immer kümmerlich und traurig sein. Du lieber Himmel ich habe doch nichts dazu gethan, und wenn die Mama auf Jemand Verkehrtes ihre Hoffnung setzt, so kann ich doch nichts davor [...] Es hilft aber Alles nicht, sie bricht nur immer in das prophetische Wort aus: ›Du verschmähst die Schütten und bekommst ein Strohbündel!‹ Und es ergreift sie ein stiller Schauder, wenn ich fröhlich hinzusetze: ›oder gar Niemanden!‹ Na mein lieber Fritz nach einigen Tagen wird sich wohl der Kummer geben!«[336] Auffällig ist, wie leicht sich Elisabeth hier über die Verzweiflung ihrer Mutter hinwegzusetzen vermag, wie wenig sie bereit ist, auf Franziskas Gefühle, und sei es auch nur diplomatisch-vordergründig, Rücksicht zu nehmen. Ihre verletzende, gegen die Mutter gerichtete Souveränität ist nicht nur Ausdruck jener ungeprüft vorausgesetzten Gewißheit, im Bruder einen sicheren Verbündeten zur Seite zu haben – sie spiegelt wohl auch eine grundsätzliche Dissonanz wider, die daraus resultiert, daß Elisabeth gerade in der Mutter zunehmend eine Rivalin im Kampf um die Zuneigung und die Liebe des Bruders erblickt. Was sie mit Franziska einzig noch verbindet, ist auf verhängnisvolle Weise das, was sie zu ihrer Konkurrentin macht: die Statuierung des männlichen, als höherwertig imaginierten Familienmitglieds zum hell strahlenden »Hoffnungsträger«, der auf diese Weise ungewollt, fast schicksalshaft, zum hilf- und wehrlosen Opfer mütterlich-schwesterlicher Idolatrie wird, gleichzeitig unter den belastenden Druck sehr hoch gespannter (weiblicher) Ansprüche gerät, was aber auch, wenn er diese großen Erwartungen nicht zu erfüllen in der Lage ist, zur katastrophalen, endgültigen Destruierung des familiären Verständigungssystems führen könnte.

2.

Die Inszenierung des kämpferisch-männlichen jungen Helden auf der Familienbühne – fraglich bleibt, ob dieses Drama mit der strahlenden Apotheose oder mit dem tragisch-katastrophalen Scheitern des Protagonisten an sein Ende kommen wird. Franziskas tiefste Sorge: Möge der Sohn sein großes Ziel nicht aus den Augen verlieren, und sei es nur dadurch, daß er den Verlockungen des freien, ungebundenen Studentenlebens nicht genügend Widerstand entgegensetzt. Sie wird ihn weiterhin behüten und bewachen müssen, auch aus der Ferne, nachdem er vom nahegelegenen Pforta in die fremden, gefährlichen Städte gezogen ist. Sie muß ihm beispielsweise deutlich machen, daß er, auch als Student, die hohe Tugend der Sparsamkeit nicht beliebig außer Kraft setzen darf – wie überhaupt das lockere studentische Leben, von dem der Sohn (Mitglied der Burschenschaft »Franconia« geworden) aus Bonn berichtet, einiges Mißtrauen hervorzurufen vermag. So muß Franziska lesen: »Sonntag waren wir en masse in Siegburg, zogen mit Juchheirassasa durch die Stadt, tanzten und kamen etwas spät zurück. Vor einer Stunde war ich in einem höchst noblen Konzert, fabelhafter Luxus, alles Weibsvolk feuerroth, immer englisch gesprochen, no speak inglich. Billet 1 Thl. [Taler] d. h. ich bin mitwirkendes Mitglied, kostet also nichts. Dafür bin ich auch höchst patent mit weißer Weste und Glacés angetreten.«[337] Solche Erzählungen müssen die mütterliche Phantasie in eine äußerst unangenehme, heikle Richtung lenken und einige Befürchtungen auslösen; Franziskas Antwort kommt denn auch einer herben Zurechtweisung gleich, obwohl sie sich, im seltsamen Bündnis mit Elisabeth, auf eine eher formale Kritik zu beschränken scheint:

»Dein Brief traf uns inmitten großer Beschäftigung, da wir die Gardienen von acht Fenstern und mehreres, beide gewaschen hatten. Es interessirt uns alles aufs Höchste, doch waren wir diesmal mit den Ton Deines Briefes nicht recht zufrieden und Lieschen meynte sogar am Abend: sie könne eben den Ton nicht leiden und war ganz betreten.«[338]

Feuchtfröhliche studentische Tanzvergnügen, Weibervolk, elegante Garderobe (während man sich beispielsweise in Naumburg der nützlichen Gardinenpflege hingibt) – Franziska muß vermuten, daß diese äußeren Zeichen allzu lockerer, vielleicht pflichtvergessener Lebensführung nur der schlimme Ausdruck einer negativ veränderten inneren Haltung des Sohnes sind. Es ist ein Verdacht, der dadurch aufs unangenehmste bestätigt wird, daß sie sich schon nach kürzester Frist als Opfer eines großangelegten Täuschungsmanövers fühlen darf: Der Naumburger Sphäre entronnen, vergißt ihr Fritz sehr schnell und aus Vorsatz seine theologischen Studien und wendet sich mit Engagement der Altphilologie zu. Das ist ein schwerer Schock für Franziska; nicht nur, daß sie in ihrer mütterlichen Seele zutiefst getroffen sein muß von den geradezu verlogenen Maskierungs- und Ablenkungsbemühungen des Sohnes – ihr ganzes Zukunftsbild gerät bedrohlich ins Wanken. Und doch: Wenn sich ihr Fritz während der Semesterferien in Naumburg aufhält, dann spürt sie immer wieder, wie erfreulich intensiv und eifrig er seinen neuen Studien obliegt. Da hat ihm zum Beispiel sein Leipziger Lehrer, der Herr Professor Ritschl, die Aufgabe erteilt, den Index für eine wissenschaftliche Zeitschrift herzustellen, und es ist ein schönes, rührendes Bild, wie ihm die anteilnehmende und wißbegierige Elisabeth dabei als durchaus geschickte Assistentin hilft, wodurch ein zarter Schimmer vom intellektuellen Glanz des Bruders auch auf sie fallen könnte. Mag es auch schmerzlich sein, daß der Sohn seiner Lebensaufgabe später einmal nicht als Pfarrer gerecht werden wird – Franziska kann tatsächlich schon recht bald getröstet sein: Es gelingt ihm in seinem altphilologischen Fach der große Wurf; erstaunlich früh wird er, durch Ritschls Vermittlung, zum Professor an der Universität in Basel ernannt. Hatte er bei seinem Besuch zu Franziskas Geburtstag am 2. Februar 1869 noch völlig über die Berufungspläne und -gespräche geschwiegen, so hält sie nun, zwei Wochen später, eine frischgedruckte, zur allgemeinen Verbreitung bestimmte Visitenkarte in Händen: »Friedrich Nietzsche, Prof. extra. ord. der klassischen Philologie (mit 800 Talern Gehalt) an der Universität Basel.«[339] Die Naumburger Bekannten zeigen sich neidvoll beeindruckt, aus der Verwandtschaft erhält Franziska zahlreiche Glückwünsche. Sie berichtet von der Reaktion ihres Bruders Adalbert, der als Justizbediensteter

»gerade zwei Diebe zu vernehmen gehabt, da wäre mein Brief mit der frohen Nachricht eingetroffen, die Freudentränen wären ihm förmlich aus den Augen gestürzt und er hätte in dem Augenblick am liebsten Gnade für Recht ergehen lassen. Es wäre ihm aber geradezu unmöglich gewesen, weiter zu arbeiten, sondern er hätte das Verhör eine halbe Stunde ausgesetzt [...]«[340]

Franziska darf sich in der Tat eines prächtigen, strebsamen, wohlgelungenen Sohnes erfreuen, mit dem sie in der bürgerlichen Naumburger Gesellschaft allerhöchste Ehre einlegen kann, hat er doch deren Leistungsstandards auf gloriose Weise übererfüllt. Bewegt und gerührt schreibt sie nach Leipzig:

»Mein *guter* Fritz!

Meine Ueberraschung und Freude [...] kann ich Dir wirklich kaum schildern. Ich stürzte laut weinend vor Freude an Lieschens Bett um sie von der Thatsache zu benachrichtigen diese jubelte aber hoch auf ›Mutterchen ich weiß es schon lange und es hat mir fast das Herz abgedrückt unser guter Fritz ist Professor‹ Wie gut das [ß] Lieschen nun den ganzen Hergang der Geschichte wußte, denn ich hätte es immer für einen Traum gehalten. Mein lieber Fritz ein Professor und 800 Thaler Einnahme! Es war wirklich zu viel mein guter Sohn und ich konnte meinen Herzen nicht anders Luft machen, als daß ich gleich das Thelegram an Dich abgehen ließ, an *Volkmann* nach Pforte schrieb, dann noch an die gute *Mutter*, an den *Vormund* an *Sidonchen* an *Ehrenbergs*, an Frln. v. *Grimmenstein* an *Schenks* nach Weimar. Dazwischen die Fr.[au] Wenkel und Fr.[au] Pinder zum gratulieren gegen 6 Uhr nahm ich meine sechs Briefe mit zur Post 25 Seiten enthaltend und theilte meine Freude zunächst den alten *Luthers* mit, welche einen wahren Jubel erhoben der alte Hr. Geheimrath wurde herbeigeholt und alle brachen in Thränen aus und lassen Dir sowie Fr.[au] Pstr. [Pastor] *Haarseim* Fr.[au] Prof. *Keil* Fr.[au] Pstr. [Pastor] *Grohmann* mit Tochter Fr.[au] Geheimrath Lepsius welch letztere immer ausrief: nein mein alter guter Fritz so wie Fr.[au] v. Busch herzlich gratuliren. Jeder konnte gar nicht genug seine freudige Theilnahme an diesem frohen Ereigniß ausdrücken und seine Glückwünsche gar nicht herzlich genug ausdrücken. Hänschen Wenkel meynte: ob da nicht mancher Student älter ist als der Professor. Und welch eine herrliche Stadt sagte die Keil die Pinder und der alte Luther, hoch oben die Universität und darunter der Reihn [Rhein] fließend. Nun mein guter Fritz ich wünsche Dir von Grund meiner Seele Glück und auch fernerhin Gottes reichen Segen, er hat sich im Uebermaaß über Dich ergossen [...] Gott befohlen! Gott befohlen!«[341]

Dieser Glückwunschbrief, so emphatisch-jubelnd er auch klingt, ist keineswegs, wie man erwarten könnte, ein innigvertrautes Gespräch zwischen Mutter und Sohn, ein ganz intimer Ausdruck des Dankes und der stillen Freude. Nicht das subjektive Befinden dessen, der die große Leistung vollbracht hat, steht im Mittelpunkt des mütterlich-anteilnehmenden Interesses – viel entscheidender scheint die Reaktion der Umwelt zu sein: Franziska weiß genau, daß der Erfolg des Sohnes ihr Sozialprestige in der Naumburger Gesellschaft, bei den Verwandten und Bekannten, aufs erfreulichste erhöhen muß. Diese schon so früh glanzvoll gekrönte Karriere des umsorgten und behüteten Kindes legt sichtbar Zeugnis davon ab, daß sie ihren Erziehungsaufgaben, trotz aller Hindernisse und Bedenken, in höchstem Maße gerecht geworden ist – eine Leistung, hinter der die eigentliche Ursache dieses Triumphes, nämlich die Arbeit und die Anstrengung des Sohnes, scheinbar völlig verschwindet. Franziska darf die Hoffnung äußern, daß man jetzt endlich ihre pädagogischen Bemühungen angemessen wahrnimmt und würdigt, nachdem sie doch so viele Jahre unter den Bedenken und kritischen Blicken ihrer Angehörigen zu leiden hatte. Nun muß wohl die Erkenntnis reifen:

»[...] wen die Ehre zu geben ist, was es aber heißen will, 2 Kinder ohne Vater von ihren 5 ten und 3 ten Jahre an, allein zu erziehen, habe ich doch auch recht gründlich erfahren u. warum soll ich mir nicht auch etwas zumessen, ohne unbescheiden zu sein.«[342]

»Wie unendlich dankbar müssen wir doch den treuen lieben Gott sein, welcher so über Bitten und Verstehen segnet. Es bewahrheitet sich wieder das alte Wort, daß des Vaters Segen den Kindern Häuser bauen hilft.«[343]

Im scheinbar sicheren Bewußtsein, daß man ihr Dank, Anerkennung und Respekt erweist, formuliert Franziska also noch einmal ihre großen Lebens- und Erziehungsmaximen: Mit aller Intensität und Sorgfalt hat sie den göttlich erteilten Auftrag wahrgenommen, im Namen des himmlisch verklärten Carl Ludwig den Sohn in eine Bahn zu lenken, die den irdisch-sichtbaren Erfolg notwendig nach sich zieht; nun darf sie gewiß sein, daß der segnende Blick des Gottes und des gottgleichen Ehemannes auf ihr ruht und sie der erlösenden Gnade teilhaftig wird. In dieser freudigen Erhebung muß die Reaktion des Sohnes für Franziska unverständlich, schmerzlich sein: Sein Dankesbrief ist geprägt von Abwehr, Bitterkeit, verächtlichem Hohn, weil er wohl auf sehr kränkende Weise spürt, daß die ureigenste, von ihm allein erbrachte Leistung als Instrument und Vehikel mütterlicher Selbstaufwertung verfremdet, ja geradezu mißbraucht wird. Es ist ein Dokument, das deutlich macht, wie tief der Abgrund zwischen ihm und der Mutter schon geworden ist, wie stark ihr Verhältnis bestimmt wird von Ressentiments und Vorbehalten, die vor allem deshalb, weil sie nie deutlich artikuliert und »bearbeitet« werden, jegliche substantielle Kommunikation stören, verzerren, mißverständlich machen, so daß der gegenseitige Gedanken- und Gefühlsaustausch im Grunde zweck- und sinnlos scheint: »[...] ich rechne mit einiger Wahrscheinlichkeit darauf, daß Eure Gemüther nach diesem plötzlichen Stoß des Schicksals sich wieder etwas beruhigt haben, daß ihr Euch an jene Thatsache bereits gewöhnt habt. Es wurde mir förmlich etwas Angst bei dem Enthusiasmus Eurer Briefe; schließlich ist ein Professor mehr auf der Welt, und damit ist doch wahrlich alles beim Alten geblieben. Ich fürchte daß man sich in Naumburg ein wenig lustig macht über Eure Freude: und Ihr werdet es nicht übel nehmen, wenn ich dies selbst thue. Worin besteht nun dieses wunderbare Glück, diese entzückende Neuigkeit? Was ist der Kern dieses so verherrlichten Pudels? Schweiß und Mühe: aber um nachzufühlen, bis zu welchem Grade, müßtet ihr selbst in meiner Haut stecken. Aber ihr habt bloß die Sahne abgeschöpft, und die mag Euch wohl geschmeckt haben. Mir bleibt die Schlackermilch des täglichen eintönigen Berufs, der freundelosen Einsamkeit.«[344]

3.

Schweiß und Mühe, das monotone Berufsleben, die Einsamkeit – es ist nicht anzunehmen, daß Franziska angesichts des schönen äußeren Siegs den Pessimismus, die dunkelmelancholisch eingefärbte innere Stimmung des Sohnes auch nur annähernd begreift, daß sie seine zukunftsängstlichen Signale wahrnimmt und mütterlich beschwichtigt. Zur Seelen-Not des Kindes hat sie den Zugang lange schon verloren; sie kann nur dafür Sorge tragen, daß sich seine sicht- und überprüfbaren Lebensumstände auch in der neuen, fremden Umgebung angenehm-bequem gestalten und er als junger, unerfahrener Professor in der Basler Gesellschaft einen ehrenvollen und würdigen Eindruck hinterläßt. Für sie ist nun das große Ziel erreicht; beruhigt kann sie in die Zukunft blicken und sich der getrosten Hoffnung hingeben, daß sie eines Tages im Hause eines allseits geachteten Gelehrten gastlich aufgenommen wird – vielleicht auch freundlich begrüßt von einer liebevollen Schwiegertochter und christlich-wohlerzogenen Enkelkindern? Bewegt und geblendet von dieser schönen Zukunftsvision, vermag sie kaum die warnenden, bedrohlichen Zeichen zu erkennen, die schon zu Beginn den akademisch-glatten Siegeslauf des Sohnes behindern und hemmen: daß die Bürde dieses Amts manchmal allzu schwer auf ihm ruht; daß ihn das tägliche Arbeitspensum zermürbt, zumal er Lässigkeit und Routine verabscheut und stets mit höchstem Engagement seine Pflichten erfüllt; daß die zahlreichen neuen Bekanntschaften zwar äußerst anregend, aber auch irritierend und nervenaufreibend sind, was insbesondere für jene intensive, ehrenvolle Freundschaft mit Cosima und Richard Wagner gilt; daß er von Anfang an zerrissen wird von einem inneren Konflikt, da ihn doch dieser gleichsam bekennerisch-»missionarische« Impetus bewegt, der Menschheit einige neue, umstürzend-aufregende Wahrheiten mitteilen zu müssen, eine philosophische Intention, von der er glaubt, sie sei mit den Mitteln und im Medium seines altphilologischen Fachs nicht angemessen-wirkungsvoll zu artikulieren und er also seinen Beruf, kaum daß er in ihm heimisch geworden ist, aufs tiefste zu hassen beginnt; daß ihn, geheimnisvoll mit diesen qualvollen geistigen Reflexionen verknüpft, Krankheitsanfälle plagen, Magenverstimmungen, Migräne, Depressionen. Er muß alle seine Fähigkeiten zur Maskierung, zum Verschleiern und Verbergen aktivieren, um vor Franziska die Rolle des zukunftsfrohen jungen Gelehrten halbwegs glaubwürdig zu spielen, gerade auch dann, wenn diese den Mut faßt, unter Hintanstellung finanzieller Bedenken die neuen Lebensumstände des Sohnes persönlich (und prüfend!) in Augenschein zu nehmen:

»Ich habe oft so große Sehnsucht zu wissen, wo Du bist, und Dich in Deiner Existenz als selbständigen Mann einmal besuchen zu können und doch, wenn ich sehe *wie* knapp es dieses viertel Jahr wieder geht [...], so vergeht mir immer wieder die Lust. Lieschen will zwar gar nichts von ›Nicht zu Dir reisen‹ wissen, sondern meynt: diesmal wird's durchgesetzt. Also richte Dich nur auf unser Kommen ein mein lieber Sohn!«[345]

Am 13. April 1870 trifft Franziska, gemeinsam mit Elisabeth, in Basel ein. Sie verbringt sogar eine Woche am Genfer See und kehrt, während die Tochter zurückbleibt bei ihrem Fritz, am 1. Juli nach Naumburg zurück – die erste große, beeindruckende Reise über die engen Grenzen der Heimat hinaus! Und doch – ein wenig Enttäuschung, vielleicht sogar Bitterkeit schwingt mit in jenen Zeilen, die sie, in Erinnerung an ihre Erlebnisse, vier Monate später dem Sohn zukommen läßt:

»[...] gefällt es mir auch überall, wo es meinen Kindern gefällt, vorzüglich wenn ich etwas zu diesen Wohlbehagen beitrüge, so gewöhne ich mich doch nicht so schnell an neue Menschen, als es vielleicht der Jugend eigen ist und so gut es mir in der Schweiz und in Basel gefallen hat, so mußte ich im Hinblick auf meine hiesigen so lieben Freunde und Bekannte immer das Wort im Liede des ›Schweizerheimwehs‹ denken ›Keiner drückt so warm die Hand wie daheim im Heimathland‹ [...]«[346]

Mag Franziska ganz im geheimen den Plan gehegt haben, ihren Wohnsitz von Naumburg nach Basel zu verlegen, um den Sohn in seiner äußeren Existenz zu umsorgen, solange er noch nicht die von ihr still herbeigesehnte Ehepartnerin gefunden hat – nach diesem Aufenthalt scheint für sie klar zu sein, daß sie, trotz ihrer Sehnsucht nach dem Sohn, nicht mehr die Kraft aufbringen kann, sich aus der Naumburger Existenz mit all den Freundschaften und mühsam erworbenen sozialen Kontakten zu lösen; vielleicht spürt sie aber auch in innerster Seele, daß die wachsende Gefühlsdistanz zu ihrem Fritz, der ihr auf rätselhafte Weise immer unzugänglicher und fremder wird, ein dauerndes Zusammenleben schon unmöglich gemacht hat, so daß es ratsam erscheint, nur den Kontakt aus der Ferne (möglichst intensiv) aufrechtzuerhalten, um so den heimlich gefürchteten endgültigen Bruch, die zerstörerische Auseinandersetzung und Abrechnung, für alle Zeiten zu vermeiden. Sechs Jahre später, im Frühjahr 1876, kommt Franziska noch einmal in die Schweiz; einige Tage verbringt sie mit dem Sohn in Veytaux am Genfer See und kehrt über Yverdon zunächst nach Basel zurück:

»Ich habe auf meiner Reise an den köstlichen Neuchateller See entlang, viel an Dich mein lieber guter Sohn denken müssen, der Du auch täglich mit dem besten der Freunde [Carl von Gersdorff], diesen großartigen Anblick eines Sees jetzt genießest. Dort war der See nicht weit von Yverdon furchtbar angeschwollen und überfluthete mindestens eine halbe Stunde, der neuen noch im Bau begriffnen Bahn, jenseits des Sees wovon fast nichts mehr zu sehen war und die armen seit einer Woche dahin gekommenen Arbeiter Italiener stürmten schaarenweise herum, ohne an einen Anfang der Arbeit, nur *denken* zu können. [...] Dienstag Nachmittag kam ich hier wieder an und fühlte mich bei Euch so heimisch und Lieschen ist so reitzend, so daß mir der Gedanke an eine Abreise immer wieder vergeht. Sonntag wollen wir so Gott will zum heiligen Abendmahl gehen [...]«[347]

Trotz aller Ängste und Unsicherheiten gibt es also immer wieder die Verlockung, die altvertraute Umgebung zu verlassen und, gemeinsam mit Elisabeth, ein neues Leben in einer fremden Welt zu wagen, zumal manche Freunde und

Bekannte in Naumburg keineswegs verwundert wären, wenn sie diesen Plan verwirklichen würde. In die Heimat zurückgekehrt, berichtet sie dem Sohn:

»Gestern 31. März 1876 Freitag Abend gegen 10 Uhr bin ich hier angekommen, kann mich aber noch nicht recht finden, es kommt mir alles ein Bischen ärmlich und erbärmlich vor, obgleich meine Wohnung doch an und für sich, *sehr hübsch* ist und sehr gesucht, denn es hatte sich das Gerücht verbreitet, ich zöge bestimmt nach Basel und so hatten sich schon etliche eingefunden, die Wohnung ansehen zu wollen. Der alte Vogel sitzt nun aber wieder in seinem Nest. Ich hoffe wenn ich nur erst wieder im Stand bin, dann wird es mir auch wieder gefallen.«[348]

Mag die kleine Naumburger Welt gegenüber den Basler Verhältnissen auch noch so bescheiden sein – für Franziska ist sie das eigentliche Daseinselement und deshalb überlebensnotwendig, auch wenn sie innerlich und mit dem Herzen stets in der Nähe ihres Sohnes ist, zumal dessen Befinden, wie sie selbst während ihres Aufenthaltes in der Schweiz feststellen konnte, zu allergrößter Sorge Anlaß gibt: quälende Kopfschmerzen, Bewußtseinstrübungen, Sehstörungen, so daß er sich genötigt sieht, die Vorlesungen an der Universität zeitweilig zu unterbrechen. Nicht ohne innere Bedenken und Vorbehalte überläßt es Franziska der Tochter, ihn an solchen Krankheitstagen zu behüten und für die Aufrechterhaltung der äußeren Ordnung in Basel zu sorgen. Im Jahre 1870 ist Elisabeth vier Monate beim Bruder, 1871 über sechs Monate, 1872 und 1873 jeweils drei bis vier Monate, 1874 und 1875 verbringen die Geschwister die Sommerferien gemeinsam. Dann lebt Elisabeth vom August 1875 bis zum März 1876 ständig in Basel, erst im Juli 1878 wird der gemeinsame Haushalt aufgelöst. Ein ständiger

Wechsel, ein unruhiges Leben: Franziska bewundert diese Geschäftigkeit, die manchmal hektisch wirkenden Aktivitäten der Tochter, zumal sich Elisabeth, während des deutsch-französischen Kriegs, mit großer Hingabe der Soldaten-Krankenpflege widmet und eine Zeitlang sogar, durch die Vermittlung des Bruders, das Bayreuther Hauswesen von Cosima und Richard Wagner betreut. Und wenn Elisabeth dann wieder in Naumburg weilt, nimmt sie jede Gelegenheit wahr, eine nicht zu übersehende Rolle im städtisch-kirchlichen Leben zu spielen. Franziska berichtet, nicht ohne leise Kritik:

»Wie froh bin ich doch jetzt Lieschen zu haben, sie ist immer vergnügt und amüsirt sich köstlich in ihren Stunden. Ich finde es zu viel, denn englische, französische, italienische Stunden mit ihren Vorbereitungen und Lernen dazu, außerdem noch Unterricht des Geistlichen für alle betreffenden dann für die Sonntagsschule, was sie den Kindern lehren soll (jeden Freitag ist er, und Sonnabend Flickschule an die armen Kinder, kurz jeder Tag außer Dienstag hat seine eigne Plage, ihr ist es aber eine Lust. Ich denke sonach ›Jedes Thierchen hat sein Pläsierchen‹ und muß schon gute Miene dazu machen.«[349]

Dieses »unweibliche« Bildungsstreben, sprunghaft-autodidaktisch, dieses soziale, karitative Engagement innerhalb der Kirchengemeinde – ganz im stillen kann Franziska nicht umhin, in solchen zunächst so lobenswerten, positiven Beschäftigungen eine Art von ablenkender Pflichtvergessenheit zu erblicken, könnte die Tochter doch dadurch endgültig ihre wahre Bestimmung verfehlen; müssen die Naumburger Bekannten nicht bald die peinlich-bedrängende Frage stellen, ob Elisabeth vielleicht (aus welchen Gründen auch immer) beschlossen hat, für alle Zeiten den Annäherungen respektabler Ehekandidaten aus dem Weg zu gehen? Größeren Anlaß zu Gesprächen und nicht immer wohlwollend getöntem Gerede mag jedoch all das bieten, was man in Naumburg über Franziskas hoffnungsvollen Sohn erfährt, der da im fernen Basel ja nicht nur seinen täglichen Pflichten als Professor der klassischen Philologie nachgeht, sondern, weit über sein Fach hinausgreifend, kluge Vorträge hält und Schriften verfaßt, die von der kulturell interessierten Welt durchaus mit gemischten Gefühlen aufgenommen werden. Die freundlich-distanzierte, manchmal sogar etwas hinterhältig-neidvolle Reaktion der kleinstädtischen Gesellschaft auf diese ungewöhnliche Schriftstellerei muß in Franziska zwiespältige Empfindungen, ambivalente Gefühle hervorrufen: Natürlich ist sie bewegt von mütterlich-naivem Stolz – und doch wird mit jedem dieser merkwürdig schwierigen literarisch-philosophischen Werke, die ihr Sohn glaubt schreiben zu müssen, die alte Angst bedrohlich lebendig, er könne tatsächlich ein »Belletrist« werden, also eine nach bürgerlichen Maßstäben fragwürdige Gestalt, die der Familie letztlich nur Schaden zufügt. Stets fühlt sie sich hilflos gegenüber den geistigen Erzeugnissen des Sohnes; sie weiß, daß ihr intellektuelles Rüstzeug nicht ausreicht, um über deren Wert oder Unwert ein begründetes Urteil zu fällen, andererseits versucht sie auf fast anrührende Weise immer wieder (und entgegen dem, was manchmal nietzsche-biographisch mit seltsamer Sicherheit behauptet wird), seine Werke zu studieren und nachzuvollziehen. So schreibt sie zum Beispiel an den Sohn, der sich in den Schweizer Bergen aufhält:

»Ich hatte wie eine bange Unruhe bis ich Deinen Brief bekam mein lieber Fritz. Gott Lob daß Du wieder wohl bist, ich bin immer in Sorge, wenn Du in diesen furchtbaren Höhen und Tiefen allein unterwegs bist und muß immer noch am Riegi denken. Wie freut es mich auch so, daß es Dir in dieser halben Einsiedelei so gut gefällt, aber wie gern hätte ich die Vorträge über die ›Zukunft der Bildungsanstalten‹ von Dir gehört. Volkmann sprach ich Sonntag, aber kaum 2 Minuten, wo er mir sagte, daß er mir nächstens Dein Buch wiedersenden werde, er hätte es sich verschrieben, meynte aber doch, daß ihn recht vieles unverständlich bliebe, weil er nicht musikverständig wäre, also verlange nicht von mir mein guter Sohn daß ich es verstehen soll. Von den Vorträgen verspreche ich mir daß ich den Stoff verdauen werde, denn das ist mir ein höchst intressantes Thema.«[350]

Im März 1874, kurz nach dem Erscheinen der zweiten Unzeitgemäßen Betrachtung »Vom Nutzen und Nachteil der Historie für das Leben« bedankt sich Franziska auf folgende Weise:

»Ist es auch nach 9 Uhr Abends am Sonntag Abend, so ist es doch nicht so spät noch ein wenig mit meinem guten Sohne zu plaudern, und Dir vor allen zu danken, für Dein so schönes neues Buch. Ich bin zwar noch nicht so weit vorgedrungen, doch habe ich den Eindruck von der Großartigkeit desselben, vor allen aber von der, des Denkens und Forschens des Verfassers. Lieschen ist wieder entzückt, was sie Dir gewiß selbst mit den größten Enthusiasmuß gesagt hat. Ich nehme mir nur immer einen Mund voll heraus, um es mit Bewußtsein zu verspeisen und zu genießen, ahne ich auch oft nur den Geschmack desselben, so habe ich doch vor den feinen Koch Respekt.«[351]

Vorsichtig-hilflos nähert sich Franziska den Schriften des Sohnes; es entsteht bei ihr der unbestimmte Eindruck einer ganz besonderen, geheimnisvollen Qualität, aber den tief revolutionären Charakter dessen, was dort dargelegt und verhandelt wird, vermag sie wohl kaum zu erfassen. Es bleibt ihr verborgen, daß in diesen Werken die Fundamente ihres eigenen Selbst- und Lebensbewußtseins mit zunehmender Radikalität in Zweifel gezogen werden, also die feine Kost, die da angerichtet wird, durchaus eine giftige, tödliche Speise für sie sein könnte. Franziskas Ängste sind eher pragmatisch gerichtet: Sie befürchtet, daß der Sohn das rechte Maß nicht finden kann, daß er zu viel denkt und schreibt, daß er sein Dasein zu sehr problematisiert – und daß er dadurch einsam, krank, »lebensuntüchtig« wird und am Ende vielleicht nicht mehr in der Lage ist, den täglichen Anforderungen und dem, was Konvention und allgemeine Sitte erfordern, ausreichend Rechnung zu tragen. Jedes seiner Bücher ist deshalb nicht nur Anlaß zu stolzer mütterlicher Freude und Genugtuung, sondern läßt immer auch die alte, stets im Hintergrund vorhandene Sorge wachwerden: daß der irdisch-glatte Weg des Sohnes behindert werden könnte – bis hin zum Scheitern, zur zerstörerischen Lebenskatastrophe.

4.

Was Franziska von dieser schwierigen, gefährdeten Existenz im einzelnen erfährt – es sind Bruchstücke, Oberflächlichkeiten, die scheinbar nie die substantiellen Krisen und Probleme berühren. Es ist ein fragmentarisches Bild: Da sind nur diese zwei Besuche, da sind die vielleicht stets gefärbten, geschönten, also nicht immer wahrheitsgetreuen Berichte der Tochter, da ist – einziges Kontinuum – dieser lange, umfangreiche Briefwechsel, dessen spezielle Eigenart allerdings darin besteht, daß er als Musterbeispiel uneigentlicher Kommunikation, nicht aber als das Instrument und Medium eines echten, lösenden, befreienden Gedankenaustausches erscheint, vor allem, weil die Schreib-Intentionen von seiten des Sohnes zumeist von Rückzug, Verschleierung und Ablenkung geprägt werden. Für Franziska ist diese Verbindung jedoch von allergrößter Bedeutung. Ein Brief des Sohnes verschönt die täglich-eintönige Plage, und wenn sie selbst zur Feder greift, dann ist diese Beschäftigung ein kleines Zeremoniell, das sich von den anderen Ereignissen des Tages geradezu feierlich abhebt. Was sie in diesen manchmal kuriosen, aber doch auch amüsanten Episteln erörtert, folgt inhaltlich-thematisch einem ganz bestimmten, stets wiederkehrenden und deshalb zuweilen monoton wirkenden Schema: Es sind Ermahnungen an den Sohn, auf seine Gesundheit zu achten und die Arbeit, das Schreiben, vorsichtig zu dosieren; es sind die langwierigen Erwägungen, wie Nahrungsmittel möglichst günstig und bequem geschickt werden können; es sind die ausführlichen Berichte über mehr oder minder bedeutsame Naumburger Ereignisse; es sind die eingehenden, öfters anekdotisch-witzigen Erzählungen von Geschehnissen und Lebensveränderungen in der großen Verwandtschaft oder im näheren Bekanntenkreis – Vorkommnisse und Begebenheiten, die der Sohn, mit leicht ironischem Unterton, als »unterhaltend«[352] klassifiziert oder unter das Rubrum »heitere Sachen«[353] stellt. Grundmelodie ist aber stets: »Dein Kommen ist mein Lichtblick«[354] – also der Wunsch, ihr Kind bald wieder in die Arme schließen und in Naumburg umsorgen zu können, wobei ihr gänzlich das Bewußtsein dafür zu fehlen scheint, daß diese Besuche für den Sohn keineswegs immer glücklich-harmonisch verlaufen und er deshalb manchmal auch seine Zusagen rückgängig macht, ein Verhalten, das bei Franziska tiefe Enttäuschung und Trauer auslösen muß:

»Hättest Du nur eine Ahnung gehabt mein guter Sohn, welche Freude Du mir durch Deinen Zusagebrief, hinsichtlich Deines Kommens, bereitet hast, Du könntest nicht anders, als daß Du hättest kommen *müssen*. Ich empfing denselben als ich mich eben zur Kirche fertig machte. Freudenthränen drangen aus meinen Augen, ich stürzte damit zur Wirthin, denn Jemand mußte noch daran Theil nehmen und sie sagte mir eine Stunde später: ›ich habe wirklich für mich jetzt geweint und beneidete sie förmlich, *wie* sie sich freuen können Frau Pastor.« Nun ging es an ein schaffen, denn ich hatte doch nur halb mehr nach Lieschens letzten Briefen, an Dein Kommen gedacht Vorhänge einsprengen und platten und aufmachen, Betten herüber, Betten hinüber, und beziehen derselben, alle Zimmer noch einmal festlich ordnen, vorzugsweise Dein Cabinettchen. Ein Kind welches vorüberging mit einem mächtigen Herbststrauß und mächtiger Kirbeßranke und rothblühenden Bohnenranken wurde heraufgerufen und ließ mir alles ab, auch ein Sträußchen *dunkelrother* Nelken fehlte nicht auf Deinem Tisch. Die Kirbeßranke und Bohnenranken umkränzten über der Gardiene das Fenster, auf dem Tische standen die Blumen, kurz es war reitzend, daß ich es selbst sagen muß. Henriette folgt dem Beispiel und bekränzt die Vorsaalthür, das Feuer lodert ob des ›schlotternden Gebeins‹ das Kaffeewasser kocht, es wurde geräuchert, ich ordne den Kaffeetisch, bedaure noch dabei, daß ich meinen Gang nach den Bahnhof meines Erhitztsein halber ½ Stunde vorher aufgeben mußte, es stolpert etwas die Treppe herauf, ich mit offnen Armen entgegen und ›der Briefträger‹ —— bringt mir Lieschens expressen Brief, wo ich gleich ahnte wie es stand. Ich glaube mir war das Weinen recht nahe, aber ›die Mutterlieb ermüdet nicht‹ ich dachte dann wieder, daß es Dir doch am Ende intressanter wäre und saß still und betrübt alleine, und bat den lieben barmherzigen Gott, daß er Dich führen und schützen und schirmen möge.«[355]

Diese resignative Duldsamkeit, diese Stilisierung zu einer immer und allzeit einsichtig-rücksichtsvollen Mutter, die ihre eigenen Wünsche und Interessen den spontanen Plänen und Bedürfnissen des Sohnes opfert und trotz aller Schmerzen, die ihr dadurch zugefügt werden, an der Unwandelbarkeit und Beständigkeit mütterlicher Liebe demonstrativ festhält – ist in dieser zunächst so rührenden Imagination Franziskas nicht auch ein schwerwiegender, wenngleich nur indirekt-versteckt geäußerter massiver Vorwurf an den Sohn enthalten? Muß dieser nicht unter dem Druck solch heroisch-ostentativ zur Schau gestellter mütterlicher Demutsgeste unangemessen intensive Schuldgefühle entwickeln? Kann er nicht in Franziskas Haltung eine Strategie erblicken, die darauf abzielt, ihn von vornherein ins Unrecht zu setzen und seine sachlich vielleicht durchaus begründete und nachvollziehbare Entscheidung in die Sphäre eines liebes- und dankesvergessenen charakterlichen Versagens zu transponieren? Es ist tatsächlich sehr bemerkenswert, daß Franziska, nach harmlos-unwichtiger Plauderei, am Schluß des Briefes nochmals auf sich selbst zu sprechen kommt und nun, an pointierter Stelle, ihre eigentliche Botschaft vermittelt, indem sie die Absage des Sohnes mit dem eigenen, depressiv getönten Seelenzustand verknüpft:

»Ich bin überhaupt oft des Lebens recht müde mein guter Sohn und sehne mich *unaussprechlich* nach meinen innig geliebten Mann, bis dahin wird Dir in unwandelbarer Liebe zugethan bleiben

Deine Mutter.«[356]

Ihr irdisches, vom Sohn verursachtes Leid kann Franziska dadurch besänftigen, daß sie die Gestalt des in himmlischer Glückseligkeit wohnenden Carl Ludwig tröstend und beruhigend heraufbeschwört – für sie ein schönes, hilfreiches, selbst-therapeutisches Gedankenkonstrukt, für den Sohn jedoch eine ganz subtile, wirksame Drohung: Muß nicht die Erscheinung der mit göttlich-richtender Autorität ausgestatteten Vater-Figur in ihm zwangsläufig die unangenehme Vorstellung wachrufen, daß er immer dann, wenn er den Wünschen der Mutter nicht willig zu folgen bereit ist, ein vor dem großen Weltenrichter sündhaftes, verworfenes Leben führt, dem die erlösende Absolution nicht zuteil werden kann? Es ist verständlich, daß der Sohn in seinen Briefen diesen bedrängenden, bedrückenden Evokationen auszuweichen versucht und sich in heiter-unverbindliche Plaudereien flüchtet – auch dann, wenn Franziska den inneren Drang verspürt, über ihre ganz persönlichen mentalen Sorgen und Nöte zu sprechen. Erleichtert scheint er immer dann zu sein, wenn sie sich darauf beschränkt, in ihren Briefen die bunten, vielfältigen Naumburger Begebenheiten farbig und plastisch zu schildern; tatsächlich hat Franziska die besondere Begabung, ihre Erlebnisse mit naiver Präzision und mit einem zuweilen fast ironisch wirkenden Lakonismus so atmosphärisch dicht zu beschreiben, daß der ganz besondere Geist dessen, was zur Darstellung kommt, auf manchmal schaurig-schöne Weise deutlich hervortritt. Da ist zum Beispiel eine stimmungsvolle Weihnachtsfeier, während des Deutsch-Französischen Kriegs, für die nicht gänzlich unbeschadet davongekommenen Vaterlandskämpfer:

»Wir waren am heiligen Abend bis gegen 6 Uhr in dem Schützenhaussaale an der Vogelwiese, um der Bescheerung der Verwundeten mit beizuwohnen, wozu wir auch einen Korb Aepfel 2 Stollen und sechs selbstgestrickte Schwals beigetragen hatten. Der Saal war von Schwester Susanne mit allen möglichen schönen und sinnigen Transparents versehen, so oben an der Gallerie ›der König rief und Alle Alle kamen‹ dann noch viele andre theils auf das Weihnachtsfest, theils auf die Kranken hindeutend. Besonders ergreifend war aber als die Courente ein Weihnachtslied auf der Gallerie anstimmte und es brachten vier Träger einen Verwundeten mit der Bettstelle getragen, in den von Christbäumen erleuchteten Saal. Den Armen war die Hüfte zerschmettert und lag im Gypsverband (hoffnungslos), wie die Aerzte versicherten, ahnte aber nichts davon, sah auch sehr gut aus, doch war er sehr ernst, hatte aber die Christbescheerung gern mitsehen wollen. Ihm folgten wieder zwei Träger, welche einen am Fuß schwer Verwundeten Westphalen trugen, ihn dann in einem Rollstuhl setzten und er war äußerst selig über seine Bescheerung besonders über die Bücher. Dann folgten etwa sechs Mann mit Krücken und dann die halb und ganz Genesenen, es war gar zu rührend mein guter Fritz und es blieb kein Auge ohne Thränen, Nottrott hielt dann eine Ansprache und dann sahen sie sich ihre hübschen Sachen an. Sie bekamen eine wollne Jacke, wollne Strümpfe, wollnen Schwal ein Taschentuch (mit dem Königs oder Kronprinz oder Schlachtbilde darin) ferner ein Paar Pulzwärmer, Portmonais und andres, eine Pfeife, eine Flasche Wein, Cigarren, Stolle, Pfefferkuchen, Aepfel Nüsse, die Unterofficire noch mehr, nach der Bescheerung bekamen sie mächtige Stollenstücke und Punsch, wo sie den König und alle Notabilitäten und die edlen Frauen und Jungfrauen leben liesen, sie waren dann sehr vergnügt. Das Ganze war wunderschön und mir und L[ieschen] wohl ewig in der Erinnrung.«[357]

Die weihnachtlich-liebevolle Pflege (teilweise nur fragmentarisch erhaltener) Helden mittels Choralgesang und vaterländischer Durchhalteparolen – Franziskas Genrebild läßt den von einer aufs höchste pervertierten christlich-protestantischen Gefühlsinnigkeit scheinhaft überhöhten kriegerisch-unchristlichen National-Chauvinismus dieser Reichsgründungsjahre in erschreckender Klarheit aufscheinen.

Daneben dann der Jubel-Patriotismus, der dynastische Personenkult, dem die Aufgabe zukommt, nationale Identität mehr oder minder künstlich zu erzeugen; Franziska erzählt dem Sohn von einem sehr hohen Besuch – die Kaiserin erscheint, um den Dom zu besichtigen:

»Da ward geflaggt, befrackt, Blumen gestreut, alle Welt gab seine Teppige, man stellte die schönsten Equipagen, kurz sie war verwundert und entzückt gewesen, von diesen Empfange und hatte so schönes darüber, wie über den Dom als Kunstkennerin gesagt, daß dann ihre Worte die Runde machten.

Noch mehr aber stieg die Begeisterung, als sich einige Tage darauf eben so plötzlich der Kronprinz anmeldete um den Dom ebenfalls zu besehen. Ich war im Missionsfest gewesen, indem ein Missionar aus Südafrika herrlich predigte und hatte dies erst am Abend gehört daß das Telegram gekommen sei. Wir hörten dann nur noch über die Zwinger hinüber vor des Landrath Tellemanns Haus, das unabhörbare Hurrahrufen der Menschenmenge, die sich allda versammelt hatte, weil er dort den Thee einnahm, verbunden mit Gesängen dazwischen als: Heil Dir im Siegerkranz, die Wacht am Rhein u.s.w. und alles ist noch von den ›herrlichen Manne‹ wie man ihn nur nennt und seinen ausgezeichneten Humor und allen was er gesagt begeistert. Grethchen Pinder und unsre alte Miene welche Letztere von ›ich ruppte gleich eine Schürze voll Blumen‹ u.s.w. sprach und Erstere, alle in ihrer Begeisterung in die Kirche ›förmlich gezogen hätte um nur den herrlichen Mann zu sehen und keinen trocknen Faden am Körper (wie sie uns versicherte) gehabt hätte vor Aufregung und Begeisterung‹ haben uns deren Schilderungen vielen Spas gemacht.«[358]

Vermutlich rufen Franziskas Berichte, die den Geist der Zeit so trefflich und prägnant widerspiegeln, auch bei ihrem Sohn ein amüsiertes Lächeln und ein wenig Spaß hervor – zumindest wird ihm bei dieser Lektüre die fast komisch wirkende Diskrepanz zwischen seiner eigenen kompliziert-verwickelten Erlebniswelt und der Daseinssphäre der Mutter besonders deutlich ins Bewußtsein treten, sind doch jene Geschehnisse, von denen Franziska so fröhlich-einverständig erzählt, für ihn nur der Lebensausdruck eines verachtenswerten bürgerlichen »juste milieu«, dessen geistig-moralische Grundlagen lediglich Anlaß bieten zu einer fundamentalen, radikalen und destruierenden Kulturkritik. Dieser unüberbrückbare, nie offen thematisierte Gegensatz, der den Briefwechsel weitgehend zu einer Schein-Kommunikation macht, tritt auf erheiternde Weise dann hervor, wenn Franziska über Kunsterlebnisse berichtet und sich dabei völlig dem schönen, kleinbürgerlich-einsinnigen Prinzip des »prodesse et delectare« hinzugeben scheint; so schreibt sie dem Sohn von einer Reise nach Weimar:

»Ich verband mit diesem Aufenthalt zugleich die beiden Tage der dortigen Faustaufführung wozu sich allein 30 Reichstagsabgeordnete angemeldet hatten [...] Mephisto wurde von Devrient ausgezeichnet gegeben auch Faust und die ganze Aufführung war gut und wohl künstlerisch zu nennen, man brachte viel fertig und spielte in drei Etagen übereinander, am meisten intressirte mich in welch verschiedener Gestalt der Teufel an den Menschen herantrat und das wird der Nutzen bleiben den ich für das Leben davon habe.«[359]

Nie ist in diesen Briefen die Rede von den inneren Teufeln des Sohnes; immer scheint Franziska zu glauben, sie könne ihn ermuntern mit ihren manchmal allzu umfangreichen, ausführlichen Berichten über ihre kleinen häuslichen Probleme, über ihre Reisen, über ihre Erlebnisse bei den Verwandten und deren zahlreichen Kindern, von denen sie zuweilen nette Histörchen mitteilen kann. Da fragt zum Beispiel ein kleiner, siebenjähriger Neffe:

»[...] ›wie groß ist Dein Fritz? ich sagte ihm so groß wie Dein Papa‹, ›da frug er weiter ist er auch Pastor‹ nein sage ich ›Professor‹ ach sagt er darauf ›macht er da *Fässer* oder das Eisen daran?‹ Überhaupt war der Verkehr mit ihnen zu allerliebst und wie verehrt die Gemeinde unsern guten Theobald, er predigt auch sehr erbaulich und schön.«[360]

Wenn Franziska hier die harmlos-heitere Anekdote aus naivem Kindermund unmittelbar verknüpft mit dem segensreichen pfarrerlichen Wirken ihres Bruders Theobald, so mag in einer solchen (halb- oder unbewußten) Gedanken-Verbindung immer noch ein heimlicher Vorwurf an den Sohn zum Ausdruck kommen: Trotz allem Stolz auf diesen ehrenvollen Professoren-Status begreift sie seinen Lebensweg als eine Aberration, als kränkende Verweigerung, da doch ihr schönster Traum, dieses ihr Kind in der Nachfolge Carl Ludwigs als strahlenden Verkünder der Gottesbotschaft wirken zu sehen, nicht in Erfüllung gehen konnte. Unüberhörbar liegt denn auch manchmal in ihren Briefen ein resignierender, fatalistischer Ton, begründet in der Enttäuschung darüber, daß der Sohn kaum in der Lage ist, auf ihre Gefühle und Stimmungen liebevoll und anteilnehmend einzugehen, Anlaß, ihn dezent, aber wirkungsvoll an seine Kindespflichten zu erinnern, bietet zum Beispiel der Tod ihrer Mutter, Wilhelmine Oehler; mit der langatmigen, ausführlichen Schilderung der Leichenfeier ist eine indirekte, jedoch recht deutliche Ermahnung verbunden:

»Acht ihrer Kinder waren gekommen, um die Theure wenn auch als Todte noch einmal zu sehen und Jedem von uns wird dieser Anblick von diesem wirklich schönen Antlitz unvergeßlich bleiben. Fünfzig Kränze, Kronen, Kreuze und Palmenzweige, schmückten ihren Sarg und wir wünschten nur immer ›ach könnte sie sich doch so liegen sehen‹ [...] Die Brüder gingen mit im Zug, geleitet von den beiden Geistlichen und wir Schwestern, Schwägerin und Enkelinnen, darunter unsere Elisabeth, welche auch der guten Mutter Anblick nie vergeßen wird, fuhren in zwei Wagen. Auf dem Kirchhof angekommen, wurde der Sarg in der Gottesakerkirche vor dem Altare hingestellt, worauf des Bruder Feodors Gesangverein, sehr schön sangen. Darauf hielt der alte Stadtgeistliche, von welchem sie immer dessen Freundlichkeit rühmte, wenn sie auf ihrem Fahrstuhl sich zur Kirche fahren ließ, und er entrollte ein köstliches Lebensbild von der lieben nun verklärten guten Mutter. Leider war ein sehr schlechtes Wetter, von Schnee und Regen, sonst wäre die Theilnahme wohl eine noch größere gewesen. Gestern als an unserm Todtenfest war ich noch einmal nach dem lieben Grabe gereißt und Schwester Sidonchen kam auch aus Halle, denn gleiches Verlangen hatte unsre Schritte gelenkt. Ja wir haben durch ihre Liebe viel verloren, denn wir waren ihr Alles, wie sie oft bekannte wenn sie sagte ›Meine Kinder ist mein Staat mein Stolz und meine Freude‹ und wie artig und gut und folgsam wären wir ihr immer gewesen, vorzüglich mein Fränzchen sagte sie immer. Na meine Herzensmutter sagte ich darauf, ich denke nur immer, Du hast manches vergessen, denn wir lebhaften Kinder, waren gewiß nicht so besondre Engel. Gut gefolgt habt ihr mir aber, das bewunderten auch immer die Hauslehrer.«[361]

Mit leichter Wehmut blickt Franziska auf ihre schöne Kindheit zurück – und wenn sie sich noch einmal das Erziehungssystem der Mutter in Erinnerung ruft, dann formuliert sie damit gleichzeitig eine versteckte Botschaft an den Sohn: Haben die Kinder ihr Leben in dieser Welt nicht immer so zu gestalten, daß sie die Erwartungen und Zukunftsprojektionen ihrer Eltern möglichst vollständig erfüllen, um auf diese Weise deren »Staat«, »Stolz« und »Freude« zu werden? Franziskas Beschwörungen einer solchen idealen Eltern-Kind-Beziehung werden immer intensiver, krampfhafter, wohl weil sie langsam zu begreifen scheint, daß die Lebenswirklichkeit für sie und den Sohn ein ganz anderes Schicksal bereithält, auch wenn sie die traurige und dunkle Realität zu verdrängen sucht, also sich weiter der Hoffnung hingibt, eines Tages vielleicht doch noch unter seinem Schutz die mütterliche Ruhe und Zufriedenheit zu finden.

5.

Im September 1879, zehn Jahre nach dem glänzenden und hoffnungsvollen Beginn seiner Karriere, sitzt der Sohn wieder in Naumburg – schwerkrank, halbblind, ein Frühpensionär, nach bürgerlichen Maßstäben eine gescheiterte Existenz. Franziska muß sich eingestehen: Ihr schöner Traum ist nicht in Erfüllung gegangen, die Professur in Basel war nicht die erste Stufe eines unaufhaltsamen Aufstiegs, sondern vielmehr der Beginn einer Leidenszeit, die kläglich zu Ende gehen mußte mit einem von den Universitätsbehörden gnädig akzeptierten Entlassungsgesuch. Jetzt will er bei ihr Ruhe finden »vor meinem beständigen inneren Arbeiten, Erholung von mir selber, die ich seit Jahren nicht gehabt«.[362] Franziska pachtet für ihn das kleine burgartige Stück an der nahen Naumburger Stadtbefestigung, »eine Art Thurmüberbleibsel, mit Schießscharten [...] ganz im Grünen gelegen, umgeben von hübschen Bäumen und Aussicht auf die Promenade, dieses Ueberbleibsel hat unten sogar Küche und liegt in den sogenannten Stadtzwinger, wo man alle Gemüse und Obst selbst bauen könnte.«[363] Sie merkt aber schon bald, daß er seinen zunächst geäußerten Plan, bei gärtnerischer Tätigkeit etwas Erholung und Entspannung zu finden, überhaupt nicht in die Tat setzen kann. Da sind die entsetzlichen Krankheitsanfälle, die unerträglichen Kopfschmerzen, das stundenlange Erbrechen, und es bleibt nicht aus, daß sich Franziska an das schreckliche Ende ihres geliebten Carl Ludwig erinnert. In erträglicheren Phasen sieht sie den Sohn am Schreibtisch sitzen, mit verbissener Energie formulierend und korrigierend. Manchmal muß sie ihm vorlesen: Gogol, Mark Twain, Edgar A. Poe. Sie kann ihn nur umsorgen und pflegen – von dem, was ihn zu seiner Arbeit zwingt, erfährt sie nichts. Es gelingt ihr auch nicht, ihn zum Bleiben zu bewegen; nach fünf Monaten verläßt er Naumburg und geht nach Italien. Franziska bleibt zurück in der quälenden Gewißheit, daß er nun doch ein »Belletrist« geworden ist, der (wie er selbst in diesen Naumburger Monaten schreibt) in seinem Werk »die lehrreichsten Proben und Experimente auf geistig-sittlichem Gebiet«[364] anstellen will. Fraglich, ob sie sich ihre Liebe zu diesem an sich und der Welt unglücklich gewordenen Kind bewahren kann.

Es kommen für Franziska Jahre der Angst und Unsicherheit – und auch eine Zeit der zunehmenden Isolierung von der Naumburger Gesellschaft. Immer öfter muß sie erleben, daß man mit einem etwas süffisanten Unterton sich nach dem Wohlergehen ihrer Kinder erkundigt. Elisabeth – noch nicht im Ehestande, eine alternde Jungfer, seltsamer- und fast skandalöserweise stets in der Nähe des Bruders; und dieser selbst ein durch Europa vagabundierender Literat, der wohl in intellektuellen Kreisen langsam bekannt wird, allerdings auf eine recht anrüchige Weise. Es gibt also reichlich Stoff für hämisches Naumburger Gerede, für heuchlerisches Bedauern darüber, daß sich die doch so liebenswürdige, gute und fromme Frau Pastor Nietzsche des Sohnes und der Tochter nicht so recht freuen kann. Als Franziska erfährt, daß ihr Fritz auf Freiersfüßen wandelt, ist sie zunächst erfreut und erleichtert. Sie selbst hatte ja den Sohn immer wieder mehr oder weniger taktvoll, zuweilen recht zudringlich-nachdrücklich darauf hingewiesen, daß die Ehe sich als ein Segen für sein Leben erweisen könnte; auch war sie nie davor zurückgeschreckt, ihre Erwartungen eindeutig zu formulieren, also ihm deutlich zu machen, daß er auch in dieser Hinsicht einer Sohnespflicht gerecht zu werden habe – so beispielsweise in dem Gratulationsbrief zu seinem 30. Geburtstag:

»Du wirst dreißig mein Sohn, und Deine Großmutter [Wilhelmine Oehler] 80. Ich finde daß es für Großmutter und Enkel recht respectable Zahlen sind. Bei Dir mein Herzenssohn wird es mehr als Anfang eines neuen Lebensabschnitts betrachtet nach den alten Sprichwort ›dreißig Jahr ein Mann‹ während beim Großmütterchen diese Zahl an den Lebensabend erinnert. Nur der treue liebe gute Gott der Dich so sichtbar geleitet, Er sei auch ferner mit Dir, Er erhalte Dich geistig und leiblich [...] und so wird sich alles andre finden und vielleicht sogar eine Frau, in dieser so mädchenarmen Welt.«[365]

Angesichts dieser vorgeblichen Mädchen-Armut, hauptsächlich aber wohl wegen der besonderen Abstinenz und Zurückhaltung des Sohnes auf diesem heiklen Gebiet hatte sie sich nie gescheut, höchstselbst nach (aus ihrer Sicht) adäquaten jungen Damen Ausschau zu halten – auf manchmal peinliche, geradezu obszöne Weise, so in Basel:

»Frln. de Wett (dieses *nette liebe* Riesenmädchen) [...] welche mir wieder so gut gefallen hat, daß ich sie gleich als Schwieger*tochter* nehme (Schwieger*töchterchen* ist nicht die richtige Benennung) sie hat etwas so gesundes körperlich und geistig und eine königliche Haltung«[366]

Oder bei Verwandten in Weimar:

»Es war zu hübsch dort und die köstlichen Mädchen mit ihren prachtvollen blonden Haaren und ein so ausgezeichnetes Familienleben, ihr seid wohl zu nahe verwandt Euch zu verheirathen, sie sind ächte jungfräuliche Gestalten und prächtig erzogen. Sie scheinen sich sehr für Dich zu interessiren zu naiv und reizend waren sie und die Eltern.«[367]

Besonders zudringlich aber hatte es auf den Sohn wirken müssen, wenn Franziska seine Krankheitszustände ziemlich direkt mit der Ehelosigkeit in Verbindung gebracht hatte, um dann sofort mit peinlich konkreten Vorschlägen aufzuwarten, denen durchaus der unangenehme Hauch von mütterlicher Kuppelei anhaften mußte:

»Ich kann aber nicht von den Gedanken loskommen, daß wenn Du Dich verheirathetest, Dein Leiden gehoben wäre, Du hast mehr das Oehlersche Blut und Edmund litt ja ganz in der Art. Sidonchen sagte seine Augenpupillen wären oft von einer Größe gewesen, die das Schlimmste befürchten liesen und Kopfschmerzen und Verstimmtheit, so daß er *durchaus* aus seinem Amte wollte u.s.w., und jetzt ist er der gesündeste Mann den es auf Gottes Erde giebt und es thut ihn keine Ader weh, er war gerade wie Du, auch eine so vollblutige Natur. Gieb etwas mein Herzenssohn auf den Rath Deiner Mutter welche leider auch hierin den Vater vertreten muß. Komm zu mir, ich wüßte ein köstliches Frauchen für Dich, höchst liebenswürdig, gescheudt, hübsch, wohlhabend und dabei höchst einfach und sauber. Gestern ging ich mit ihr von den Bahnhof bis zur Stadt und sie gefiel mir da wieder so und die Mutter ist auch eine sehr vornehme Frau, sie hört schwer, aber sie hat etwas so innerliches und ein *liebes* Gefühl, den Vater kenne ich noch nicht und das junge Mädchen sehnte sich bei unsern gestrigen Gesprächen so die Schweiz zu sehen und liebt sehr Professorengesellschaft [...] und beneidet Lieschen und ihr Leben bei Dir [...] ihr Vater ist hier Appellationsrath. Ich sage Dir, als ich die Mutter und die Tochter zum ersten Male sah, so dachte ich: das wären Brautchen für Deinen Fritz. Könnte ich sie Dir doch hinzaubern mein Herzenskind, da hättest Du von Gott empfangen wie es in der Biebel heißt: ›Und des Mannes Herz kann sich auf sie verlassen‹ Sie ist noch sehr jung und kaum viel in Gesellschaft gekommen, sie hat aber so viel Takt und so etwas Gediegenes [...] Lieschen gefiel sie auch so gut obwohl sie sie nur auf Augenblicke gesehen hat. Lieschen meynte auch zu mir natürlich nur: ›Gehen sie denn den Sommer nicht irgendwo hin, daß sie Fritz sehen könnte‹. Na und habe ich doch wohl genug davon gesagt mein Herzenssohn, wenn es doch nicht *Luftschloß* bliebe! Schriebst Du, Du wolltest kommen, so würde ich gleich in Blassenbach abschreiben und hier soll Dich der Aufenthalt nichts kosten nur die Reise. Ich kenne Frau von Münchow und Tochter, mit welchen sie sehr befreundet sind, kurz lass mich da nur sorgen, daß Du sie sehen und sprechen sollst, es giebt ja Parthien, Conzerte u.s.w., wo dies zu bewerkstelligen ist, so wenig ich eigentlich zu solcher Parforskur passe, ich bringe es aber schon fertig, wenn es sein muß, zumal wenn es das Glück meiner geliebten Kinder gilt. Wo ich sie eben traf auf dem Bahnhof mit ihrer Mutter, machte ihr [...] ein junger Major [...] seine Reverenzen, also ich denke immer, es hat etwas Eile ehe sie weggeschnappt ist, von einen Anderen.«[368]

Ein geradezu makabres Bild: Mutter und Tochter suchen, ohne im geringsten dazu autorisiert zu sein, für den Sohn bzw. Bruder eine Ehefrau, wobei sie – in Abwesenheit dessen, der das Opfer solcher Manipulationen ist – wie selbstverständlich ihre eigenen Vorstellungen, Phantasien und Geschmackskriterien zugrunde legen. Es ist in der Tat eine »Parforskur«, wie Franziska bekennt, wohl mit leichtem Unbehagen über sich selbst und ihre fragwürdige Initiative. All ihre inneren Bedenken und Vorbehalte werden aber überspielt von der Imagination, daß eine Verheiratung des Sohnes die einzig noch verbleibende und deshalb mit allen, auch moralisch zweifelhaften Mitteln zu fördernde Möglichkeit sei, seinem Dasein eine auch in ihrem Sinne positive Wendung zu geben. Um so befriedigter muß sie die Nachricht aufnehmen, daß nun, im Sommer 1882, der Sohn aus eigenem Antrieb eine Partnerin gefunden hat und ihre mütterlichen Mühewaltungen glücklicherweise obsolet geworden sind. Fraglich bleibt nur, ob diese junge Dame ebenso schöne Qualitäten aufzuweisen hat wie die von ihr avisierte Naumburger Jungfrau. Da aber kommt der große Schock. Elisabeth, die diese Lou von Salomé schon kennengelernt hatte, malt für Franziska ein erschreckend negatives, von tiefstem Haß und uneingestandenen Eifersuchtsgefühlen verzerrtes Bild: Eine junge Russin, kränklich und dürr, noch nicht einmal hübsch. Ihr Lebenswandel sei entsetzlich skandalös – sie umgebe sich gern mit geistreichen, gebildeten Herren, um dann wieder ungeniert, zum Beispiel auf den Soiréen am Rande der Bayreuther Festspiele, auf attraktive Jünglinge einzudringen; eine philosophisch ambitionierte Edel-Dirne! Was noch viel schlimmer ist: Franziska erfährt, daß ihr Fritz mit dieser Dame nicht allein leben will; sein Freund Paul Rée soll in ihrem Bund der Dritte sein, man hat vor, im Sündenbabel Paris so etwas wie einen gemeinsamen Haushalt zu führen. Sind da platonische Lesestündchen geplant – oder doch wohl eher erotisch-pikante Arrangements à trois?[369] Franziskas schlimmer Verdacht wird dadurch bestärkt, daß sie von einem angeblich anstößigen Photo erfährt: Der Sohn zusammen mit dem Freund vor ein Wägelchen gespannt, das von dieser schamlosen Lou peitscheschwingend gelenkt wird! Sie kennt den komplizierten Ablauf dieser »Affaire« nicht, sie weiß nichts von den tiefen Gefühlsverwirrungen des Sohnes, ihr ist auch nicht bekannt, daß Elisabeth, von der sie all ihre Informationen hat, selbst eine ziemlich unheilvolle Rolle in dem Seelendrama spielt und auf die verhaßte Gestalt der emanzipiert-weltläufigen Lou von Salomé all ihre lang und schmerzhaft unterdrückten Naumburger Frustrationen und Minderwertigkeitskomplexe projiziert. So meint Franziska, daß nun der Sohn die letzten Regeln christlich-bürgerlichen Anstands über Bord geworfen und sie mit dieser Verletzung der »Familienehre« endgültig zum Gespött der Naumburger Gesellschaft gemacht habe. Als der Sohn nach Naumburg kommt (eigentlich, um bei ihr Ruhe zu finden), da kann sie ihren Zorn, ihre Enttäuschung nicht länger unterdrücken. Es gibt einen heftigen Streit; Franziska schwört, daß Lou von Salomé niemals die Schwelle ihres Hauses betreten dürfe, in höchster Wut bezeichnet sie den Lebenswandel des Sohnes als eine große Schande für das Grab des Vaters.[370] Damit aber rührt sie an dessen tiefste Seelenproblematik – fluchtartig verläßt er die Stadt in Richtung Leipzig mit dem festen Vorsatz, seine Mutter nie mehr wiedersehen zu wollen. In dem Bewußtsein, ein großes Unrecht begangen und die Beziehung zum Sohn vielleicht endgültig aufs Spiel gesetzt zu haben, versucht Franziska verzweifelt, ihr Verhalten zu rechtfertigen, indem sie dem Sohn noch einmal den angeblich so verderblichen Charakter dieser Lou von Salomé vor Augen führt, so daß sie ihre harte, verletzende Intervention als notwendig-hilfreiches mütterliches Eingreifen deuten und legitimieren kann. Sie schreibt ihm, in einem als Fragment erhaltenen Brief:

»Es läßt mir doch keine Ruhe mein alter lieber Sohn, Dich auf die Gefahr in welcher Du Dich befindest aufmerksam zu machen, denn Niemand wagt es, Dir etwas darüber zu sagen und so halte ich es zu thun für meine Pflicht als Mutter, als Du die ganze Geschichte, die uns ans Leben geht, nicht von den richtigen Standpunkt, sondern von der phantastischen Seite auffaßt. Wenn das Mädchen so krank ist warum wird sie nicht von ihrer Mutter gepflegt, da Ihr Nietzsche und Paul Ree bei *dieser* Art von Krankheit doch die unpassendsten Pfleger von der Welt seid.

Wenn sie so etwas ›Außerordentliches‹ ist, so müsste sie das doch ohne Eure Hülfe zeigen, aber das wird es wohl sein, sie bringt allein nichts fertig und ihr Haupttalent soll ja darin bestehen anderer Personen Geist für sich auszuquetschen und es dann als eigene Münze auszugeben, deshalb geht sie auch aus einem Verhältniß mit Männern in das andere über. Ihr beiden guten Einsiedler lasst Euch eben so leicht täuschen, wenn Ihr mehr in der Welt und unter intressanten Männern gelebt hättet, so würdet Ihr nicht aus zweiter Hand nehmen wollen, was Ihr besser aus erster Hand empfangen könntet. Übrigens wünscht Lieschen nichts sehnlicher als daß sie irgend eine außerordentliche Arbeit zu Tage brächte, ganz egal, wenn auch Ihr die eigentlichen wirklichen Verfasser wäret, wenigstens würde dann das ganze Verhältniß nicht das Anstößige haben als jetzt. [...] Ich sage mir immer und immer wieder: warum läuft Dein Sohn so würdelos dem Mädchen nach, was ihn so geringschätzig behandelt wie noch kein Mensch auf der Welt, was uns [...] wahrhaft empört [...] Aber wenn nun gar Jemand mit dem Finger an die Stirn gelegt von Dir sagt ›Er ist ein

Verrückter der nicht weiß was er will‹ Ein gemeiner Egoist der meinen Geist ausbeuten will‹ [...]«.[371]

Franziskas große Angst: daß die bedrohliche Gestalt der Lou von Salomé zerstörerisch eindringen könnte in das aus ihrer Perspektive doch so schöne und harmonische Familiensystem. Wenn sie jedoch abwehrend von dieser Frau ein derart negatives, fast bis zur Karikatur verzerrtes Bild entwirft, dann stellt sie ihren Sohn gleichzeitig und auf äußerst verletzende Weise als ein naives, lebens- und liebesunerfahrenes männliches Wesen dar, das sich von einem bösartig-hinterhältigen »Weib« hinters Licht führen und ausbeuten läßt – eine Kränkung seines Selbstwertgefühls, die ihn nicht etwa einsichtig und ihren Argumenten zugänglicher machen könnte, sondern weit eher seine innere Wut und die Bereitschaft zum endgültigen Bruch befördern und erhöhen muß. Es ist in der Tat, wie Franziska spürt, eine Geschichte, die ans Leben geht, die in ihrem Sohn »tiefste Melancholie« und »böse schwarze Empfindungen« auslöst, »[...] *dieser Conflict in mir nähert mich Schritt für Schritt dem Irrsinn*, das empfinde ich auf das Furchtbarste [...]«.[372] Und doch ist er nicht fähig zur letzten, lösenden Konfrontation, die das Band zur Mutter endgültig und für alle Zeit zerreißen würde: »[...] es könnte zu schauderhaften Augenblicken kommen – und auch jener lange genährte Hass könnte in Wort und That zum Vorschein kommen: wobei *ich* bei weitem am meisten das Opfer sein würde [...]«.[373] Die Furcht, in dieser Auseinandersetzung schließlich doch der Verlierer zu sein; die schlimme Ahnung, daß die große Revolte nicht etwa die Befreiung herbeiführen, sondern im Gegenteil sogar noch größere Seelenqualen auslösen könnte; das auch gegen die Einrede des Verstandes und trotz aller Unlust und Abwehr stets vorhandene Gefühl, untrennbar und vielleicht bis zum bittern Ende mit der Gestalt und mit dem Leben der Mutter verbunden zu sein – dieses Gemisch widerstreitender Empfindungen bewirkt die Blockade, lähmt seinen Mut zu einer klaren Entscheidung, so daß er nur noch die Kraft findet, einen halbwegs stabilen modus vivendi zu entwickeln, einen oberflächlich-labilen Kompromiß, der erneut auf Verschweigen und Verdecken beruht. Es ist nicht anzunehmen, daß Franziska die tiefen Dimensionen dieses Seelenkampfes ganz ermißt und würdigt. Sie kann durchaus getröstet und zufrieden sein: Im Kampf um den Sohn hat sie gegen jene fremde, böse Lou von Salomé einen nach außen ganz erfreulich sichtbaren Sieg errungen. Und auch der Sohn wird ihr erhalten bleiben: schon drei Tage nach dem schrecklichen Streit, da er geschworen hatte, sie für immer aus seinem Leben zu verbannen, teilt er ihr seine neue Leipziger Adresse mit, so daß es ihr nicht schwerfallen kann, diese zunächst bedrohlich-zornige Entschlossenheit als Augenblickserregung oder gar als vordergründige Theaterpose aufzufassen.[374] Franziska erfährt, daß auch in der Folgezeit all seine immer wieder unternommenen Versuche, den Briefkontakt mit Naumburg abzubrechen, schließlich doch vergeblich sind – die unsichtbaren, aber so wirkungsmächtigen Fesseln scheinen unlösbar. Auch Franziska begreift, daß sie an ihren Sohn zutiefst gebunden ist, obwohl sein Leben und sein Denken manchmal Schmerz und Seelenkummer bewirken:

»Ich kann dem lieben Kinde kein böses Wort sagen, einmal habe ich es getan, weil ich es für meine Mutterpflicht hielt, ich habe es ihm aber zwanzigfach wieder abgebeten, denn er ist ein guter Mensch und nur krank.«[375]

Hinter diesem anrührenden Bekenntnis, hinter dieser Beschwörung eines unwandelbaren Gefühls mütterlicher Verständnisbereitschaft und Zuwendung wird das neue (oder altvertraute?) Modell sichtbar, welches nach der großen

Krisis die Beziehung zum Sohn neu regelt und auf ein zumindest für Franziska haltbares Fundament zu stellen vermag: Der strahlende junge Held, auf den Mutter und Schwester gleichermaßen all ihre Hoffnungen und Wünsche projizieren konnten, ist von der Familienbühne verschwunden; er hat sich (zurück-)verwandelt in ein hilfs- und schutzbedürftiges Kind, das krank, »lebensuntüchtig« ist und deshalb der nachsichtig-rücksichtsvollen mütterlichen Pflege dringend bedarf. Es ist tröstlich für Franziska, daß sich der Sohn, in einer fast resignativen Haltung, einzulassen scheint auf dieses (alt-)neue Verhältnis, das ja durchaus als eine Art von Regression bezeichnet werden könnte – daß es ihm also gelingt, seine Haßgefühle halbwegs erfolgreich zu unterdrücken, oder besser: auf die Gestalt der Schwester umzulenken, denn die Beziehung zu Elisabeth bleibt, wie Franziska voller Kummer bemerken muß, trotz ihrer Beschwichtigungsversuche und der mühsam-oberflächlichen Versöhnungen, für alle Zeit zerstört. Der große Familienkonflikt hat also doch ein Opfer gefordert.

6.

So mag Franziska fast erleichtert sein, daß sich die Tochter, nach all den schlimmen Streitigkeiten, von ihrem sonst so übermäßig angebeteten Bruder innerlich zu lösen scheint und eine eigene, selbstverantwortete Lebensperspektive entwickelt – vielleicht ist sie sogar bereit, nun endlich jene Rolle zu übernehmen, die ihr Franziska schon immer zugedacht hatte, ist doch auf der Familienbühne schon ein neuer Held der ganz besondern Couleur erschienen, Bernhard Förster, den Elisabeth bereits im Jahre 1876 während der ersten Bayreuther Festspiele kennengelernt hatte und dem nun, nach der großen Enttäuschung mit dem Bruder, all ihre schwärmerische Aufmerksamkeit gehört. Ein an- und aufregender Mann: blond, hünenhaft, »patriotisch« gesinnt, unbarmherzig antisemitisch, mit weitgespannten Ideen zur Wiedergeburt dessen, was in seinen vaterländisch gesinnten Kreisen »deutscher Geist« genannt wird.[376] Elisabeth zeigt sich fasziniert von seiner intensiven Propagandatätigkeit: gegen einen zersetzenden Intellektualismus, für eine vegetarisch-natürliche Lebensgestaltung, gegen das bedrohliche Gespenst der jüdischen Unterwanderung, für ein arisches Christentum. So aufrührerisch-tatkräftig kämpft er für diese Ideen, daß sich die preußische Kultusbehörde genötigt sieht, ihn aus seinem Beruf als Gymnasiallehrer zu entfernen; mit großem Nachdruck kann er nun seinen großen Plan verfolgen, auf überseeischem Gebiet eine germanische Kolonie, ein neues und »gereinigtes« Deutschland zu errichten. Es ist seine Überzeugung, daß »eine gedeihliche Fortentwicklung unserer deutschen Kultur, eine Wiederherstellung und Erhaltung der physischen, moralischen intellektuellen Gesundheit unserer Nation nicht möglich ist ohne [...] Auswanderungen [...] Es gibt nur eine Antwort: ›hinweg‹ übers Meer in ein glücklicheres Land, welches der redlichen Arbeit ihr Recht gibt!«[377] In Franziska löst das Erscheinen dieses prächtig-deutschen Idealisten die zwiespältigsten Gefühle aus. Sie kann zufrieden darüber sein, daß die Tochter endlich einen Lebenspartner gefunden hat, also die quälendunheilvolle Fixierung auf den Bruder langsam verschwindet; mit Rührung nimmt sie zur Kenntnis, wie fasziniert Elisabeth von jenem Herrn Förster und seinen heldischen Visionen ist, wie die Hoffnung sie belebt, an dessen Seite als Kolonisatorin mit edel-germanischem Sendungsauftrag einer großen Idee tatkräftig-praktisch zum Siege zu verhelfen – und doch ist stets die Angst vorhanden, daß mit all diesen großen Plänen und Projekten ein neues Familien-Unglück heraufziehen könnte. Franziska kennt jedoch den Eigensinn ihrer Tochter, sie weiß, daß alle Einreden und Bedenken nutzlos sind, und so verfolgt sie fatalistisch-resignativ den raschen Ablauf der Ereignisse: Im Februar 1883 bricht Bernhard Förster nach Paraguay auf – er ist fest entschlossen, dort sein neues Germanien wirklich werden zu lassen. Nach seiner Rückkehr ist endgültig klar, daß Elisabeth an seiner Seite und als seine Frau das große kolonisatorische Experiment miterleben und mitgestalten wird. Es ist ein waghalsiges und gefährliches Abenteuer, aber Franziska will dem Glück der Tochter nicht im Wege stehen und versucht, ihre pessimistisch-warnenden Bedenken zu unterdrücken; dem Sohn allerdings muß sie offen bekennen:

»Oft ist es mir wie ein böser Traum daß Lieschen von uns gehen will und wenn ich an die Wirklichkeit denke, so ist es mir, als müsse mir das Herz brechen, Du wirst aber durch sie alles erfahren haben und so wage ich nicht, bei diesen beiden lebhaften Naturen, in dieses Glück welches sie in einander finden, zu stören, ohne mir nicht vielleicht die größesten Vorwürfe dann zu machen: Ach sie hat es so gut zu Hause und welche Enttäuschungen werden ihrer harren! Sie ist aber muthvoll alles mit ihm zu tragen und es ist mir natürlich auf der anderen Seite, wenn ich von mir ganz absehe, wiederum eine große Freude in ihr von Glück strahlendes Gesicht zu sehen und in ihr erheitertes Gemüth. Aber eben weil sie so lückstrahlend ist, ist sie mein Sonnenschein im Hause, und ihn vielleicht auf ewig zu entbehren macht mir so schwere und traurige Stunden, und doch darf ich es mir kaum merken lassen weil es sie gleich verstimmt und so gehe ich still meinen Pflichten täglich nach um mich den Kummer nicht gar so sehr hinzugeben. F[örster] ist ja ein *guter* Mensch und wenn sie im Lande blieben, warum sollte ich mich nicht an diesem Glück von Herzen erfreuen, aber so, ist es mit zu großen Opfern verbunden.«[378]

Auch wenn Franziska diesen Bernhard Förster einen guten Menschen nennt, so scheint sie zu ahnen, daß sein Einfluß auf die Tochter deren Hang zu einem wirklichkeitsvergessenen Schwärmertum auf unheilvolle Weise befördert: Diese »Lebhaftigkeit«, diese Hektik, diese etwas künstlich-theatralische Euphorie, vor allem aber diese Sorglosigkeit, mit der das fragwürdige Kolonial-Vorhaben ins Werk gesetzt wird – es ist zu befürchten, daß recht bald ein böses Erwachen folgt und die Tochter unsanft aus ihren Träumen gerissen wird. Franziska fühlt sich einsam in all ihren Sorgen, die sie angesichts der hochoptimistischen Stimmung im Hause kaum noch offen zu äußern wagt, und es ist verständlich, daß sie in dieser Lage versucht, den Sohn zu ihrem Vertrauten zu machen und das scheinbar ungetrübte, liebevolle Mutter-Sohn-Verhältnis wiederherzustellen, trotz dieser großen gegenseitigen Kränkung, die nun allerdings vergeben und vergessen werden soll:

»[...] sind wir uns doch in Zukunft besonders ans Herz gelegt alle Beide. [...] Wir müssen nun doppelt fest und innig uns aneinander schließen mein herzenslieber Fritz und was ich auch sagen und schreiben mag, verstehe es stets in dem Sinne daß es aus einem Mutterherzen hervorgeht, welches Dich mit der allerzärtlichsten Liebe umfaßt und Dich *nie* beleidigen möchte.«[379]

Eine flehentliche Bitte Franziskas an den Sohn, all ihre Interventionen, Ratschläge und Bedenken recht zu verstehen als Ausdruck mütterlicher, schützender Liebe, die vielleicht jetzt notwendiger denn je sein mag, da ihr nur allzu deutlich bewußt wird, daß Elisabeth nicht mehr bereit ist, das alte familiäre Beziehungssystem zu re-etablieren, um erneut »des Bruders Hüterin« zu sein:

»[...] ich dachte immer sie solle nun vorzüglich da sie nicht mehr jung ist, sich Dir weiter widmen und Dir in allen Lebenslagen, wo Deiner Mutter Verständniß nicht ausreicht, Dir treulich zur Seite stehen, und ich habe in dieser Beziehung es ihr, *recht* ernstlich vorgestellt.«[380]

Es sind vergebliche Bemühungen; mit verbissener, rücksichtsloser, geradezu trotziger Energie verfolgt Elisabeth ihren Plan – sie will der Mutter, dem Bruder, der kleinen Naumburger Welt möglichst für immer entkommen. Franziska weiß, daß sie das Spiel verloren hat; nur allzu gut kennt sie die nicht immer angenehme Wesensart der Tochter, einen einmal gefaßten Entschluß, und sei er noch so widersinnig-unvernünftig, mit fast zorniger Tatkraft zu verteidigen und durchzusetzen:

»Das Wort ›Hochzeit‹ halte ich mir so lange als möglich vom Halse, es ist für mich ein *zu schweres Opfer*, Lieschen für immer entbehren zu müssen, denn meine Kinder sind nun einmal meines Herzens und Auges größte Wonne. Doch Du willst ›wir sollen immer guten Muthes sein‹ und so will ich von diesem Thema, was mir so qualvolle Stunden gemacht hat, schweigen Dir aber auch sagen, daß ich etwas ruhiger darüber geworden bin, denn hier ist nichts zu machen und ich quäle nur das arme Kind, welche selbst in ihrer Liebe zu uns, viel durchmacht und durchgemacht hat.«[381]

Am 22. Mai 1885 erlebt Franziska dann dieses mit heimlichen Ängsten erwartete Hochzeitsfest; demonstrativ abwesend ist aber der Sohn – zu heuchlerisch-verlogen wäre es gewesen, der Schwester und allen anderen Gästen eine Harmonie vorzuspielen, die schon längst nicht mehr vorhanden ist, ganz abgesehen davon, daß ihm der deutschtümelnde, chauvinistisch-antisemitische Bernhard Förster sehr zuwider ist, auch wenn dieser sich (auf eine geradezu beleidigende, schauerlich verständnislose Weise) als sein Anhänger und Verehrer aufspielt und anbiedert. So muß Franziska ihrem »Alterchen«, wie sie den Sohn zuweilen nennt, brieflich Bericht erstatten von den umfangreichen Vorbereitungen und der schönen Naumburger Zeremonie, über welcher schon (qua Tigerfell) der Hauch transatlantisch-ferner Exotik weht:

»Ich hatte mir 15 Maien für 2 Thaler kommen lassen und damit das Haus alles Ehrenpforten ähnlich geschmückt und vor allem das große Zimmer zu einer Art Traucapelle eingerichtet mit Altar... wozu ich mir aus unsrer Kirche eine rothe gepresste Plüschdecke nebst Crucifix lieh, denn du weißt doch daß Rosalchens Stiftung zu 180 Thalern angewachsen war und davon eine Kanzel und Altarbekleidung ist angeschafft worden, dann noch Leuchter mit Kerzen, ringsherum Blumenkörbchen, welche den Morgen von allen Seiten geschickt wurden und vor dem Altar ein Tritt für den Geistlichen deßgl. ein niedrigerer für das Paar, Beides mit einem Teppich bedeckt. Zu ihren Füßen ein mit grünem Tuch garnirtes Fell, welches aus dem Ober Paraguay und von einem jungen Tiger stammt, davor auf den niederen Tritt zwei Kissen zum Knien des Paares und davor die alten schwarz und goldenen Erbstühle mit einer Girlande zusammengeschlungen, dahinter der große Sophateppich worauf hinter dem Paare die Stühle der 3 Pinderschen Töchter und Anna Reuter stand und wieder hinter diesen Stühlen standen im Halbkreise Stühle für uns beide Mütter und seine Geschwister. Um 10 Uhr fuhren sie auf das Standesamt und nachdem wir uns gratulirt hatten, präsentirte mir Bernhard eine Karte strahlenden Gesichtes mit der Inschrift ›Dr. Bernhard Förster und Frau‹ und meinte: Nun Mamachen glaubst du es doch‹ Wir Mütter und das Brautpaar nebst

Geistlichen sammelten uns gegen 12 Uhr im Cabinet und nachdem auf dem Vorsaal der Domchor aufgestellt war und sie das Lied begonnen ›Jesu geh voran auf der Lebensbahn‹ betraten wir das Trauzimmer, wo alle Anwesenden schon Platz genommen hatten. Sein Bruder der Superintendend aus Halle sprach wundervoll und man merkte ihn an, daß es von Herzen kam, denn es ging zum Herzen und der gute selige Papa schaute aus seinen Blumen auf das Paar hernieder und wird gewiß auch seine Segenshand auf sie gelegt haben. Nach der Rede sangen sie noch einen Vers und Du kannst Dir denken, wie viele Tränen ich dabei vergossen habe. Unser aller innigsten Glückwünsche gaben wir ja ein jeder gern die Lieben und Geliebten mit auf ihren Lebenswege und Du gute Seele aus weiter Ferne, sendetest auch Deine guten Wünsche, wo wieder die Thränen mir aus den Augen strömten […] Wir aßen dann unser 12 Personen in unserer Wohnstube, wobei es sehr animirt war, auch gab es dreierlei gute Weine, welche Förster besorgt hatte und zuletzt sogar Champagner, kurz Alle waren der Ansicht, daß es das wohlgelungenste Hochzeitsfest gewesen wäre, was sie je erlebt hätten. Lieschen sah auch in ihren langen langen Cachmirkleid und ebenso langen Schleier mit Kranz so lieb und gut aus und er so männlich und so glücklich an ihrer Seite. Um 4 Uhr verließ uns das junge Paar und fuhren von tausend Segenswünschen begleitet und meinen Thränen davon.«[382]

Ein schönes (wenn auch leicht überaltertes) Brautpaar, eine würdig-erbauliche kirchliche Feier, anschließend gelockerte Champagner-Stimmung, bewirkt durch einen höchst spendablen Bräutigam – dennoch erlebt Franziska dieses Hochzeitsfest mit gemischten, bitter-süßen Gefühlen. Dann, in der Folgezeit, die hektische Betriebsamkeit der Tochter, die ihrem Gatten bei der Abfassung eines Buches über Paraguay behilflich ist und ständig Briefe an Freunde und Bekannte verfaßt, in denen sie für Försters Kolonial-Idee mit Engagement die Werbetrommel rührt, indem sie einen Grundbesitz in Übersee als lohnende Kapitalanlage propagiert, obwohl die vorgestellten Finanzierungsmodelle äußerst fragwürdig sind und man nicht weiß, wie die staatlichen Behörden in diesem fremden südamerikanischen Land auf solche Landnahme-Vorhaben reagieren werden – vielleicht gibt sich Franziska insgeheim der Hoffnung hin, daß nicht genügend Siedler willens sind, das große Risiko zu tragen, so daß der waghalsige Plan nicht durchgeführt werden kann und ihr also die Tochter erhalten bleibt. Aber am Ende gelingt es doch, eine kleine Gruppe mutiger Pioniere anzuwerben; im Februar 1886 muß Franziska Abschied nehmen von Tochter und Schwiegersohn. Nun gibt es nur noch briefliche Berichte, nun ist sie angewiesen auf Elisabeths möglicherweise nicht ganz wahrheitsgetreue Darstellungen. Da mag in Briefen an Naumburger Bekannte von der malerisch-aufregenden Exotik der neuen Heimat höchst schwärmerisch die Rede sein und die erbärmliche Lebenswelt dieses Landes mit seinen unzuträglichen klimatischen Bedingungen sorglichst verschwiegen werden – jene Einzelheiten, die Franziska erfährt, vermitteln denn doch ein wirklichkeitsnäheres, nicht allzu positives Bild. Schon auf der langen, beschwerlichen Seereise ist Elisabeth

»[...] recht krank gewesen [...] Natürlich hat Beiden dieses Ereigniß viel Kummer gemacht, (hätte ich ihr nur nicht Alles vorausgesagt) ein Glück noch, daß sie [...] einen guten Arzt auf dem Schiff hatten, aber bei 23 Grad Hitze und Wasserdunst, 3 Tage und 3 Nächte in der engen Cabine und weil sie es da wahrscheinlich nicht mehr hat aushalten können, überall ›kläglich‹ herum hat liegen müssen, meynt sie: Noch *nie* in ihrem Leben von der Hitze so gelitten zu haben wie da und hofft [...] daß diese Seereise ihnen für die Zukunft als Folie dienen solle. Der Capitain sagte zwar: daß die Fahrt eine überaus günstige gewesen sei, schreibt sie ›doch wolle sie da keine ungünstige erleben‹ Darum auch das qualvolle Heimweh, was mit solcher Situation zusammenhängt und die melancholische Stimmung, die sich ihrer bemächtigt hat, was ich mir offen gestanden, gar nicht mir ihren sonstigen Wesen und den muthigen und bestimmten Willen zusammenreimen konnte. Die arme kleine Seele was mag sie gelitten haben in *jeder* Beziehung! Sie schreibt zwar an die Mama [die Mutter Bernhard Försters] und an Pinders ganz muthig wieder und ganz freudig, läse ich nur nicht *zwischen* den Zeilen! Ach und was wird es noch Alles für Enttäuschungen geben, obwohl wir ihnen das *Allerbeste* wünschen wollen. Denke ich nur an die Moskitos, die Ameisen und den Sandfloh und an erstere, wo sie hier noch acht Tage, nach der Reise von Rom (sie hatte da etwa 6 Stiche welche wie Plattern entzündet waren) zu Bett lag und fieberte. Gebe Gott der Allbarmherzige daß ich zu schwarz sehe. Und wieder wo soll B[ernhard] mit seiner gereizten Art ein Arbeitsfeld finden?«[383]

Die sonst so mutige, energische und willensstarke Elisabeth also schon in der Anfangsphase dieses Experiments in einer depressiven, fast verzweifelten Stimmung – das ist für Franziska ein deutliches Zeichen dafür, daß die Schwierigkeiten weitaus größer als erwartet sind und man in der Tat das Schlimmste befürchten muß, zumal wenn sie sich (bemerkenswert scharfsichtig) den besonderen Charakter ihres Schwiegersohnes ins Gedächtnis ruft; vielleicht erkennt sie (klarer als die Tochter selbst) die Unfähigkeit dieses neurotischen Mannes, pragmatische und halbwegs realistische Entscheidungen zu treffen; vielleicht ist ihr viel stärker als den anderen bewußt, auch wenn sie nie im einzelnen darüber spricht, daß seine Pläne unausgegoren, dilettantisch sind, Phantasieprodukte eines psychisch labilen Typs, der alle Schwächen hinter großen Phrasen und Zukunftsentwürfen verbirgt, um schließlich doch an seinem Wahn-System zu scheitern. In der Folgezeit erhält Franziska die widersprüchlichsten Nachrichten: zuweilen scheint sich ein glänzender Erfolg abzuzeichnen, dann wieder lassen die Briefe Elisabeths durchaus die baldige Katastrophe ahnen – zu waghalsig sind die finanziellen Transaktionen Försters, allzu zögerlich gestaltet sich der den Kolonisten versprochene lukrative Erwerb von Grund und Boden; man ist unzufrieden und dringt mit wachsendem Nachdruck auf die vor der Abreise gegebenen Versprechungen. So haben denn, wie Franziska bemerkt, die Briefe der Tochter zunehmend das »Gepräge des Heimweh's«; die Beziehung zwischen Elisabeth und Förster gestaltet sich schwieriger, denn »Bernhard scheint oft übler Laune zu sein«[384] – diese angeblich vorbildhaft-harmonische Interessengemeinschaft zur praktischen Durchsetzung eines geistig-politischen Ideals gerät unter dem Druck der Wirklichkeit in eine schwere Zerreißprobe. Franziska referiert und kommentiert für den Sohn die bitteren Klagen der Tochter:

»Sie schreibt aber: die paar Jahre wo ich verheirathet bin kosten mir zehn Jahre meines Lebens, ich habe zu viel Angst und Sorgen ausgestanden. Wenn ich in den letzten Jahren nicht graue Haare bekommen habe, so werde ich sie wohl nie bekommen. Es sieht jetzt so aus als ob wir in 3-4 Wochen, über den Hauptberg der Schwierigkeiten hinweg sein werden, das ist die Beschaffung von Geldmitteln. Na dann werden wir aufathmen! [...] Du kannst aber denken wie viel Thränen und eine vollständig schlaflose Nacht mir diese Äußerungen gemacht haben und doch ist es zu natürlich, daß es fast nicht anders sein konnte. Außerdem sind es zwei exzentrische Naturen, wodurch die Uebernahme eines solchen Riesenwerkes auch nicht leichter wird und darum darf man die Äußerungen auch nicht *zu* tragisch nehmen.«[385]

Ein vergeblicher Versuch der Selbstberuhigung – im Grunde ihres Herzens weiß Franziska sehr genau, daß dieser große, mit so viel Enthusiasmus ins Werk gesetzte Lebensentwurf in einer Katastrophe enden muß, nicht nur wegen jener allzu harten äußerlich-unabänderlichen Bedingungen: Elisabeth hat sich an einen Mann gebunden, der ihren Hang zur phantastischen Verzerrung der Daseinsrealitäten nicht etwa sanft und beharrlich korrigiert, sondern auf verhängnisvolle Weise noch verstärkt und befördert – in der Tat ein exzentrisches Paar, dessen inneres Beziehungssystem nicht substantiell von aufrichtiger Liebe, Zuneigung und Respekt geprägt wird; weit eher steht im Mittelpunkt die trotzige, geradezu verblendete Durchsetzung einer auf falschen, wirklichkeitsfremden Prämissen beruhenden Privat-Utopie, so daß mit dem möglichen Scheitern dieses heroischen Plans auch die Zerstörung der Ehe verknüpft sein könnte. Franziska ahnt, daß sich all ihre pessimistisch eingefärbten Voraussagen erfüllen, daß sie die Tochter wiedersehen wird und jenes schöne Versprechen, das sie einst ihrem kranken, unglücklichen Fritz gegeben hatte, vielleicht auch für Elisabeth in die mütterlich schützende Tat umgesetzt werden muß:

»Nun wollte ich Dir das auch noch sagen mein *guter* mein *lieber* Sohn, Du sollst Dich nicht so wegen Deiner Zukunft sorgen. Solltest Du dem Unglück anheimfallen, so stehet Dir *mein Haus, meine Arme* und *mein Mutterherz* offen, ach doppelt offen, denn wozu gebe es sonst das Familienleben, wenn wir uns nicht *tragen* nicht *helfen* wollten in allen Nöthen der Seele und des Leibes.«[386]

7.

Kaum ist Franziska bewußt, daß die Zeit schon sehr bedrohlich nahegerückt ist, da dieses Bekenntnis in härtester und fürchterlichster Weise auf die Probe gestellt werden wird – in jenen schlaflosen Nächten allerdings mag ihr erschreckend klar und deutlich werden, wie trübe die Bilanz doch ist, die sie als Sechzigjährige zu ziehen hat; sie muß sich eingestehen, daß ihr Lebenstraum, unter dem Schutz und dem Schirm ihrer Kinder endlich Ruhe, Sicherheit, das »kleine Glück« zu finden, kaum in Erfüllung gehen wird. Die Tochter – verstrickt in ein zum Scheitern verurteiltes Kolonial-Abenteuer, und dann vor allem der Sohn, auf den sie ihre großen Hoffnungen gerichtet hatte: beständig krank, ruhelos in südlich-fernen Gefilden unterwegs, auf der Flucht vor der Welt und vor sich selbst, stets schwankend zwischen Depression und Euphorie. Mit manischer Besessenheit ist er literarisch produktiv, und seine Schriften rufen nicht nur bei klugen, geistvollen Rezensenten einige Verwirrung hervor – sie werden gerade auch von den Naumburger Bekannten, besonders aber von der rechtgläubig-christlichen Verwandtschaft zunehmend mißgünstig betrachtet und verdammt, so daß sich Franziska genötigt sieht, den zum Anti-Christen gewandelten Sohn gegen allerlei Angriffe ihrer nahen Angehörigen in Schutz zu nehmen, denn nie hat sie sich die vielleicht naive Überzeugung rauben lassen, daß in diesem ihrem Kind dennoch auf geheimnisvolle, »dialektische« Weise ein Prediger, ein Theologe verborgen ist. Erstaunlich klar erkennt sie seine Seelenproblematik, nämlich:

»[...] daß er sich durch [...] gänzliches Zurückziehen immer mehr in seine Phantasien vertieft, denn es liegt nicht daran, daß er fremde Gedanken zu verbannen hat, sondern in seinen eigenen Gedanken und Gefühlen liegt sein Leiden.«[387]

Eine beängstigend treffende Diagnose, die allerdings die Furcht befördert, daß er, zermürbt von diesen inneren Konflikten, seinem Leben selbst ein Ende setzen könnte – oder aber jene letzte, endgültig isolierende Flucht ergreift, die ihn für immer vor der Welt abschließt und die man hilflos-grob als Wahnsinn zu bezeichnen pflegt. Um so stärker wird in ihr die Illusion lebendig, daß er an ihrer Seite und unter ihrem sorgenden Schutz wieder Ruhe und Geborgenheit finden könnte. Angeregt durch die Lektüre von »Menschliches Allzumenschliches« (ein Werk, das sie, wie man vermuten darf, besonders liebt) schreibt Franziska zum Beispiel dem Sohn:

»Ich lese nemlich öfter einmal in Deinem Buch und höre da immer im Geiste meines lieben Sohnes Stimme, was mir eine Art Entschädigung für die Wirklichkeit ist. Doch die Wirklichkeit ist noch nicht ausgeschlossen und ich möchte Dir als alter Lockvogel von den schönen Tagen, die wir z. B. jetzt theilweise hatten, noch schreiben, (und der Wonnemonat steht ja noch vor der Thüre) dann von den *wunder*vollen Honig, den ich z. B. heute gekauft habe, von schönen englischen Brötchen, Cotletchen, Sandtorte (worin ich Meisterin jetzt bin) und Quarkkuchen, der Dir so gut mundete, vor allem aber: von einen reichen Mutterherzen voll Liebe zu Dir mein lieber Herzenssohn! Wäre ich nur ein Bischen bemittelt, ich würde gleich sagen ›ich gehe mit Dir nach Venedig‹ aber die Zukunft muß Alles erst bringen. Deine lieben Worte aber ›Im Grunde thäte mir jetzt nichts wohler, als mich von meiner guten Mutter pflegen zu lassen‹ haben mich beglückt und ich wünschte nichts sehnlicher: als Luftschiffahrt, wo doch jedenfalls die Reise rascher und billiger wäre für Dich mein gutes Kind und gefiele Dir der Himmel nicht, nun so wäre das Fortfliegen auch keine so große Sache. Na überlege Dir alles gründlich und wie Du denkst daß es Dir wohl thut, meine Wünsche dürfen ja nicht maßgebend sein.«[388]

Anrührend und makaber zugleich ist diese Aufzählung kulinarischer Mittel, mit deren Hilfe Franziska den Sohn zurücklocken möchte in ihre mütterliche Obhut. Mit aller inneren Kraft erstrebt sie nun, da der Siegeslauf nicht stattgefunden hat, die Rekonstruktion eines Lebensmodells, in dem das Kind erneut an sie gebunden und gefesselt ist, und mit Befriedigung registriert sie jedes Zeichen, welches darauf hindeutet, daß der Sohn bereit ist, dieses fragwürdige Therapeutikum in Anspruch zu nehmen. Aber trotz aller leichtfertig geäußerten Heimkehr-Absichten ist er nie ernsthaft und aufrichtig willens, nach Naumburg zurückzukehren; Franziska mag, wie er ihr schreibt, »im Geiste für ihn kochen und braten«[389] – ein Bemerkung, die sie traurig stimmt:

»[...] denn ich baue doch fest im Jahre 1888 auf Deinen lieben Besuch. Ach welche Freude sollte es mir überhaupt sein und welche herrliche Lebensaufgabe wenn ich mein altes liebes Kind immer pflegen könnte und Dir nach aller Seite hin recht wohlthun. Ich halte mich bei Dir an den Theologen der in Dir steckt, denn was verstehen wir Frauen einen Philosophen! In einem Deiner Bücher sagst Du einmal ›daß es die größeste Kunst sei, wenn der Mensch mit *sich* fertig werde‹ und so wollen wir zusehen wie wir es ein Jeder in seiner Art fertig bringen. Lass uns nur fest zusammen halten und unser Lieschen mit eingeschlossen.«[390]

Es ist Franziskas letzte und doch so wirklichkeitsfremde Hoffnung: daß die Wiederbelebung der alten Familien-Innigkeit die Seelenqual des Sohnes mildern oder gar beenden könnte – verdrängen und vergessen will sie allen Kummer über die fremde, böse Gedankenwelt ihres Kindes. Da ist die Unzulänglichkeit des weiblichen Verstandes, da ist vor allem aber diese tröstliche Fiktion, daß aus ihm doch (so unbegreiflich dies auch sein mag für die kluge, dumme Mitwelt) ein Theologe spricht und er vielleicht sogar, in ihrer Obhut, zurückfindet zu seiner tiefsten Berufung. So werden ihre Bitten, nach Naumburg zurückzukehren, immer flehentlich-drängender:

»Dein letzter Brief weißt Du ›Nichts ist krank nur die liebe Seele‹ erfüllt mich immer mit unaussprechlichen Kummer und großer Sehnsucht nach meinen herzlichgeliebten Sohn. Ich glaube doch, es ist der beste Platz jetzt für Dich, an den Herzen Deiner Mutter. [...] Du sagst nun daß Du Dich vor den Frühjahr fürchtetest, weil das immer Deine schwere Zeit sei. Da kommst Du mein lieber guter Fritz zu mir. Ich räume Dir das Cabinettchen ein lese Dir schön vor und was wir alles vornehmen, denn ich liebe und liebe Dich mein rührend guter Sohn und habe begreiflicherweise das tiefste Interesse für Dich und die innigste Theilnahme. [...] Also diese Reise erwägst Du hübsch mein Lieberchen und kommst.«[391]

Mag Franziska ahnen, daß diese Mutter-Sohn-Idylle, die sie hier heraufbeschwört, in nicht sehr ferner Zeit zur Wirklichkeit gelangt – allerdings unter Bedingungen, wie sie furchtbarer nicht gedacht werden können? Das liebe Kind wird ihr zurückgegeben, aber da ist dieses Wiedersehen schon festgehalten in der nüchtern-knappen Sprache eines ärztlichen Protokolls: »Der Besuch der Mutter erfreute Pat.

sichtlich, beim Eintritte seiner Mutter ging er auf dieselbe zu, sie herzlich umarmend u. ausrufend: Ach meine liebe gute Mama, es freut mich sehr, dich zu sehen. – / Er unterhielt sich längere Zeit über Familienangelegenheiten, ganz correct, bis er plötzlich ausrief: ›Siehe in mir den Tyrannen von Turin‹. Nach diesem Ausrufe fieng er wieder an verworren zu reden, so dass der Besuch beendigt werden mußte.«[392]

ERBÄRMLICHE WELT

1.

Auf Herrn Professor Ludwig Wille und seine irrenärztlichen Kollegen von der Basler Nervenklinik Friedmatt macht jene Frau, die am Nachmittag des 14. Januar 1889 ihren wahnsinnig gewordenen Sohn Friedrich Nietzsche sehen und – wenn irgend möglich – zu sich nehmen will, einen »beschränkten Eindruck« – so lautet zumindest eine Bemerkung im Krankenjournal. Man ist verärgert über die Hartnäckigkeit, mit der die doch so unscheinbar, fast schüchtern wirkende Person dagegen aufbegehrt, daß ihr geliebter Fritz, vielleicht bis an sein Lebensende, hinter den Mauern einer Heilanstalt verschwinden soll. Sie meint, die Ursache der Erkrankung besser zu kennen als die klugen Ärzte: Dieses schreibwütige Kind hat allzu viele Bücher verfaßt, war viel zu oft allein mit seinen »kummervollen Gedanken«[393], ist in Italien ruhelos umhergezogen – sie hat schon länger geahnt, daß eines Tages der Zusammenbruch, die völlige Erschöpfung kommen würde. Jetzt kann nur *eine* Therapie erfolgreich sein: Heimkehr nach Naumburg, Ruhe, Spaziergänge, gute häusliche Ernährung. Wie soll Professor Wille ihr verdeutlichen, daß diese Diagnose viel zu simpel und der Heilungsplan nicht nur einfältig-naiv, sondern auch gefährlich ist? Er müßte von den furchterregenden Tobsuchtsanfällen, dem schauerlichen Gejohle erzählen; er hätte zu berichten, wie Franz Overbeck, der treue Freund, den Kranken in Turin in seinem Zimmer vorgefunden hatte: schreiend, nackt, in geschlechtlicher Erregung durch den Raum tanzend, wild auf dem Piano hämmernd. Ganz vorsichtig gibt er ein wenig preis von der schockierenden Wahrheit, und er beharrt mit Nachdruck darauf, daß eine Separierung unabdingbar ist. Schließlich gelingt es ihm, unterstützt von Overbeck, ihren Starrsinn zu brechen und sie für einen Kompromiß einsichtig zu machen: Drei Tage später, am Abend des 17. Januar, darf Franziska den Sohn nach Jena bringen, in die von Professor Binswanger geleitete psychiatrische Universitätsklinik; sie wird begleitet von dem Arzt Dr. Mähly und dem jungen Krankenwärter Jakob Brand. Franz Overbeck berichtet dem Nietzsche-Freund Heinrich Köselitz (Peter Gast): »Mit der Wahl der Anstalt war Wille höchst einverstanden [...] nicht so mit der beschleunigten Abreise, wenn er auch nicht protestierte, noch auch gegen die Beteiligung der Mutter am Transport. In beiden Stücken wollte eben diese von nichts anderem wissen, auch nichts von meinem Vorschlag, wenn sie etwas Förderliches tun wolle, allein voraus zu reisen, die Aufnahme ihres Sohnes in Jena einzuleiten und mir mindestens bis Frankfurt mit der für nötig befundenen Unterstützung die Begleitung des Kranken zu überlassen, von wo sich wohl jemand finden würde, unter Verwandten oder Freunden, der mich ablöste. Erlassen Sie mir alles weitere über den Jammer der vier Tage, die wir Frau Pastor Nietzsche bei uns hatten, und die Abreise, den gräßlichen unvergeßlichen Moment, da ich Nietzsche gegen 9 Uhr über die grell beleuchtete Empfangshalle des Zentralbahnhofs, eng geführt von seinen beiden Begleitern, eiligen, aber doch schlotternden Ganges, in unnatürlich steifer Haltung, das Gesicht einer Maske gleich geworden, völlig stumm von der Droschke sofort in die bereit gehaltene Abteilung seines Waggons sich begeben sah.«[394] Trotz aller Warnungen vor den besonderen Gefahren, die diese übereilte Fahrt nach Jena in sich birgt – Franziska zeigt sich uneinsichtig; sie ist in tiefstem Herzen davon überzeugt, daß sie allein den Sohn in seinem schweren Schicksal zu behüten hat, auch wenn ihr auf der Reise beängstigend klar werden muß, welch eine schwere, vielleicht kaum zu ertragende Last auf sie gelegt werden könnte: Zunächst die erstaunliche Ruhe des Patienten, »wo er sich offenbar freute mich bei sich zu haben«[395], dann aber dieser plötzlich aufkommende furchtbare Haß, der sich in einem Tobsuchtsanfall gegen sie richtet –

»Ich bin ja von Frankfurt aus gar nicht in demselben Coupée gefahren weil er, als er vom Abort, in deren Raum er noch stand, einen Wutanfall auf mich bekam, nur von einer Minute etwa, aber schrecklich anzusehen und zu hören, so daß ich mich [um] Unruhe zu vermeiden gar nicht wieder in seine Nähe traute, bis in Frankfurt auf den Bahnhof, wo ich noch einmal seinen lieben Kopf am Kinn in beide Hände nahm und seine Stirn abküßte, ich denke der Anfall war mit von der Chloralunterbrechung, denn es heißt von dem Mittel ›entweder sie schlafen oder werden wütend.‹ Doch habe ich im andern Coupée furchtbar gelitten das Herzenskind nicht mehr sehen und pflegen zu können und sogar noch Worte des Widerwillens zu hören, deren Nachklänge schwer zu überwinden sein werden.«[396]

Das tiefe Erschrecken Franziskas – ist dieser Wutausbruch denn nicht ein furchtbar deutliches Anzeichen dafür, daß die geistige Zerrüttung des Sohnes in unergründliche Seelenschichten reicht und vielleicht sogar, wenn auch dunkel und geheimnisvoll, mit ihrer Person in Verbindung steht? Aber sie klammert sich immer noch an die halbwegs tröstliche Fiktion vom vorübergehend-ephemeren Charakter dieser Krankheit, ausgelöst durch äußere Faktoren: Überarbeitung, Erschöpfung, ungesunde Lebensführung. Es scheint, daß die behandelnden Ärzte (wider besseres Wissen) einer solchen Diagnose zunächst nicht widersprechen, sondern ihr Hoffnung machen, der Zustand des Sohnes könne sich, nach einer Phase völliger Ruhigstellung, wieder zum Besse-

Franziska Nietzsche mit ihrem Sohn

ren wenden. So schreibt Franziska am 13. Februar an Franz Overbeck:

»Ich war am Sonnabend in Jena, durfte ihn aber nicht sehen, dagegen wollte ich einmal ordentlich Prof. Binswanger und Dr. Ziehen, den Assistenzarzt, sprechen, das ist mir denn auch gelungen, denn Binswanger hatte ich bei der Aufnahme kaum 5 Minuten gesprochen und Dr. Ziehen weder gesehen, noch gesprochen. Das Befinden des guten Fritz ist noch ganz dasselbe. Binswanger meinte, durch die Überreizung der Gehirnnerven wäre eine Erkrankung derselben eingetreten, er glaube aber, daß es sich schon länger vorbereitet habe. Er spreche auch viel italienisch und so spräche er öfter diese Sprache mit ihm. Daß ich das geliebte Kind nicht sehen darf, geht mir natürlich hart an, aber wir müßten sein Gehirn jetzt vor jeder Aufregung hüten, meinte Binswanger. [...] Ach mir ist doch oft mein Herz zum zerspringen vor Kumer! Zu Dr. Ziehen hatte er gesagt, ›daß mein Vater an Gehirnerweichung gestorben ist, wissen sie wohl.‹ So etwas darf ich gar nicht denken, sondern ich halte mich an die Hoffnung der Wiedergenesung, da er doch eine kräftige Körperkonstitution hat. Ich hatte Binswanger das schwarze Buch, was Dr. Wille von Ihnen erhalten hatte, auch gegeben, er schien aber nur hineingesehen zu haben und meinte: ›das sei eine Unmöglichkeit zu lesen,‹ [...] Ich bringe vieles heraus, so sagt er:

    Ich suchte meine schwerste Last
    da fand ich mich.
dann: du hältst es nicht mehr aus
    dein heroisch Schicksal
    Liebe es, es bleibt dir keine Wahl!
dann: die Stille erlöst
    Wer nichts zu tun hat, dem macht
    ein Nichts zu schaffen

dann: die Einsamkeit
    plagt nicht: sie reift –
    Und dazu mußt du die Sonne zur Freundin haben,
dann: du liefst zu rasch:
    jetzt erst wo du müde bist
    holt dein Glück dich ein.

Ja er ist zu rasch *gelaufen* in seinem ganzen Leben, das liebe liebe Kind! [...] Das Buch ›Geisterdämmerung [!] oder wie man mit dem Hammer philosophiert‹, habe ich mir geliehen und darin gelesen, allerdings kann da ein Hirn sich zermartert haben und die andern sind gewiß ebenso in ihrer Art, ich habe es Binswanger mitgenommen.«[397]

Verzweifeltes Festhalten an einer Krankheitsversion, die Aussicht auf Heilung verspricht; Abwehr des dunklen Schattens, den die Gestalt Carl Ludwigs auf das Schicksal des Sohnes wirft – es ist geradezu ein Denkverbot, das sich Franziska auferlegt, wenn sie alle Anzeichen verdrängt, die hindeuten könnten auf ein unabänderlich-erbliches Leiden, an dem (vielleicht sogar in absehbarer Zeit) ihr Kind zugrunde gehen könnte, in schrecklicher Parallelität zum langen, qualvollen Sterben des Vaters. Der Sohn ist erschöpft und zermürbt vom allzu intensiven Denken und Schreiben –

»Wer kann sich da wundern, daß es *so* gekommen ist, 4 Bücher und so schnell aufeinander erscheinen zu lassen, dazu *selbst* druckfertig geschrieben, Druckbogen selbst durchsehen usw., wie griff ihn das mit *einem* Buche allemal schon an.«[398]

Noch Mitte Mai 1889 schreibt Franziska an ihren Neffen Adalbert Oehler:

»[…] Dieses Unglück kam wie der Blitz aus heiteren Himmel, denn noch rühmte er seine Gesundheit u. daß er selten eine solche Schaffenslust gehabt habe. Dann nachträglich suchte ich von seinem Leipziger Verleger zu erfahren in welchem Zeitraum er die vier Manuskripte zum Druck eingesendet habe u. so hörte ich ›vom Ende Juli bis Dezember 1888‹. Das erste Buch ›Der Fall Wagner‹ das zweite ›Götzendämmerung‹ das dritte was auch fertig gedruckt zur Ausgabe bereit liegt ›Nietzsche contra Wagner‹ u. das vierte Manuskript war im Druck u. er hatte bereits den dritten Druckbogen in Turin, aber der Druck ist nach dieser Katastrophe wieder auseinander genommen worden. Also Ueberarbeitung im höchsten Grade u. dazu die stärksten Schlafmittel nehmend ohne aerztliche Verordnung. Lieschen behauptet daß es Chloralvergiftung, dieses schreckliche Schlafmittel u. Ueberarbeitung sei u. hat an den Jenaer Direktor sehr eingehend darüber geschrieben u. da sie ihn stets in Krankheiten gepflegt hat sein ganzes Leben ihn dargelegt.«[399]

Noch ist es möglich festzuhalten an der Erschöpfungsversion – solange Franziska ferngehalten wird von dem Patienten, solange sie kaum etwas weiß von seinen fürchterlichen Aggressionszuständen und Verwirrungen, solange man in ihrer Gegenwart die jede Hoffnung raubende Krankheitsbezeichnung »Progressive Paralyse« nicht auszusprechen wagt. Hilfreich ist auch diese zweifelhafte, aber doch mit einiger Überzeugungskraft vorgetragene Ferndiagnose der Tochter, die als weiteren Grund für den Zusammenbruch einen Schlafmittel-Abusus nennt. Im März hatte sie die schlimme Nachricht endlich erreicht – bemerkenswert, daß Elisabeth sofort und sehr energisch eingreift in das Geschehen um den kranken Bruder, obwohl sie doch in Paraguay ihren eigenen Überlebenskampf kräftezehrend zu bestehen hat. Es gilt zunächst, eine halbwegs erträgliche Sprachregelung hinsichtlich der Erkrankung zu finden: Das strahlende Bild des Bruders darf auf keinen Fall verdüstert werden durch Spekulationen über eine vielleicht moralisch anrüchige Genese des Leidens, obwohl die krampfhafte Intensität, mit der sie ihre Theorie entwickelt und in der Folgezeit verfeinert, durchaus den Schluß zuläßt, daß ihr eine andere Wirklichkeit nur zu gut bekannt ist und also mit aller Kraft verdrängt werden muß.[400] Es ist verständlich, daß Franziska eingeht auf die Intervention ihrer Tochter, scheint es doch auch ganz wichtig, die christliche Familien-Moralität nach außen möglichst rein zu bewahren – eine »echte« Geisteskrankheit wäre angesichts dessen, was der Sohn (dieser unerbittlich-radikale »Antichrist«) gelehrt und geschrieben hat, möglicherweise zu verstehen als ein gerechtes Gottesurteil über sündhaft-frevlerische menschliche Überhebung und Rebellion, ganz abgesehen davon, daß ein solches Leiden auch ohne diese ganz spezielle, gleichsam religiöse oder theologische Dimension für die betroffene Familie oft mit sozialer Ausgrenzung und Stigmatisierung verbunden ist; aber alle dunklen Gedanken kann Franziska vertreiben, wenn sie stark bleibt in der Hoffnung, ihr Sohn könne sich bald von seiner tiefen, aber doch behebbaren Erschöpfung erholen, wodurch es möglich wäre, ihn nach Naumburg zu bringen und ihn wieder wie ein Kind zu behüten und zu pflegen, vielleicht, um ihm jene unmittelbar-voraussetzungslose Liebe, die sie ihm in seinen ersten Jahren glaubte verweigern zu müssen, nun endlich, in einem opfervollen Akt mütterlicher Wiedergutmachung, mit um so größerer Hingabe zu schenken.

2.

In diesen ersten Wochen ist Franziska überhaupt nicht klar, daß ein alle Aussicht auf Heilung zunichte machender Widerspruch besteht zwischen ihren optimistisch gefärbten Therapie-Plänen und dem hoffnungslosen Zustand geistiger Zerrüttung, in dem der Sohn sich tatsächlich befindet – und wie er im Krankenblatt nur allzu präzise dokumentiert wird: »[...] fortwährend gelärmt [...] sehr laut [...] Koth geschmiert [...] Oft Zornaffekt mit unartikuliertem Schreien [...] versetzt plötzlich einem Mitkranken Fußtritte [...] Uriniert in den Stiefeln und trinkt den Urin [...] Muß nachts stets isoliert werden [...] oft Zornausbrüche«.[401] Darüber weiß Franziska nichts; nur unzureichend und sehr widersprüchlich wird sie informiert – zuweilen beruhigt man sie, dann wieder hat sie den Eindruck, daß die irrenärztlichen Experten kaum noch recht glauben an die in allem Unglück halbwegs tröstliche Erschöpfungsdiagnose. Es quält sie

»[...] ewig der Gedanke, ob die Ärzte die Krankheit meines Sohnes richtig auffaßten! Es kommt mir vor, als ob sie an etwas Angeborenes glaubten und darauf hin kurirten und ich sage mir immer, wenn das wäre, hätte sein Verstand bis zu seinem 45. Jahr doch nicht von solch auserlesener Klarheit *sein* können. Ich glaube weit mehr an Überarbeitung an und für sich, und ›die letzten 70 Tage‹ [...] haben dem ganzen den Rest gegeben; wer will aber den Ärzten gegenüber mit seiner einfachen Auffassung aufkommen? und viel Arznei machte Fritz immer elend und fühlt er sich krank, wie es jetzt der Fall ist, so verlangt er bei jeder Kleinigkeit, das er fühlt, danach, denn er kann einmal Schmerz nicht ertragen. Prof. Binswanger ist ja eine Autorität und so bitte ich immer meinen Herrn und Gott ihn zu leiten, ihn das Richtige finden zu lassen!«[402]

Es ist dieser Direktor höchst selbst, der ihr dann wieder Mut macht, wenn er versichert, daß durchaus eine Heilungschance besteht und sich der Zustand des Sohnes in absehbarer Zeit verbessern kann. So darf Franziska ihrem Neffen am 16. Mai 1889 berichten:

»Ich war am Samstag in Jena u. sah meinen Herzensfritz zum ersten Male wieder. Er hatte eine herzliche Freude an meinem Erscheinen, sprach aber noch viel durcheinander, sah aber gut aus u. Prof. Binswanger tröstete, daß er doch glaube, dieser hochbegabte Geist arbeite sich durch u. bekomme wieder Oberhand, was bei einem gewöhnlich veranlagten Menschen weniger zu erwarten sei. So wollen wir zu dem treuen lieben barmherzigen Gott das Beste hoffen! Ich kann mich aber auch gar nicht in das furchtbare Ereigniß finden u. bin mit meinem armen Lieschen welche so kummervoll schreibt, unglücklich. Es ist das Schwerste was eine Familie treffen kann, auch weil man den geliebten Patienten nicht selbst pflegen kann.«[403]

Die Auskunft des Professors ist erfreulich; die Zufriedenheit des Sohnes über ihren Besuch läßt Franziska fast das schreckliche Erlebnis der Reise nach Jena vergessen – kein Wutanfall, kein Aufbegehren gegen ihr Erscheinen. Nun darf sie den Kranken öfter sehen, und es stellt sich zwischen ihnen eine Vertraulichkeit ein, die Franziska in der Hoffnung bestärken muß, vielleicht doch in absehbarer Zeit ihr Kind selbst gesundpflegen zu dürfen. So kann sie zum Beispiel an Overbeck schreiben:

»Meinen Herzensfritz besuchte ich Sonntag und offen zu sein fand ich ihn viel besser. Er hatte eine unendliche Freude als er mich sah, frug nach Lieschen und freute sich an einem Bilde von ihr, was ich ihm mitgenommen hatte, um zu sehen ob er sie kenne, war hocherfreut darüber und meinte ›wie klug sieht sie aus‹, erzählte daß in Buenos Aires ein General ermordet worden sei, wie er in den Zeitungen gelesen hätte. Vorher allerdings als wir in das Auditorium geführt wurden, da im Wartezimmer so viele Menschen waren, meinte er doch, ein herrliches Zimmer, siehst Du hier halte ich meine Vorlesungen vor ausgewähltem Publikum, auch sind mir von Leipzig aus die besten Anerbietungen gemacht worden [...] dann aber fand er einen Bleistift und da ich ein altes Kuvert hatte, fing er an darauf zu schreiben und war selig in seinem Element zu sein. Auch konnte ich es nicht verhindern, daß er sich diesen und noch einen Bleistift aus dem Auditorium mitnahm, ebenso Papier, welches wir zuletzt entdeckten und als ich auch scherzend zu ihm sagte ›alter Fritz Du bist ja ein kleiner Mausedieb‹, meinte er, mir in das Ohr sagend als er ganz vergnügt Abschied nahm: ›Nun habe ich doch was zu tun, wenn ich in meine Höhle krieche.‹«[404]

Besteht nicht doch die Möglichkeit, daß der verwirrte Geist sich wieder ordnen könnte – vielleicht dadurch, daß eine geduldig-einfühlsame, aber vor allem intellektuell herausragende Persönlichkeit die schwierige Aufgabe übernimmt, die Konfusion des Sohnes in einer Art Gesprächstherapie langsam zu beheben, ihn also intensiver und einsichtiger zu betreuen als es dem Pflegepersonal der Klinik möglich ist? Franziska fühlt sich nicht fähig dazu; so ist sie hocherfreut, als sie in Naumburg Ende Oktober 1889 den Besuch eines Mannes erhält, der diese Arbeit leisten will und sich dazu noch als ein glühender Verehrer ihres Sohnes bekennt: Julius Langbehn, der zu jener Zeit gerade sein großes Werk »Rembrandt als Erzieher« konzipiert, das zwar im Titel anknüpft an die dritte Unzeitgemäße Betrachtung (»Schopenhauer als Erzieher«), im Grunde aber doch, wie Franz Overbeck nüchtern bemerkt, »zu Nietzsche antipodisch«

ist, auch wenn man gewisse »Parallelitäten im Rahmen eines übergreifenden kulturkritischen Ansatzes« durchaus bemerken kann: Die Propagierung eines heroischen »Niederdeutschtums« dient als Folie für eine fulminant-abwertende Zeit-Diagnose mit radikal-primitiven zukünftigen Gesellschaftsmodellen – es gilt, den »demokratisierenden nivellierenden atomisierenden Geist des Jahrhunderts« zu überwinden, der »besitz- und friedlose Pöbel« muß »wieder in Volk verwandelt werden«, dem »rohen Geldkultus [...] schlechtjüdischer« Art ist Einhalt zu gebieten, der Mensch soll wieder zurückfinden zur »Scholle« und zu »unschuldiger Sinnlichkeit«.[405] Gerade letzterem hatte er sich literarisch schon recht eingehend gewidmet in schwül-erotischen Gedichten, die den Liebesakt mit hoher Poesie verklären – wenn »Leib an Leib sich fügt« und der Mann des »Werdens Strom in seines Weibes Schoß ergießt«.[406] Vielleicht wäre Franziska skeptischer gewesen, wenn sie solche Verse gekannt hätte; so aber läßt sie sich betören von jenem redselig-charmanten, wenn auch stets nervös wirkenden Dichter und Denker – sie wird in eine Tragikomödie verwickelt, in deren Verlauf sie den Sohn fast einem Scharlatan und Geistesschauspieler für immer überantwortet hätte. Franziska schreibt an Overbeck:

»[...] jetzt denke ich hat mir der liebe Gott einen Engel gesendet. Denken Sie kommt vor ungefähr vier Wochen zu meiner größten Überraschung ein Herr Dr. (Kunsthistoriker) aus Dresden hier an, nachdem er nur eine Stunde vorher einen Brief voll innigster Verehrung geschickt und sich angemeldet hatte. ›Er möchte sich gern zur Disposition mir stellen, wenn er irgendwie bei der Pflege des Kranken etwas nützen könne.‹ [...] Ich führte dann bald den besprochenen Besuch bei meinem Sohn aus und hatte doch Sorge, ob schon jetzt die Zeit da sei, daß ein Fremder zu ihm käme und schrieb ihm aus diesem Grunde dankend ab. Unsere Briefe kreuzten sich und er schrieb einen 12 seitigen Brief voll rührenden Sinnes, wie es wohl einzurichten wäre usw. Da fiel mir ein, daß dies am Ende der richtige Mann wäre, täglich meinen Fritz ins Freie zu bringen, was meine Sorge seit Monaten war, Fritz, der so an die Luft gewöhnt ist, aber mit dem Wärter ging er nicht und mit noch möglich Nervöseren schien er nicht mehr zusammen kommen zu wollen. Zuletzt sagte ich Binswanger, daß es am Ende seiner Art und Weise wie früher zu leben, ähnlich wäre, wenn er auf seinem Zimmer bleiben wolle. Ich sah aber jedesmal, wenn ich dort war, was in Folge dessen öfters geschah, wie er im Freien allemal allmählich auftaute, und die oft zwei mit mir verlebten Stunden kein verkehrtes Wort sprach. Also ich schrieb an Binswanger den ganzen Sachverhalt und ob er wohl gestatte, wenn es auch nur zunächst versuchsweise wäre, daß der betreffende Herr, früh 2 Stunden und Nachmittag 2 Stunden mit ihm spazieren ginge, da die Ärzte immer von Erregtheit sprechen und wie wenig er Schlaf habe usw. Ich sagte, daß dann gewiß der Schlaf besser werde und die Nerven sich erholen würden. Und Gott sei gepriesen, Hr. Prof. Binswanger ging auf den Vorschlag ein. Gestern vor 8 Tagen kam auch sogleich der rührende gute Dr. Langbehn (Schleswig-Holsteiner) und ich lernte in ihm von neuem einen der gescheitesten und schätzenswertesten Menschen kennen. Mittwoch früh um 8 kam er, blieb den Tag und Nacht hier und Donnerstag früh 7 Uhr 20 Min. fuhren wir nach Jena, stellte den Doktor den Prof. Binswanger und den Ärzten vor und dieser Einer wieder meinem Fritz und so gingen wir vor der Anstalt, wo ein so enorm großer Platz ist, alle drei auf und ab. Ich brachte bald das Gespräch auf Venedig und es war eine Freude die beiden zu hören, Fritz den Hrn. Doktor an das schöne Gemälde erinnernd und begeistert darüber sprechend, zitierte kleine Verse, die er bei der oder der

Gelegenheit darauf oder dort darauf gemacht habe, erzählte seine kleinen lustigen Begegnungen mit den Zollbeamten und sagte noch zuletzt zum Doktor, ›ich glaube, Sie bringen mich wieder auf den Damm.‹ Der Hr. Doktor hatte sich darauf mit mir und einem dort studierenden Neffen von mir eine Wohnung gesucht und bat mich, doch lieber noch für den anderen Tag da zu bleiben, damit er sich besser an ihn gewöhne, wenn ich noch die Vermittlerin sei. So tat ich es und ich hatte bei beiden Gängen an dem Tag meine Freude, zwei so gelehrten und gescheiten Leuten zuhören zu können, und der gute Hr. Doktor war von der Persönlichkeit des guten Fritz ganz voll und entzückt und geht seitdem mit ihm täglich 2 mal spazieren und berichtete mir dann ganz ausführlich und Fritz hatte gestern wieder zu ihm gesagt, ›ich glaube, Sie werden mich retten.‹ Er hat aber auch eine so liebenswürdige Art mit ihm umzugehen, da er selbst eine kranke Mutter, welche Verfolgungsideen gehabt hat, früher besaß, und durch seine Art und Weise mit ihr umzugehen, selbst ihre Umgebung in Staunen versetzt hat und der Hr. Doktor schrieb damals unter anderem: ›Mehr Liebe als ich Ihrem Sohn entgegenbringe, kann er – von seinen Angehörigen abgesehen – bei keinem Menschen finden; denn das ist unmöglich.‹ So wollen wir weiter auf Gottes gnädige Hilfe bauen!«[407]

Franziska wird recht bald erfahren, daß ihr die göttliche Vorsehung wahrlich keinen Engel gesandt hat, sondern eher einen labil-neurotischen Wichtigtuer, der sogleich hinter ihrem Rücken zu konspirieren beginnt, mit dem zunächst nicht deutlich ausgesprochenen Ziel, ihr den Sohn endgültig zu entziehen, um ihn ungestört zum Opfer fragwürdiger amateur-therapeutischer Experimente zu machen. Hat ihm der sonst so vorsichtige Direktor Binswanger allzu vertrauensvoll den Zutritt zu dem Kranken verschafft, so läßt sich

Langbehn durch dieses Entgegenkommen keineswegs davon abhalten, die Behandlungsmethoden der Ärzte auf das schärfste zu mißbilligen. Franziska erfährt, daß er sich brieflich mit ihrer Tochter in Verbindung gesetzt hat, um ihr das angebliche Elend des Patienten in den düstersten Farben zu schildern, wobei sich diese, in völliger Unkenntnis der Fakten, bereitwillig manipulieren läßt, zumal doch, wie ihr Langbehn berichtet, der Direktor der Klinik jüdischer Abstammung und deshalb zur Pflege des Bruders scheinbar ungeeignet ist. Zu dieser Zeit ist es Elisabeth schon halbwegs klar, daß ihr Kolonisten-Abenteuer unrühmlich zum Abschluß kommen wird – Anfang Juni 1889 ist Bernhard Förster gestorben; vermutlich hatte er, aus Verzweiflung über das vollständige Scheitern all der großen Pläne, seinem Leben selbst ein Ende gesetzt. Nun wird es wichtig für sie, das Experiment möglichst ohne Gesichtsverlust zu beenden, vielleicht sogar dadurch, daß sie aller Welt plausibel machen kann, eine weit wichtigere, edlere Pflicht, nämlich die Sorge um den kranken Bruder und sein Werk, stehe nun unweigerlich und moralisch zwingend an ihrem Lebenshorizont – eine Aufgabe, die sie möglicherweise gemeinsam mit geistig gleichgesinnten Menschen wie diesem Doktor Langbehn auf sich nehmen könnte, da doch die Mutter in ihrer vorgeblichen Einfachheit und Naivität kaum in der Lage scheint, ein solches Liebeswerk in Angriff zu nehmen. Auch wenn Franziska sich zuerst beeindrucken läßt vom Charme des selbsternannten Therapeuten, seine anfänglichen Erfolge bewundert, durch die harte Kritik an der Klinik schwankend wird in ihrem anfänglichen Vertrauen zu Binswanger und also gutgläubig eingeht auf diesen ersten Versuch, sie an den Rand zu drängen und den hilflos gewordenen Sohn zum wehrlosen Opfer fremder, keineswegs uneigennütziger Profilierungsversuche und Geistesmanipulationen zu machen – bemerkenswert ist doch, wie schnell sie spürt, daß Langbehns Absichten und Pläne kaum zu dem ihr so verheißungsvoll vor Augen gestellten Ziel einer baldigen Genesung führen können: Sind die ersten Begegnungen und Gespräche auch sehr positiv verlaufen, so muß sie schon nach kurzer Zeit erfahren, daß der Sohn in einem furchtbaren Tobsuchtsanfall auf seinen neuen Betreuer eingeschlagen und dieser, erschreckt und verängstigt, sofort die Flucht zurück nach Dresden angetreten, also bereits bei der ersten Schwierigkeit von seinem so selbstbewußt und erfolgssicher angekündigten Therapie-Vorhaben abgelassen hat, obzwar er, wie Franziska schreibt, »ein großer Herr und sehr kräftig« ist[408] – wohl aber nicht allzu mutig.

Hat dieser Zwischenfall eine schöne Hoffnung zunichte gemacht? Bleibt der Auftritt des brillanten Doktors eine leider unrühmlich zu Ende gegangene Episode? Franziska muß schmerzlich erfahren, daß Langbehn seinen Schock sehr schnell überwindet, sich scheinbar nicht entmutigen läßt und ihr aus der Ferne immer neue Pläne eröffnet, die sämtlich das Ziel haben, den Sohn unter seinen dominierenden Einfluß zu bringen – auch im juristischen Sinne: So soll sie zum Beispiel die Vormundschaft, die ihr (gemeinsam mit ihrem Bruder, dem Pastor Edmund Oehler) gerichtlich übertragen wurde[409], bedingungslos an ihn abtreten, wobei er um so sicherer agieren kann, als er sich inzwischen die Sympathie von Heinrich Köselitz, dem Freund und Adepten des Sohnes (der sich zunehmend in die Rolle eines »Nachlassverwalters« phantasiert) erworben hat, Franziska also gleich von mehreren Seiten den drängendsten Pressionen widerstehen muß. Und doch bleibt sie zunächst standhaft; die Reaktion ihres Kindes auf die Heilungsversuche Langbehns steht ihr warnend vor Augen. Sie muß dieses Verhalten bitter bezahlen: Mit den perfidesten Mitteln versucht der verhinderte Therapeut, alle Motive, die ihr Zögern begründen, in ein moralisch zweifelhaftes Licht zu rücken –

sie habe nichts dagegen, den Sohn einer Klinik zu überantworten, in der feixende Krankenwärter das kostbare »Königskind« zur Zielscheibe ihres entwürdigenden Spotts machten; sie lasse ihn nur deshalb in der Irrenhaus-Hölle verkommen, weil sie sich seiner schäme vor den Naumburger Verwandten und Freunden; sie wolle den Patienten darum nicht mit ihm als edlem Pfleger in ihrem Hause wohnen lassen, weil dadurch die Mieteinnahmen geschmälert wären und somit ihre notorische Geldgier nicht ausreichend befriedigt würde; in tiefster Seele sei ihr nichts lieber, als daß der Sohn recht bald zugrunde ginge: »[...] Sie haben Ihren Sohn in die Welt gebracht, vielleicht haben Sie auch das Recht, Ihn wieder hinaus zu schaffen [...]«.[410] Hilflos ist Franziska diesen Attacken ausgesetzt; sie ist vor allem irritiert von der bemerkenswerten Unsicherheit des Heinrich Köselitz: Manchmal ist er begeistert von den Plänen Langbehns, dann wieder zeigt er sich aufs höchste angewidert von dessen Pressionen und Zumutungen; was ihn am meisten ängstigt, ist die bedrohliche und durchaus realistische Gefahr, Langbehn könne, wenn man ihm nicht zu Willen sei, mit publizistischen Mitteln einen unangenehmen öffentlichen Skandal künstlich erzeugen. So läßt er sich denn widerstandslos mißbrauchen und entblödet sich nicht, Franziska eine schriftliche Erklärung zukommen zu lassen, die Langbehn ihm vorher ultimativ-erpresserisch zur Begutachtung übermittelt hatte und in der ihr abgefordert wird, freiwillig auf jeden unmittelbaren Kontakt mit dem Sohn zu verzichten und dessen Schicksal vollständig in die Hand eines schon zu Beginn seiner therapeutischen Bemühungen kläglich gescheiterten Geistheilers zu legen: »Die Unterzeichnete verpflichtet sich hier darauf an Eides statt, für den Fall, daß die gerichtliche Vormundschaft für Ihren Sohn Friedrich Nietzsche dem Dr. Julius Langbehn übertragen wird, jeden schriftlichen u. mündlichen Verkehr mit

dem letzteren – während der Zeit seiner Vormundschaft –
zu meiden. Sie verpflichtet sich ferner an Eides statt, bezüglich etwaiger von ihr beabsichtigter Besuche bei ihrem Sohn
– während der Zeit jener Vormundschaft – den Weisungen
des Dr. Julius Langbehn Folge zu leisten; insbesondere ihn
von der Zeit ihrer resp. Ankunft u. Abreise bei ihrem Sohn
im *Voraus* zu benachrichtigen. Selbstverständlich wird der
Unterzeichneten – unter den obigen Bedingungen – der Besuch bei ihrem Sohn jederzeit gestattet sein, wenn sein Gesundheitszustand oder sein geistiges Befinden dem nicht
entgegensteht.«[411] Verzweifelt und verwirrt, nicht zuletzt
durch das unwürdig-charakterlose Schwanken des Herrn
Köselitz, wendet sich Franziska an Franz Overbeck; es ist
ein Hilferuf, der Nietzsches treuesten und uneigennützigsten Freund in größte Sorge versetzen muß:

»Es ist mir wirklich nicht möglich Alles zu schreiben was
mich und Hr. Köselitz in dieser Zeit bewegt hat [...] denken
Sie, so sehr Köselitz jetzt gegen Dr. Langbehn durch dessen
Briefe war, so ist er plötzlich wieder das gerade Gegenteil
und will ihm durchaus die Vormundschaft übertragen lassen. Ich weiß gar nicht mehr, was ich tun soll, geben wir sie
ihm oder vielmehr ihm das Gericht, was wird dieser unberechenbare Mensch damit anfangen und das Gericht wollte sie
ihm durchaus *nicht geben*. Hr. Köselitz ist aber auf einmal
wieder für ihn und hat am Sonnabend, da er hier war, den
Vormundschaftsrichter selbst gesprochen und ihn, wie es
scheint, zur Übergabe bestimmt. Köselitz meinte: Dr.
Langbehn habe an Binswanger geschrieben und ihn um sein
Urteil über unsern guten Fritz gebeten und dies sei so wenig
Hoffnung auf seine Heilung erweckend, ausgefallen [...] so
daß ich Dr. Langbehn auf jeden Fall die Vormundschaft
übergeben müsse als letztes Mittel zu seiner Rettung. Ach,
meine Geliebten, ich kann Niemand sagen, was ich leide!

[...] Ich bin furchtbar angegriffen! Ach, daß doch ein Entschluß gefaßt würde und sich Aussicht auftäte, daß wir den Langbehn nicht mehr brauchten, der kostet mir Jahre von meinem Leben, denn solche Härte ist mir noch nicht vorgekommen und er ist so wetterwendisch. [...] Langbehn hat nämlich ein Buch jetzt herausgegeben, ›Rembrandt als Erzieher‹ von einem Deutschen, und hat es Köselitz geschenkt und dieser ist davon entzückt und hat Langbehn viel Schönes darüber gesagt. Köselitz meint nun, wenn ich ihm nicht die Vormundschaft gebe, ahmt er einen zweiten Titel von meinem Sohn nach und schreibt ein Buch ›Der Fall Nietzsche‹.
Erbärmliche Welt!«[412]

Es ist erstaunlich, wie offen Franziska, die sonst immer in ihrer so sympathischen, verbindlichen Wesensart die angenehmen Eigenschaften anderer Menschen hervorhebt und über deren Schwächen gern (und manchmal allzu vertrauensselig) hinwegsieht, hier ihrem Zorn und ihrer Verbitterung deutlichsten Ausdruck verleiht. Sie muß sich in der Tat als unschuldig-wehrloses Opfer zweier wahrhaft erbärmlicher männlicher Gestalten fühlen, die ihr hilflos gewordenes Kind manipulieren und mißbrauchen wollen, damit der Widerschein seines einstigen geistigen Glanzes ihrer eigenen dumpf-dunklen Persönlichkeit einige schärfere und hellere Konturen verleiht. Ein charakterschwächlicher, besinnungslos bewundernder Famulus und ein psychisch labiler, antisemitisch-chauvinistischer Pseudophilosoph als Personal in einem intellektuellen Gaunerstück, das durchaus zu deuten ist als halb komisches, halb tragisches Vorspiel zu jenem deutschen Nietzsche-Drama, dessen erste Szenen die letzten Lebensjahre Franziskas noch bestimmen werden, dem sie hilflos-verbittert zusehen muß: staunend, angewidert, in tiefster Resignation über die Bosheit der Welt, die den von ihr so schmerzlich und nicht immer einverständig miterlebten Geisteskampf des Sohnes um Wahrheit und denkerische Redlichkeit schamlos und unbedenklich in die Sphäre der pikanten Histörchen zu zerren vermag – oder auch zur Begründung schein-philosophischer Machtphantasien verwendet. Jetzt wird sie noch einmal erlöst: Franz Overbeck erfühlt sogleich die Not, die den Ton ihres Briefes prägt. Er macht sich unverzüglich auf die beschwerliche Reise nach Jena und befreit Franziska – nach wenigen, doch mit Bestimmtheit geführten Gesprächen – von dem Langbehn-Gespenst, das sich dann später rächen wird, indem es Nietzsches »Hauptdenkgebilde« als nichtswürdige »Seifenblasen« zu qualifizieren beliebt.[413] Es fehlt jedoch der Mut zum großen skandalösen Enthüllungsbuch, in welchem Franziska wohl die Rolle der bösen, lieblosen, schurkischen Mutter gespielt hätte – ein Schicksal, das ihr später, dank etlicher, männlich-beherzter Biographie-Künstler, dann doch nicht erspart geblieben ist.

3.

Die Langbehn-Affäre, so belastend und verwirrend sie auch sein mag, verstärkt in Franziska die von Anfang an behauptete Erkenntnis, daß sie allein berechtigt und vor allem auch befähigt ist, den kranken Sohn zu behüten – und also den schon früh gefaßten Entschluß, ihn zu sich nach Naumburg zu nehmen, nun endlich, trotz aller Warnungen und Einreden, in die Tat umzusetzen, auch wenn ihr im täglichen Umgang mit dem Patienten immer deutlicher bewußt werden muß, daß eine Heilung kaum noch zu erwarten ist und sie sich deshalb vorzubereiten hat auf einen harten und in ihrem Alter höchst beschwerlichen Pflegedienst, der alle Geistes- und Körperkräfte bis zur gänzlichen Erschöpfung in Anspruch nehmen wird. Der erste Schritt: Sie nimmt sich am Ziegelmühlenweg in Jena eine kleine Wohnung, geht täglich mit dem Sohn spazieren und darf ihn dann sogar über Nacht in ihrer Behausung behalten. Selbst den routinierten Irrenärzten und Wärtern nötigt es staunenden Respekt und Anerkennung ab, wie liebevoll-geduldig (und in gewissem Sinne äußerst »professionell«) sie auf den Patienten einzugehen vermag, wie sie sich einfühlen kann in seine manchmal bedrohlich schnell wechselnden Stimmungen, wie geschickt sie reagiert auf seine skurrilen Einfälle und Wünsche, wie sie beispielsweise seine Aggressionen besänftigt, indem sie Klavierspiel und Lektüre »therapeutisch« einsetzt zur Stillstellung und Beruhigung – so schreibt denn Köselitz, der zeitweilig anwesend ist und selbst schon halbwegs kapituliert hat vor den Schwierigkeiten im Umgang mit dem Kranken, in resignativ-schuldbewußtem Ton an einen Bekannten: »Man kann auch bei dem fortwährenden Umgang mit einem Irren nichts Gescheutes machen: er ermüdet einen. Jetzt ist die Mutter bei ihm, ja Beide wohnen und schlafen sogar in der Stadt; die Mutter will ihn später nach Naumburg zu sich nehmen. Diese Frau ist wirklich unerschöpflich in ihrer Geduld – und jener Geduld, die nur eine Mutter haben kann, bedarf es hier. Für Frau Nietzsche ist Nietzsche das geliebte Kind und nicht viel mehr; aber für Unsereinen ist er die Ruine einer der höchsten Erscheinungen der menschlichen Rasse [...]«[414] Wo der einstmals kritiklos bewundernde Verehrer sich hilflos-schaudernd abwendet, weil er die schreckliche Differenz zwischen dem bewußten Leben und dem jetzigen Geisteszustand des Freundes kaum noch ertragen kann, da beginnt für Franziska die täglich-mühevolle Arbeit ihrer letzten Jahre – wobei hinzugefügt werden muß, daß Figuren wie Köselitz sie dabei keineswegs hilfreich und unterstützend begleiten, sondern ihr eher, vorgeblich in Sorge um das große Vermächtnis des Sohnes, zusätzliche Nöte bereiten, auch wenn man ihrer »mütterlichen« Leistung verbal, in männlich-überheblichen Sprachfloskeln, durchaus Achtung und Anerkennung zollt. Franziskas Methode, unter äußerst schwierigen Bedingungen mit dem Sohn zu kommunizieren und ihn sanft zu einem gewissen »normalen«, »sozialverträglichen« Verhalten zu führen, wird schon recht deutlich sichtbar in den Briefen, die sie zu dieser Jenaer Zeit an Overbeck schreibt:

»Der vorgestrige Tag verlief nur leidlich, denn als ich ihn gegen 10 Uhr in die Stadt holte, war er von der einen Straße nicht abzubringen, in dieselbe einzubiegen (ich behielt ihn aber fest am Arm) und sich die Sachen in den Schaufenstern zu betrachten, in einen Bäckerladen hineinzustürmen und sich Semmeln aller Art auszusuchen, desgl. in einem Delikatessenladen Feigen, Datteln und kleine Nüsse, und verzehrte es unterwegs [...] Aus derartigen Vorkommnissen *lernt* man einfach und darum holte ich ihn gestern erst gegen Mittag ab, wo er ganz heiter mit mir nach der Stadtwohnung ging und zwei gestrichene Milchbrödchen mit Zervelatwurst verzehrte. Dann machten wir vor Tisch noch einen kleinen Spaziergang und gingen in den ›Stern‹, wo wir drüben im Klavierzimmer essen mußten, weil das gewohnte Zimmer ausnahmsweise, durch Verbindungsbesuch veranlaßt, besetzt war. Natürlich spielte er sogleich etwas Klavier und sehr hübsch, dann nahmen wir das Mittagessen ein [...] und nachdem machte ich mit ihm allein einen großen Spaziergang vor dem Felsenkeller vorbei, bis nach der Eisenbahnbrücke die Chaussee entlang. Dort ist eine zerbrochene Barriere, wo ich ihm ein Stück von meinem Mantel unterlege und ruhen uns da allemal etwas. Rückwärts kehrten wir dann, die Hälfte des Wegs etwa, in das Wirtshaus an der Chaussee ein und nahmen eine kleine Erfrischung. Dann schlief er zu Hause, aber nur wenig und ich las ihm später etwas vor, neben seinem Sopha, wobei ich ihm die Stirn aufwärts die ganze Zeit strich, auch die Hand sekundenlang darauf ruhen ließ und das schien ihm wohlzutun, ebenso wenn er mit der Hand die Gestikulationen macht und ich sie nahm und beim Vorlesen an meine Backe eine Zeit hielt, war er augenblicklich still und ließ es ruhig geschehen, bis ich die Hand wieder hinlegte. All die kleinen Dinge muß man nach und nach ihm ablernen, das langsame Vorlesen schien ihm aber wohl zu tun, denn ich mußte ganze halbe Seiten wiederholen und wenn ich ihn fragte (wenn er dazwischen selbst gestikulierend etwas sagte), ›ich soll wohl aufhören?‹, meinte er allemal ›nein, bitte weiter‹.«[415]

»Ich kann nur dem lieben Gott innig danken, welcher mir den Gedanken gegeben hat, hierher [nach Jena] zu gehen. Der liebe Fritz ist höchst beglückt darüber und äußert es oft den Tag so und so vielmal, natürlich stets mit einer herzlichen Umarmung verbunden. Auch kommt es mir vor, daß er von Woche zu Woche klarer werde. So spielte er vor einigen Tagen, wie täglich nach Tische im Stern, etwas was mir so gefiel und doch nicht wußte, wohin ich es tun sollte und gegen Abend frug ich ihn, was es gewesen sei, da antwortete er mir ›opus 31 von Ludwig von Beethoven drei Sätze‹. ebenso gestern frug er mich, ›ob ich nicht wisse, wer die Werke von uns Geschwistern bekommen habe, von Adalbert Stifter, welche in des Großpapa Oehlers Bibliothek gewesen und wohl Geschenk an denselben von Herrn v. Raschau gewesen wären‹. Ich erinnerte ihn, daß wir beide zusammen in Naumburg ›die Schwestern von Stifter gelesen hätten‹, was er sich so gut erinnerte. Auch sein Klavierspiel hat etwas so sinniges, so daß man merkt, er denkt dabei, auch spielt er meist piano, weil ich ihn darum gebeten habe und natürlich jedesmal von neuem bitte, ›damit er seine Nerven nicht aufrege‹, – und er folgt so gut. Es ist aber auch vorgekommen, daß er sich von mir nicht mehr wollte führen lassen, da sagte ich, ›ja wenn Du das nicht mehr willst, so werde ich abreisen, denn Prof. Binswanger hat mir aufgetragen, Dich stets zu führen‹. Gleich will er mich da wieder gut machen und umarmt mich gleich einmal auf der Straße und hält dann desto feßter meinen Arm. Auch das Gestikulieren macht er weit seltener, ich mache es ihm da vor, auch ohngefähr die Worte, die er dazu deklamiert und frage ihn: ›wenn ich nun das zu Dir sagte und die verdrehten Handbewegungen dazu machte, würdest Du mich verstehen.‹ Da will er sich darüber halb tot lachen, denn es ist meist, wenn ich ihm vorlese und sagt ›weiter Mütterchen‹. Ja wenn es meine Stimme aushielte, ihm den ganzen Tag vorzulesen, er würde glücklich sein, wenn ich auch nicht glaube, daß er es behält, was er hört, aber dieses egale Gemurmel muß etwas Beruhigendes für ihn haben. [...] Bis jetzt hat sich [...] überhaupt kein männlicher Beistand blicken lassen, und ich glaube es ist *gut*. Wirklich, man muß sich erst mit dem lieben Kinde einleben und ein Fremder kann das nicht z.B. drehen wir uns jetzt einfach um, wenn jemand an uns vorüber kommt, und betrachten uns die Gegend, weil er nicht mehr grüßen will, oder ich schreite mit ihm plötzlich über den Fahrweg und so ist er selbst befriedigt, und meinte bei solcher Gelegenheit gestern: ›wieder einmal der Gefahr entronnen.‹ Auf unserm Morgenspaziergang begegneten wir neulich vom Schießstande daher zurückkehrend einem Offizier, wo ich mich auch mit ihm umdrehen wollte, doch dazu war er nicht zu bewegen, so reichte er ihm dann die hand, ich bat sie ihm gütigst zu geben, ›einst auch Artillerist, jetzt Professor und überarbeitet‹, was er sofort verstand und sie ihm freundlichst reichte. Dasselbe sollte am selbigen Nachmittag eine junge Dame tun, welche entsetzt zurückwich, ich hielt ihn fest am Arm und wanderten weiter, ihm eine kleine Predigt haltend (denn erzürnen will ich ihn und darf ihn nicht), ›es nicht zu tun, die Leute erschreckten sich ja wie er selbst sähe und zuletzt dürften wir gar nicht mehr unsere schönen Spaziergänge machen, wenn die Leute es bei Binswanger anzeigten‹. Heute Sonnabend, wo wir von unserm großen Nachmittagsspaziergang heimgekehrt sind, habe ich ihm noch etwas vorgelesen, ihm aber jetzt gesagt, ich müsse Ihren Brief fertig schreiben und er müsse nach den beiden Gängen schlafen und so wollten wir uns beide recht ruhig verhalten – und er schläft.«[416]

Geduldige Einfühlung, anteilnehmend-liebevolle Beobachtung – das sind die wirkungsvollen Grundlagen jener gleichsam verhaltenstherapeutischen Methode, mit deren Hilfe es Franziska gelingt, die innere Erregung des Sohnes zu dämpfen und seine daraus resultierenden sozialen Devianzen zu mildern, so daß ein Leben außerhalb der Klinik möglich erscheint. Daneben aber auch die leichten Drohungen, die sanften Korrekturen, die nicht provozieren dürfen, der zärtliche Körperkontakt, das sedierend-eintönige Vorlesen, im Gespräch die Wiederbelebung früherer Lebensvorgänge (wobei erstaunlich ist, wie weit und wie präzise die Erinnerung des Kranken zurückreicht in die Zeit der Kindheit und Jugend) – und dann vor allem die Musik-Beruhigung: »Sie ging ans Klavier und spielte Akkorde, worauf er immer näher trat und zuletzt auch anfing zu spielen – zunächst stehend, bis die Mutter ihn auf den Stuhl niederdrückte [...] Worauf er stundenlang ›phantasierte‹. [...] Frau Pastor wußte ihren Sohn aufgehoben, ohne ihn beaufsichtigen zu müssen, solange sie Akkorde hörte.«[417] Diese »Behandlung aus Intuition« scheint den professionell-konventionellen Bemühungen des Klinikpersonals weit überlegen zu sein; sie erfordert allerdings den Einsatz aller physischen und psychischen Kräfte, bis hin zur völligen Erschöpfung: »[...] abends bin ich zum Umfallen müde.«[418] Der Entschluß ist aber längst gefaßt: Ihre letzten Lebensjahre wird sie uneingeschränkt-bedingungslos dem kranken Sohne widmen, trotz aller denkbaren Probleme und Gefahren, im quälenden Bewußtsein jener schrecklichen Differenz zwischen einer nun mit letzter Energie zu bewältigenden Wirklichkeit und dem, was sie sich einst erträumt und erhofft hatte.

Ende März 1890 erfolgt die offizielle »Beurlaubung« aus der Klinik – nun darf der Kranke ständig in Franziskas Mietwohnung leben. Die endgültige Übersiedlung nach Naumburg gleicht dann doch einer Flucht; nach einem unangenehmen, aufsehenerregenden Zwischenfall, der ihre Heimkehr-Pläne umzustoßen droht, schafft sie in aller Hast »vollendete Tatsachen« – wider alle pragmatisch-ärztliche Vernunft:

»Wir sind [am 13. Mai 1890] nach hier unfreiwilligerweise und in größter Eile übergesiedelt, doch erkenne ich auch hierin Gottes Fügung, daß es so gekommen ist, da sich mein Sohn hier so wohl fühlt und ›er nichts wüßte Naumburg an die Seite zu setzen‹. Zwei Tage vor unserer Abreise nämlich gingen wir, wie immer, das Solbad zu nehmen, doch kam uns der Bademeister [...] entgegen und sagte uns, daß es heute nicht ginge [...] und beschlossen, das Bad anderen Tags zu nehmen. Anderen Morgens erwachte er sehr früh [...] und wollte nun nach dem Bade. Ich eilte mich was ich konnte [...] habe schon den Hut auf und nötige ihm auch seinen Ausgehrock [...] auf, da sein Hausrock so verbraucht aussieht. Den wollte er aber zum Ausgehen anbehalten und jenen nicht anziehen und Hut nehmen und fort, ich hinterdrein und ihn noch unten im Haus festhaltend war eins. Doch alles Bitten half nichts, ›ich solle alles bringen, er wolle ins Bad.‹ Unklugerweise gehe ich wieder eilig herauf, raffe alles zusammen und gehe nach dem Bad, doch mein lieber Fritz war nicht da, suche ihn nachdem ich dreimal nach der Augenklinik, wo die Solbäder sind, gehe und dazwischen ebenso oft nach Hause [...] schicke auch die im Hause wohnende Aufwartung mit ihrem Mann auf die Suche, nirgends zu finden. [...] Endlich beschließe ich, auf die Polizei zu gehen und mir ihre Mithilfe zu bitten, da ich, feuerrot und in Schweiß gebadet, fast nicht mehr fortkonnte, gehe da die Leutrastraße ein Stückchen und biege das Durchgangsgäßchen nach der Kollegienstraße ein und eben diese erreicht, kommt mein Herzenskind an der Seite eines Polizisten ganz gemütlich plaudernd die Straße daher. Ich hätte vor Dank zu meinem lieben Gott auf die Knie sinken mögen! Ich nahm den Polizisten etwas zur Seite und hörte, daß er neben dem Herrenbad in einer Lache habe baden wollen und wohl länger entblößt herumgegangen sei [...] Ich denke nun, die ganze Angelegenheit ist mit dem Schrecken meinerseits abgetan, denn ihm hatte es nichts getan, da kommt andern Morgen Dr. Ziehen [...] und sagte: ›daß das gestrige Vorkommnis mit meinem Sohn großen Anstoß erregt habe, was ihnen als Anstaltsärzten natürlich sehr unangenehm sei‹, und trotzdem ich ihm alles haarklein erzählte [...], hielt er doch an dem Auftrag von Binswanger fest, den Kreisphysikus mir zuschicken zu müssen, und ich müsse mich entschließen, einen Wärter zu nehmen oder ihn wieder in die Anstalt bringen. Ich sagte, daß dies meinen Sohn, eins wie das andere, außer sich bringen würde, da wolle ich lieber nach Naumburg abreisen. Der Kreisphysikus sollte den Vormittag noch kommen, doch er kam nicht, ich voll Angst, daß sie mir einen Wärter schickten, und so packte ich flottweg [...] Die Reise ging auch ausgezeichnet vonstatten, denn es schien ihm Spaß zu machen [...] Leicht ist mein Dasein nicht und doch bin ich meinem Gott innig dankbar, daß es überhaupt nur geht, ihn allein pflegen zu können und bitte ihn ständig: ›Reich Du mir selbst die Hände.‹ Niemand kann je ein Kind besser verstehen als eine

Mutter, ja es ist von jemand Fremden auch gar nicht zu verlangen [...] Wir gehen früh gleich nach dem Frühstück spazieren auf den Bürgergarten, von da den ganzen herrlichen Buchwald durch und die schattige Chassee nach Hause, wo wir gegen 12 Uhr eintreffen. Dann kommt der Barbier, darauf spielt er etwas Klavier und verbringen sonst die Zeit bis 1 Uhr [...] ich kann mich um nichts als meinen lieben Patienten bekümmern, was mein Bischen Kraft, die ich noch habe, vollständig in Anspruch nimmt, denn nachdem wir etwas nach Tische geschlafen, gehen wir auf die Veranda und da lese ich ihm bis zum Abendessen vor, wozu ich ihm auch wieder den Kakao und Schinkensemmeln selbst bereite und nachdem gehen wir bis ¾10 spazieren, dann bringe ich ihn zu Bett und ich besorge alles für den nächsten Tag und gehe gegen 11 Uhr totmüde und erschöpft zu Bett. Und doch bin ich selig in mir, daß er mit meiner Pflege zufrieden ist, wie neulich, wo ich sagte, ›Du müßtest doch jemand Gelehrtes um Dich haben‹, meinte er, ›so wie wir zusammen leben, gibt es einfach für Dich keinen Ersatz, mein liebes Mutterchen.‹ Natürlich beglückt einen solcher Ausspruch. [...] Seine Erinnerung ist bis Turin ganz gut, von da an aber ist ihm jeder Tag und jeder gegenstand, wenigstens unsere täglichen Spaziergänge z.B., fast täglich neu und freut sich so an dem Wald, auch was ich vorlese glaube ich nicht, daß er es faßt, auch Erklärungen meinerseits hat er nicht gern, nur hat er Freude, wenn ich in einer Tour lese und recht viel herunter gelesen habe. Nun ich hoffe daß es sich Alles mit Gottes Hülfe mit der Zeit wiederfinden wird. Haben wir doch oft unsere kleinen und großen Späße miteinander, wo er ganz in alter lieber Weise so herzlich lacht!«[419]

In ihren Briefen an Franz Overbeck spiegelt sich Franziskas schweres Naumburger Leben mit dem kranken Sohn auf ergreifende Weise wider: Da sind wohl jene Glücksmomente, in denen sie sonst nie gekannte Vertrauensbeweise und Zärtlichkeiten von ihrem Kinde erfährt; da sind aber auch die furchtbar belastenden Stunden, in denen der Patient, nach Phasen relativer Ruhe, plötzlich wieder aggressiv und widerspenstig wird und auch draußen, während der Spaziergänge, tobt und schreit; da ist, diesem letzten Aufbäumen folgend, das mit Entsetzen wahrgenommene langsame, doch unaufhaltliche Verdämmern und Verblöden, zuweilen äußerlich sichtbar in Kinnladen-Krämpfen, die das Gesicht verzerren und entstellen; da sind die kaum zu unterbindenden Zwangshandlungen – es ist eine alle Geistes- und Körperkräfte bis zur tiefsten Erschöpfung in Anspruch nehmende Arbeit, die Franziska, aufs treueste und uneigennützigste unterstützt von ihrer Hausgehilfin Alwine Freytag, täglich und ununterbrochen zu leisten hat. In »unruhigen« Zeiten ist sie froh,

»[...] daß ich ein eigenes Haus habe und außer mir und Alwine niemand etwas erfährt. Außerdem, daß wir jetzt eine Nacht um die andere fast schlaflos zubringen, indem er zwar in seinem Bett ganz vergnügt liegt, sich aber laut mit sich unterhält und sich mit der rechten Hand die linke Brustseite reibt. Letzteres muß ich nun immer, indem ich zeitweise länger an seinem Bett weile, zu unterbrechen suchen, denn es geschieht ohne Aufsicht dann steigernd in einer Weise, daß er wie gebadet in seinem Bett liegt und dagegen helfen weder gute noch strenge Worte, es ist eben eine Nervenaufregung.«[420]

Angesichts dessen, was Franziska (manchmal verschämt, manchmal sogar noch beschönigend) über ihre Pflegezeit berichten muß, wäre es wohl äußerst verfehlt, diese letzten Naumburger Jahre zu einer fast harmlos-heiteren, friedlichen Mutter-Sohn-Idylle zu verklären, wie es manchen nietzsche-biographisch bemühten Männern (in einer bemerkenswert realitätsblinden, von innerer Abwehr geprägten Haltung) durchaus gelungen ist, so beispielsweise auf besonders eindringliche Art dem pädagogischen Oberinspektor Lorentzen aus Schulpforta in einem Nachruf auf Nietzsche: »Mit außerordentlicher Liebe wurde er [...] von seiner treuen, vortrefflichen Mutter gepflegt, deren ganzes Leben eine große Liebesthat war. Immer war er bemüht, ihr Liebenswürdigkeiten und Erfreuliches zu sagen. Mit welcher Fröhlichkeit und Dankbarkeit genießt er ihre Pflege. [...] Nie kommt ein Wort der Klage aus seinem Munde. In seiner Hilflosigkeit hatte er sich sein vornehmes, gütiges Wesen und einen edlen Gesichtsausdruck bewahrt.«[421]

Die Wirklichkeit, wie sie Franziska täglich erfährt, ist gänzlich anders geartet, und sie gestaltet sich zunehmend komplizierter durch Sorgen und Probleme, die sich nicht nur auf die leibliche Pflege, sondern vor allem auch auf das »geistige Vermächtnis« ihres Sohnes beziehen: Was soll mit seinen (zunächst kaum verkäuflichen) Werken geschehen, den gedruckten und den ungedruckten? Wie und unter welchen Bedingungen sind die Geschäfte mit seinem Verleger zu führen? Das sind Fragen, die sie (als gesetzlicher Vormund) beantworten muß und vor denen sie sich doch in höchstem Maße hilf- und ratlos fühlt. Der umfangreiche Nachlaß des Sohnes liegt, in Kisten wohlverpackt, im Naumburger Haus; sorgfältig hütet sie diesen Schatz, so wie sie schon früher jeden Brief und jede geschriebene Zeile ihres Kindes sorgfältig aufbewahrt hatte – ein wahrer Segen für die spätere Nietzsche-Philologie (die ihr diese Leistung dann wahrlich nicht gedankt hat), so daß Adalbert Oehler wohl zu Recht bemerken kann: »Wenn alles, was Friedrich Nietzsche je geschrieben hat – von seiner Kindheit an bis zu seinen letzten Turiner Studien – beinahe lückenlos vorhanden ist, so dankt die Nachwelt dies nach seiner Schwester vor allem seiner Mutter.«[422] Es ist Franziska allerdings bewußt, daß sie mit editorischen Problemen gänzlich überfordert ist, und der Gegenvormund, ihr Bruder Edmund, mag als Pfarrer wohl ein Mann von »Rechtlichkeit und Lebensklugheit«[423] sein – vor den Schwierigkeiten, die das Werk des Sohnes bereitet, muß auch er kapitulieren. Franziska wendet sich an Köselitz, von dem sie weiß, daß er schon früher hilfreich war beim Korrektur-Lesen und anderen Drucklegungsarbeiten, und sie ist froh, daß dieser sich bereiterklärt, die Herausgabe einer Nietzsche-Gesamtausgabe mit allen Kräften zu fördern. Ganz im geheimen aber hofft sie, daß Elisabeth ihr schwieriges, im Scheitern begriffenes Kolonial-Unternehmen endlich aufgeben und in die Heimat zurückkehren möge – ist nicht die Tochter, die doch lange Zeit an der Seite des Bruders gelebt und vielleicht den tiefsten Einblick in sein Denken und Schreiben gewonnen hat, die bei weitem geeignetste Person, dessen geistiges Erbe sachkundig zu verwalten und zu pflegen, motiviert von geschwisterlicher Achtung und Zuneigung? So ist Franziska überglücklich, als Elisabeth am 16. Dezember 1890 in Naumburg eintrifft, um den kranken Bruder endlich selbst in Augenschein zu nehmen. Franziska spürt jedoch sehr rasch, daß sich die Aufmerksamkeit ihrer Tochter gar nicht so sehr auf den Patienten, sondern weit stärker auf die Rettung ihrer Kolonie zu richten scheint. In kürzester Zeit hat Elisabeth das Naumburger Haus in eine Propagandazentrale verwandelt; es geht darum, genügend finanzielle Mittel zu beschaffen, um den Fortbestand des nach dem Tode Bernhard Försters völlig verschuldeten Unternehmens noch einmal zu sichern. Sie verfaßt Aufrufe und Broschüren, hält Vorträge in zahlreichen Städten, bittet um Spenden – kaum, daß sie einmal Zeit findet, ihrer Mutter bei der täglichen Pflege des Kranken hilfreich zur Seite zu stehen.

Franziska bemerkt, wie unfähig die Tochter ist, auf dessen zerrütteten Geisteszustand liebevoll und anteilnehmend einzugehen – und den wirklichkeitsblinden, krampfhaft-vergeblichen Versuch unternimmt, ihn durch Vorlesen aus seinen Büchern zur »Vernunft« zurückzubringen. Das ist zwar »rührend«, wie Franziska an Overbeck schreibt, doch gänzlich hoffnungslos. Im Grunde kommt Elisabeth

»[...] nur selten mit ihm in irgendein Fahrwasser, auch ist das arme Kind mit ihren Kolonialangelegenheiten gar zu sehr in Anspruch genommen. Sie war schon acht Tage in Berlin, dazwischen mehrere Tage in Chemnitz, jetzt wieder seit vierzehn Tagen in Berlin und klagte gestern in ihrem Briefe, daß sie natürlich tausendmal lieber bei uns säße, sähe aber ein, wenn sie etwas erreichen wolle, wäre es nur so möglich; auch kommt man ihr von aller Seite auf das Liebenswürdigste entgegen [...] außerdem muß sie aber auch noch ein Buch schreiben. Dabei ließen ihr die Leute, welche auswandern wollen keine Ruhe, sie würde mit Menschen und mit Briefen überschüttet und meint: sie fühle recht gut, daß sie sich ein bischen *zu* viel vorgenommen habe, doch da sie sich einmal in die Gewässer begeben, hieße es: durch! Mir macht das arme Kind Sorge, so heldenmütig sie der ganzen Angelegenheit vorsteht, daß auch sie sich, wie ihr unvergeßlicher Mann es getan, für sein Werk aufreibt.«[424]

Fraglich ist, ob Franziska den hier so optimistisch referierten Erfolgen ihrer Tochter wirklich Glauben schenkt oder ob sie nur, in »gespielter« mütterlicher Gutgläubigkeit, mitleid- und sorgenvoll eingeht auf »leerlaufende« Geschäftigkeiten und realitätsferne Phantasie-Konstrukte – scheinen doch manche Äußerungen, die sie von Elisabeth vernimmt, in eine völlig andere Richtung zu gehen und durchaus darauf hinzudeuten, daß für sie eine neue Lebensperspektive aufscheinen könnte, in welcher der Bruder die zentrale Rolle spielen würde, auch wenn am Kolonial-Unternehmen vorerst noch (vordergründig) festgehalten wird:

»Ich bin glücklich mein Lieschen hier zu haben nach so schwerer schwerer Zeit, welche das arme Kind durchgemacht hat; sie sieht fast gar nicht verändert aus, höchstens etwas schmäler ist sie geworden, doch behaupten schon die Freundinnen, daß ich sie schon etwas herausgefüttert hätte. Auch hat sie sich ganz dort in Paraguay eingelebt und glaubt immer, daß es auch für Fritz das Beßte sei, dort zu leben, wagt aber eben, ob ihm schon die Reise bekommt, nicht gerade groß zuzureden, hat sich auch schon bei uns ganz wieder eingelebt und erfährt von allen Seiten die herzlichsten Liebesbeweise, so daß es ihr, glaube ich bestimmt, schon jetzt schwer wird, an die Heimreise zu denken und ihren Herzensliebling zu verlassen und glaube immer, wenn die Kolonie richtig im Zuge ist, verkauft sie mit der Zeit doch dort, so liebenswürdig alle, selbst ihre Gläubiger zu ihr sind, und kommt zu uns zurück. Macht sie doch schon immer ihre kleinen Späße und Andeutungen, wie ich sie locken müsse, ›wenn ich mich erst von ihr pflegen ließe‹ usw., daß sie dann wieder käme.«[425]

Franziska weiß natürlich nicht, wie desolat und hoffnungslos das Kolonie-Geschäft in Wahrheit ist und daß man der Tochter, in keineswegs sehr liebenswürdiger Manier, nur eine finanzielle Gnadenfrist gegeben hat. Aber aus all den dunklen, verdeckt-geheimnisvollen Andeutungen darf sie durchaus den Eindruck gewinnen, daß Elisabeth schon jetzt mit dem verlockenden Gedanken spielt, möglichst bald, ohne kränkenden »Gesichtsverlust«, für immer nach Naumburg zurückzukehren, um als Nachlaß-Verwalterin und treue Hüterin des Bruders endlich jene Wertschätzung und Anerkennung zu finden, die man ihr stets glaubte versagen zu müssen – und die sie, wie ihr nun klarwerden muß, kaum noch mit Hilfe des kläglich zu Grunde gehenden Kolonial-Unternehmens gewinnen kann. Aus dieser Perspektive ist ihr Plan, den Bruder zu sich nach Südamerika zu nehmen, nichts weiter als ein (keineswegs ernsthaft ins Werk gesetztes) Hirngespinst, das allerdings den höchst willkommenen Effekt hat, vor aller Welt aufs deutlichste zu dokumentieren, wie stark sie sich mit ihm verbunden fühlt, wie vorbehaltlos sie angeblich bereit ist, sein schlimmes Schicksal mit dem ihren zu vereinen. Mögen Franziska auch die innersten Motive der Tochter zu diesem Zeitpunkt noch gnädig verborgen bleiben, so scheint sie doch zu ahnen, daß Elisabeth die Kolonie schon längst verloren gegeben hat, auch wenn sie nach außen einen ganz anderen, entgegengesetzten Eindruck vermittelt. Dieses langsam sich abzeichnende Scheitern des Kolonial-Experiments, so unangenehm und beschämend es zunächst sein mag für die ganze Familie – in Franziska sind damit, ganz im geheimen und kaum offen artikuliert, gleichzeitig freudige Erwartungen verknüpft: Nicht nur, daß sie nun hoffen kann, bald etwas Entlastung zu finden bei der täglichen Arbeit mit dem Kranken, um sich selbst einmal (wie ihr Elisabeth verheißungsvoll verspricht) pflegen und versorgen zu lassen – viel angenehmer ist die Aussicht, daß ihr die Tochter demnächst mit uneingeschränkter Kraft sachverständig und umsichtig helfen könnte bei all jenen beängstigenden, für sie kaum zu lösenden Problemen, die das Werk des Sohnes zunehmend bereitet. Zwar hat sie die Herausgabe seiner Schriften anfangs vertrauensvoll in die Hände des Herrn Köselitz gelegt; aber kann sie sicher sein, daß dieser sein Amt sachgerecht und vor allem rücksichtsvoll verwaltet? So ist sie froh, daß ihre Tochter noch in Naumburg weilt, als sie im Frühjahr 1891 erfährt, daß man anscheinend völlig unbedenklich bereit ist, den vierten Teil des »Zarathustra« einem womöglich höchst schockierten Publikum zu übergeben – enthält doch dieses Buch (besonders in dem Teil, der als das »Eselsfest« bezeichnet ist) die heftigsten, wütendsten Angriffe auf das christliche Weltverständnis, dessen Grundlagen mit beißend-verletzender Ironie und schrecklich makabrem Spott verhöhnt und lächerlich gemacht werden.[426] In völliger Unkenntnis über diesen aufregend-bedrohlichen Charakter des Textes hatte Franziska zunächst ihre Einwilligung zum Druck gegeben, aber doch versäumt, die Zustimmung des Gegenvormunds und rechtgläubig-protestantischen Pfarrers Oehler einzuholen, eine Nachlässigkeit, die nun möglicherweise zu einem schweren Konflikt mit ihrem in die kirchliche Hierarchie fest eingebundenen Bruder führen könnte, zumal sie doch weiß, daß sich die fromme Verwandtschaft immer wieder entsetzt geäußert hatte über die unchristlich-ketzerischen Lehren des Sohnes. So ist Franziska ein wenig erleichtert, daß sie in dieser äußerst unangenehmen Lage, die sie selbst nicht meistern kann, den Rat der Tochter in Anspruch nehmen darf – tatsächlich nimmt Elisabeth ohne Zaudern und mit größter Energie die erste Gelegenheit wahr, in das Werk des Bruders einzugreifen, um auf diese Weise ihre geschwisterliche Autorität und Entscheidungsbefugnis gegenüber dem bisherigen Herausgeber Köselitz aufs deutlichste zur Geltung zu bringen. Sie konferiert ausgiebig mit einem jungen Gelehrten namens Lauterbach, der in Leipzig Vorlesungen über die Nietzsche-Philosophie zu halten gedenkt und deshalb das fragliche Werk bei dem Verleger Naumann schon eingehend studiert hatte, wobei sich ihm durchaus der Eindruck aufdrängen mußte, daß dieser vierte Teil des »Zarathustra« wirklich geeignet sei, die staatlichen Behörden auf den Plan zu rufen; ein solcher Eingriff könne sich, fügt er (ein wenig skandallüstern) hinzu, in der geistig-theologisch interessierten deutschen

Geisteswelt zu einem »Hauptspaß« entwickeln – diesem öffentlichen Amüsement, in dem sie vielleicht eine wichtige, höchst umstrittene Rolle spielen würde, fühlt sich Franziska allerdings, wie sie Franz Overbeck gesteht, »jetzt nicht gewachsen«, so daß sie geneigt ist, ihre Einwilligung zur Publikation zu widerrufen, zumal Elisabeth, angeblich in Kenntnis seiner eigentlichen Intentionen, mit größtem Nachdruck behauptet, ihr Bruder habe wohl kaum beabsichtigt, die »Zarathustra«-Schrift schon jetzt und in dieser Form dem Publikum zu übergeben – eine Ansicht, der Heinrich Köselitz jedoch äußerst energisch widerspricht. Franziska muß also den Eindruck gewinnen, daß die Autorität der Tochter keineswegs unangefochten ist und ihre so selbstsicher geäußerten Meinungen und Ratschläge vielleicht in nur geringem Maße durch Sachkenntnis legitimiert sind, zumindest aber die Verwirrung nicht beheben, sondern eher noch befördern – so daß sie sich genötigt sieht, bei dem sachlich-ruhigen Franz Overbeck um Hilfe nachzusuchen:

»Lieschen macht mich darauf aufmerksam und ich bin darüber so beunruhigt, daß der vierte Teil des Zarathustra der Öffentlichkeit übergeben werden soll. Ich weiß, daß mich Herr Köselitz damals darum befragte, doch da ich über solche Dinge mir kein Urteil zu geben erlaubte, schrieb ich ihm doch diese Angelegenheit mit Ihnen zu beraten. Hat dies der gute Herr Köselitz getan und haben Sie Ihr endgültiges Urteil darüber abgegeben? Ich selbst habe einen großen Formfehler begangen, was ich jetzt erst einsehe, ich habe meinen Bruder als Gegenvormund garnicht davon benachrichtigt und hätte doch müssen seine Erlaubnis einholen. Wie ich jetzt Mehreres von dem Inhalt höre, würde ich sowohl als mein Bruder niemals die Erlaubnis dazu gegeben haben. Hätte ich meinem Bruder das Buch geschickt, so hätte er daselbe gewissenhaft durchstudiert und sicherlich mit Entsetzen bei seinen strengen kirchlichen Ansichten und Gedanken zurückgewiesen, das Buch jemals zu veröffentlichen. Ich selbst kenne keine Silbe des Inhalts, ja ich habe nicht einmal gewußt, daß es gedruckt existiert, was bei meiner unendlichen Sorge wohl begreiflich ist. Wenn sich nun der Staatsanwalt einmischen sollte, so würden wir beide Vormünder wohl vor Allen verantwortlich gemacht, und doch wissen wir beide von *nichts*. War es nur nötig das Buch zu veröffentlichen und wer trägt nun die Verantwortung dafür? Mein Sohn hat früher entschieden erklärt, wie mir jetzt meine Tochter sagt, das Buch niemals zu veröffentlichen, wissen Sie etwa ob er später seine Meinung geändert hätte? Lieschen ist so unglücklich, daß Sie nicht Gegenvormund geworden sind, weil Sie besser als irgend Jemand unseres geliebten Kranken Leben und Ansichten kennen, während mein guter Bruder, für den Lieschen eine große Verehrung hat und welcher gewiß von den besten Absichten erfüllt ist, doch den Gesamtansichten meines Sohnes fernsteht und fernstehen muß. [...] Könnten Sie uns nicht die große Wohltat und Freude bereiten, uns in nächster Zeit [...] zu besuchen? Mir scheint es selbst, daß wir Alle, die wir unseren lieben Kranken am nächsten stehen einmal miteinander über Vergangenheit und Zukunft beraten müßten.«[427]

Wie immer es bestellt sein mag um jene von Franziska referierte Trauer ihrer Tochter darüber, daß nicht der kundigkluge Overbeck, sondern der pietistisch (-bigotte) Onkel Edmund über das Werk des Bruders und dessen Publikation mitzuentscheiden hat (verfolgt Elisabeth doch später Nietzsches Basler Freund und Vertrauten als tiefblickenden Konkurrenten mit einem unbändig-grenzenlosen Haß) – die hier geäußerte vernünftige und einsichtsvolle Idee eines großen Consiliums aller, die mit dem Leben und dem tragischen Schicksal des Sohnes verbunden sind, wird nicht in die Tat umgesetzt. Franziska läßt sich einzig von Elisabeth bestimmen, so daß der höchst verärgerte, mit guten Gründen finanzielle Einbußen fürchtende Verlagsherr Naumann schon einige Tage später an Overbeck zu berichten hat, der »Zarathustra« sei zwar »schon seit einigen Wochen fix und fertig gedruckt [...] da trifft auf einmal heute früh eine Depesche folgenden Inhalts aus Naumburg ein: ›Bitte Zarathustra ohne meine definitive Einwilligung nicht zu veröffentlichen. Franziska Nietzsche‹«[428] Franziska ist wohl kaum bewußt, daß sie das Opfer einer höchst geschickten Manipulation geworden ist und Elisabeth ihre keineswegs so engstirnig-dogmatischen religiösen Empfindungen wirkungsvoll instrumentalisiert hat, um erstmals ihre eigenen Macht- und Einflußansprüche hinsichtlich des brüderlichen Werkes anzumelden. Um so erstaunter und verwirrter muß Franziska sein, als sie schon kurze Zeit nach dieser schweren Entscheidung bei der Tochter eine Art von Gesinnungswandel bemerkt: Nun ist Elisabeth ganz plötzlich bereit, eine Publikation des »Zarathustra IV« in Erwägung zu ziehen, wenn auch mit Kürzungen (»Verstümmelungen«, wie der gleichfalls sehr estaunte Köselitz bemerkt)[429] – die tiefsten Motive für diese Kompromißbereitschaft mögen in der Einsicht liegen, daß sie später, wenn das Kolonial-Unternehmen auf eine möglichst »elegante« Weise abgewickelt ist und sie sich dann mit vollem Engagement den »Nietzsche-Angelegenheiten« zuwenden kann, ganz unabdingbar angewiesen ist auf eine halbwegs gedeihliche Zusammenarbeit mit dem Verleger, vor allem aber mit Köselitz, von dem sie doch weiß, daß er wertvolle Sachkenntnis besitzt und als einziger (neben der Mutter) fähig ist, die komplizierte Handschrift des Bruders zu entziffern. Noch vor Elisabeths (immer wieder aufgeschobener) Rückreise nach Paraguay unterzeichnet Franziska den Vertrag für eine Nietzsche-Gesamtausgabe, mit Köselitz als Herausgeber und Vorwort-Schreiber; im Rahmen dieser Edition wird der vierte Teil des »Zarathustra« schließlich doch veröffentlicht. Anfang Juni 1892 tritt Elisabeth noch einmal die beschwerliche Seereise nach Südamerika an; Franziska aber ist sich ziemlich sicher, daß die Tochter bald endgültig nach Naumburg zurückkehren wird – eine tröstliche Zukunftsvorstellung, wie sie zu dieser Zeit noch anzunehmen wagt:

»Mein Lieschen ist nun am 2. Juni von Hamburg abgereist und freilich furchtbar seekrank, glücklich das Schiff am 26. in Montevideo angelangt, wie mir Donnerstag ein Herr aus Hamburg gütigst telegraphisch berichtete, während ich von ihr früher von Madeira aus einen Brief erhielt. Ach, *wie* schwer wurde es ihr und mir! Was haben wir gelitten! Und doch mußte sie noch einmal dahin, um alles zu ordnen und so sehe ich es, nachdem halb und halb der Trennungsschmerz überwunden ist, als einen Schritt zu ihrer baldigen Wiederkehr jetzt an. Der gute Fritz behauptet, trotz meiner Versicherung, daß sie in Paraguay ist, ›das gefällt mir garnicht, sie ist auch garnicht fort, sie ist im Kabinett und schreibt gute Briefe‹, wir expedierten nämlich ihre zahllosen Briefe immer in den Briefkasten, wenn wir spazieren gingen.«[430]

Franziskas aufrichtiger Abschiedsschmerz ist wohl ein deutlicher Hinweis darauf, daß sie der töchterlichen Hilfe und Anteilnahme aufs höchste bedürftig ist, wird ihr zu dieser Zeit doch immer klarer bewußt: die Krankheit des Sohnes ist nicht heilbar. Sie muß sich also mit dem schrecklichen Gedanken vertraut machen, daß sie ihn in ihrem Lebensabend, bis zum eigenen Tod, wird pflegen und behüten müssen, da er, wie ihr die Ärzte versichern, in diesem seinem Geisteszustand durchaus noch alt werden kann. Es ist eine dunkle, Verzweiflung bewirkende Zukunftsvorstellung, da sie sich selbst, in ihrem siebten Jahrzehnt, doch manchmal krank, erschöpft und müde fühlt, auch wenn sie jetzt gesundheitlich noch halbwegs in der Lage ist, ihren täglichen Dienst zu verrichten. In solch trüber Stimmung schreibt sie an Overbeck,

»[...] daß Prof. Binswangers Voraussage sich bewahrheitet und unseres Herzenspatienten geistiges Befinden nicht vorwärts, sondern immer mehr rückwärts geht, [deshalb] ist mir ein Bericht jedesmal eine Aufgabe, während ich früher mit wahrem Vergnügen an Sie darüber schrieb, immer in dem Wahne, daß es gegen die bisherigen Beschreibungen in der Anstalt so viel besser ging und doch ist alles nur Einbildung gewesen, indem eine solche Krankheit, wenn auch langsam, aber doch seinen geistvernichtenden Weg geht, was das geübte ärztliche Auge natürlich gleich erkannt hat, was ich nun leider zugeben muß. Sein Äußeres ist sehr gut, ebenso sein körperliches Befinden, ich möchte fast sagen, normal zu nennen, aber sein lieber herrlicher Geist verarmt immer mehr, doch hat sein ganzes Wesen so etwas rührendes. Heute z. B., und so ist es immer einen Tag um den anderen, ist er meist still und zum Schlafen mehr geneigt, doch wechselt auch dieses, während er morgens früh von 4 an viel lebhafter ist und am Abend dann gegen ½ 8 ihm vor Müdigkeit die Augen zufallen, und in seinen Äußerungen gegen mich ist er dann besonders zärtlich. Überhaupt wenn ich ihm meine Hände auf die Stirn lege, sieht er mich so dankbar an und sagt ›Du hast eine *gute* Hand‹, ebenso liegt er oft neben mir auf dem Sofa, wenn ich ihm am Tische vorlese und er hält da meine rechte Hand stundenlang fast krampfhaft fest auf der Brust und man fühlt, was das ihm für eine Freude und Beruhigung ist. Auch sieht man das arme Kind mit so inniger Liebe doch an, da sagt er so und so oft den Tag

Franziska Nietzsche als ca. Sechzigjährige

›Meine Mutter Du hast eine gute Sache in Deinen Augen‹ und kommt dann oft zu den überschwenglichsten Ergüssen darüber. An solchen Tagen gehe ich mit ihm gegen acht schon auf einige Stunden in unsern Buchenwald, wo ich denke, daß sich in dieser ganzen Einsamkeit am besten die Aufregung der Nerven beruhigt am Nachmittag könnte ich es schon nicht wagen, und den stillen Tag fahren wir einen Tag um den andern nach Grochlitz in das Saalbad, was Binswanger auch billigte; ohne daß wir dahin führen würde ich es garnicht wagen ihn baden zu lassen und unberufen scheint es ihm doch recht gut zu tun [...] Ein *namenloses* Weh durchzieht oft meine Seele, doch muß ich dem Allbarmherzigen innig danken, daß er mich dabei gesund erhält, was sollte nur aus dem armen armen Kinde werden, dem die mütterliche Liebe so wohltut und ich bin auch der Überzeugung, daß es eine Art Macht ist, so eingebildet es klingt, daß es eben zu keinen Ausschreitungen kommt.«[431]

Hier also Franziskas gründliche Desillusionierung über das, was die Natur und den Verlauf der Krankheit betrifft – schmerzlich und alle Hoffnung vernichtend, so daß nur die stille Freude darüber bleibt, daß der Sohn ihre hingebungsvolle Liebe noch spürt und erwidert. In dieser Zeit tritt ihr immer stärker die furchtbare Dissonanz zwischen diesem langsam verdämmernden Geist und jener öffentlichen, indezenten Neugier ins Bewußtsein, die dem Schicksal des Sohnes in ständig wachsendem Maße zuteil wird, kann ihr doch nicht verborgen bleiben, daß draußen, in der gebildeten deutschen Welt, das Werk ihres Kindes mit zunehmender Intensität beachtet, diskutiert und (kritisch) kommentiert wird, nicht zuletzt aufgrund dieser die Interpreten-Phantasie merkwürdig beflügelnden, aufregenden Krankheit. Dann aber wieder, in der Naumburger Umgebung, krasseste Mißachtung und Ablehnung, beleidigend und kränkend, wie sie Franziska zum Beispiel von einem Justizrat Wilde erfährt, den sie in Rechtsangelegenheiten konsultiert hatte – und der nun die Gelegenheit wahrnimmt, seine Juristen-Verachtung gegenüber allem Philosophisch-Geistigem mit seltener Klarheit zu artikulieren:

»[...] Als z. B. damals der vierte Theil des Zarathustra zurückgezogen werden sollte u. ich meine Bedenken aussprach wo ich die Masse Bücher unterbringen könnte, sagte er unter Hohnlachen ›Haben Sie nicht einen Stall‹ und als ich von einem Werk v. Fritz u. eben von neuer Auflage sprach sagte er wiederum hohnlachend ›da brauchen Sie sich nicht zu beunruhigen, neue Auflagen werden die Bücher nicht erleben‹, erwiderte ihn darauf daß es ja schon geschehen sei. Er sprach sich dann so verächtlich über Philosophen aus, als ob er allein das Pulver erfunden habe u. alle derartigen Geister halb verrückt wären ›auch Goethe hätte sonst seine Wahlverwandtschaften nicht geschrieben‹ [...] Ein ander mal wo ich etwas unterschreiben sollte u. er [...] sich dann über meine große Pünktlichkeit wunderte sagte ich ›ja es ist die Zeit des Mittagsschläfchens meines Sohnes, u. er schläft nicht eher als bis auch ich mich lege‹ antwortete er wieder im bewußten Hohn ›Hängen Sie ihm doch einen Lappen über.‹ Solche Roheiten alterieren mich [...]«.[432]

Auch wenn sich Franziska trotz der (heute äußerst komisch wirkenden) Ansichten dieses feinfühligen Pragmatikers die feste Gewißheit nicht rauben läßt, daß die Schriften des Sohnes nachwirken werden in der geistigen Welt, so sind es doch solche kleinen, aber immer wieder ans Herz greifenden Alltagserfahrungen, die sie zunehmend zermürben, hilflos und unglücklich machen. Sie versucht, den Beistand anderer Menschen zu gewinnen, vornehmlich aus der Verwandtschaft; so bittet sie, nach dem Tod des Bruders Edmund, ihren Neffen Adalbert Oehler, einen erfahrenen, umsichtigen Juristen, der einen »guten Blick hat für Recht und Unrecht, Anfang und Ausgang«[433],

»[...] an Stelle unseres zu früh von uns gegangenen Edmund, Gegenvormund für meinen Herzensfritz zu werden [...] ich wüßte wirklich niemand auf der Welt mit welchem ich als Vormünderin alles am liebsten beriete, u. alles so in besten Händen wüßte als Du, da ich mich gar zu schwach u. unwissend fühle.«[434]

Adalbert Oehler erfüllt ihr diesen Wunsch, er hat zu seiner Tante ein besonders herzliches Verhältnis; daß er dann später in Konflikte gerät und sich der Umgang mit Franziska zunehmend schwieriger gestaltet, hängt auf fast tragikomische Weise zusammen mit jener anfangs so hoffnungsvollfreudig erwarteten, vielleicht lebenserleichternden Wende: viel früher als ursprünglich geplant gibt Elisabeth das Kolonial-Unternehmen auf und kehrt nun endgültig in die Heimat zurück. Mag sich das Heimkommen der Tochter für Franziska im ersten Augenblick des lange und sehnlichst herbeigewünschten Wiedersehens auch als »ein rechter Trost in dieser schweren Zeit«[435] erweisen, so muß sie doch schon bald aufs niederschmetterndste erfahren, daß sich ihr Dasein mit und an der Seite Elisabeths, ungeahnt verwirrend und verstörend, in Stationen des Leids, der Kränkung und Demütigung verwandelt und sie in ihren letzten Lebensjahren noch in einen familiären Kampf verwickelt wird, an dessen Ende sie als das wehrlos gemachte Opfer töchterlicher Herrschafts- und Einflußansprüche resigniert und tief enttäuscht in bitterste Einsamkeit versinkt.

4.

Nur bruchstückhaft und oberflächlich ist Franziska über all jene Ereignisse unterrichtet, die Elisabeth bewogen haben, die Kolonie in Paraguay so unvermittelt-überstürzt zu verlassen; es ist ihr kaum bekannt, daß dieser Rückzug nicht geordnet und geregelt abgelaufen, sondern eher eine Flucht war vor den wütenden, enttäuschten, finanziell geschädigten Siedlern; sie hatte nur, gutgläubig und durchaus freudig bewegt, der Bitte ihrer Tochter entsprochen, sie telegraphisch aufzufordern, nach Naumburg zurückzukommen, da sie bei der Pflege des kranken Bruders nun dringender denn je benötigt werde.[436] Damit jedoch hatte sie Elisabeth die Möglichkeit verschafft, sich von dem gescheiterten Kolonial-Experiment auf eine »elegante«, für die neugierig-aufmerksame Öffentlichkeit höchst plausible Weise ohne größeren »Gesichtsverlust« zu verabschieden, so daß diese dann (in den »Bayreuther Blättern«) ohne Skrupel, wenn auch ein wenig an der Wahrheit vorbei, mit einigem Pathos verkünden konnte: »Eine andere Lebensaufgabe: die Pflege meines einzigen teuren Bruders, des Philosophen Nietzsche, die Sorge für seine Werke und Beschreibung seines Lebens und Denkens nimmt von jetzt an meine ganze Zeit und Kraft in Anspruch – so bin ich genötigt, den kolonialen Angelegenheiten Lebewohl zu sagen.«[437] Franziska muß erstaunt bemerken, daß dieser Ankündigung schon rasch die wirkungsvollen töchterlichen Taten folgen – energisch und rücksichtslos ins Werk gesetzt, gespeist und befeuert von diesem innerlich drängenden Motiv, die einmalig-große Gelegenheit nicht zu versäumen, nach all den kränkenden, frustrierenden Zurücksetzungen, die sie in ihrem Leben hatte hinnehmen müssen, jetzt endlich, mit Hilfe des brüderlichen Werks, zu einer (wenn auch verspäteten) Selbstverwirklichung, Persönlichkeitsentfaltung oder »Emanzipation« zu kommen, wobei sich dieser Impuls, wie Franziska schnell zu lernen hat, auf traurige Weise zunächst fast zwangsläufig gegen die eigene Mutter richtet, vielleicht sogar als ganz subtile, halbbewußte Rache dafür, daß sie sich in ihrer Kindheit und Jugend im Vergleich zum Bruder stets nur mit einem minderen Platz in der mütterlichen Liebeshierarchie zufriedengeben mußte. Ist die erste Aktivität Elisabeths, dieser verbissene Kampf mit dem bisherigen Nietzsche-Herausgeber Köselitz, für Franziska zwar ganz unverständlich und überflüssig, aber doch persönlich nicht belastend, so greift der nächste Schritt der Tochter schon massiver ein in ihre altvertrauten häuslichen Umstände und Verhältnisse: Um einen angemessenen äußeren Rahmen herzustellen für ihre große Imagination, »die Persönlichkeit Nietzsches als die edelste Lichtgestalt den Leuten fest in die Herzen zu prägen«[438], läßt Elisabeth bauliche Veränderungen im Hause Weingarten 18 vornehmen – und Franziska ist zunächst durchaus damit einverstanden, daß im Erdgeschoß aus »2 Zimmern ein großes gemacht«[439] wird und so eine Art von »Archiv« oder »Repräsentationsraum« entsteht, »wo jetzt alle Besuche empfangen werden, denn man hört dort unsern Geliebten gar nicht.«[440] Aber wenn sie nun sieht, wie in diesem kleinen »Weihetempel« von Elisabeth ein reges gesellschaftliches Leben initiiert wird, wie dort Soiréen, musikalische Aufführungen und andere »Repräsentationen« stattfinden, während im oberen Stockwerk der Sohn auf seinem Krankenlager liegt und manchmal tobt und schreit, dann überkommt sie doch recht bald, ob dieser makabren, fast räumlich-sinnlich greifbaren Dissonanz das unangenehm-schmerzliche Gefühl, daß solche Aktivitäten »nicht in ein Haus [passen], wo ein solcher Kranker sich befindet.«[441] Es muß ihr langsam bewußt werden, daß Elisabeth ihren kranken Bruder als wehrloses Instrument und Medium benutzt, um die eigene Geltungssucht, den Drang nach Ruhm und Anerkennung zu befriedigen.

Diese schlimme Vermutung muß sich Franziska um so stärker aufdrängen, als schon nach kurzer Zeit die Tochter neue, weit folgenreichere Pläne entwickelt: Sie kommt auf die Idee, in ein anderes, größeres Haus zu ziehen, angeblich, um dem Bruder eine schönere Umgebung zu bieten, glaubt sie doch zu beobachten, daß er leidet »unter den engen Räumen [...] und dem Mangel an freier Luft«.[442] In Wahrheit aber ist Elisabeth weit stärker motiviert von dem Wunsch, den »kleinbürgerlich«-engen Rahmen zu verlassen und ein eleganteres Ambiente für ihre kulturell-gesellschaftlichen Ambitionen herzustellen. Franziska widersetzt sich sehr energisch diesem Vorschlag – in all den zurückliegenden Jahren hat sie ihr Haus unter großen finanziellen Opfern zu einer gemütlichen Heimstatt gemacht, in der sie sich geborgen fühlt; sie ist sich völlig sicher, daß auch der Sohn in einer solchen Umgebung gut und angemessen versorgt werden kann. Mit dieser Weigerung zieht sie sich allerdings den tiefen Groll der Tochter zu, die nun doch, in einem äußerst intriganten Spiel, mit allen, teilweise sehr boshaften Mitteln versucht, den eindeutigen Nachweis zu führen, daß der kranke Nietzsche, diese edle Jahrhundert-Gestalt, im Haus und in der Pflege der Mutter unwürdig verkommt. Franziska muß erfahren, daß Elisabeth den Hausarzt und die medizinischen Experten in Jena in ihrem Sinne zu beeinflussen versucht, indem sie das Leben und den Zustand des Kranken in den düstersten Farben malt, mit der (zumindest indirekten) Aufforderung, diesem angeblichen Dahinvegetieren möglichst umgehend durch fachmännischen Einspruch ein Ende zu bereiten. Solche Unterstellungen und Vorwürfe erscheinen Franziska gänzlich halt- und gegenstandslos, haben doch die Ärzte, besonders auch Professor Binswanger, ihre sachkundige und sorgfältige mütterliche

Pflegeleistung bisher stets anerkannt und hoch geschätzt. Franziska muß begreifen, daß die Manipulationen der Tochter eindeutig das Ziel verfolgen, ihr den Sohn für immer zu entziehen, damit »alles in die Hand eines Pflegers od. [er] vielmehr Wärters gelegt werden kann«.[443] Es gelingt Elisabeth, die Ärzte zu einer Art Kontrollbesuch zu überreden, der allerdings dann einen gegenteiligen Effekt bewirkt; Franziska schreibt an ihren Neffen:

»Ich ahnungslos, schreibt mir eines Tages mein guter Doktor ›er wolle morgen früh kommen um den Herrn Professor einmal im Bett zu untersuchen.‹ Ich brannte ihm noch ein Licht dazu an, ließ ihn mit dem Kranken allein [...] War er schon immer voll des Lobes so sagte er ›er habe auch heute wieder das Urtheil ausgezeichneter ja vorzüglicher Pflege‹ u. erging sich sogar bis zu ›prachtvoll‹ u. setzte noch hinzu, daß er rein das Wohl des Kranken dabei im Auge habe u. nicht etwa mir Schmeicheleien sagen wollte. Das Urtheil schien aber Lieschen nicht zu dem geplanten Zweck zu passen, kurz, letzten Samstag spät abend läßt mir Lieschen sagen, ich möchte mich doch Montag gegen 9 Uhr mit Fritz bereithalten, Prof. Binswanger aus Jena käme [...] Zur genannten Zeit kommt [...] Prof. B.[inswanger] u. unser Hausarzt u. zwar hatten sie schon bei Lieschen gefrühstückt u. B.[inswanger] war vor allem durch L.[ieschen] veranlaßt ›alle Räume zu klein und mit schlechter Luft zu finden u. ich müsse den Wünschen meiner Tochter nachkommen u. ein großes Haus, worin wir alle wohnen könnten, kaufen, nebst großem Garten zum spazierengehen für meinen Sohn u. vor allem einen Wärter nehmen [...] u. es müsse Pfleger, Barbier und Masseur in eine Hand gelegt werden.‹ Förmlich beleidigend für mich, schnüffelte er, sowie er ein Zimmer betrat, untersuchte Fritz im Bett, ich bat noch: ihn auch noch angekleidet präsenzieren zu dürfen wegen des Gehens u. er sprach das gr.[oße] Wort gelassen aus ›tadellos‹ u. ich merkte selbst, daß er sich meinen guten Kranken ganz anders gedacht hatte [...]«[444]

Auch wenn die Riechprobe Binswangers klar zugunsten Franziskas ausgeht – diese halb komische, halb traurige Episode (in welcher der Professor den Überredungskünsten Elisabeths zunächst merkwürdig schnell erliegt) muß auf erschreckend eindringliche Weise deutlich machen, daß ein schöner Traum, eine freudige Hoffnung nicht in Erfüllung gegangen ist: Das gemeinsam-einverständige, harmonische Leben mit der Tochter scheint unmöglich geworden zu sein. Im Gegenteil – das Wesen und Wirken Elisabeths wird für Franziska zu einer neuen, kaum erwarteten Belastung, obwohl sie immer wieder in mütterlich-nachsichtiger Einfühlung versucht, die Aktionen Elisabeths keineswegs als Ausdruck ganz bewußter Boshaftigkeit, sondern eher als zwangsläufige Folge einer gewissen, vielleicht durch vorherige schlimme Lebenserfahrungen beförderten »nervösen« Konstitution zu begreifen. Zu dieser Zeit hatte die Tochter schon Fakten geschaffen und war mit dem noch recht bescheidenen »Nietzsche-Archiv« in eine in der Nachbarschaft gelegene Wohnung gezogen – in stiller, kaum zu dämpfender Wut darüber, daß Franziska sich der »großen Lösung« (mit prächtigerem Haus) so energisch widersetzt hatte.[445] Nun ist sie aufs höchste motiviert, ihre Beziehung zur Mutter als ein Kampf-Verhältnis aufzufassen und alle Mittel einzusetzen, um Franziskas Einfluß zu verringern, sie in die Enge zu treiben und unsicher zu machen, so daß sie am Ende vielleicht doch resignierend bereit wäre, den kranken Sohn in die Hände der Tochter zu legen, damit dem intendierten und nun mit allem falschen Glanz anhebenden Nietzsche-Spektakel die gleichsam materielle, »leibhaftige« Grundlage und Berechtigung zuteil werden kann. Franziska hört von abwertenden, beleidigenden Briefen, die Elisabeth dem Hausarzt Dr. Gutjahr zukommen läßt, womit dieser auf peinlichste Weise in den Familienstreit verwickelt wird, was ihn in um so größere Konflikte stürzen muß, als er bislang vor der Persönlichkeit Franziskas (gerade auch hinsichtlich ihrer Pflegeleistung) stets eine ganz besondere Hochachtung hatte. Diese bösen Episteln sind dann plötzlich verschwunden; ihren genauen Inhalt wird Franziska also nie erfahren – wohl aber muß sie ein weit umfangreicheres und äußerst folgenschweres literarisches Produkt ihrer Tochter zunächst staunend, dann jedoch mit größtem Zorn zur Kenntnis nehmen: Elisabeth präsentiert, gemäß dem schon in Paraguay gefaßten Plan, der höchst interessierten und neugierigen Öffentlichkeit ihre erste große Nietzsche-Biographie, in der sie das Leben des Bruders in blumig-gefühlvollem Stil mit imperialer Autorität und kanonischem Anspruch beschreibt. Franziska allerdings bemerkt sogleich mit wachsendem Entsetzen, daß sie in diesem Werk zu einer völlig unwichtigen Figur ohne Wirkung und Einfluß gemacht wird, daß ihre Bedeutung für den Sohn bewußt »heruntergespielt«, daß ihre schwierige Erziehungsarbeit kaum gewürdigt wird, daß all die halb abwertenden, halb schmückenden Bezeichnungen, die ihr zuteil werden, nichts anderes bewirken sollen, als sie in eine dümmlich-naive weibliche Gestalt zu verwandeln, während Erdmuthe, die Großmutter, unangemessen und wirklichkeitsblind als die eigentlich entscheidende, glanzvoll-hehre Persönlichkeit in einem allzu hellen Licht erscheint und so der Eindruck entsteht, die hohe Geisteskraft und die intellektuelle Brillanz des Sohnes sei einzig und allein ein Erbteil der Nietzsche-Familie. Zwar muß Franziska eingestehen, daß dieses Buch ganz »wunderhübsch« geschrieben ist[446]; sie bemerkt aber sogleich, daß ihre Tochter keineswegs sorgfältig umgeht mit den biographischen Fakten und der

Versuchung nicht widerstehen kann, bestimmte Lebensereignisse geradezu lyrisch auszuschmücken, umzudeuten oder gar zu erfinden: »Sie fabelt ganz außerordentlich [...] denn ich habe doch alles miterlebt.«[447] Wenn nun Franziska ihre eigenen Erinnerungen mit den Erzählungen Elisabeths vergleicht, so kann ihr nicht verborgen bleiben, daß die biographische Intention der Tochter sehr bewußt, in voller, wahrheitsvergessener Absicht darauf gerichtet ist, ihre mütterliche Rolle als Erzieherin mit allem Nachdruck und mit allen Mitteln zu verzerren, abzuwerten, zu verdunkeln. Eröffnet sich hier nicht die keineswegs strahlende Perspektive, daß dermaleinst all jene, die sich mit dem Leben und dem Werk des Sohnes auseinandersetzen werden, vermittels solcher Darstellungsweise nur einen stark getrübten Blick auf den Charakter und die Lebensleistung der Mutter werfen können, sogar noch dann, wenn sie sich aufrichtig bemühen, Wahrheit und Dichtung in den literarischen Bemühungen der Tochter halbwegs voneinander zu trennen? Franziska äußert gegenüber Elisabeth offen ihr »Befremden, ›wo denn die Mutter bliebe‹«[448] – und muß doch erleben, daß die Tochter kaltblütig und gefühllos über all ihre schmerzlichen Empfindungen hinweggeht und dadurch einen Dissens in Kauf nimmt, der nie wieder verschwindet:

»Der Stachel bleibt natürlich daß mein gesundes Kind mir in dieser meiner an u. für sich kummervollen Lage so unendliches Leid anthun konnte u. ich kann nicht darüber hinwegkommen, es ist zu traurig in seinem 70. Lebensjahre nach L.[ieschens] Meinung auf ein verfehltes Leben zurückzublicken [...] wäre L.[ieschen] Mutter, würde sie [...] wissen [...] daß Kinder zu pflegen u. zu erziehen nicht leicht ist. Es liegt in der Elternnatur für ihre Kinder zu thun, was in ihrer Kraft steht, noch dazu wenn der Vater derselben ihnen so früh entrissen wird, will man ihnen natürlich doppelt ersetzen, um diesen furchtbaren schmerzlichen Verlust so viel eben in eines Weibes Kraft steht auszufüllen. Ich kann in dieser Beziehung den lieben Gott zum Zeugen anrufen, daß ich meine Mutterpflicht als das höchste Ideal meines Daseins ansah, täglich mir Gottes Beistand erbittend u. meines Herzensmannes Fürbitte für uns.«[449]

Noch einmal entwickelt Franziska, angesichts des von der Tochter verursachten Leids, in beschwörendem Ton ihr großes existenzbegründendes und -erhaltendes Lebens- und Erziehungsmodell, auf dessen scheinbar tragfähigem Fundament sie ihr Dasein gottgefällig zu gestalten und »theologisch« zu rechtfertigen hoffte – muß ihr nicht jetzt, da sie alt und müde geworden ist, auf vernichtende Weise deutlich werden – wenn sie das Unglück ihres geisteskranken Sohnes betrachtet, wenn sie die undankbar-verlogenen Boshaftigkeiten Elisabeths erfahren muß –, daß all ihre schönen Hoffnungen zuschanden geworden sind und also der Gnadenblick Gottes und des gottgleichen Carl Ludwig sich von ihr abgewendet hat, trotz all ihrer irdischen, bis zur Erschöpfung betriebenen Arbeit? Muß sie sich nicht in ihrem Innersten gestehen, daß sie ihr Leben, nach den von ihr und ihrem Christenglauben gesetzten hohen Maßstäben, tatsächlich verfehlt hat und alle darauf beruhenden Wünsche und Erwartungen nicht in Erfüllung gegangen sind? Hat ihr die Tochter nicht, wenn auch bewegt von gänzlich anderen Motiven, den Lebensspiegel vorgehalten? Vielleicht sind es solche existentiellen, ihren Daseinsentwurf bedrohlich in Frage stellenden Erwägungen, die Franziskas tiefe Verzweiflung über das Buch der Tochter begründen – möglicherweise in viel stärkerem Maße als all diese kleinen und großen Unrichtigkeiten, die Elisabeths phantastische Entwürfe so unangenehm und widerwärtig kennzeichnen. Sie fühlt sich innerlich zu einer Korrektur gedrängt; sie beginnt, ihre eigenen Lebenserinnerungen schriftlich niederzulegen, um sich (zumindest »privat« für nahestehende Personen) zu rechtfertigen und seelisch zu entlasten. Es muß sehr tröstlich für sie sein, daß auch andere Menschen aus ihrer Umgebung aufs höchste empört sind über Elisabeth und ihr dringend raten, ein solches für sie mühevolles (schließlich auch Fragment gebliebenes) Vorhaben in Angriff zu nehmen – so auch in ganz besonderer Weise und aus guten Gründen der Hausarzt Dr. Gutjahr, hat er doch selbst schon zu leiden gehabt unter dem Intrigenspiel Elisabeths, das darauf ausgerichtet war, die Persönlichkeit Franziskas wider seine eigenen Erfahrungen zu verdunkeln und in ein negatives Licht zu rücken:

»Der Doctor aber drängt jedesmal (er kommt jetzt nur alle 8 Tage), ich müsse all die hübschen Erinnerungen aufzeichnen u. ›mein Leben‹ schreiben u. so habe ich angefangen [...] natürlich ist es nur f.[ür] d.[ie] Familie (nicht Druck) [...] Ich u. Dr. G.[utjahr] fragen uns immer wieder wozu sie nur all das Unangenehme ebenso für Fritz als für mich u. zuletzt od.[er] zuerst für sich selbst förmlich heraufbeschworen hat, da nicht der geringste Grund vorlag u. nur ihre Phantasie u. Wahnvorstellungen sie dazu verleiten.«[450]

Es ist Franziska nicht mehr möglich, die Handlungsmotive ihrer Tochter nachzuvollziehen, jenen in den Augen einsichtig-neutraler Beobachter fast wahnhaft-verrückten Drang, sich im unerbittlich geführten Kampf gegen die Mutter endgültig und unangefochten mit dem Glorienschein der einzig legitimierten und autoritär entscheidenden Verwalterin des brüderlichen geistigen Erbes zu schmücken. Auch wenn es nach außen noch halbwegs gelingt, die familiäre Harmonie zu inszenieren und den persönlichen Kontakt mühselig aufrechtzuerhalten – Franziska spürt genau, daß die emotionalen Bande schon zerschnitten sind und daß es nie wieder möglich sein wird, friedlich und in Eintracht mit der Tochter zusammenzuleben:

»Lieschen ist fast alle Tage hier u. ich auch hin und wieder auf Minuten bei ihr, es fehlt aber die Liebe u. das Vertrauen, darum leide ich [...] unaussprechlich.«[451]

Zum Jahresende 1895 muß Franziska erfahren, daß nach dem schon sehr schmerzlichen »literarischen« Angriff die Tochter nun, in diesem stetigen Entfremdungsprozeß, den mit allen Mitteln inszenierten Versuch unternimmt, sie auch »juristisch« in eine Marginal-Stellung zu bringen. Sie übt ja noch immer, gemeinsam mit dem Neffen Adalbert Oehler, die Vormundschaft aus über ihren vom Gericht für unmündig und geschäftsunfähig erklärten Sohn; auch ist sie im Besitz der verlegerischen Rechte an dessen Werk und also Nutznießerin der Honorare, die (in ständig zunehmendem Maße) aus seinen Büchern erwachsen – daneben kann sie über jene Professorenpension verfügen, die dem Sohn nach dessen Rückzug vom Amt von den Basler Universitätsbehörden zugesprochen wurde und die sie dringend benötigt zur Pflege und Begleichung aller ärztlichen Kosten. So ist sie denn auch äußerst beunruhigt, als ihr Elisabeth berichtet, jenes Ruhegeld werde in absehbarer Zeit gestrichen – Franziska ahnt noch nicht, daß diese frei erfundene, wahrheitswidrige Nachricht ein wichtiges Element im Plan der Tochter ist, ihr die Autorenrechte an dem Werk des Sohnes abspenstig zu machen; in scheinbar töchterlicher Fürsorge bietet sie Franziska nämlich einen angeblich sicheren Ersatz für die in Aussicht stehenden finanziellen Verluste an: Sie ist bereit, eine einmalige Abfindung von 30000 Reichsmark und eine jährliche Rente von 1600 Reichsmark zu zahlen, wenn Franziska ihr alle Verlagsrechte überantwortet und jegliche Verfügung über das Werk des Sohnes in ihre Hände legt. Franziska allerdings ist skeptisch, leistet Widerstand, ist anfangs überhaupt nicht bereit, ihren Namen unter einen solchen Übereignungsvertrag zu setzen. Es ist ihr schleierhaft, auf welche Weise die Tochter diese hohe Entschädigungssumme beschaffen will, weiß sie doch nur allzu genau, daß Elisabeth in Geldgeschäften stets sehr leichtfertig verfährt und deshalb jene Finanziers oder Mäzene, von denen dunkel-geheimnisvoll die Rede ist, durchaus auch leichtfertig hervorgezauberte Phantasiegestalten sein könnten – vor allem aber muß es ihr im höchsten Maße pietätlos erscheinen, daß die geistige Hinterlassenschaft des Sohnes von Elisabeth zu einem innerfamiliären Handelsobjekt herabgewürdigt wird.[452] Die Tochter aber versucht, mit allen ihr zur Verfügung stehenden Mitteln psychischen Terrors ihr Vorhaben durchzusetzen; sie tobt, schreit und bricht pathetisch-demonstrativ in Tränen aus – dann wieder ist sie überfreundlich zu Franziska, schmeichelt ihr und kann sich nicht genug tun in gespielt-treuherzigen Bekundungen, es ginge ihr nur um das leibliche und seelische Wohl der Mutter, die doch mit ihren Pflegeaufgaben schon ganz übermäßig belastet sei. Der Druck auf Franziska steigert sich ins Unerträgliche: »Mich bringen all die Aufregungen noch unter die Erde«[453], schreibt sie an Adalbert Oehler, von dem sie sich Hilfe erhofft – der Neffe und Gegenvormund ist zu dieser Zeit jedoch schon schwankend geworden durch Elisabeths entnervendes, peinliches Drängen. Er ist schließlich bereit, ihrem Ansinnen entgegenzukommen, auch wenn er damit seiner doch so verehrten, hochgeschätzten Tante auf moralisch nicht sehr ehrenvolle Weise in den Rücken fällt. Vielleicht ist es gerade dieses fragwürdige Verhalten des Neffen, das Franziska am Ende zur Kapitulation zwingt: Kurz vor dem Weihnachtsfest des Jahres 1895 unterschreibt sie den ihr vorgelegten Vertrag, in dessen zweitem Paragraphen der vollständige Sieg ihrer Tochter in nüchterner Juristensprache dokumentiert ist: »Die Vertreter von Professor Dr. Friedrich Nietzsche überlassen und übereignen hiermit an seine genannte Schwester Frau Dr. Förster-Nietzsche: a) sämtliche Rechte aus dem mit der Firma C. G. Naumann in Leipzig über die Herausgabe von Friedrich Nietzsche's Werken in deutscher und in fremden Sprachen abgeschlossenen Verträge [...] dergestalt, daß alle nach dem ersten November dieses Jahres fällig werdenden Honorare [...] allein der Frau Dr. Förster-Nietzsche zustehen sollen. b) alle übrigen dem Professor Dr. Friedrich Nietzsche an seinen Schriften, Briefen, Vorlesungen und Kompositionen zustehenden Rechte eines Autors, soweit solche auf einen Andern übertragbar sind. c) das ›Nietzsche-Archiv‹ mit sämtlichen darin enthaltenen Handschriften, Büchern, Briefen, Möbeln, Bildern [...]«[454] In einem Brief an Overbeck resümiert Franziska die Ereignisse der dieser Entscheidung vorangegangenen schrecklichen Zeit:

»Es liegen recht schwere Wochen hinter mir [...] Ich wurde mit dem Vertrage vollständig überrascht und zwar in der Art, daß ich abends durch meinen Neffen in Magdeburg das Schriftstück zugeschickt bekam und am andern Tag schon von L.[ieschen] die Stunde bei dem Notar zur Unterschrift bestimmt war. – Man hatte aber die Rechnung ohne den Wirt gemacht, denn ich habe mich volle vier Wochen gesträubt und endlich weil ich glaubte, selbst krank zu werden und weil auch mein Neffe einen Brief über den andern schrieb, ich solle ruhig unterschreiben habe ich es getan [...] Ich empfand es überhaupt als eine Begriffsirrung meiner Tochter, mir den Geistesschatz meines Sohnes unseres gemeinsam geliebten Kranken, also unseren *Familienschatz* für fremdes Geld mir und vor allem meinen Sohn, welcher doch namen hat, *abkaufen* zu wollen [...]«[455]

Franziska ist sich der Tragweite ihrer Handlung bewußt; sie gesteht Franz Overbeck, daß ihr die Unterschrift »blutsauer« geworden ist – sie weiß, daß sie das Werk des Sohnes bedingungslos in die Hände der Tochter gelegt hat, die nun damit nach ihren eigenen Vorstellungen ungehindert und ohne Kontrolle umgehen kann – eine für Pflege und Verwaltung des Nietzsche-Erbes möglicherweise sehr bedenkliche Zukunftsperspektive, ist ihr inzwischen doch nur zu gut bewußt, daß bei Elisabeth »die Verschiebung von Thatsachen [...] zu einer Art Mannie«[456] geworden ist und also dieser Charakterzug vielleicht auch dem Werk des Sohnes später Schaden zufügen könnte. Kein Wunder, daß Franziska ihren Schritt sogleich bereut; sie fügt dem Schriftstück folgende Erklärung bei:

»Die soeben getane Unterschrift hinsichtlich der Abtretung des Geistesschatzes meines Sohnes mit fremdem Geld habe ich nur auf Bitten und Drängen meiner Tochter, Frau Dr. Förster, getan und ist somit durch eine gewisse Nötigung geschehen [...]«[457]

Es ist eine moralisch zwar entlastende, juristisch aber wirkungslose Aktion, wie auch die Tochter höchst zufrieden feststellen darf.

Nach diesem glänzenden Sieg darf Franziska wieder ihre Sympathie genießen: »Sie ist natürlich d.[ie] Liebenswürdigkeit selbst, seit der Unterschrift«.[458] Vielleicht ist sie in dieser Zeit schon freudig bewegt von ihrem nächsten Plan: der endgültigen räumlichen Trennung. Im August 1896 zieht Elisabeth nach Weimar – dieses historische Zentrum der deutschen Kultur mit seinen Klassiker-Gedenkstätten scheint ihr ein besserer Ort für das »Nietzsche-Archiv« zu sein als die provinzielle, beschränkt-bürgerliche Kleinstadt Naumburg. Franziska, die allein mit dem kranken Sohn zurückbleibt, fügt sich resignierend in ihr Schicksal:

»Daß meine Tochter Naumburg mit Weimar vertauschen will [...] weil sie glaubt, dort mehr Verständnis für die Philosophie von Fritz zu finden, hat mir wieder viel Kummer gemacht. Sie ist aber einmal ein unruhiger Geist und setzt alles durch, was sie sich vorgenommen hat.«[459]

Nur noch aus der Distanz und bruchstückhaft erfährt Franziska nun von all den zahlreichen gesellschaftlichen Aktivitäten der Tochter, von ihren hektischen Bemühungen, dem Werk des Sohnes Glanz und Ehre zu verschaffen, ohne dabei, »elegant gekleidet in langen, schwarzseidenen oder Taftgewändern«[460], den eigenen, wachsenden Ruhm aus den Augen zu verlieren. Mag sein, daß Franziska zuweilen eine Ahnung beschleicht von dem, was sich in nicht allzu ferner Zeit als ein Skandalon deutscher Geistes- und Kulturgeschichte erweist, hat sie doch, in einem Brief an ihren Neffen, schon längst die Vermutung geäußert, daß Elisabeths großangelegtes Wirken dem Sohn und seiner Philosophie »auf Jahrhunderte hinaus schadet«.[461] Sie wird nicht mehr erfahren, wie und unter welchen Bedingungen sich dieses weitsichtig-prophetische Wort schließlich erfüllt.

5.

»Es ist ein merkwürdiger Kontrast. L.[ieschen] weiß vor Vergnügen nicht aus u. ein, da sie fast täglich Gesellschaft hat, u. ich weiß vor Kummer nicht aus noch ein«[462] – mit diesen bittern Worten beschreibt Franziska ihre letzten Jahre an der Seite der Tochter; die Rückkehr Elisabeths aus Paraguay hat ihr nicht Hilfe und Ruhe, sondern nur noch größeres Leid gebracht. Sie ist ihres Daseins nun müde geworden, und zuweilen mag sie wehmütig zurückblicken auf ihre schöne, friedvolle Kindheit mit dem geliebten und verehrten Vater, auf dieses kurze Glück im Banne eines zum Idol verklärten Ehemannes, auf die alle Kraft in Anspruch nehmende Erziehungsarbeit an den Kindern, die ihr beides im Übermaß gebracht haben: Freude und vor allem auch den tiefsten Schmerz. Jetzt fühlt sie sich des öfteren krank, schwach und erschöpft – einzig am Leben erhält sie die täglich neue und immer größer werdende Sorge um den kranken Sohn, dessen Geist langsam verdämmert, in einem unaufhaltsam-schauerlichen Prozeß. Es gibt erträgliche Stunden, wenn er dumpf-brütend auf der weinlaubumrankten und mit Geranienstauden geschmückten Veranda sitzt, die sie für ihn hat ausbauen lassen; dann kommen wieder schlimme Phasen, verbunden mit quälend schlaflosen Nächten. Immer seltener vernimmt sie sein rührendes und doch so schreckliches Liebesgestammel: »[...] meine Mutter war ganz fein, weil sie mich sehr geliebt, pour le mérite [...] Was hat denn die Frau Pastor? schöne Augen [...] Ich liebe meine Mutter sehr, elegant sehr geliebt [...] Die Mutter elegant die liebe ich sehr [...] Ich habe meine Mutter sehr geliebt weil sie gut ist [...] Ich liebe die Mutter sehr weil ich die Mutter sehr liebe [...] Franziska Fränzchen geb. Oehler«.[463] Sie versucht ihn (anders als Elisabeth) abzuschirmen vor all den immer zahlreicher werdenden, unangenehm neugierigen Besuchern, die sich vom Anblick des blöd gewordenen, einstmals großen Geistes ein aufregend-prickelndes Erlebnis erhoffen. Die Welt reduziert sich für sie auf diese einzig noch gebliebene Pflicht – den Pflegedienst am Sohn. Aber sie spürt, daß in steigendem Maße und in beängstigender Weise ihre körperlichen Kräfte nachlassen. Es kommen Zeiten der Krankheit, in denen es ihr nur mit der größten Anstrengung gelingt, diese Arbeit zu leisten – so schreibt sie einmal an ihren Neffen, daß sie seinen Brief im Bett habe lesen müssen,

»[...] indem sich die Hauptader vom Knöchel bis Schenkel hinauf entzündet u. trotz Tag und Nacht Pristilscher [?] Wasserumschläge gebessert war, aber keineswegs verloren hat, denn es sind noch fingerdicke lange harte Stellen in dem Blutstrang vorhanden, welche mich wohl noch Wochen an das Haus entschieden fesseln werden. Ich liege nachdem ich meinen lieben Kranken früh herausgebracht habe, noch ein paar Stunden, um das Bein ruhen zu lassen, denn später ist nicht mehr viel Ruhe vorhanden.«[464]

Kurz nach dem Weihnachtsfest des Jahres 1896 verschlechtert sich ihr körperlicher Zustand immer mehr; Anfang April 1897 schreibt sie in ihrem letzten Brief an Overbeck:

»Entschuldigen Sie heute die Kürze meines Schreibens, ich litt aber seit Weihnachten an Magen- und Darmkatarrh, wozu sich jetzt eine böse Influenza eingefunden und mich gänzlich heruntergebracht hat, da Appetit und Schlaf gänzlich bis gestern mangelten, so daß ich den Tag auch meist zu Bett vor Schwäche zubringen muß, und nur aufstehe, wenn es die Hilfeleistung unseres Geliebten bedarf. Der Doktor, welcher täglich seit 10 Tagen kommt, hält vom Schreiben und *allen* Besuchen ab, bis auf meine Tochter, welche gestern und so oft als möglich bei mir ist. Gott Lob nur, daß ich mit meiner trefflich bewährten Alwine bis jetzt die Pflege noch tun kann, da ich im Übrigen mich ganz lahmgelegt fühle. Der Arzt ist mit seinem Aussehen und Zustand zufrieden, freilich die Füße sind äußerst schwerfällig geworden, was mit der Länge des Leidens zusammenhinge, er selbst aber doch meine, wenn auch wehmütige Freude.«[465]

Wenige Tage nachdem Franziska diesen Brief geschrieben hat, ist sie selbst hilflos geworden und nicht mehr fähig, das Befinden des »Geliebten« wahrzunehmen und zu überwachen. Sie spürt bisher nicht gekannte innere Schmerzen, und es wird ihr klar, daß dieses Leiden die Krankheit zum Tode ist. So schreibt sie an ihren Neffen (es ist wohl das letzte Lebensdokument, das uns von ihr erhalten ist):

»Darf eigentlich nicht schreiben, mein guter Adalbert [...] Ich kann mir unmöglich denken, daß ich wieder aufkomme [...] Wer weiß ob diese Zeilen nicht die letzten an Dich sind, und so grüße ich Dich und die gute Agnes [Oehlers Ehefrau] innigst und bewahret ein gutes Andenken Eurer aller herzlich zugetanen Franziska.«[466]

Die Diagnose ist dann rasch gestellt: Ein schnell wachsender Krebs hat ihren ganzen Leib zerfressen. Es quälen sie furchtbare Krämpfe, und alle, die sie an ihrem Sterbebett besuchen, wenden sich erschüttert ab, entsetzt darüber, daß ihr ein derart grausamer Tod zuteil werden muß. Elisabeth berichtet Adalbert Oehler: »[...] es ist hoffnungslos [...] Ich bin außer mir, ganz gebrochen, ich wage mich nicht zu ihr [...] wir weinen, wenn sie etwas ruht, zusammen in der Küche, daß sie es nicht merkt. Es ist zu furchtbar, mit dem zerbrochenen Herzen Komödie spielen zu müssen [...] Es ist ein furchtbarer Zustand. Ich weiß nicht, woher man die Kraft nehmen soll, um all das Elend zu tragen [...] Wie soll ich nur ihr Stöhnen und Jammern ertragen?«[467] Am 20. April 1897 wird Franziska Nietzsche erlöst – kaum denkbar, daß der Sohn ihr Sterben bemerkt. Am Tag darauf erscheint in der Berliner »Post« die Todesanzeige, unterzeichnet von »Professor Dr. Friedrich Nietzsche« und »Elisabeth Förster-Nietzsche«. Die Tochter arrangiert in ihrem hohen Stil eine Trauerfeier im Haus Weingarten 18 mit Gesängen von Johannes Brahms und Palestrina. Am nächsten Tag wird Franziska in Röcken beerdigt, an der Seite Carl Ludwigs, und der Naumburger Pfarrer Albrecht hält eine einfühlsame, schöne Grabrede. Er überliefert uns auch die letzten Worte Franziskas:

»Als sie im Jahre 1850 mit ihren beiden Kindlein, die Gott der Herr ihr gelassen, aus diesem Ort nach unsrer Stadt verzog, von wo wir jetzt ihren teuren Leichnam hergeleitet haben, damals hat sie mit tapferem Mut und festem Gottvertrauen das schwere ihr befohlene Werk angegriffen, mit treuester Gewissenhaftigkeit der Pflege und Erziehung ihrer Kinder sich gewidmet. Sie hat viel Liebe gesäet und viel Liebe geerntet.

Wunderbare Wege führte sie der Herr. Mit mütterlicher Freude durfte sie die einzigartige rasche Entwicklung und glänzende Laufbahn ihres hochbegabten Sohnes sehen, und wußte dabei doch, daß dieser Sohn auch auf der stolzesten Höhe seines Lebens an ihr mit zartester Pietät und unveränderter Kindesliebe hing. Sie ward auch nicht irre an seinem Herzen – ich weiß es – als aus der einsamen Gedankenwelt des Weltweisen und Dichters neue, fremde, unerhörte Lehren hervorgingen, die sie ängstigten und bekümmerten. Mit dem hohen Sinn frommer Mutterliebe, die alles glaubt, hofft, duldet, hat sie sicherlich den geliebten Sohn fürbittend auf dem Herzen getragen und ihn ihrem Gott befohlen, ganz in Übereinstimmung mit dem seligen Vater, der einst bei der Taufe seines Erstgeborenen tiefbewegt gerufen hatte: ›So bringt denn dies mein liebes Kind, daß ich es dem Herrn weihe.‹

Da gefiel es dem Gott, dessen Gerichte unerforschlich sind, den überreifen Geist des Mannes zu umnachten, und nun gab er ihn, der wie ein unmündiges, träumendes Kind wurde, wieder ganz in die Hände der Mutter zurück [...]

Dies war fortan ihr Lebenszweck in den letzten acht Jahren. Vor nicht langer Zeit äußerte sie zu mir, daß nach dem Urteil des Arztes ihr Sohn wohl noch viele Jahre leben könne, und: ›es ist ja mein liebes, liebes Kind, wie gern will ich ihm bis in mein höchstes Alter dienen!‹

Segensvoll und unentbehrlich erschien sie uns in dieser Pflichterfüllung; und wer sie an ihrem 70. Geburtstag in ihrer Rüstigkeit und kernigen Frische gesehen hatte, dachte nicht, daß ihr Lebensende schon nahe sei [...]

Am 12. März dieses Jahres ist unsre liebe Frau Pastor mit uns zum letzten Mal zum heiligen Abendmahl gegangen. Am Gründonnerstag wurde ich an ihr Schmerzenslager gerufen, von dem sie nicht wieder erstehen sollte. Zum letzten mal war ich am ersten Ostertag bei ihr. Ich betete mit ihr, so wie es der Karfreitag und Ostertag ins Herz gab, und suchte ihre Seele zu stärken durch den Hinweis auf den Heiland, der für uns gestorben und für uns auferwecket ist [...] Beim letzten Beisammensein am Ostertag dankte ich mit ihr Gott für die gewisse Hoffnung des ewigen Lebens und bat um Kraft aus der Höhe, daß wir durch Geduld und Stillesein Gott recht ehren und an seiner Vaterliebe, die uns doch zum Ziele führt auch durch die Nacht, nicht irre werden möchten. Da flüsterte sie einige Worte, – ich verstand das eine: ›Vater!‹ Als dann bald darauf ihre Sinne sich verwirrten, soll sie noch wie träumend vor sich hin gesprochen haben: ›Zum Vater, – wie war es doch? – zum Vater?!‹ Abschieds-, Heimwehgedanken zogen durch die Seele der Sterbenden.«[468]

Der aufmerksame Theologe ahnt, daß dieser letzte Hilferuf nicht nur dem himmlisch-jenseitigen Vater gilt, sondern vielleicht in weit höherem Maße der irdischen Vatergestalt David Ernst Oehlers, die ihr nun, in der Todesstunde, wenn alle schönen Lebensereignisse noch einmal blitzhaft ins schwindende Bewußtsein treten, als Symbol und Zeichen jener großen, erlösenden Glückserwartung erscheint, die über alles menschliche Verstehen, Denken und Philosophieren geht – so wie auch wir, wenn wir müde geworden sind, getrieben werden von der Sehnsucht nach dem Irgendwo und Nirgendwo, da wir im Geist und in der Wahrheit leben können, obwohl wir doch, vielleicht bewegt von der zornigen Einrede ihres Sohnes Friedrich Nietzsche, dem ewigalten Christengott und seiner lügnerischen Priesterschar schon längst nicht mehr vertrauen wollen. Es ist dies eine Hoffnung, die in schönster protestantischer Klarheit auch jenen Choral durchwirkt, den Franziska Nietzsche sehr geliebt hat – und der ihr Trost zu geben vermochte, wenn sie verzweifeln mußte an ihrem Lebensschicksal, ihren Kindern, an der falschen, erbärmlichen Welt:

>»Laß mich an meinem End
>auf Christi Tod abscheiden;
>die Seele nimm zu dir
>hinauf zu deinen Freuden;
>dem Leib ein Räumlein gönn
>bei seiner Eltern Grab,
>auf daß er seine Ruh
>an ihrer Seite hab.«[469]

ANHANG

1.
Danksagung

Bei der Abfassung dieses biographischen Porträts ist mir von vielen Seiten freundliche Unterstützung zuteil geworden. Bedanken möchte ich mich vor allem bei Frau Dr. Roswitha Wollkopf und ihren Mitarbeiterinnen vom Goethe-Schiller-Archiv (Weimar) sowie bei Herrn Wolfram Wehrenbrecht von der Bibliothek der westfälischen evangelischen Landeskirche, Bielefeld. Ein besonderer Dank gilt den Angehörigen der Familie Oehler, die mir wertvolle Dokumente zur Verfügung gestellt und meine Arbeit mit größtem Wohlwollen begleitet haben: Frau Ursula Sigismund, Tochter Max Oehlers, und Herr Carl-Helmut Jagenberg, Enkel des ersten Franziska-Nietzsche-Biographen Adalbert Oehler. Zu großem Dank verpflichtet bin ich auch Herrn Prof. Dr. Hermann Josef Schmidt (Univ. Dortmund) für hilfreiche, anregende und fördernde Gespräche, ebenso Frau Ursula Losch (Breckerfeld), die sich derzeit in einer wissenschaftlichen Arbeit mit der Mutter Nietzsches auseinandersetzt. Ein herzlicher Dank auch allen Teilnehmerinnen und Teilnehmern der Nietzsche-Werkstatt Schulpforta (1993), die mich in meinem Vorhaben ermutigt haben! Frau Ingeborg Schneider, Frau Andrea Müller und Herrn Reinhard Müller danke ich für die angenehme Weimarer Unterkunft. Der größte Dank aber gilt meiner Frau Marianne und meinem Sohn Sebastian, die beide mit lieber Geduld die Entstehung dieser Arbeit anteilnehmend begleitet haben.

Lübbecke, im März 1994 *Klaus Goch*

2.
Literatur
(mit Siglen)

- HKG Friedrich Nietzsche, Werke und Briefe, Historisch-Kritische Gesamtausgabe, herausgegeben von Hans Joachim Mette, München 1933ff. (abgebrochen) – Neudruck: Friedrich Nietzsche, Frühe Schriften, München 1994
- KGW Friedrich Nietzsche, kritische Gesamtausgabe, herausgegeben von Giorgio Colli und Mazzino Montinari, Berlin--New York 1972ff.
- KGB Friedrich Nietzsche, Briefwechsel, Kritische Gesamtausgabe, herausgegeben von Giorgio Colli und Mazzino Montinari, Berlin–New York 1967ff.
- KSA Friedrich Nietzsche, Sämtliche Werke, Kritische Studienausgabe in 15 Einzelbänden auf der Grundlage der Kritischen Gesamtausgabe (KGW), herausgegeben von Giorgio Colli und Mazzino Montinari, München 1988
- KSB Friedrich Nietzsche, Sämtliche Briefe, Kritische Studienausgabe in 8 Bänden, herausgegeben von Giorgio Colli und Mazzino Montinari, München 1986
- SLA Friedrich Nietzsche, Werke in drei Bänden, herausgegeben von Karl Schlechta, München 1956
- GSA Nietzsche-Bestände im Goethe-Schiller-Archiv Weimar

*

- BEU Beuys, Barbara – Und wenn die Welt voll Teufel wär, Luthers Glaube und seine Erben, Reinbek 1982
- BER Bernoulli, Carl Albrecht – Franz Overbeck und Friedrich Nietzsche, Eine Freundschaft, zwei Bände, Jena 1908
- BOE I Bohley, Reiner – Nietzsches christliche Erziehung, Erster Teil, in: Nietzsche-Studien, Internationales Jahrbuch für die Nietzsche-Forschung, Bd. 16, 1987, S. 164ff.
- BOE II Bohley, Reiner – Nietzsches christliche Erziehung, Zweiter Teil, in: Nietzsche-Studien, Internationales Jahrbuch für die Nietzsche-Forschung, Bd. 18, 1989, S. 379ff.
- BOT Bohley, Reiner – Nietzsches Taufe, in: Nietzsche-Stu-

	dien, Internationales Jahrbuch für die Nietzsche-Forschung, Bd. 9, 1980, S. 383 ff.
BRA	Brann, Henry Walter – Nietzsche und die Frauen, Bonn 1978
DEU	Deussen, Paul – Erinnerungen an Friedrich Nietzsche, Leipzig 1901
FNA	Förster-Nietzsche, Elisabeth – Das Nietzsche-Archiv, seine Freunde und Feinde, Berlin 1907
FNB I	Förster-Nietzsche, Elisabeth – Das Leben Friedrich Nietzsche's, Erster Band, Leipzig 1895
FNJ	Förster-Nietzsche, Elisabeth – Der junge Nietzsche, Leipzig 1912
GIL	Gilman, Sander L. (Hrsg.) unter Mitwirkung von Ingeborg Reichenbach – Begegnungen mit Nietzsche, Bonn 1985
GOE	Goch, Klaus – Elisabeth Förster-Nietzsche. Ein biographisches Porträt, in: Pusch, Luise F. (Hrsg.), Schwestern berühmter Männer, Frankfurt a. M. 1985, S. 363 ff.
GRE	Greiffenhagen, Martin (Hrsg.) – Das evangelische Pfarrhaus. Eine Kultur- und Sozialgeschichte, Stuttgart 1984
JNZ	Janz, Curt Paul – Friedrich Nietzsche. Drei Bände, München 1981
KJE	Kjaer, Joergen – Friedrich Nietzsche. Die Zerstörung der Humanität durch »Mutterliebe«, Opladen 1990
MAR	Marcelle, Luise – Die Schwester. Elisabeth Förster-Nietzsche, Berlin 1934
MIL	Miller, Alice – Das ungelebte Leben und das Werk eines Lebensphilosophen (Friedrich Nietzsche), in: Der gemiedene Schlüssel, Frankfurt a. M. 1988, S. 9 ff.
MOE	Moebius, Paul J. – Nietzsche, in: Ausgewählte Werke, Bd. 5, Leipzig 1904
MON	Montinari, Mazzino – Nietzsche lesen, Berlin–New York 1980
OEA	Oehler, Adalbert – Nietzsches Mutter, München 1940
OEB	Oehler, Max – Nietzsches Vater. Biographische Skizze nach seinen Briefen, Typoskript, unveröffentlicht (GSA 100/1222)

OEH	Oehler, Adalbert – Erinnerungen meines Lebens, unveröffentlichtes Mauskript, begonnen 1838, im Familienbesitz (Transkription: Carl-Helmut Jagenberg)
OEM	Oehler, Max – Friedrich Nietzsches Ahnentafel, Weimar 1939
PER	Pernet, Martin – Das Christentum im Leben des jungen Friedrich Nietzsche, Opladen 1989
PET	Peters, H. F. – Zarathustras Schwester. Fritz und Lieschen Nietzsche – ein deutsches Trauerspiel, München 1983
PDG	Podach, Erich F. – Gestalten um Nietzsche, Weimar 1932
PDK	Podach, Erich F. – Der kranke Nietzsche. Briefe seiner Mutter an Franz Overbeck, Wien 1937
PDZ	Podach, Erich F. – Nietzsches Zusammenbruch, Heidelberg 1930
PIL	Pilgrim, Volker Elis – Muttersöhne, Düsseldorf 1986
SMI I	Schmidt, Hermann Josef – Nietzsche absconditus oder Spurenlesen bei Nietzsche, Kindheit, Teil I/II, Zugänge und Entwicklung, Berlin–Aschaffenburg 1991
SMI II	Schmidt, Hermann Josef – Nietzsche absconditus oder Spurenlesen bei Nietzsche, Kindheit, Teil III, Metaspurenlesen tut not, Berlin–Aschaffenburg 1991
SMI III	Schmidt, Hermann Josef – Nietzsche absconditus oder Spurenlesen bei Nietzsche, II. Jugend. Interniert in der Gelehrtenschule, 1. Teilband 1858-1861, Berlin–Aschaffenburg 1993
SMI IV	Schmidt, Hermann Josef – Nietzsche absconditus oder Spurenlesen bei Nietzsche, II. Jugend. Interniert in der Gelehrtenschule, 2. Teilband 1862-1864, Berlin–Aschaffenburg 1994
SMB	Dressler, Roland / Schmidt, Hermann Josef / Wagner, Rainer – Spurensuche. Die Lebensstationen Friedrich Nietzsches 1844-1869, Erfurt 1994
VER	Verrechia, Anacleto – Zarathustras Ende, Die Katastrophe Nietzsches in Turin, Wien–Köln–Graz 1985
VOL	Volz, Pia Daniela – Nietzsche im Labyrinth seiner Krankheit. Eine medizin-biographische Untersuchung, Würzburg 1990

WEH   Wehler, Hans-Ulrich – Deutsche Gesellschaftsgeschichte, 2. Band, Von der Reformära bis zur industriellen und politischen »Deutschen Doppelrevolution«, 1815-1848/49, München 1987

3.
Anmerkungen

1 Abschrift in: Franziska Nietzsche, Tagebuch, GSA 100/849
2 Sigmund Freud – Arnold Zweig, Briefwechsel, herausgegeben von Ernst L. Freud, Frankfurt a. M. 1968, 91
3 Thomas Mann, Tagebücher 1937-1939, herausgegeben von Peter de Mendelssohn, Frankfurt a. M. 1980, 93
4 KSA 6, 264
5 KSA 6, 264 und SLA II, 1074 – in KSA 6, 267f.: »Ich betrachte es als ein grosses Vorrecht, einen solchen Vater gehabt zu haben: die Bauern, vor denen er predigte – denn er war, nachdem er einige Jahre am Altenburger Hofe gelebt hatte, die letzten Jahre Prediger – sagten, so müsse wohl ein Engel aussehn« – Zu dieser Version vgl. MON, 120ff. (vorher: Nietzsche-Studien 1972, 380ff.)
6 Friedrich Nietzsche an Franz Overbeck in München, Sils-Maria, 14. Sept. 1884, KSB 6, 530
7 a.a.O.
8 a.a.O.
9 a.a.O.
10 SLA II, 1073
11 Friedrich Nietzsche an Meta von Salis auf Marschlins, Turin, 29. Dez. 1888, KSB 8, 561
12 SLA II, 1073
13 KGW VI/3, 359f.
14 a.a.O.
15 KSA 6, 268
16 a.a.O.
17 Brief von Elisabeth Förster-Nietzsche an ihren Onkel Pastor Schenk (1895), bei: PET, 203

18 a.a.O.
19 Brief von Elisabeth Förster-Nietzsche an Franziska Nietzsches Hausarzt Dr. Gutjahr (1895), bei: PET, 202
20 Basler Krankenjournal: »Mutter macht einen beschränkten Eindruck.« Im Original (lt. VER, 328) am Rand der Akte handschriftlicher Zusatz des Klinikleiters Prof. Wille: »Mutter lebt und ist gesund – macht aber einen beschränkten Eindruck.« Abweichend: Wiedergabe bei VOL, 382
21 BRA, 64
22 Im 1. Teil, 49, (Verf. Richard Blunck) von JNZ
23 KJE 43 – Joergen Kjaer hat die »weltanschaulichen« (und »erkenntnisverzerrenden«!) Grundvoraussetzungen der Nietzsche-Biographik auf äußerst plausible Weise einer »Fundamentalkritik« unterzogen – wobei er besonders das Bild der Mutter, wie es in den gängigen Biographien erscheint, näher untersucht und dabei auf die vorherrschenden (»männlichen«) Vorurteile und Denkschablonen nachdrücklich hinweist, in: »Orbis Litterarum, 1984, 39, 169 ff.
24 PIL, 123
25 MIL, 13
26 a.a.O., 30 f.
27 vgl. a.a.O., 15 und 41
28 a.a.O., 30
29 DEU, 2 f.
30 Erwin Rohde in einem Kondolenzbrief vom 23. April 1897 an Elisabeth Förster-Nietzsche nach Franziskas Tod, in: Däuble, Hedwig – Friedrich Nietzsche und Erwin Rohde, Nietzsche-Studien 5, 1976, 351
31 MOE, 17 – Moebius beruft sich auf eine Aussage von Franziskas Hausarzt Dr. Gutjahr
32 In: GIL, 687
33 Philo vom Walde, d. i. Johannes Reinelt, in: GIL, 674
34 In: FNA, 79
35 OEA, 176 – Einige kritische Bemerkungen zu der verdienstvollen Franziska-Nietzsche-Biographie Adalbert Oehlers sind an dieser Stelle durchaus erforderlich:
 1. Eine »Erstfassung« seiner Biographie stellt vermutlich je-

nes Typoskript dar, das im Goethe-Schiller-Archiv Weimar aufbewahrt wird (GSA 100/1335); Titel (auf blauem Schnellhefter, DIN A 4): »Die Mutter von Friedrich Nietzsche / Lebensbild einer deutschen Mutter von: Professor Dr. Adalbert Oehler, Oberbürgermeister i. R.« Die im Jahre 1940 bei C. H. Beck, München, veröffentlichte endgültige, wesentlich umfangreichere Fassung weist gegenüber dieser ursprünglichen Version inhaltlich und stilistisch erhebliche Veränderungen auf; wie mir Herr Carl-Helmut Jagenberg (Köln), der Enkel Adalbert Oehlers, mitteilt, habe man sich im Familienkreis allgemein verwundert gezeigt über diesen der Persönlichkeit und den sprachlich-stilistischen Möglichkeiten des Autors in weiten Teilen zuwiderlaufenden Text. Ein Vergleich zwischen Typoskript und Buchveröffentlichung legt in der Tat (die auch von Herrn Jagenberg geäußerte) Vermutung nahe, daß die redaktionelle Mitarbeit des im Vorwort (S. VI) genannten »Fräulein Dr. Gertrud Grote« weit über die sonst übliche lektorierende Hilfestellung hinausgegangen ist. Es muß offenbleiben, ob auf diese Weise die Intentionen Oehlers verändert und dem herrschenden (nazistischen) »Zeitgeist« angepaßt worden sind. Eine unter philologischem Aspekt recht ärgerliche Unrichtigkeit hat Oehler allerdings wohl selbst zu verantworten: Im Vorwort (a.a.O.) behauptet er, das von ihm als »besonders wertvoll« klassifizierte Autobiographie-Fragment Franziskas sei im zweiten Teil seiner Darstellung »fast restlos wiedergegeben«. Demgegenüber ist festzuhalten: Oehlers Transkription setzt auf der 22. Zeile von S. 20 des insgesamt 36 Seiten umfassenden Dokuments ein. Die Behauptung, in seiner Arbeit sei der Text fast vollständig abgedruckt, ist also ziemlich gewagt und denn doch ein wenig irreführend. Bei der Schilderung von Franziskas Kindheit und Jugend benutzt er (besonders stark in der Typoskript-Version) nun gerade jenen von ihm *nicht* veröffentlichten Teil des Fragments, ohne das Dokument expressis verbis zu nennen – eine durchaus interessante Methode der »Quellen-Verschleierung«! Der (noch erhaltene) Klappentext jenes Exemplars, das mir Frau Ursula Sigismund (Darmstadt) freundlicherweise aus dem Besitz ihres Vaters Max Oehler zur

Verfügung gestellt hat, spricht fälschlicherweise sogar von einem »Tagebuch der jungen Braut«, womit wohl dieses von Adalbert Oehler veröffentlichte »Fragment eines Fragments« gemeint sein muß, denn die ersten Tagebuch-Aufzeichnungen Franziskas setzen wesentlich später ein. Es sei hinzugefügt, daß Oehler das Autobiographie-Fragment nicht original wiedergibt, sondern (vermutlich um eine bessere »Lesbarkeit« herzustellen) mehr oder minder stark in den Text eingreift, indem er beispielsweise Sätze vereinfacht oder umstellt – ein Verfahren, über das man in philologischer Hinsicht geteilter Meinung sein kann.

2. Was den inhaltlichen Aspekt der Biographie betrifft, so zeigt sich Adalbert Oehlers durchgängig zu bemerkende »Strategie der Konfliktverschleierung« besonders auffällig in den Kapiteln »Mutter und Tochter« (132 ff.) und »Die Sorge um das Werk« (145 ff.). Vermutlich kommt hier ein gewisser »Loyalitätskonflikt« zum Ausdruck: Noch gebannt von der dominant-durchsetzungsfähigen Persönlichkeit Elisabeth Förster-Nietzsches und dem »offiziellen Geist« des Nietzsche-Archivs, muß es ihm schwergefallen sein, die harten Auseinandersetzungen Franziskas mit ihrer Tochter (besonders zum Jahresende 1895) angemessen und halbwegs wirklichkeitsgerecht darzustellen, obwohl (oder gerade weil?) er doch in diesem Streit (um die Rechte am Nietzsche-Werk) selbst auf eine für ihn in der Tat belastende Weise (als Gegenvormund des für unmündig erklärten Nietzsche) verwickelt war. – Vgl. in dieser vorliegenden Arbeit das Kapitel »Erbärmliche Welt«

36 KJE, 41
37 Malwida von Meysenbug an Olga Monod, 16. Febr. 1877, in: KSA 15 (Chronik), 72
38 Franziska Nietzsche an Nietzsche in Sorrent, Naumburg, vermutl. 3. März 1877, KGB II 6/1, 515
39 a.a.O.
40 a.a.O.
41 a.a.O.
42 a.a.O.
43 a.a.O., 516
44 a.a.O., 516f.

45 Aus »Enttäuschung«, einer frühen Erzählung Thomas Manns, die er als 21jähriger in Italien schrieb; es darf vermutet werden, daß die Hauptfigur dieser Prosa-Skizze ein (erstes) Nietzsche-Porträt ist – Thomas Mann, Sämtliche Erzählungen, Frankfurt a. M. 1963, 49 f.
46 Vgl. OEA, 11
47 Franziska Nietzsche an Franz Overbeck, Naumburg, 29. März 1891, PDK, 114
48 Christian Morgenstern, Brief an Franziska Nietzsche, 6. Mai 1895, in: Christian Morgenstern, Ein Leben in Briefen, herausgegeben von Margareta Morgenstern, Wiesbaden 1952, 97
49 Franziska Nietzsche an Franz Overbeck, Naumburg, 27. Dez. 1895, PDK, 193
50 Zit. bei PET, 200 – Franziska schreibt an ihren Neffen Adalbert Oehler: »Das Hauptraffinement ist, daß um Himmelswillen nicht irgend welcher geistiger Einfluß von der Oehlerschen Seite etwa zum Vorschein käme, sondern alles nur v.[on] den Nietzsches herrühre u. der polnischen Herkunft, wovon ich weder von meinem Mann noch meiner Schwiegermutter etwas gehört habe« Sie bezieht sich hier auf die von Nietzsche »phantasierte« Abstammung der Nietzsche-Familie aus einem polnischen Adelsgeschlecht; Brief vom Oktober [?] 1895, Sammlung Jagenberg
51 Franziska Nietzsche an Franz Overbeck, Naumburg, 18. März 1895, PDK, 184
52 GSA 100/851 – Zur Beschreibung des Dokuments:
1. Gebundenes Heft, braun, Format 21 × 17 cm, im Typus als eine Art »Poesie-Album« zu klassifizieren, 180 Seiten, davon 32 Seiten beschrieben, geknickte Seiten mit breiten Randspalten, auf denen des öfteren Textergänzungen notiert sind; einige Seiten sind allerdings durchgehend beschriftet.
2. In dieses Heft lose eingelegt:
a) Doppelblatt (4 Seiten), 18 × 12 cm, setzt den Text (ab S. 32) fort
b) Einzelblatt, 18 × 12 cm, Textergänzung zu S. 7 des Heftes
c) kleines Blatt, 3 × 12 cm, enthält schwer zuzuordnende Textergänzungen

Die teilweise recht umfangreichen Textergänzungen werden in der folgenden Transkription durch einen Schrägstrich mit dem Zusatz »Randnotiz« kenntlich gemacht – deren Ende wird durch einen zweiten Schrägstrich markiert.

53 Franziska korrigiert hier folgende Passage aus der Nietzsche-Biographie ihrer Tochter: »Bei den Eltern des Großpapa Oehler bricht die Tradition ab, da dieselben, Beide im jugendlichen Alter, von einer in Zeitz grassierenden Krankheit dahingerafft worden sind und der Großpapa in einem Waisenhaus erzogen wurde« (FNB I, 13) – Über die Geschwisterzahl D. E. Oehlers gibt es widersprüchliche Angaben: Bei Franziska ist ihr Vater »einziger Sohn«, bei Adalbert Oehler »war nur noch eine Tochter da« (OEA, 2), Max Oehler nennt in seiner Familien-Stammtafel »4 Kinder« (OEM, Stamm-Tafel), der Archivar Alfred Lindner präzisiert: Der Vater D. E. Oehlers »Christian Ernst Oehler in Zeitz muß berechnungsgemäß etwa 1744 in Greiz geboren worden sein [...] Er wandte sich nach auswärts und wurde Bürger, Zeug-, Lein- und Wollenweber in Zeitz, als welcher er am 6. Juni 1828 im hohen Alter von 84 Jahren starb [...] Von seiner Gemahlin Johanne Magdalene geb. Martin aus Zeitz (geb. 8. März 1745 [bei OEM: 1747] gest. 12. März 1825) hatte Christian Ernst Oehler außer den unverheiratet gebliebenen Töchtern Johanne Christiane (1774), Johanne Sophie (1777) und Caroline Wilhelmine (1782) nur den Sohn David Ernst Oehler, Nietzsches Großvater [...]« (in: »Genealogie Oehler, Greiz–Crimmitschau/Sa. seit 1600« von Dr. Alfred Lindner, Crimmitschau 1929, Typoskript, Sammlung Jagenberg)

54 Martin Pernet (PER, 45) nennt als weitere, damals führende Theologen der Universität Leipzig Johann H. Tittmann und Heinrich G. Tzschirner, läßt aber offen, ob D. E. Oehler von ihnen direkt unterrichtet worden ist, wie er auch auf die von Franziska genannten Lehrer ihres Vaters nicht näher eingeht. Im »Lebenslauf des seligen Herrn Pastors Oehler« (GSA 100/254), verfaßt von einem Anonymus und wahrscheinlich während der Begräbnisfeier verlesen, ist des weiteren von Johann August Wolf die Rede: »Als seinen vorzüglichsten Gönner

habe ich ihn mehrmals den damaligen angesehenen Professor zu Leipzig Dr. Wolf nennen hören, dessen Bekanntschaft er so glücklich gewesen war schon in Zeitz zu machen, wo derselbe kurz vor seinem Abgange von der Schule zum Besuch gewesen war. Dankbar gedachte er stets der grossen Güte und Menschenfreundlichkeit dieses Mannes, der ihn oftmals in seinem Hause gespeist, mit Geld unterstützt und noch auf andere Weise beim Studieren sehr viel geholfen habe.« (a.a.O., 1f.)

55 D. E. Oehler benutzt das schon in der antiken, dann vor allem in der barocken Dichtung beliebte sprachliche Formspiel des Akrostichons: Die Anfangsbuchstaben eines Gedichts (hier: des Namens) ergeben von oben nach unten (hier: von links nach rechts) gelesen, einen Namen, ein sinnträchtiges oder symbolisches Wort; mit dieser Praxis scheint er einer Familientradition zu folgen – sein eigener Name enthält gleichfalls ein Akrostichon: »DEO«: *D*avid *E*rnst *O*ehler (»Dem Gott« – »Zu Gott« – »Mit Gott«). Vgl. OEH, 7 – D. E. Oehler praktiziert das Akrostichon-Spiel bei fast allen seinen Kindern.

56 Johann Christian Friedrich Hahn, 1766!-1831, Erb-, Lehn- und Gerichtsherr auf dem Rittergut Wählitz bei Hohenmölsen, zunächst kursächsischer, dann nach der »Machtübernahme« durch Preußen (infolge der nach den napoleonischen Kriegen durchgeführten Territorial-Neuordnung) preußischer Finanz-Kommissar; vgl. OEA, 3, OEH, 7.

57 Dorothea Juliane Karoline Hahn, geb. Pfeiffer; zu ihrer »großbürgerlichen« Herkunft vgl. OEA, 4. – Die von Franziska erwähnte Schlacht bei Großgörschen fand am 2. Mai 1813 statt: Vergeblich hat dort Marschall Blücher (mit den vereinigten preußisch-russischen Truppen) versucht, nach dem Scheitern der Grande Armee in Rußland den Heereszug Napoleons gegen Leipzig aufzuhalten; erst in der »Völkerschlacht« (16.-19. Okt. 1813) konnten die französischen Truppen entscheidend geschlagen werden. – Bei dem in Großgörschen gefallenen »Prinzen« handelt es sich um Prinz Friedrich von Preußen.

58 Oscar Ulrich Oehler, der jüngste Bruder Franziskas, ist am

5.6.1839 geboren – die Mutter Wilhelmine Oehler ist also (entgegen Franziskas Altersangabe) schon 45 Jahre alt!
59 Es ist einigermaßen unklar, worauf sich die Bezeichnung »Katastrophe« bezieht – auf die Geburt des elften Kindes oder auf den vorher erwähnten »Tod des betagten Großvaters«?
60 Franziska nimmt also den fast 19jährigen Oscar Ulrich in ihre pädagogische Obhut und hält ihm, wie dem Text durchaus zu entnehmen ist, ihren 13jährigen Sohn als gutes, nachahmenswertes Beispiel vor – hier fällt ein höchst bemerkenswertes Schlaglicht auf die Erziehungsatmosphäre, in welcher der junge Nietzsche herangewachsen ist! Er verhält sich (im Sinne der vorherrschenden pädagogischen Maximen) als Kind so mustergültig (-angepaßt), daß er einem halbwegs erwachsenen jungen Mann als Vorbild dienen kann; zumindest weist ihm Franziska diese Funktion zu. Selbstverständlich will sie, wenn sie ihre Erfolge bei dem jüngsten Bruder so stark hervorhebt, mit allem Nachdruck (gegen die in der Nietzsche-Biographie ihrer Tochter vorwaltende Tendenz) deutlich machen, daß sie als junge Frau und »jugendliche« Mutter über zumindest ausreichende erzieherische Fähigkeiten und »Durchsetzungskraft« verfügen konnte.
61 Einer damaligen Haarmode entsprechend: Locken von »gefärbter roter Seide, die in dicken Wulsten zusammengebauscht von der Stirn hingen und mittels eines um den Kopf gebundenen Bandes befestigt wurden.« (Das große Bilderlexikon der Mode von Kybalowa/Herberowa/Lamarova, Dresden 1980, 268)
62 Gemeint sind die Befreiungskriege nach der Niederlage Napoleons in Rußland. Vom Rückzugsplatz Magdeburg aus unternimmt das französische Heer Vorstöße auf Berlin gegen eine preußisch-russische Heereskoalition: Kämpfe bei Leitzkau und Möckern (9.4.1813), Schlacht bei Großbeeren (23.8.1813) bei Großgörschen, schließlich Leipziger Völkerschlacht.
63 Offenbarung des Johannes, Kapitel 3, Vers 11.
64 Eine bekannte Moritat; Pointe: Der Seifensieder Johann kommt am Schluß in seinem Seifenbrei jämmerlich zu Tode.

65 Das berühmte Oratorium von Joseph Haydn (1732-1809); Uraufführung 29. und 30. 4. 1798, neben den »Jahreszeiten« Haydns umfangreichstes Werk; gestaltet in Chorsätzen, Arien und Rezitativen die biblische Schöpfungsgeschichte; nach Textvorlagen von Milton und Thomson (»Das verlorene Paradies«) gedichtet von J. van Swieten.
66 Wahrscheinlich die weltliche Kantate (für Chor und Baß-Stimme) »Der Schulmeister« von Georg Philipp Telemann (1681-1767), in der auf musikalisch amüsante Weise ein Lehrer mit seinen widerspenstigen Schülern einen Chorsatz einstudiert. Dies gelingt jedoch erst nach einigen (durchaus dis-harmonischen) Bemühungen; die im Schlußchor verkündete »Moral« lautet: »Wer die Musik nicht liebt und ehret / Wer diese Kunst nicht gerne höret / Der ist und bleibt ein Asinus / Ein Asinus / I-A, I-A / Ein Asinus.« Vgl. Telemann, Der Schulmeister, Komische Kantate für Bariton-Solo, Knabenchor, zwei Violinen, Baß und Cembalo, Bärenreiter-Ausgabe 1786, neu herausgegeben von Fritz Stein, Kassel 1956
67 Südlich (heute am Stadtrand) von Halle, an der Saale gelegen, ca. 6 km vom Stadtzentrum entfernt – die Distanz Pobles–Ammendorf beträgt ca. 30 km (Luftlinie).
68 Nämlich Theobald (1828-1881), Edmund (1832-1891) und Oscar Ulrich (1839-1901).
69 Nicht ermittelt
70 »Das von Fränzchen vorgetragene Gedicht ›das Riesenspielzeug‹ ist nicht das bekannte Gedicht von Chamisso. Auch Fr. Rückert hat ein Gedicht mit demselben Inhalt: Riesen und Zwerge verfaßt: noch ein Gedicht desselben Inhalts vom Anfang des 19. Jahrhunderts ist ermittelt; aber auch dieses ist nicht das von Fränzchen vorgetragene.« (OEH, 20)
71 Das Gedicht »Arion« von Ludwig Tieck (1773-1853) hat die Rettung des griechischen Dichters und Tonkünstlers Arion (aus Methyma auf Lesbos, ca. 625 v. Chr.) durch einen Delphin zum Thema: Arion schifft auf Meereswogen / Nach seiner teuren Heimat zu, / Er wird von Winden fortgezogen, / Die See in stiller sanfter Ruh.« Seeleute wollen ihn töten, werfen ihn ins Meer; er spielt auf seiner Leier, die er gerettet hat;

die Fische kommen heran; ein Delphin nimmt ihn auf seinen Rücken und wirft ihn aufs feste Land: »Am Ufer kniet er, / dankt den Göttern / Daß er entrann dem nassen Tod. / Der Sänger triumphiert in Wettern, / Ihn rührt Gefahr nicht an und Tod.« (Tiecks Werke, ed. Gotthold Ludwig Klee, Leipzig o. J., 21 f.)

72 Der »Witz« dieser Begebenheit ist nicht mehr ermittelbar.

73 Die »Vertrotteltheit« dieses Geistlichen bot allerlei Anlaß zu Schabernack; Adalbert Oehler berichtet: »Zu seinen [D. E. Oehlers] Bekannten gehörten außer dem bereits genannten Rittergutsbesitzer Amtmann Rockstroh, bei dem wie er sagte alles Hand und Fuß hatte, der Pastor Hochheim in Starsiedel, unverheiratet, ein großer Blumen-Liebhaber und -Züchter, Beichtvater der Familie, Taufpate von Fränzchen. Er konnte die Predigt nicht frei halten, hielt sich einen Schimmel als Reitpferd. Aber eines Tages war der Schimmel gestohlen, an der Stalltür war ein Zettel angeschlagen: ›Gehet hin in alle Welt und lehret alle Heiden, der Pastor von Starsiedel kann zu Fuß gehen und braucht nicht zu reiten‹« (OEH, 23)

74 Evangelium des Lukas, Kap. 5, Verse 1-11.

75 FNB I, 56 f.

76 So zum Beispiel Christian Palmer, Evangelische Pastoraltheologie 1860, bei: Wolfgang Steck, Die Pfarrfamilie als Sinnbild christlichen und bürgerlichen Lebens, in: GRE, 109

77 Vgl. WEH, 460

78 Bei: Christel Köhle-Hezinger, Pfarrvolk und Pfarrersleut, in: GRE, 269

79 OEA, 12

80 Franziska Nietzsche, Tagebuch, GSA 100/850 – Zum Verhältnis der Familie Oehler zu dem Gutsbesitzer Raschau: »Im Archiv befindet sich noch ein Brief des Rittergutsbesitzers [...] von Raschau, der nach dem Tode des Herrn Schubert von Kleefeld das Rittergut Pobles besaß: an den Großvater [D. E. Oehler] vom 16. 4. 1832. Der Brief zeigt eine sehr feine kleine Gelehrtenhandschrift. Großvater hatte mit Herrn von Raschau viel zu tun, er war auch Pate der einen Tochter, Franziska, der Mutter von Fr. Nietzsche. Diese schrieb von ihm, ›er

sei ein wunderlicher Mann gewesen‹, eine andere Mitteilung geht dahin, daß er von den Bauern für verrückt gehalten worden sei. Mit dem Brief sandte er dem Großvater ›einen oft und dringend gewünschten Revers‹, ›meine herzlichen Wünsche‹, ›Ihren Wirkungskreis zu erweitern.‹ ›Möge der Himmel das wenige was ich zur Erfüllung Ihrer Wünsche mit schwerem Herzen getan, in Segen verwandeln! Doch wozu eine solche Ermunterung bei einem so gediegenen Mann, dessen Herz gewiß unter allen Umständen für die günstigste und wohlwollendste Auslegung dieser Zeilen stimmt‹. Welche Bewandnis es mit diesem Revers des Kirchenpatrons und der Erweiterung des Wirkungskreises des Großvaters gehabt hat, ist nicht ersichtlich. Der Brief zeigt aber, wie sehr Herr von Raschau den Großvater schätzte. Sie waren miteinander befreundet. Die Freundschaft kam aber später zu Bruch, als der Großvater sich genötigt gesehen hatte, Anstoß daran zu nehmen, daß der Kirchenpatron an einem Sonntag durch seine Leute Erntearbeiten hatte vornehmen lassen. Doch blieb die Freundschaft mit der Familie des Großvaters bestehen. Als später – also 1852 – sein Patenkind Franziska – Frau Pastor Nietzsche mit ihrem Töchterchen Elisabeth – [...] zu Besuch nach Pobles kam, schenkte er dem Kinde ein Lämmchen zum Spielen.« (OEH, 13)
81 PET, 22
82 Bei JNZ I, 39
83 Choral von Friedrich Adolf Krummacher (1767-1845), Evangelisches Kirchengesangbuch Nr. 220
84 GSA 100/254
85 a.a.O. – »Was nun seine Lehrweise betrifft, so könnt ihr, christl. Gemeinden, die ihr den Verewigten viel und lange gehört habt, diese am Besten beurteilen; ich selbst habe nur eine Rede am Grab von ihm gehört, welche mich sehr angesprochen hat. In seinem Amte war er thätig, treu und gewissenhaft und hat das Wort Gottes lauter und rein gelehrt, auch durch seinen Wandel Niemandem Anstoß oder Aergerniß gegeben. Er ist ein liebender, treuer Gatte gegen seine Ehegattin gewesen, mit welcher er 43 Jahre lang eine bis ans Ende zufriedene und glückliche Ehe geführt. So beweinen auch seine Kinder

in ihm einen sehr liebreichen und guten Vater, der für sie allerbestens gesorgt hat. [...] Die häusliche Stille vertauschte er gern, wenn ein Amtsgeschäft ihn nicht abhielt, mit geselligem Umgang und war überall wohl gelitten und hatte viele Freunde, welche den Umgang mit ihm schmerzlich vermissen.« (a.a.O.) – Dieses (wie bei Grabreden üblich) »geschönte« Porträt läßt D. E. Oehlers »Streit- und Konfliktbereitschaft« gnädig beiseite; aufschlußreich ist der Hinweis auf seine »gesellschaftlichen« Ambitionen und Gepflogenheiten – also ein offener, »weltlicher« Pastoren-Typ, kein weltabgewandter, »weltverachtender« Frömmler, der einem Kult der Innerlichkeit lebt!

86 Martin Pernet unternimmt das Wagnis, eine (vorsichtige) Klassifizierung vorzunehmen: »Jedenfalls wird er ein milder Anhänger der lutherisch-pietistischen Bewegung gewesen sein« (PER, 47). Es seien einige (gleichfalls vorsichtige) Zweifel an dieser These erlaubt; zumindest ist die Beweisführung nicht immer einsichtig. Beispiel: Als Beleg dafür, daß bei D. E. Oehler der sonntägliche Kirchgang ein »hohes Gut« gewesen sei, zieht Pernet auch (in der Anmerkung Nr. 24 zu Kap. IV, a.a.O., 124) Franziskas Autobiographie-Fragment heran: »Dies bestätigt auch Franziska Nietzsche in ihrem Lebensbericht: ›Sonntags gehen wir alle mit dem guten Vater zur Kirche.‹« Der Satz (auf S. 27, nicht S. 28!) lautet jedoch vollständig: »Sonntags gehen wir alle mit den guten Vater zur Kirche, bis auf Mutterchen u. Bruder Adalbert u. da uns für den Mittag Fisch Vaters Leibgericht gebracht worden war, gab es somit nicht viel mit der Kocherei zu thun.« Der Text ist ein recht schwächlicher Beleg für die These, daß der sonntägliche Kirchgang für D. E. Oehler eine unabdingbare obligatio ist, wie Pernet nahelegt. Es darf dagegen angenommen werden, daß die Befolgung »christlich-pfarrhäuslicher« Regeln (vorbildhaft für die Gemeinde!) in der Oehler-Familie gerade *nicht* »rigide« ist – wie überhaupt die These vertreten werden könnte, D. E. Oehler eher den »(Spät-)Rationalisten zuzuordnen. In der Zeit vor und nach der Revolution von 1848 hatten diese Einteilungen eine höchst brisante und sehr konkrete *po-*

litisch-gesellschaftliche Dimension (vgl. WEH, 463 ff.) – ein Aspekt, den Pernet überhaupt nicht berücksichtigt: Die (*neupietistische*) Erweckungsbewegung (der sich D. E. Oehlers Schwiegersohn Carl Ludwig Nietzsche zugehörig fühlte) war streng feudalistisch-royalistisch ausgerichtet, während die »rationalistische« Geistlichkeit an den (frühpreußischen) Idealen im Gefolge der Aufklärung ausgerichtet war. Die Auseinandersetzung zwischen beiden »Parteien« wurde äußerst erbittert geführt; sie liegt wahrscheinlich dem grundsätzlichen Dissens zwischen dem Oehler-Pfarrhaus in Pobles und dem Nietzsche-Pfarrhaus in Röcken zugrunde.

87 Vgl. OEM, Stammtafel; vgl. auch Lindner, a.a.O., 69 f.
88 OEH, 11
89 OEH, 12
90 Formulierung des Hofrats Dr. Bährens, eines Zeitgenossen D. E. Oehlers, in: Wilhelm Sauerländer, Pietismus und Rationalismus im Märkischen Sauerland, Jahrbuch des Vereins für Westfälische Kirchengeschichte, 44. Jahrgang, 1951, 173 (So weit geht der Eudämonismus des Herrn Hofrats nicht, daß er Frauen und Greisinnen in den allgemeinen Glücksprocessus einbezöge!)
91 Der Dresdner Oberhofprediger Franz Volkmar Reinhard, bei BEU, 395
92 Der Theologe Marezoll, bei BEU, 395
93 Aus dem »Lippischen Intelligenzblatt«, bei BEU, 400
94 Choral zur Konfirmation von J. C. Dolz in »Naumburgisches Gesangbuch zum Gebrauch bei öffentlichen und häuslichen Gottesverehrungen«, Naumburg 1818, Nr. 306 (S. 272)
95 GSA 100/1335
96 OEH, 17
97 Rudolf Vierhaus, Aufklärung und Freimaurerei in Deutschland, in: Das Vergangene und die Geschichte, Festschrift für Reinhard Wittram, ed. R. v. Thadden u. a., Göttingen 1973, S. 25 – Dazu Gotthilf Schenkel (in: »Die Freimaurerei im Lichte der Religions- und Kirchengeschichte«, Gotha 1924, S. 34 f.): »Seitens der evangelischen Kirchen ist, wenigstens was die kirchlichen Behörden betrifft, eine loyale Haltung ge-

genüber der Freimaurerei eingenommen worden. Dagegen wird die Freimaurerei in den pietistischen und orthodoxen Kreisen bekämpft.« – Die Mitgliedschaft in einer Freimaurerloge ist also innerhalb der protestantischen Geistlichkeit ein wichtiges Kriterium für die jeweilige theologische Ausrichtung. Wenn D. E. Oehler sich als Freimaurer bekennt, dann ist dieser Sachverhalt wohl ein durchaus wichtiges Indiz dafür, daß er sich *nicht* dem Pietismus (oder der »erstarrten« lutherischen Orthodoxie) zugehörig fühlt.

98 Aus einer Neuwieder Freimaurer-Zeitung (15. 1. 1787), bei Vierhaus, 25 f.
99 OEH, 22
100 FNJ, 32
101 OEH, 22
102 a.a.O.
103 OEH, 23
104 Bei JNZ I, 39
105 a.a.O.
106 OEA, 11
107 Bei OEA, 6 f.
108 OEA, 18 f.
109 OEH, 16 – Wilhelmine verwendet hier (nicht ganz im eigentlichen Sinn) eine damals noch geläufige Bezeichnung: »Wipper und Kipper« waren »Geldfälscher, Pächter von Münzstätten und ihre Agenten, auch Private, die zu Anfang des 30jährigen Krieges (bis 1623) vollgewichtige Münzen aufwechselten und zu minderwertigen umprägten und damit eine Inflation hervorriefen; danach lange Zeit Fälscher von Geld oder Waren«. (Wörterbuch zur Geschichte, ed. Erich Bayer, Stuttgart 1965)
110 Bei JNZ I, 39
111 OEA, 11
112 a.a.O.
113 Detlef Holz (d. i. Walter Benjamin), Deutsche Menschen, Eine Folge von Briefen, Luzern 1936, S. 20 (im Kommentar zu einem Brief von Johann Heinrich Kant an seinen Bruder Immanuel Kant)
114 OEH, 24

115 OEH, 16

116 Franziskas Geschwister (Quellen: Lindner, a.a.O.; Aufzeichnungen von Carl-Helmut Jagenberg; OEH):

1. *Adele* Maria Oehler (Akrostichon: »amo« – »ich liebe«); 15.2.1817-17.5.1853; verheiratet mit dem Pfarrer Martin Hugo Lehmann in Schlieplitz-Lieskau; kinderlos

2. *Cäcilie* Rosalie Elis Deris Oehler (Akrostichon: »credo« – »ich glaube«); 24.7.1818-1870(?); unverheiratet

3. *Sidonie* Philippine Emilie Rosamunde Oehler (Akrostichon: »spero« – »ich hoffe«); 10.12.1819-?; seit 1850 verheiratet mit dem Pfarrer Gustav Knieling in Reinsdorf-Spielberg; 2 Kinder: a) Gustav Knieling, Gerichtsaktuar, unverheiratet, b) Elisabeth (Lieschen) Knieling, unverheiratet

4. Detlev *Ernst* Oehler (Akrostichon: »deo« – »dem Gott«); 12.5.1821-?; Buchhändler in Marienwerder (dort 1856 Heirat), dann in Berlin, zwei Kinder: a) Ernst, Apotheker; b) Elise, verheiratet mit dem Sparkassen-Dir. Wolf in Bad Lausiek

5. *Feodor* Julius Lothar Isidor Oehler (Akrostichon: »filio« – »dem Sohn«); 14.2.1823-6.2.1880; Mechanikus und Optiker in Merseburg; 1. Ehe mit Anna Maria Kühn, 2. Ehe mit Henriette Wilfrath; insgesamt 8 Kinder

6. Sebald Philipp Sigismund *Theobald* Oehler (Akrostichon: »Sp. St. = Spiritus sanctus« – »der Heilige Geist«); 2.9.1828-28.6.1881; zuletzt Pfarrer in Kühndorf bei Meiningen, verheiratet mit Amelie Blau, 5 Söhne: a) Hans Oehler, Studienrat, b) Martin Kurt Oehler, Pfarrer, c) Friedrich Wilhelm Oehler, Pfarrer, d) Maximilian Oehler, Kaufmann, e) Karl Joseph Oehler, Fabrikdirektor

7. *Adalbert* Oehler (Akrostichon: »das A und das O«); 25.6.1830-15.3.1912; Kanzleirat; verheiratet mit Emilie Platz; 7 Kinder: a) Adalbert Oehler, Jurist, Oberbürgermeister v. Halberstadt, Krefeld, zuletzt Düsseldorf, Franziska-Nietzsche-Biograph, b) Elisabeth, c) Sidonie, d) Marie, e) Rosa, f) Edmund, g) Oskar

8. *Edmund* Richard Oehler (Akrostichon: »ero« – »ich werde sein«); 15.1.1832-1891, zuletzt Pfarrer in Thondorf, zwi-

schenzeitlich als Handwerker aus dem Amt gegangen; verheiratet mit Pauline Pfeiffer; eine Tochter: Anna, unverheiratet

9. *Ida* Oehler; 3.6.1833-?; verheiratet mit Dr. Moritz Schenkel, Pfarrer in Cainsdorf; 4 Töchter: a) Martha, verh. mit dem Pfarrer Gottlob Baltzer, b) Marie, verh. mit dem Superintendenten Otto Baltzer, c) Eva, verh. mit dem Pfarrer Johannes Koch, d) Margarete, verh. mit dem Oberkirchenrat Wilhelm Max Michael

10 *Oscar Ulrich* Oehler; 5.6.1839-24.7.1901; Pfarrer in Dreifelden (Westerwald), dann in Heckholzhausen bei Weilburg, zuletzt in Schkortleben bei Weißenfels; verheiratet mit Auguste Forst; 6 Kinder: a) Anna, verh. mit dem Pfarrer Theodor Böttner, b) Max Oehler, Major, später Archivar des Nietzsche-Archivs in Weimar, c) Richard Oehler, zuletzt Generaldirektor der Universitätsbibliothek Frankfurt a. M., d) Ida, verh. mit dem Universitätsprofessor Walter Heinrich von Hauff, e) Eduard Oehler, Buchhändler, f) Elli, unverheiratet

117 Vgl. dazu: Andreas Gestrich, Erziehung im Pfarrhaus, Die sozialgeschichtlichen Grundlagen, in: GRE, 63 ff.

118 OEA, 15

119 OEH, 18

120 a.a.O.

121 OEH, 22

122 Eine damals verbreitete Bezeichnung der neupietistisch-erwecklichen Glaubenshaltung – eine schöne Karikatur bei Carl Theodor Griesinger, Silhouetten aus Schwaben, 1838 (bei BEU, 446): »Er ist sehr fromm. Das Haar ist nach hinten gestrichen; der Blick zu Boden gesenkt; die Kleidung altmodisch; die Miene andächtig; der Mund Ach und Weh rufend über die Verderbtheit der Welt [...]«

123 In einem Traktat des Theologen Christian Skriver wird von einem Vater berichtet, der bei den Familien-Mahlzeiten stets eine Rute auf den Tisch legte: »Ihr macht's wie unser lieber himmlischer Vater mit seinen Kindern, er bereitet zwar vor ihnen einen Tisch [...] und gibt ihnen öfters allerlei Gutes, geistlich und leiblich, zu genießen. Doch muß die Ruthe, das liebe Kreuz, auch nicht weit sein, damit wir nicht muthwillig

werden, sondern in seiner heiligen Furcht und kindlichem Gehorsam einhergehen.« (bei: Gestrich, GRE, 68)
124 GSA 100/852
125 a.a.O. – Die vorgedruckten Zeilen »[...] von Deinem Lehrer und Beichtvater« sind von D. E. Oehler durchgestrichen und handschriftlich durch »Vater« ersetzt – ein nicht ganz korrektes Verfahren!«
126 Franziska berichtet in ihrem Autobiographie-Fragment, es sei D. E. Oehlers Ziel gewesen, seine Söhne möglichst gut auf das Predigeramt vorzubereiten; die Rezitationsübungen hätten beispielsweise eine »Vorübung« sein sollen. Analog Adalbert Oehler: »Der Unterricht der Kinder wurde im Hause gehalten, für die Söhne bis sie auf eine auswärtige höhere Schule kamen, meist auf die Latina der Frankischen Stiftungen in Halle oder nach Zeitz oder Leipzig. Für die Söhne wurde in Aussicht genommen, daß sie studieren, wie der Vater Pastor werden sollten: drei Söhne Theobald, Edmund und Oskar sind auch Pastoren geworden. Der älteste Ernst wurde Buchhändler, hat später in Marienwerder Konkurs und dann den Eltern viel Sorge gemacht. [Dazu Franziska: »Was mit den Menschen wird weiß Gott allein«, Brief an die Familie Schenkel, 1.4. 1869, GSA 100/1246]. Feodor wurde Optiker in Merseburg, hatte dort ein gutgehendes Optikergeschäft, ein Wohnhaus und eine angesehene Stellung in der Bürgerschaft, war auch als guter Sänger mit seiner gewaltigen Bass-Stimme gern gesehen. Adalbert – mein Vater – hat die höhere Schule bis in die oberen Klassen besucht, hat auch später bereut, daß er nicht studiert hat. Der Großvater hatte wohl bei der großen Zahl seiner Kinder nicht die Lust oder Energie, mit Nachdruck alle Söhne dahin zu bringen, daß sie studierten.« (OEH, 19) – D. E. Oehlers Berufsprojektionen haben sich also nicht vollständig erfüllt; und auch die Theologen-Karrieren von Theobald und Edmund Oehler sind nicht ganz problemlos verlaufen: Theobald Oehler hat zeitlebens unter starken Depressionen gelitten und möglicherweise Selbstmord begangen – er wurde im Juni 1881 tot in der Saale aufgefunden. An den familiären Vertuschungsversuchen hat sich auch Franziska be-

teiligt. Ihr Sohn resümiert (ein makabrer Text angesichts seines eigenen Schicksals!): »Es war ein so sanftmüthiger und braver Mensch, unser Theobald, streng gegen sich und doch kein Fanatiker; ich hielt ihn für den besten unter den Oehlers. Wer weiß, ob nicht an seinem Nervenleiden, noch mehr als seine Theologie, die Quacksalberei seines Schwiegervaters den Hauptantheil hat! Er hat den Tod dem Irrenhause vorgezogen und wahrscheinlich klug daran gethan« (KSB 6, 102) In der Antwort auf einen nicht überlieferten Brief Franziskas korrigiert er sich ironisch: »Ja, so klingt es wahrscheinlicher: der arme Th[eobald] hat im Zustande der Gemüthserregung ein Bad nehmen wollen (um sich zu beruhigen), und dabei traf ihn der Schlag. Das kommt oft, oft vor!« (KSB 6, 104) – Auch Edmund Oehler wurde von Nerven-Krisen geplagt, war phasenweise sogar überzeugt, als Pfarrer »untauglich« zu sein, hat zeitweise sein Amt aufgegeben und als Mechaniker in einem Merseburger Handwerker-Betrieb gearbeitet, um dann später doch wieder in seinen Beruf zurückzukehren; er ist dann (aus welchen inneren Motiven auch immer!) zu einem besonders überzeugten (und bornierten) Glaubenseifer mit erwecklich geprägter Theologie gelangt. Edmund Oehler bemerkt im übrigen (vgl. PER, 47), D. E. Oehler habe seinem Theologen-Berufswunsch skeptisch gegenübergestanden – vielleicht hat der Vater schon recht früh bemerkt, daß die psychische Konstitution des Sohnes für das Pastorenamt untauglich ist! – Paul J. Moebius glaubt, aufgrund der Lebensläufe von Theobald und Edmund, von einer »geistigen Abnormität« in der Familie Oehler sprechen zu können (MOE, 19) – eine etwas »überzogene« These. Allerdings hat beispielsweise auch eine Nichte Franziskas (Elisabeth »Lieschen« Knieling, Tochter von Sidonie) an einer »unheilbaren« Nervenkrankheit gelitten.

127 Bei: FNB I, 3
128 a.a.O.
129 Bei: FNB I, 3
130 Bei: BOT, 391
131 Bei: BOT, 392

132 OEB
133 Max Oehler resümiert den Eindruck aus den Schülerbriefen Carl Ludwigs folgendermaßen: »Körperlich schwächlich, weichlich, weichherzig und nervenschwach, oft von Heimweh geplagt, sehr fromm, sehr empfindsam und zaghaft, und daher den derben Späßen und Hänseleien der Mitschüler [...] besonders ausgesetzt. Ängstlich um seinen Gesundheitszustand besorgt, über den er dauernd in langen Ausführungen berichtet. Häufig an Kopfschmerzen leidend. Der Mutter blindlings in herzlicher Liebe ergeben, völlig abhängig von ihr – auch noch im Jünglingsalter –, immer ängstlich bemüht, ihre Zufriedenheit zu erwerben, ihr Freude zu machen und sie auch an den nichtigsten Kleinigkeiten seines Alltagslebens teilnehmen zu lassen. Eifrig und gewissenhaft und mit gutem Erfolg bemüht, den Anforderungen des Schul- und Alltagslebens gerecht zu werden; er gilt als Musterschüler und wird von den Lehrern den Mitschülern öfters als nachahmenswertes Beispiel vorgehalten, was seine Beliebtheit bei diesen nicht erhöht... Ein sehr sensibler Mensch. Vermeidet ängstlich alles Laute und Robuste. Äußerst sparsam. Sehr religiös veranlagt [...] Ist ängstlich darauf bedacht, es jedem recht zu machen. Seine Anschauungen sind ausgesprochen kleinbürgerlich, um nicht zu sagen ›spießig‹. Ein sehr guter und hilfsbereiter Mensch, aber ohne geistigen Schwung.« (a.a.O.)
134 a.a.O.
135 a.a.O.
136 a.a.O.
137 a.a.O.
138 Heinrich Ferd. Schoeppl, Die Herzoge von Sachsen-Altenburg ehem. von Hildburghausen, Bozen 1917 (Reprint 1991, ed. H. J. B. Cannesbie), 181
139 a.a.O.
140 a.a.O.
141 a.a.O., 182
142 vgl. WEH, 461
143 OEB
144 Immanuel Bölter, Inspektor der St. Chrischona-Pilgermission

in einem Vorwort zu Dr. Johann Jakob Rambach's Betrachtungen über das ganze Leiden Christi und die sieben letzten Worte des gekreuzigten Jesu, Basel 1865, III

145 Der Erweckungsprediger Johann Heinrich Volkening, in einer »Weihnachtspredigt über das Evangelium am ersten Weihnachtsfeiertage«, Bielefeld 1829, 23f.

146 FNB I, 28

147 a.a.O.

148 In einem Brief an seinen Freund Schenk, 16.11.1848, bei OEB – Diese negative Selbsteinschätzung steht im diametralen Gegensatz zu den Beurteilungen, die Carl Ludwig später von seinen Vorgesetzten erfährt – es scheint, daß die innere Angst ihn zu (krampfhaften) »äußeren« Höchstleistungen motiviert. Urteil des Superintendenten Wilcke: »[...] ein liebenswürdiger für sein Amt erwärmter Mann und wohlbegabter Katechet und Prediger. Amtsführung: in jeder Hinsicht zu rühmen. Tüchtig und tätig. Geistlichen Wandels und allgemein geachtet und beliebt« (bei: OEB) – Konduiten-Liste 1845: »Ein lieber, für sein Amt erwärmter Mann und wohlbegabter Katechet und Prediger, dem nur noch mehr Festigkeit und Unabhängigkeit von fremdem Urteil zu wünschen ist. Predigtweise biblisch und erbaulich [...]« (a.a.O.)

149 GSA 100/854 – Die »Verbindungsanzeige« erscheint am 14. Oktober 1843 (Nr. 241) im »Courier, Hallische Zeitung für Stadt und Land«, S. 3 (a.a.O.): »Ihre am 10. d. M. geschlossene eheliche Verbindung zeigen *hierdurch* ergebenst an – Ludwig Nietzsche, Pastor zu Röcken, – Franziska Nietzsche, geb. Oehler«

150 a.a.O.
151 a.a.O.
152 a.a.O.
153 a.a.O.
154 a.a.O.
155 a.a.O.
156 a.a.O.
157 Zu Erdmuthe Nietzsche vgl. PER, 43 ff. sowie BOE/II, 379 ff.
158 Zu Rosalie Nietzsche vgl. PER, 33 ff. sowie BOT/II, 386 ff. –

Einen schönen Einblick in ihre »Gedankenwelt« gibt der Geburtstagsbrief an den Studenten Nietzsche in Bonn, KGB I/3, 9 ff.
159 BOE/II, 388
160 Brief an Emil Julius Schenk vom 22. 2. 1844, bei: BOT/I, 389 f.
161 FNJ, 14
162 Brief an Emil Julius Schenk vom 29. 10. 1844, bei: BOT/I, 386
163 Carl Ludwig Nietzsche, Rede bei der Taufe meines Erstgeborenen, den 24sten October 1844, bei: BOT, 396 ff.
164 a.a.O., 400
165 Bei: SMI/II, 842 sowie KJE, 296 f.
166 Brief an Emil Julius Schenk vom 15. 12. 1846, bei: BOE/I, 169
167 BOE/I, 168
168 OEA, 42 sowie FNJ, 16 f.
169 Brief an Emil Julius Schenk vom 15. 12. 1846, bei: BOE/I, 169
170 Brief Franziskas an ihren Neffen Adalbert Oehler, Naumburg, 23./24. Juni 1895 (Sammlung Jagenberg)
171 bei: PET, 18
172 Brief an Emil Julius Schenk, bei: BOE/I, 177
173 a.a.O.
174 a.a.O.
175 Brief an Emil Julius Schenk vom 27. 3. 1848, bei: BOE/I, 173
176 a.a.O.
177 Brief an Emil Julius Schenk vom 17. 4. 1848, bei: BOE/I, 177
178 Brief an Emil Julius Schenk vom 7. 9. 1888, bei: BOE/I, 178
179 Franziska an Emma Schenk, 8. 2. 1849, GSA 100/836
180 Franziska an Emma Schenk, 16. 10. 1848, GSA 100/836
181 Franziska an Emma Schenk, 1. 12. 1848, GSA 100/836
182 Franziska an Emma Schenk, 8. 3. 1849, GSA 100/836
183 Franziska an Emma Schenk, 8. 3. 1849, GSA 100/836 – (»Gehirnerweichung (Enzephalomazie), herdförmige Erweichung von Gehirnteilen infolge Durchblutungsmangel mit entsprechendem Funktionausfall, bes. nach Embolie, Thrombose (auf arteriosklerot. Grundlage) bzw. Massenblutung durch Gefäßzerreißung bei Hypertonie.« (Meyers Enzyklopädisches Lexikon, Bd. 9, Mannheim–Wien–Zürich 1980, 816). – Elisabeth Förster-Nietzsche hat später erklärt, die Krankheit ihres Va-

ters sei durch einen Treppensturz ausgelöst worden: »Als mein Vater eines Abends von der Begleitung einiger lieber Freunde zurückkehrte, kam ihm ein kleiner, ihn zärtlich liebender Hund zwischen die Füße, er stürzte sieben steinerne Stufen rücklings hinunter auf den gepflasterten Hof, hatte aber noch eine geschickte seitliche Wendung gemacht, sonst hätte er wahrscheinlich das Genick gebrochen. Er hatte sich nun auf der einen Seite den Kopf ziemlich verletzt, ich weiß aber nicht, auf welcher. Er war blutüberströmt ins Haus getreten, hatte aber die Arme vor's Gesicht gehalten, damit sich unsere Mutter über seinen Anblick nicht erschrecken sollte.« (Brief an Paul J. Moebius, bei: MOE, 13). Ein solcher Sturz ist nur denkbar als Symptom, nicht aber als Auslöser der Gehirnerkrankung (vgl. JNZ/I, 44ff.). Franziska, die sehr genau weiß, daß die Tochter eine Legende konstruiert, übernimmt erst nach Elisabeths massiver Intervention die Treppensturz-Version. Elisabeth schreibt ihr am 9. 4. 1889 aus Paraguay: »Und bitte rede kein so seltsames Zeug von dem lieben Papa. Wenn er die steinerne Treppe nicht hinuntergefallen wäre, lebte er wahrscheinlich heute noch« (bei: PET, 21). Es ist Elisabeths durchgängiges Bestreben, keinerlei »erbliche« Belastungen zu akzeptieren, die in irgendeinem Zusammenhang stehen könnten mit der Geisteskrankheit ihres Bruders Friedrich Nietzsche – obwohl auch dem medizinischen Laien durchaus auffällt, daß das Krankheitsbild Carl Ludwig Nietzsches viele Parallelen aufweist zu den Leiden seines Sohnes und man vor allem die Vermutung nicht unterdrücken kann, daß neben dem »organischen Anteil« auch »psychosomatische« Prozesse eine wichtige Rolle im Krankheitsverlauf spielen. Vgl. dazu umfassend: VOL, 28ff. Elisabeth Förster-Nietzsche verfolgt überhaupt energisch die Tendenz, ihre Familie »gesundzuschreiben«; so beispielsweise auch in ihrem Wilhelmine-Oehler-Porträt: »Was nun aber die Großmutter Oehler betrifft, die das 82. Jahr erreichte, so würde in der Tat, wenn alle Frauen so gesund wären wie sie, das deutsche Volk an Vitalität alle anderen Völker übertreffen.« (FNJ, 11f.) Der Idealtyp der gesunden deutschen Frau – halbblind und hinkend?

184 Franziska an Emma Schenk, 8. 3. 1849, GSA 100/836
185 Franziska an Emma Schenk, 4. 4. 1849, GSA 100/836
186 So berichtet der vierzehnjährige Friedrich Nietzsche in seiner ersten autobiographischen Schrift »Aus meinem Leben« (1858), SLA/III, 16
187 Abschrift in Franziskas Tagebuch, GSA 100/849
188 GSA 100/836 – Gerade aber der kleine Joseph gibt immer wieder Anlaß zu den größten Sorgen. So schreibt Franziska schon am 4. 4. 1849, also zu Beginn der schlimmsten Krankheitsphase ihres Ehemannes, an Emma Schenk: »[...] Auch die Kinder sind jetzt unpässlich gewesen. Besonders aber vor drei Wochen unser kleiner Joseph, welcher den Tag über etwas weinerlich war und trocken [?] Hitze hatte, den Abend aber die fürchterlichsten Krämpfe bekam, wo Klystiere und alles nichts helfen wollte, es dauerte wohl sechs Stunden [...] Wir schickten in unserer Angst nach meinen guten Pappa dieser gab ihn noch ein Milchklystier, wusch den Kleinen in den fürchterlichsten Zuckungen und den heftigsten Schweiße kalt ab, wickelte ihn nackend in eine wollene Decke und weg waren die Krämpfe [...]« (GSA 100/836) – Es ist bemerkenswert, daß David Ernst Oehler, obwohl er doch im Röckener Pfarrhaus nicht allzu gern gesehen wird, in Notsituationen ganz unbedenklich zu Hilfe gerufen wird und in seiner humanen Grundeinstellung auch jederzeit bereit scheint, wohltuendpraktisch einzugreifen!
189 Franziska an Emma Schenk, 16. 11. 1849, GSA 100/836
190 SLA/III, 17
191 Bei: BOE/I, 184
192 Altes Testament, Das Buch Ruth, Kap. 1, Vers 16
193 GSA 100/854 – Choral »Jesu, geh voran«, 2. Vers, von Nikolaus Ludwig Graf von Zinzendorf (1700-1760), Ev. Kirchengesangbuch Nr. 274
194 Franziska an Emma Schenk, 8. 3. 1849, GSA 100/836
195 PDG, 14 – Erich F. Podach zitiert hier aus einer brieflichen Mitteilung von Ida Overbeck, der Gattin des Nietzsche-Freundes Franz Overbeck. Franziska wird, als sie im Januar 1889 den kranken Sohn in Basel aufsucht, von den Overbecks

beherbergt. Sie bittet ihre Gastgeberin, so berichtet Ida Overbeck, »des Morgens, wenn sie etwas länger ruhe, nicht anzuklopfen, da sie dann mit ihrem persönlichen Gott Zwiesprache halte.« (a.a.O.)

196 OEA, 44 f.
197 PDG, 11 – Erich F. Podach ordnet in seinem großartigen Franziska-Porträt ihre Religiosität dem Pietismus zu. Könnte man nicht fast sagen, daß ihr »personal« gedachter Gott und ihre Vorstellungen von einem »realen« Weiterleben nach dem Tod eher »*heidnisch*« zu nennen sind? Die tägliche Ausübung dieser ganz privaten Theologie, also die von der Umwelt wahrnehmbare Glaubenspraxis, ist bei Franziska allerdings kaum (wie Hermann Josef Schmidt vermutet) derart gestaltet, daß sie geradezu provokativ »unabhängig von allem, was geschieht, autosuggestiv ja autohypnotisch fromme Sprüche zitiert« (SMI II, 867). Eine solche Charakterisierung ist eine schwer belegbare Spekulation, die (wieder einmal) in die (von den »konventionellen« Darstellungen allerdings nahegelegte und beförderte) Karikatur abgleitet. Franziskas Religiosität kann auch schwerlich als Grundelement eines (psychopathologischen) depressiven Formkreises gedeutet werden; sie ist im Gegenteil wohl eher wichtigstes Mittel beim Versuch einer »Depressionsüberwindung«. In dieser Hinsicht bemerkenswert ist folgende Passage aus einem Geburtstagsbrief an ihren Bruder Edmund (14. 1. 1859, GSA 100/1246), in der Franziska von »Gottes Gnade und Treue« spricht, »[...] die uns wieder ein ganzes Jahr hindurch getragen und geführt hat denn dies ist doch die reinste und schönste Freude, so recht aus frohen und dankbarem Herzen dem Herrn ein Loblied bringen sei es nun laut oder im Stillen. So möchte auch ich den ganzen Tag mitten in meinen oft nicht leichten Berufsgeschäften singen u. spielen dem Herren ein Lied nach dem Andern, denn ich fühle mich so innig dankbar gegen Gott der mir so unbeschreiblich viel Gutes täglich und stündlich bezeuget, nach so unendlich Schweren was mein Herz erfahren hat.«
198 Tagebuch, GSA 100/849
199 a.a.O.

200 Vgl. JNZ/I, 49
201 Tagebuch, GSA 100/847
202 Tagebuch, GSA 100/849
203 a.a.O.
204 a.a.O.
205 a.a.O.
206 Tagebuch, GSA 100/850
207 Vgl. BOE/II, 381
208 Tagebuch, GSA 100/850
209 a.a.O.
210 »Christliches Gesangbuch für die evangelischen Gemeinden des Fürstenthums Minden und der Grafschaft Ravensberg«, Bielefeld 1852 (im Archiv des Landeskirchenamts Bielefeld)
211 Tagebuch, GSA 100/850
212 Tagebuch, GSA 100/849
213 a.a.O.
214 Bei: BEU, 448 f.
215 a.a.O.
216 Tagebuch, GSA 100/849
217 a.a.O.
218 Franziska an Emma Schenk, 16. 11. 1849, GSA 100/836
219 a.a.O.
220 Vgl. FNB/I, 30
221 Der Kleine Katechismus D. Martin Luthers samt einer kurzen Anleitung zum besseren Verständnis desselben, Zusammengestellt Anno 1690, Gütersloh 1911, 4
222 Eine kurze Form der Zehn Gebote, eine kurze Form des Glaubens, eine kurze Form des Vaterunsers, 1520, in: Martin Luther, Die reformatorischen Grundschriften in vier Bänden, Bd. 4, Die Freiheit eines Christen, Neu übertragene und kommentierte Ausgabe von Hans Beintker, München 1983, 60
223 a.a.O., 56
224 Franziska in einem Brief an ihren Neffen Adalbert Oehler vom 23./24. Juni 1895 (Sammlung Jagenberg)
225 Der Kleine Katechismus, a.a.O., 144
226 Brief von Gustav Adolf Oswald an Friedrich Nietzsche vom 15. 10. 1853, KGB I/1, 1, 301 f.

227 Franziska in einem Brief an ihren Neffen Adalbert Oehler vom 23./24. Juni 1895 (Sammlung Jagenberg)
228 a.a.O.
229 Tagebuch, GSA 100/850
230 a.a.O.
231 a.a.O.
232 a.a.O.
233 a.a.O. Die »kleine Gedichtsammlung« in HKG/I, 338 ff. Einleitungsgedicht:
»Liebe Mama, du wünschtest dir,
Sämmliche kleine Gedichte von mir
Hier sind sie. S'ist nicht viel mit ihn los
Doch denke dabei daß ich bin nicht groß,
Und ich noch nicht viel Vers machen kann
doch fange beim ersten Gedichtchen an
Es ist daselbe welches ich soeben
Hersagte. Ich hab's zum Geburtstag gegeben.«
Es folgen: »N. 1« (»Ich bringe dir eine kleine Gabe.«); »N. 2 (Meeres Sturm); »III. Elegie«; »IV. Überfall«; »N. 5. Rettung«; »N. 6. Des Cyrus Jugendjahre«; N. 7. (»Ein Schifflein fährt...«); »N. 8. Gewitter«; »N. 9. Sebastopol«.
234 Tagebuch, GSA 100/849 – Handelt es sich hier bei dem selbstgemachten Gedicht um »Alfonso«? (HKG/I, 377f.)
235 Das Gedicht des Sohnes lautet:
»Geb[urtstagslied]
Laßt uns Gott loben, den Vater der sterblichen Menschen
Denn er bereitet uns heut alljährli[c]h erneuerte Freude
Die nur ein Kind daß liebende Eltern hat findet
So erschien uns der Tag der lang schon ersehnte von Neuen
Und auch von neuen erhebt sich mit Freude die Brust
Denn es feiert die Mama den uns so erfreuenden Denktag
Welcher Geburtstag sich nennt und pf[l]egt mit Geschenken und Wünschen
Festlich begangen zu werden, drum nah ich dir heute
Um von den höchsten Dir reichliche Gnade und Segen erbitten
Möchte mein Flehen mit mächtigen Schwingen sich heben

>   So wie die Le[r]che im grünenden Frühjahr Gott danken
>   Daß er wieder verflossenes Jahr mit neuen vertauschet
>   Daß mit Gesundheit die wieder erneuer[n]de Bahn du betratest
>   Daß Du wie immer so freudig uns alle mit Liebe umfassest.
>   Daß wie die Lichtmess' so hell dir das Leben erscheinet
>   Hier dieß erbitt ich von Dir; erhöre das innigste Flehen.«
>   (HKG/I, 381)

236 Das Geburtstagsgedicht des Sohnes:
>   »Zum 2ten Februar 1858
>   Mit hoher Freude bin ich heut' erwacht,
>   Und dankend heb' ich meinen Blick nach oben,
>   Um Gott mit froher Stimm' zu danken und zu loben
>   Für diesen Tag, ein reich Geschenk von droben.
>
>   Noch viele Jahre bitte ich vom Herrn,
>   Die du, o Mama, magst gesund erleben,
>   Und wenn ich sonst was wüßte dir zu geben,
>   So wünsch ich dir ein segensreiches Leben.
>
>   Und wenn du nächstes Jahr den Tag von Neu'n erlebst,
>   So denk' an die Vergangenheit mit Freuden,
>   Es trübe dir dieselbe keine Leiden,
>   Auf allen Wegen mög' dich Gott begleiten.
>
>   Dies wünsch' ich dir zu diesem schönen Fest,
>   Die Bitten wird der Herr gewiß erhören,
>   Doch das ›dich lieben‹, das ›dich immer ehren‹
>   Will ich so gut ich kann in hohem Grad vermehren.«
>   (HKG/I, 402)

237 Tagebuch, GSA 100/850
238 a.a.O.
239 a.a.O.
240 a.a.O.
241 a.a.O.
242 a.a.O.
243 a.a.O.

244 Brief Franziskas an ihren Neffen Adalbert Oehler vom 23./ 24. Juni 1895 – Die wichtige Rolle des (hier allerdings erfolglosen) Großvaters D. E. Oehler im »Erziehungsprozeß« des jungen Nietzsche ist von der Biographik vielleicht etwas zu wenig hervorgehoben worden. Der Schüler Nietzsche ist ca. siebenmal während der Schulferien für längere Zeit in Pobles zu Besuch; möglich, daß er in dem umfassend gebildeten Großvater einen adaequaten »Partner« findet für all seine (auffallend »frühreifen«) geistigen Interessen; vor allem muß wohl D. E. Oehlers umfangreiche Bibliothek für den notorisch »lesehungrigen« jungen Nietzsche eine wahre »Fundgrube« sein – so schreibt er einmal an Mutter und Schwester: »Könnt ihr mir nicht aus Pobles den Don Juan herbeischaffen« (KGB I/1, 193) Es handelt sich hier wohl um das zur damaligen Zeit skandalös-unsittliche Vers-Epos des Lord Byron; erstaunlich, daß sich dieses »frivole« Werk in der Bibliothek eines kleinen Landfarrers befindet! Merkwürdig auch, daß Nietzsche noch im Wahnsinn eine sehr exakte Erinnerung an den Großvater und seine Büchersammlung hat, vgl. Franziskas Brief an Overbeck vom 22. 3. 1890 (PDK, 71) – Hermann Josef Schmidt weist mit Nachdruck auf die denkbare Funktion D. E. Oehlers bei der Entwicklung und Förderung von Nietzsches »Graecomanie« hin, die sich schon sehr früh konstituiert (SMI/II, 962 ff.) – Zum Übergang nach Schulpforta vgl. umfassend SMI III

245 Tagebuch, GSA 100/850

246 FNJ, 23 – Bei Elisabeth Förster-Nietzsches hochentwickelter Fabulierkunst muß man bezweifeln, ob das Gespräch wirklich in dieser Form stattgefunden hat; feststeht wohl aber, daß D. E. Oehler dem Naumburger Erziehungssystem sehr kritisch gegenübersteht.

247 Brief Franziskas an Friedrich Nietzsche vom 10. 6. 1857, KGB I/1, 321 f.

248 Brief Franziskas an ihren Neffen Adalbert Oehler vom 23./ 24. Juni 1895 (Sammlung Jagenberg)

249 Brief von Friedrich Nietzsche an Franziska, April 1861, KGB I/1, 154 f.

250 KGB I/3, 21

251 Friedrich Nietzsche an Franziska und Elisabeth, 5.11.1865, KSB 2, 95
252 Brief Franziskas an Friedrich Nietzsche, 12.11.1865, KGB I/3, 62
253 a.a.O., 62f.
254 »Naumburg« von Edm. Kuntze, in: »Die Provinz Sachsen in Wort und Bild, herausgegeben von dem Pestalozziverein der Provinz Sachsen«, Berlin 1900 (Faksimile-Ausgabe 1990), 345f.
255 a.a.O., 347f.
256 Tagebuch, GSA 100/850
257 Richard Oehler, Nietzsches Mutter, in: FNA, 80
258 a.a.O.
259 Tagebuch, GSA 100/850
260 a.a.O.
261 BOE/II, 389
262 a.a.O.
263 a.a.O.
264 Tagebuch, GSA 100/850
265 Vgl. BOE/III, 386ff. sowie PER, 33ff. Franziska schreibt am 25.5.1856 an ihren Bruder Detlev Ernst (GSA 100/1246): »Freilich wird nun alles anders. Ich werde mit meinen Kindern eine kleine aber reizende Wohnung mit Garten nahe dem Marienthor beziehen und Rosalchen zieht auf den Topfmarkt und nimmt sich ein Dienstmädchen, während ich mir nur eine Aufwartung halten werde [...] Rosalchen ist freilich bei den schweren Verlust [Erdmuthes Tod] am meisten zu beklagen, denn sie hat doch an Mutterchen ihre liebste beste Freundin verloren, es geht ihr [...] wieder leidlich.«
266 FNJ, 66
267 Prof. Dr. phil. habil. Dr.-Ing. Hermann Wirth, »Das Nietzschehaus in Naumburg«, Typoskript, Gutachten der Sektion Architektur der Hochschule für Architektur und Bauwesen Weimar, Juli 1991, S. 1, hier auch die näheren Umstände des Hauskaufs, S. 5f.; vgl. auch das Melde-Buch, GSA 100/870 sowie die Möbel- und Hausratsverzeichnisse, GSA 100/862
268 Richard Oehler, Nietzsches Mutter, in: FNA, 80

269 Zu den Familien Pinder und Krug: PER, 52ff.
270 Tagebuch, GSA 100/850 – Franziska am 25. 5. 1856 an ihren Bruder Ernst (GSA/1246): »Fritz ist ein großer blühender Knabe u. geht mir ein Stück über die Schulter, macht auch in geistiger Hinsicht recht gute Fortschritte, hat zwei liebe Jungen die Söhne des Appellationsrth. Pinder u. Krug zu Busenfreunden und es ist viel geistiges Leben unter ihnen. Fritz bleibt noch seinem Vorsatze treu Geistlicher zu werden, setzt darum Psalmen in Musik, schreibt aber auch kleine Theaterstücke, wo diesem Winter zu aller Ergötzen eins zur Aufführung kam betietelt ›die Götter auf dem Olymp‹ u. eben schießt er im Hofe einen Vogel ab.« Hermann Josef Schmidts Interpretation dieser Passage ist sehr aufschlußreich; leider unterläuft ihm eine falsche Datierung: Der Brief ist am 25. 5. *1856* geschrieben, nicht im Sommer 1855 (vgl. SMI II, 876). Er ist auch nicht an den »geistlichen Bruder« (SMI II, 877) gerichtet – Detlev Ernst Oehler ist (ein nicht sehr erfolgreicher) *Buchhändler*!
271 a.a.O.
272 Die finanzielle Situation Franziskas ist zeitlebens bescheiden. Nach dem Tod Carl Ludwigs bezieht sie eine geringe Witwenrente von der »Königlich Preußischen allgemeinen Wittwen-Verpflegungsanstalt«. Dazu Dokument GSA 100/847: »Die General-Direktion der Königlich Preußischen allgemeinen Wittwen-Verpflegungsanstalt versichert hierdurch, daß nachdem die Frau Franziska Ernestine Rosaura Nietzsche geborene Oehler auf den Receptionsschein sub No. 42263 nach erfolgtem Absterben des Pastors Nietzsche mit einer jährlichen Wittwen-Pension von Einhundert Reichsthaler [...] vom 1 sten October 1850 an, zur Hebung gekommen, diese jährliche Wittwen-Pension derselben in halbjährigen Ratis von Fünfzig Rthlr. [...] baar bezahlet werden soll.« Neben diesen regelmäßigen Einnahmen auch eine Beihilfe vom Altenburger Hof, auf die sie keinen Rechtsanspruch hat. Sie bleibt jedoch zunächst auf die Unterstützung durch die nicht unvermögende Schwiegermutter Erdmuthe angewiesen. Ein Stiefbruder Carl Ludwigs hatte sein in England erworbenes Vermögen der Familie hinterlassen; nach dem Tode Carl Ludwigs fällt

dessen Anteil den Kindern Elisabeth und Friedrich zu. Franziska geht leer aus, sie erhält nur die Zinsen bis zur Großjährigkeit der Kinder. Nachdem sie ihren eigenen elterlichen Erbanteil erhalten und zum Kauf des Hauses Weingarten 18 verwendet hatte, verbessert sich ihre finanzielle Lage: Durch Zimmervermietungen kann sie ihr schmales Budget (unregelmäßig) erhöhen (vgl. JNZ/I, 48 sowie PET, 25). Elisabeth erbt später den Vermögensanteil ihrer Tanten Rosalie und Auguste; ihre finanzielle Lage ist insofern immer recht günstig gewesen (vgl. MAR, 50). – Am 11.10.1875 schreibt Franziska an den Sohn: »Ich bin meinen guten treuen Gott so innig dankbar, daß er meine Seufzer erhört und mir ohne mein jegliches Zuthun, noch dort so viel durch unsrer edlen Großfürstin [die ehemalige Altenburger Prinzessin] gutes Herz bescheert hat, daß ich nun bis an mein Lebensende geborgen bin, denn ich habe doch nun 420 Thaler alljährlich womit ich, wenn jetzt das halbe Jahr überwunden ist, zu bestehen glaube.« (KGB II 6/1, 235) In einem beiligenden Zettel zu einem Brief an ihren Neffen Adalbert Oehler (Sammlung Jagenberg) vom 15.11.1894 macht Franziska folgende Angaben zu ihren Finanzen:

»Meine persönliche Einnahme!
340 M...... Pension
330 – v. Frau Großfürstin Alexandra
150 – v. Prinzessin Therese in Altenburg
Beide Posten sind *Gnadengeschenke* u. beide Damen in den *siebziger* Jahren, ich habe also nach deren Tod alljährlich nur eine Pension von 340 Mark
davon habe ich auf mein Haus 3800 m Schulden u. an Zinsen zu bezahlen
152 M.
an Steuern 56–42 ch. also bleibt mir ein jährliches Einkommen von
Summe 131 M 58 ch.«

273 GSA 100/847 – Zur Beschreibung der Tagebücher:
1. GSA 100/847: Ein »Haushaltungsjournal auf das Jahr 18... worinne alle in einer Haushaltung vorkommenden Einnah-

men und Ausgaben täglich eingetragen werden können, ein erforderliches Hülfsbuch zu dem zugleich erschienenen Haushaltungs-Manual; allen guten Wirtschaftern und Hausmüttern gewidmet vom Verfasser«, Papp-Einband, Format 29 × 20 cm, mit Rubriken, in die Einnahmen und Ausgaben eingetragen werden können, was Franziska nur unvollständig tut; die Hälfte des Buches ist in diesem Sinne ungenutzt außer einzelnen Eintragungen wie z. B. »– Eier, Butter, Schnupftabak, Chokolate, Milch, Kaffee [...] Zucker, Zimt, Brot, Bier, ins Requiem von Mozart Entree« – Gleich auf der ersten Seite der *zweite* Verwendungszweck als *Tagebuch* (ab 1850), allerdings nur vier Seiten durchgehalten!

2. GSA 100/848: Gebundenes Heft (kartoniert), Format 15 × 11 cm, ohne Linien; auf S. 1 Eintragung von Franziskas Hand: »Kochbuch 1868, Franziska verw. Nietzsche«; auf der 3. Seite folgt ein von Franziska geschriebenes Rezept, dann wird das Heft auf der 5. Seite zum Tagebuch »umfunktioniert«: »Tagebuch v. 1871 d. 13 Febr. angef.«; es folgen neun eng beschriebene Seiten mit Tagebuchnotizen

3. GSA 100/849: Gebundenes Heft, Format 19 × 17 cm; nicht eigentlich ein Tagebuch, sondern eher dem Genre des »Poesiealbums« zugehörig; Abschriften von Gedichten und erbaulich-nachdenklichen fremden Texten; vereinzelt aber auch (ab 1853) persönliche Notizen

4. GSA 100/850: Blauer Einband, Pappe, Format 18 × 11 cm, 50 Seiten zweispaltig beschrieben (ab 1855)

274 GSA 100/850
275 a.a.O.
276 a.a.O.
277 a.a.O.
278 a.a.O.
279 a.a.O.
280 a.a.O.
281 a.a.O.
282 a.a.O. – Zum »Freizeitsport«: »Kinder auf den Eis gegen Abend u kamen sehr vergnügt nach Hause« (19. 1. 1857, GSA 100/849) – »Meine guten Kinder hatten unterdeß Schlittschuh

gefahren« (a.a.O.) – »Mit d. Kindern u. Grohmanns auf d. Eis« (a.a.O.)
283 GSA 100/849
284 a.a.O.
285 a.a.O.
286 GSA 100/850
287 a.a.O.
288 GSA 100/849 – Es muß sich um einen Kochplan handeln, der vom Sonntag, dem 2. August 1858, bis zum Samstag, dem 15. August 1858, geht, obwohl Franziska fälschlicherweise 1857 datiert: Die vorherigen und anschließenden Notizen nennen nämlich stets die Jahreszahl 1858!
289 GSA 100/850
290 a.a.O.
291 a.a.O.
292 a.a.O.
293 a.a.O.
294 GSA 100/849
295 GSA 100/850
296 a.a.O.
297 a.a.O.
298 a.a.O.
299 a.a.O.
300 a.a.O.
301 a.a.O.
302 a.a.O.
303 a.a.O.
304 a.a.O.
305 a.a.O.
306 a.a.O.
307 a.a.O.
308 a.a.O.
309 a.a.O.
310 a.a.O.
311 a.a.O.
312 a.a.O.
313 GSA 100/849

314 a.a.O.
315 a.a.O.
316 a.a.O.
317 a.a.O.
318 a.a.O.
319 GSA 100/850
320 GSA 100/849
321 a.a.O.
322 a.a.O.
323 a.a.O.
324 a.a.O.
325 OEA, 76f. Natürlich gibt es auch Familienstreitigkeiten, bei denen Franziska ausgleichend zu wirken versucht, nach dem Motto: »... der liebe Gott weiß, daß ich alle meine Geschwister mit herzlicher Liebe umfasse, warum also Spannung.« (Brief an Familie Schenkel, 1. 4. 1869, GSA 100/1246)
326 Brief Franziskas an Friedrich Nietzsche, 12. 10. 1874, KGB II/4, 574
327 Bei: OEA, 71
328 GSA 100/849
329 Brief Franziskas an Friedrich Nietzsche, 11. 1. 1874, KGB II/4, 372 – Die problematischen Aspekte dieser psychischen Konzentration auf die Kinder artikuliert Franziskas Bruder Edmund recht deutlich in einem Brief vom 1. 2. 1875 (GSA 100/664): »Uebrigens, meine liebe Schwester (ich hoffe, Du nimmst mir diese Bemerkung nicht übel, denn sie ist gut gemeint), aus Deinem Briefe habe ich gesehen, Du mußt Dich doch davor hüten, daß Du Dich in Deine Kinder nicht zu sehr verliebst, es würde Dir sonst die Trennung von ihnen um so schwerer werden, auch könntest Du ihnen dadurch an ihren Seelen schaden.«
330 a.a.O.
331 Brief Franziskas an Friedrich Nietzsche, 8. 2. 1873, KGB II/4, 202
332 Brief Franziskas an Friedrich Nietzsche, Anfang Februar 1870, KGB II/2, 133
333 MAR, 50

334 Brief Elisabeths an Friedrich Nietzsche, Anfang Februar 1870, KGB II/2, 135f.
335 MAR, 37
336 Bei: PET, 38
337 KSB 2, 19f.
338 KGB I/1, 18
339 KSB 2, 370
340 Brief an Familie Schenkel, 1.4.1869, GSA 100/1246 – Der Jubel in der Verwandtschaft ist allerdings nicht einhellig. So berichtet Franziska über die Reaktion ihres Bruder Edmund: »dagegen geht durch Edmunds vier Seiten langer Brief ein Zug völliger Unzufriedenheit mit des treuen guten Gottes so überaus gnädiger Fügung, was ich ihm auch geschrieben habe. Fritz meynt: Warum schreiben denn solche Leute, wenn sie nichts von Mitfreude empfinden.« (GSA 100/1246, Brief an Schenkels vom 1.4.1869) – Es ist gerade der neupietistisch-glaubensfanatische Pfarrer Edmund Oehler, der dem Lebensweg und der Gedankenwelt seines Neffen Friedrich Nietzsche mit ganz besonderer Skepsis, ja mit Widerwillen gegenübersteht. In seinen Briefen an Franziska finden sich über viele Jahre hinweg immer wieder (indirekte) Ermahnungen, zum Beispiel: »Der krankhafte Zustand Deines Fritz hat mich recht betrübt; möge der allmächtige Gott ihm helfen und auf die rechten Bahnen lenken.« (30.11.1878, GSA 100/664) – »Deinem Fritz wünsche ich von Herzen, daß ihm der Süden gut bekommt und ihm Erleichterung für seinen Kopf bringt. ›Meine Seele ist stille in Gott‹, das wird wohl jetzt die Losung für ihn sein müssen.« (1.2.1880, GSA 100/664)
341 KGB I/3, 336f.
342 GSA 100/1246, an Schenkels
343 GSA 100/1226
344 KSB 2, 372f.
345 Brief Franziskas an Friedrich Nietzsche, Anfang Februar 1870, KGB II/2, 133f.
346 Brief Franziskas an Friedrich Nietzsche, 10.11.1870, KGB II/2, 263f. Allerdings zeigt sich Franziska sehr beeindruckt vom (christlich-bürgerlichen) Basler Ambiente, und sie scheint sich

ein Leben dort durchaus vorstellen zu können: »Wir haben 4 Besuche bis jetzt gemacht u. überall sehr freundlich Aufnahme gefunden u. sind auch überall wieder gebeten gewesen, wo es auch ganz allerliebst war. Sonst leben wir wie gesagt ganz still u. behaglich [...] Es ist schön in der Schweiz u. vorzüglich auch hier in Basel, wo ein sehr frommer Sinn ist, so daß mir am Sonntag das Strömen der Menschen nach allen Kirchen, etwas wahrhaft Rührendes hat.« (An Oscar Ulrich Oehler, 27. 5. 1870, GSA 100/1246)

347 Brief Franziskas an Friedrich Nietzsche, 17. 3. 1876, KGB II/6-1, 295
348 Brief Franziskas an Friedrich Nietzsche, 1. 4. 1876, KGB II/6-1, 301
349 Brief Franziskas an Friedrich Nietzsche, 27. 11. 1876, KGB II/6-1, 443
350 Brief Franziskas an Friedrich Nietzsche, 8. 10. 1872, KGB II/4, 79f.
351 Brief Franziskas an Friedrich Nietzsche, 8. 3. 1874, KGB II/4, 401
352 KSB 5, 270
353 KSB 6, 33
354 Brief Franziskas an Friedrich Nietzsche, 8. 3. 1874, KGB II/4, 401
355 Brief Franziskas an Friedrich Nietzsche, 8. 10. 1872, KGB II/4, 78f.
356 a.a.O., 81
357 Brief Franziskas an Friedrich Nietzsche, 30. 12. 1870, KGB II/2, 297f.
358 Brief Franziskas an Friedrich Nietzsche, 24. 9. 1876, KGB II/6-1, 409f.
359 Brief Franziskas an Friedrich Nietzsche, 25. 5. 1880, KGB 67f.
360 Brief Franziskas an Friedrich Nietzsche, 12. 9. 1874, KGB II/4, 574
361 Brief Franziskas an Friedrich Nietzsche, 27. 11. 1876, KGB II/6-1, 442f.
362 KSB 5, 445
363 Brief Franziskas an Friedrich Nietzsche, 13. 7. 1879, KGB 935.

Franziska malt sich eine Idylle aus: »Im Frühjahr kommt er so zeitig als möglich, denn ich habe ihn einen Theil des gegenüber liegenden Stadtzwinger mit Thurmgemach pachten müssen, weil er glaubt, daß Arbeit u. Mühe ohne Anstrengung des Kopfes für seine Gesundheit das Heilbringendste ist und denkt mit *wahrer* Lust daran, allda selbst unser Gemüse zu bauen. Es sind auch 4 Aepfelbäume, 2 Birnenbäume, 3 Pflaumenbäume, alle in bester Kraft u. Fülle von Obst darin, dann eine Weinblanke die ganze Stadtmauer entlang […] Zwiebel Kohlrabi Sellerie Salat Kohl u. eine Strecke Kartoffeln steht jetzt darin, also hat er zur Bearbeitung schon viel Areal […] Fritz ist selbst auf den Gedanken gekommen u. wird wahrscheinlich im Thurmgemach ganz wohnen, wie hübsch da *diese* Nähe, zu uns zu Tische zu kommen u. für uns hinüberzuhuschen, er denkt es sich ganz ausgesucht hübsch u. wir auch […]« (An Oscar Ulrich Oehler, 4.8.1879, GSA 100/1246)

364 KSB 6, 4
365 Brief Franziskas an Friedrich Nietzsche, 12.10.1874, KGB II/4, 572
366 Brief Franziskas an Friedrich Nietzsche, 26.3.1876, KGB II/6-1, 298
367 Brief Franziskas an Friedrich Nietzsche, 1.4.1876, KGB II/6-1, 301
368 Brief Franziskas an Friedrich Nietzsche, 31.8.1877, KGB II/6-1, 680f.
369 Nietzsche lernt Lou durch die Vermittlung seiner »mütterlichen« Freundin Malvida von Meysenbug und seines Freundes Paul Rée in Rom kennen. Geplant ist ein gemeinsamer Aufenthalt in Frankreich. Allerdings verlieben sich beide Männer in Lou und machen ihr Heiratsanträge – aus Freunden werden Rivalen. Elisabeth, die Lou in Bayreuth kennengelernt hatte, ist über die Beziehung des Bruders entsetzt; sie verfolgt Lou mit großem Haß. Zum Gesamtkomplex: BER, 1. Band, 333ff.; PET, 82ff.; JNZ II, 110ff.; PDZ, 37ff.; Förster-Nietzsche, Elisabeth, Friedrich Nietzsche und die Frauen seiner Zeit, München 1935, 108ff.; Dokumentensammlung: Ernst-

Friedrich Pfeiffer, Nietzsche, Paul Rée, Lou von Salome; Die Dokumente ihrer Begegnung: Auf der Grundlage der einstigen Zusammenarbeit mit Karl Schlechta und Erhart Thierberg, Frankfurt a. M. 1970

370 Vgl. Nietzsches Brief an Franz Overbeck vom 9. 9. 1882; »Leider hat sich meine Schwester zu einer Todfeindin L[ou]'s entwickelt, sie war voller moralischer Entrüstung von Anfang bis Ende und behaupt nun zu wissen, was an meiner Philosophie ist... Kurz ich habe die Naumburger ›Tugend‹ gegen mich, es giebt einen wirklichen *Bruch* zwischen uns – und auch meine Mutter vergaß sich einmal so weit mit einem Worte, daß ich meine Koffer packen ließ und morgens früh nach Leipzig fuhr.« (KSB 6, 256)

371 Brief Franziskas an Friedrich Nietzsche, 6. 11. 1882, KGB III/2, 301 f.

372 KSB 6, 437

373 a.a.O.

374 Vgl. KSB 6, 257

375 Bei: PDG, 27 – Der unwandelbare Kern ihrer Beziehung zum Sohn, an dem alle Anfechtungen abprallen, ihr substantielles, lebenslanges inneres Vertrauen (und seine »metaphysische Grundlegung«) kommt bereits in einem Brief an den malvolent-kritischen Bruder Edmund vom 26. 4. 1866 (GSA 100/1246) aufs klarste zum Ausdruck: »Der liebe Gott u. Herr mag sein Führer u. Leiter sein u. bleiben, darum wird gewiß mein guter Ludwig mit mir bitten, denn mein alter lieber Fritz ist trotz unserer Meinungsverschiedenheit ein edler Mensch, der das Leben oder vielmehr die Zeit wahrhaft ausbeutet u. nur für alles Höhere u. Gute Intresse hat u. alles Gemeine verachtet u. doch ist mir oft so sorglich um dieses mein liebes Kind, aber Gott siehet das Herz an.«

376 Zu Bernhard Förster und dem Paraguay-Komplex insgesamt: »Bernhard und Eli Förster«, in: PDG, 128 ff.; PET, 140 ff.; GOE, 375 ff.

377 Bei: PDG, 140 f.

378 Brief Franziskas an Friedrich Nietzsche, 13. 10. 1884, KGB III/2, 461 f.

379 a.a.O.
380 a.a.O., 462
381 Brief Franziskas an Friedrich Nietzsche, 25. 12. 1884, KGB III/2, 491 f.
382 Brief Franziskas an Friedrich Nietzsche, 9. 6. 1885, KGB III/4, 31 f.
383 Brief Franziskas an Friedrich Nietzsche, 25. 4. 1886, KGB III/4, 159
384 Brief Franziskas an Friedrich Nietzsche, 21. 12. 1887, KGB III/6, 133
385 a.a.O., 136
386 Brief Franziskas an Friedrich Nietzsche, 31. 8. 1877, KGB II/6-1, 680
387 Bei: PDG, 25
388 Brief Franziskas an Friedrich Nietzsche, 25. 4. 1886, KGB III/4, 160
389 Brief Franziskas an Friedrich Nietzsche, 21. 12. 1887, KGB, 133
390 a.a.O.
391 Brief Franziskas an Friedrich Nietzsche, 3. 3. 1888, KGB III/6, 166
392 Bei: VOL, 383
393 »Gieb Dich nur nicht wieder so kummervollen Gedanken hin, Du hast es ja schwer, ja unendlich schwer, alles allein durchzukämpfen, ich denke mir aber, daß dies das Los aller Philosophen ist, denke an Schopenhauer. Auch sie werden mannigmal wenig Frucht ihrer Arbeit gesehen haben, und entmutigt gewesen sein, denn ›welches Huhn gackelt umsonst‹ man muß aber jedes Ding von der richtigen Seite ansehen, so kommt man auch zum richtigen Schluß. Man kann sonst leicht zu des armen Halleschen Lieschen Knieling Auffassung kommen die da glaubt ›Gott lasse ihr *nichts* gelingen und setze ihr *nur* Hindernisse in den Weg‹ so daß sie aus der Nervenanstalt in das Irrenhaus hat überführt werden müssen.« (KGB III/6, März 1888)
394 Bei: JNZ/III, 51 f. – Sowohl Prof. Wille als auch Franz Overbeck sträuben sich zunächst gegen Franziskas Wunsch, den

»Transport« möglichst schnell und in »eigener Person« durchzuführen. Franziska muß mit größtem Nachdruck insistiert haben; man kann sie überreden, die zwei »sachkundigen« Begleiter zu akzeptieren – Overbeck an Heinrich Köselitz: »Nietzsche ist nicht mehr hier, Donnerstag abend [17. 1. 1889] ist er in Begleitung seiner Mutter, eines Arztes und eines Krankenwärters wieder weiter und muß, wenn alles gut gegangen ist, seit Freitag Nachmittag in der Pflege des Prof. Binswanger in Jena sein. Mit der Wahl der Anstalt war Wille höchst einverstanden – ... nicht so mit der beschleunigten Abreise, wenn er auch nicht protestierte, noch auch gegen die Beteiligung der Mutter am Transport. In beiden Stücken wollte eben diese von nichts anderem wissen, auch nichts von dem Vorschlag, wenn sie etwas Förderliches tun wolle, allein voraus zu reisen [...]« (20. 1. 1889, bei: JNZ/III, 51) – Am 16. 1. 1889 schreibt Overbeck an Prof. Wille: Ungern sehe ich meinen armen Freund aus Ihrer Pflege ziehen, vergebens habe ich mich bemüht, seine Abreise wenigstens zu verzögern und seine Begleitung überhaupt der beklagenswerten Mutter zu entziehen. Eine große Beruhigung ist mir für diese Reise der Begleiter, der sich mit so liebenswürdiger Bereitwilligkeit dargeboten hat.« (Bei: VER, 310)

395 An Overbeck, 19. 1. 1889, PDK, 4
396 a.a.O., 3 f.
397 An Overbeck, 13. 2. 1889, PDK, 11 ff.
398 a.a.O.
399 Brief Franziskas an ihren Neffen Adalbert Oehler, 16. 5. 1889 (Sammlung Jagenberg)
400 Vgl. PET, 182 ff.
401 Notizen aus dem Krankenjournal der Klinik in Jena, bei: VOL, 390 ff.
402 An Overbeck, 3. 8. 1889, PDK, 24
403 Brief Franziskas an ihren Neffen Adalbert Oehler, 16. 5. 1889 (Sammlung Jagenberg)
404 An Overbeck, 3. 8. 1889, PDK 36
405 Bei: Ernst Nolte, Nietzsche und der Nietzscheanismus, Frankfurt–Berlin 1990, 216
406 Bei: PDG, 177

407 An Overbeck, 21.11.1889, PDK, 48 ff.
408 a.a.O., 51
409 Entmündigungsakte, bei: VOL, 409
410 Langbehn an Franziska, 29.11.1889, bei: VOL, 441
411 Beigelegt einem Brief an Overbeck, 31.1.1890, PDK, 66
412 An Overbeck, 10.2.1890, PDK, 62 ff.
413 Bei: PDG, 194
414 Bei: PDK, 224
415 An Overbeck, 28.2.1890, PDK, 67 f.
416 An Overbeck, 22.3.1890, PDK, 70 ff.
417 Bei: PDK, 233
418 An Overbeck, 22.3.1890, 72
419 An Overbeck, 28.5.1890, 79 ff.
420 An Overbeck, 5.11.1892, 157
421 »Allgemeines Ecce Homo der Landesschule Pforte im Jahre 1900«, gehalten am 25. November 1900 von Oberinspektor Lorentzen, Naumburg a.d.S. 1900, 25 – In einem Gedenkartikel auf Franziska im »Berliner Tageblatt« vom 4.5.1897 (Zeitungsausschnittsammlung des Nietzsche-Archivs, GSA) beschreibt Philo vom Walde die äußere »Idylle« des Hauses Weingarten 18: »Die Sonne spiegelt sich so goldig in seinen Fensterscheiben, grüne Blattgewächse und rothe und weiße Azaleen grüßen den Wanderer [...]«
422 OEA, 148 f.
423 a.a.O., 145
424 An Overbeck, 28.2.1891, PDK, 110
425 An Overbeck, 28./29.12.1890, PDK, 106 f.
426 Vgl. KSA 4, 388 ff.
427 An Overbeck, 24.3.1891, PDK, 111 f. In welche Nöte Franziska durch den Zarathustra IV gerät, macht der Brief des unbeugsam-rechtgläubigen Edmund Oehler aufs unangenehmste und (unchristlich-) bedrohlichste deutlich: »Ich habe das Buch durchgelesen und es thut mir leid, dies sagen zu müssen, aber es ist voll von Lästerungen Gottes und des Heilandes: Gerade das, was uns Christen das Köstlichste und Tröstlichste ist, das Mitleid unseres Gottes und Heilandes, dies verlästert das Buch in schrecklicher Art [...] Was mich also anbelangt, so

werde ich nie meine Einwilligung geben zur Veröffentlichung dieses Buches, damit ich nicht als ein solcher erfunden werde, der gegen Gott streitet und Gottes Gewichte [Gerichte?] auf sich herabzieht. Im Gegentheil, ich muß die Veröffentlichung zu verhindern suchen, (Ich glaube übrigens, Fritz ist schon krank gewesen, als er dieses Buch schrieb, denn das ganze Buch macht den Eindruck eines kranken confusen Verfassers), ob freilich mein Veto als Gegenvormund etwas helfen wird, das glaube ich kaum [...] Was aber, wenn das Buch erscheint und der Staatsanwalt verklagt den Verfasser wegen Gotteslästerung, vielleicht auch wegen Majestätsbeleidigung, und Du, meine liebe Schwester, die die Einwilligung zum Druck gegeben, mußt die Sache ausbaden. Was thun? Giebt es noch ein Zwangsmittel, die Veröffentlichung zu verhindern [...]? (Wenn Du, meine Schwester, nicht in die Pretsche kämst, so riefe ich die Hülfe des Staatsanwaltes an, aber um deinetwillen geht das nicht).« (8. 4. 1891, GSA 100/664)

428 Bei: JNZ/III, 133
429 a.a.O.
430 An Overbeck, 3. 7. 1892, PDK, 145
431 a.a.O., 144ff.
432 Brief Franziskas an ihren Neffen Adalbert Oehler vom 18. 12. 1891 (Sammlung Jagenberg)
433 a.a.O.
434 a.a.O.
435 An Overbeck, 1. 10. 1893, PDK, 170
436 Vgl. PET, 180
437 Bei: PET, 180
438 Bei: PET, 188
439 An Overbeck, 29. 3. 1894, PDK, 173
440 a.a.O.
441 An Overbeck, 11. 10. 1894, PDK, 179
442 Bei: GIL, 661
443 Brief Franziskas an ihren Neffen Adalbert Oehler, ohne Datum (Ende 1894), über dem Briefkopf von Franziska geschrieben: »verbrenne diese Briefe« (Sammlung Jagenberg)
444 a.a.O.

445 Vgl. GIL, 661
446 Brief Franziskas an ihren Neffen Adalbert Oehler, 23./ 24. 6. 1895 (Sammlung Jagenberg)
447 a.a.O.
448 a.a.O.
449 a.a.O.
450 a.a.O.
451 a.a.O.
452 Vgl. PDK, 194
453 Brief Franziskas an ihren Neffen Adalbert Oehler, November 1895 (Sammlung Jagenberg)
454 Bei: JNZ/III, 339
455 An Overbeck, 27. 12. 1895, PDK, 193 f.
456 Brief Franziskas an ihren Neffen Adalbert Oehler, Juli/August (?) 1895 (Sammlung Jagenberg)
457 Beigefügter Zettel zum Brief Franziskas an ihren Neffen Adalbert Oehler, Ende Nov. 1895 (Sammlung Jagenberg)
458 a.a.O.
459 An Overbeck, 2. 7. 1896, PDK, 202
460 Bei: PET, 235
461 Brief Franziskas an ihren Neffen Adalbert Oehler, November 1895 (Sammlung Jagenberg)
462 Brief Franziskas an ihren Neffen Adalbert Oehler, 23./24. Juni 1895 (Sammlung Jagenberg)
463 Bei: GIL, 678 ff.
464 Brief Franziskas an ihren Neffen Adalbert Oehler, 17. 12. 1895 (Sammlung Jagenberg)
465 An Overbeck, Anfang April 1897, PDK, 207 f.
466 Bei: OEA, 174 – Bereits am 6. 3. 1897 hatte Dr. Gutjahr an Elisabeth nach Weimar geschrieben (GSA 72/320), daß sich bei Franziska »eine schleichende Erkrankung der Gebärmutter gebildet [hat], die zur Sorge Anlaß gibt. Ich möchte einen Spezialarzt (Prof. Wutschke [?] in Jena) zu Rathe ziehen. Da Ihre Frau Mutter aber jetzt keinerlei Nervenspannung erträgt, so will ich mit Wutschke [?] – wie zufällig in Naumburg anwesend – ohne Anmeldung bei ihr erscheinen. Ihrer Zustimmung sehe ich umgehend entgegen [...]«

467 Bei: OEA, 173f.
468 Rede am Grabe der Frau Pastor Nietzsche, am 23. April 1897 auf dem Friedhof in Röcken bei Lützen gehalten von O. Albrecht, Pastor in Naumburg a.S. (GSA 100/856) – Den Zustand der Grabstätte im Jahre 1936 beschreibt C. Wichner, die als Pfarrfrau in Röcken eine »Nachfolgerin« Franziskas ist: »Das Erbbegräbnis der Familie Nietzsche ist auf dem schlichten Dorffriedhof zu Röcken an der efeuumrankten Mauer der alten Kirche. Zwei Gräber finden wir nur hier, obschon vier Schläfer. Das eine Grab an der rechten Seite deckt eine braune Granitplatte zu. Wir lesen darauf die altmodischen Schriftzüge: ›Hier ruht in Gott Karl Ludwig Nietzsche, Pfarrer zu Röcken, Michlitz und Bothfeld, geboren 10. Oktober 1813, gestorben 30. Juli 1849. Ihm folgte in die Ewigkeit nach sein jüngster Sohn Ludwig Josef Nietzsche, geboren 27. Februar 1848, gestorben 9. Januar 1850. Die Liebe höret nimmer auf. 1. Chor. 13,8‹ Dahinter befindet sich die schwarze Marmorplatte, das Denkmal für die Pfarrerswitwe mit folgender Inschrift: ›Hier ruht in Gott Franziska Nietzsche, geb. Oehler, geboren 2. Februar 1826, gestorben 20. April 1897. 1 Joh. 3,1‹ Das andere Grab an der linken Seite ist mit einer braunen Marmorplatte bedeckt, darauf steht in großen lateinischen Lettern: Friedrich Nietzsche / 15. Oktober 1844 / 25. August 1900« (»Die Pfarrfrau Nietzsche«, von Frau Pfarrer C. Wichner, Belleben, früher in Röcken bei Lützen, in: Deutsches Pfarrerblatt, Nr. 6, 1936, 85) – Der Bibelspruch auf Franziskas Grabplatte: »Sehet, welch eine Liebe hat uns der Vater erzeiget, daß wir Gottes Kinder sollen heißen; und es auch sind! Darum kennt uns die Welt nicht; denn sie kennt ihn nicht.«
469 Choral »O Gott, du frommer Gott, du Brunnquell aller Gaben« von Johann Heermann (1585–1647), Evangelisches Kirchengesangbuch Nr. 383
Die bisher unveröffentlichten Briefe Franziska Nietzsches an ihren Neffen Adalbert Oehler, aus denen in dieser Arbeit unter der Bezeichnung »Sammlung Jagenberg« zitiert wird, sind während der Drucklegung vollständig publiziert, in: Gabel, Gernot U., und Jagenberg, Carl Helmut (Hrsg.), Nietzsche,

Franziska: Der entmündigte Philosoph: Briefe von Franziska Nietzsche an Adalbert Oehler aus den Jahren 1889–1897, Hürth 1984. – Die Original-Handschriften befinden sich seit Februar 1994 im Goethe-Schiller-Archiv, Weimar.

BILDNACHWEIS

Goethe-Schiller-Archiv, Weimar: 33, 67, 98, 121, 166, 181, 198, 227, 284, 321, Umschlagabbildung.
Carl-Helmut Jagenberg, Köln: 70, 87

Biographien, Leben und Werk
im insel taschenbuch

Lou Andreas-Salomé: Lebensrückblick. Grundriß einiger Lebenserinnerungen. Aus dem Nachlaß herausgegeben von Ernst Pfeiffer. Neu durchgesehene Ausgabe mit einem Nachwort des Herausgebers. it 54
– Rainer Maria Rilke. Mit acht Bildtafeln im Text. Herausgegeben von Ernst Pfeiffer. it 1044
Elizabeth von Arnim: Elizabeth und ihr Garten. Aus dem Englischen von Adelheid Dormagen. it 1293 und Großdruck. it 2338
Georg Bollenbeck: Theodor Storm. Eine Biographie. Mit neunzehn Abbildungen. it 1347
Bertolt Brecht. Leben und Werk im Bild. Mit autobiographischen Texten, einer Zeittafel und einem Essay von Lion Feuchtwanger. it 406
Bertolt Brecht. Sein Leben in Bildern und Texten. Mit einem Vorwort von Max Frisch. Herausgegeben von Werner Hecht. it 1122
Die Schwestern Brontë. Leben und Werk in Texten und Bildern. Herausgegeben von Elsemarie Maletzke und Christel Schütz. it 814
Robert de Traz: Die Familie Brontë. Eine Biographie. Mit zahlreichen Abbildungen. it 1548
Hans Carossa: Ungleiche Welten. Lebensbericht. it 1471
Cézanne. Leben und Werk in Texten und Bildern. Von Margret Boehm-Hunold. it 1140
George Clémenceau: Claude Monet. Betrachtungen und Erinnerungen eines Freundes. Mit farbigen Abbildungen und einem Nachwort von Gottfried Boehm. it 1152
Sigrid Damm: Cornelia Goethe. it 1452
– »Vögel, die verkünden Land.« Das Leben des Jakob Michael Reinhold Lenz. it 1399
Joseph von Eichendorff. Leben und Werk in Texten und Bildern. Herausgegeben von Wolfgang Frühwald und Franz Heiduk. it 1064
Elisabeth von Österreich. Tagebuchblätter von Constantin Christomanos. Herausgegeben von Verena von der Heyden-Rynsch. Mit Beiträgen von E. M. Cioran, Paul Morand, Maurice Barrès und Ludwig Klages. Mit zeitgenössischen Abbildungen. it 1536
Theodor Fontane: Kriegsgefangen. Erlebnisse 1870. Herausgegeben von Otto Drude. Mit zahlreichen Abbildungen. it 1437
– Meine Kinderjahre. Autobiographischer Roman. Mit einem Nachwort von Otto Drude. it 705
Sigmund Freud. Sein Leben in Bildern und Texten. Herausgegeben von Ernst Freud, Lucie Freud und Ilse Grubrich-Simitis. Mit einer biographischen Skizze von K. R. Eissler. Gestaltet von Willy Fleckhaus. it 1133

Biographien, Leben und Werk
im insel taschenbuch

Dagmar von Gersdorff: Dich zu lieben kann ich nicht verlernen. Das Leben der Sophie Brentano-Mereau. it 1276

Goethe. Sein Leben in Bildern und Texten. Vorwort von Adolf Muschg. Herausgegeben von Christoph Michel. Gestaltet von Willy Fleckhaus. it 1000

Manfred Wenzel: Goethe und die Medizin. Selbstzeugnisse und Dokumente. Mit zahlreichen Abbildungen. it 1350

Heinrich Heine. Leben und Werk in Daten und Bildern. Von Joseph A. Kruse. Mit farbigen Abbildungen. it 615

Hermann Hesse. Sein Leben in Bildern und Texten. Mit einem Vorwort von Hans Mayer. Herausgegeben von Volker Michels. it 1111

Volker Michels: Hermann Hesse. Leben und Werk im Bild. Mit dem ›kurzgefaßten Lebenslauf‹ von Hermann Hesse. it 36

Marie Hesse: Ein Lebensbild in Briefen und Tagebüchern. Mit einem Essay von Siegfried Greiner. Mit frühen Lithographien von Gunter Böhmer. it 261

Hölderlin. Chronik seines Lebens mit ausgewählten Bildnissen. Herausgegeben von Adolf Beck. it 83

Kleist. Leben und Werk im Bild. Herausgegeben von Eberhard Siebert. it 371

Eckart Kleßmann: Die Mendelssohns. Bilder aus einer deutschen Familie. Mit zahlreichen Abbildungen. it 1523

Cordula Koepcke: Lou Andreas-Salomé. Leben. Persönlichkeit. Werk. Eine Biographie. it 905

Oskar Kokoschka. Leben und Werk in Daten und Bildern. Herausgegeben von Norbert Werner. it 909

Dieter Kühn: Ich Wolkenstein. Eine Biographie. Neue, erweiterte Ausgabe. it 497

– Neidhart aus dem Reuental. it 1389

– Parzival. Der Parzival des Wolfram von Eschenbach. it 1328

Monique Lange: Edith Piaf. Die Geschichte der Piaf. Ihr Leben in Texten und Bildern. Aus dem Französischen von Hugo Beyer. Mit einer Discographie. it 516

Gertrud von le Fort. Leben und Werk in Daten, Bildern und Zeugnissen. it 195

Jane Lidderdale / Mary Nicholson: Liebe Miss Weaver. Ein Leben für Joyce. Aus dem Englischen von Angela Praesent und Anneliese Strauss. it 1436

Mütter berühmter Männer. Zwölf biographische Portraits. Herausgegeben von Luise F. Pusch. it 1356

Biographien, Leben und Werk
im insel taschenbuch

Ernst Penzoldt. Leben und Werk in Texten und Bildern. Herausgegeben von Ulla Penzoldt und Volker Michels. it 547

Marthe Princesse Bibesco: Begegnung mit Marcel Proust. Aus dem Französischen von Eva Rechel-Mertens. it 1349

Renate Wiggershaus: Marcel Proust. Leben und Werk in Texten und Bildern. it 1348

Eva Rieger: Nannerl Mozart. Leben einer Künstlerin im 18. Jahrhundert. Mit zahlreichen Abbildungen. it 1431

Rainer Maria Rilke. Leben und Werk im Bild. Von Ingeborg Schnack. Mit einer biographischen Einführung und einer Zeittafel. it 35

George Sand. Leben und Werk in Texten und Bildern. Von Gisela Schlientz. it 565

Arthur Schopenhauer. Leben und Werk in Texten und Bildern. Herausgegeben von Angelika Hübscher. it 1059

Misia Sert: Pariser Erinnerungen. Aus dem Französischen von Hedwig Andertann. Mit einem Bildteil. it 1180

Muriel Spark: Mary Shelley. Eine Biographie. Deutsch von Angelika Beck. Mit zahlreichen Abbildungen. it 1258

Töchter berühmter Männer. Neun biographische Portraits. Herausgegeben von Luise F. Pusch. it 979

Siegfried Unseld: Hermann Hesse. Werk und Wirkungsgeschichte. Revidierte und erweiterte Fassung der Ausgabe von 1973. Mit zahlreichen Abbildungen. it 1112

Wilhelmine von Bayreuth: Eine preußische Königstochter. Glanz und Elend am Hofe des Soldatenkönigs in den Memoiren der Markgräfin Wilhelmine von Bayreuth. Aus dem Französischen von Annette Kolb. Neu herausgegeben von Ingeborg Weber-Kellermann. Mit Illustrationen von Adolph Menzel. it 1280

Virginia Woolf. Leben und Werk in Texten und Bildern. Herausgegeben von Renate Wiggershaus. it 932

Stefan Zweig. Leben und Werk im Bild. Herausgegeben von Donald Prater und Volker Michels. it 532

Kunst-Monographien
im insel taschenbuch

Oskar Bätschmann: Edouard Manet. Der Tod des Maximilian. Eine Kunst-Monographie. Mit Abbildungen und einer farbigen Klapptafel. it 1482

Gottfried Boehm: Paul Cézanne. Montagne Sainte-Victoire. Eine Kunst-Monographie. Mit Abbildungen und einer farbigen Klapptafel. it 826

Roland Bothner: Auguste Rodin. Die Bürger von Calais. Eine Kunst-Monographie. Mit Abbildungen und einer farbigen Klapptafel. it 1483

Richard Hoppe-Sailer: Paul Klee. Ad Parnassum. Eine Kunst-Monographie. Mit Abbildungen und einer farbigen Klapptafel. it 1485

Max Imdahl: Picassos Guernica. Eine Kunst-Monographie. Mit Abbildungen und einer Klapptafel. it 806

Heinz Jatho: Max Beckmann. Das Schauspieler-Triptychon. Eine Kunst-Monographie. Mit Abbildungen und einer farbigen Klapptafel. it 1134

Friedhelm Mennekes: Arnulf Rainer. Weinkreuz. Eine Kunst-Monographie. Mit Abbildungen und einer farbigen Klapptafel. it 1569

Axel Müller: René Magritte. Die Beschaffenheit des Menschen I. Eine Kunst-Monographie im insel taschenbuch. Mit Abbildungen und einer farbigen Klapptafel. it 1202

Thomas Röske: Ernst Ludwig Kirchner. Tanz zwischen den Frauen. Eine Kunst-Monographie. Mit Abbildungen und einer farbigen Klapptafel. it 1564

Wieland Schmied: Giorgio de Chirico. Die beunruhigenden Musen. Eine Kunst-Monographie. Mit Abbildungen und einer farbigen Klapptafel. it 1484

Christoph Schreier: Wassily Kandinsky. Bild mit schwarzem Bogen. Eine Kunst-Monographie. Mit Abbildungen und einer farbigen Klapptafel. it 1355

Katrin Simons: El Lissitzky. Proun 23 N oder Der Umstieg von der Malerei zur Gestaltung. Eine Kunst-Monographie. Mit Abbildungen und einer farbigen Klapptafel. it 1376

Gundolf Winter: Paul Gauguin. Jakobs Kampf mit dem Engel oder Vision nach der Predigt. Eine Kunst-Monographie. Mit Abbildungen und einer farbigen Klapptafel. it 1387

insel taschenbuch 1623
Franziska Nietzsche